U0369884

北京大学宗教学文库编委会

主编　张志刚

编委会委员（按姓氏笔画排列）

王锁劳　王宗昱　方　文　卢云峰　孙尚扬

李四龙　朱孝远　刘继同　吴　飞　吴冰冰

谷　裕　陈贻驿　张志刚　金　勋　周学农

赵敦华　姚卫群　徐凤林　唐孟生　彭小瑜

北京大学宗教学文库 ⑥

佛教思想与印度文化

姚卫群 著

北京大学出版社
PEKING UNIVERSITY PRESS

图书在版编目（CIP）数据

佛教思想与印度文化/姚卫群著.—北京：北京大学出版社，2018.11
（北京大学宗教学文库）
ISBN 978-7-301-29997-5

Ⅰ.①佛…　Ⅱ.①姚…　Ⅲ.①佛教—思想史—研究—印度②佛教—宗教文化—研究—印度　Ⅳ.①B949.351

中国版本图书馆 CIP 数据核字（2018）第 250123 号

书　　　名	佛教思想与印度文化
	FOJIAO SIXIANG YU YINDU WENHUA
著作责任者	姚卫群　著
责 任 编 辑	田　炜
标 准 书 号	ISBN 978-7-301-29997-5
出 版 发 行	北京大学出版社
地　　　址	北京市海淀区成府路 205 号　100871
网　　　址	http://www.pup.cn　新浪微博：@北京大学出版社
电 子 信 箱	pkuwsz@126.com
电　　　话	邮购部 010-62752015　发行部 010-62750672　编辑部 010-62750577
印 刷 者	三河市博文印刷有限公司
经 销 者	新华书店
	965 毫米 × 1300 毫米　16 开本　27.75 印张　347 千字
	2018 年 11 月第 1 版　2018 年 11 月第 1 次印刷
定　　　价	69.00 元

未经许可，不得以任何方式复制或抄袭本书之部分或全部内容。
版权所有，侵权必究
举报电话：010-62752024　　电子信箱：fd@pup.pku.edu.cn
图书如有印装质量问题，请与出版部联系，电话：010-62756370

目　录

✿

前　言

✿

　　佛教思想与印度文化有着极为密切的关系。研究佛教思想而不了解印度文化,对于佛教的整体理解或基础理解会有欠缺,常常会出现只知其然而不知其所以然的情况。佛教产生在古印度,佛教最初的基本教义形成于古印度,印度佛教在发展中构建的理论体系长期影响了佛教在世界上其他地区的传播形态,也对印度文化中的其他成分施加了重要的影响。但佛教不是古印度产生最早的宗教派别,也通常不是古印度文化中的主流思想。佛教在产生和发展中的一个很长时期,吸收借鉴了古印度文化中的大量其他思想,与不少其他思想流派相互影响,共同发展。这样,在研究佛教时联系印度古代文化来进行综合探讨就是十分必要的。

　　印度文化源远流长,而佛教文化在其中占有重要地位。在佛教成为世界性宗教之后,对包括中国原有文化在内的世界文化产生了深刻影响。最初来自印度的佛教与中国原有文化相互作用和影响,成为中国文化的重要组成部分。不研究佛教文化,很难说清楚汉代后的中国文化的整体情况,也很难对东方思想与社会有全面的认识。

　　佛教的产生及主要理论体系的构建与古印度的婆罗门教等宗教派别有着较直接的关系。早期佛教思想的不少成分是在批判、改造、吸收婆罗门教的基础上形成的。婆罗门教和后来的印度教是印度文化中的主导性文化体系。印度佛教思想与婆罗门教及印度教思想构成了印度文化的基本组成部分,在世界文化的发展中具有广泛和深远的影响。

　　佛教和印度思想在东方文明的长期发展中创造出了璀璨的文化珍

宝和绚丽的哲学之花。笔者学习探讨佛教和东方哲学数十载,自认为还算尽心尽力,但仍然觉得这一领域深不可测,所接近明了的问题十分有限,通常过一段时间就喜欢将某一时期所发表的文稿加以回顾和反思,重新进行整理、编排,分列一些主题,汇编成一部书稿。这既是对自己心得的一种梳理,也是继续探讨的一个起点。

本书是我近年来研究佛教思想与印度文化的著作,分四个部分论述:

第一部分:印度哲学思想

这部分对印度哲学的主要发展线索进行了叙述,论及了印度哲学的远古圣典吠陀和奥义书、佛教与耆那教、正统六派哲学(胜论派、正理派、数论派、瑜伽派、弥曼差派、吠檀多派)等,从总体上勾勒了印度哲学的发展脉络和主要特点。具体来说,着重研究了古印度三大宗教的核心哲学理念及其差别与特色、奥义书思想及其与婆罗门教六派哲学的关联、印度古代哲学关于人与世界关系的基本观念、印度古代宗教哲学中展示的思维方式,并论述了古印度哲学与宗教中的几组重要的基本概念,如"真假"与"善恶"、"禁欲"和"享乐"、"轮回"与"解脱"等。书中还论及了古印度文化中的主流思想形态婆罗门教的基础观念以及佛教的四姓平等观及多元倾向的思想体系。

第二部分:佛教与婆罗门教思想比较

这部分对印度文化中的两大体系婆罗门教和佛教中的一些核心理念进行了比较分析,主要论述了两教在事物形成观念、社会人生观念、无明观念、否定形态的思维方式等方面的主要异同。此外,还比较了佛教的法类别论与胜论派的句义论、佛教的二谛与婆罗门教的二知、佛教与弥曼差派中的神观念等,并论述了《瑜伽经》与禅定问题。这些都是印度宗教哲学文化中影响范围较宽或起作用较大的问题,突出地表明了印度文化特别是印度宗教哲学的理论特色。

第三部分：中印文化思想融汇

这部分对印度佛教传入中国后出现的变化情况及融入了中国原有传统文化因素的佛教形态进行了探讨。内容涉及中国人对来自印度的佛教较早采取的态度、中国历史上著名的佛教译经大师的翻译情况、中国佛教般若学说最初的理论倾向、中国佛教宗派中影响最大的禅宗的特色等有关问题。在论述中着重分析了佛教基本义理的印度渊源和传入中国后所产生的本土特色，还论述了中国南北朝时期各种"师说"与印度佛典的关联、佛教的戒律、汉文资料中的一些外道文献、舍利及佛塔在中国的影响等。通过这类内容的论述，从一些角度展示出中印两大文化体系在佛教发展过程中融汇而成的东方思想的重要形态。

第四部分：佛教与现代社会

这部分主要就佛教对现代社会的影响及对人们日常生活所起的作用进行探讨，论述了现代社会中佛教如何与时俱进、如何展现自身中的积极成分、如何造福众生或利乐有情等问题，具体涉及了现代都市寺院佛教的积极发展、人间佛教思想在印中佛典中的重要表述和现实意义、药师思想与健康社会、佛教思想与世界的和平与和谐等内容。佛教在创立时期主要关注的就是人的问题，在后来的长期发展中论及了更为广泛的世界或宇宙现象问题，但发展到今天，人类或人类社会的问题依然是佛教关注的中心。佛教中的这方面成分一直是东方哲学思想中的重要组成部分或核心内容。

本书是在笔者数年已发论文的基础上增删修改后写成的，其中不少内容在撰写时并未考虑作为一部书的协调问题。笔者虽就此尽力做了一些调整，但不足之处必定仍然存在，书中的其他瑕疵也在所难免。这类问题请方家指教。

北京大学哲学系暨外国哲学研究所　姚卫群

2016 年 12 月于五道口嘉园

一 印度哲学思想

印度宗教哲学的发展线索与重要特点

❀

印度的宗教哲学是印度文化的基本组成部分,它具有较强的系统性和思辨性,理论深奥,源远流长,影响广泛,在人类思想发展史上占有显要地位。在对印度宗教哲学进行具体研究之前,有必要对其主要发展线索进行梳理,对其重要特点进行考察。

一　主要发展线索

古印度的地理概念包括现在南亚次大陆中较为广阔的地域。古印度的宗教在印度河文明时期就已存在。印度河文明的时间范围大致在公元前 2500 年至公元前 1750 年左右。这一文明时期的古印度人是以达罗毗荼人为主的土著人。在这一文明的遗址①中,可以发现许多神的雕像②。但古印度文明在公元前 1750 年左右毁灭(原因不明)。几百年后,雅利安人来到南亚次大陆。他们原主要以畜牧业为生,属游牧民族,善于战斗,征服了土著人。雅利安人带来的文明是南亚次大陆上的新的文明。他们崇奉被认为是天启的圣典——吠陀(Veda)。

吠陀是现存古印度最早的宗教历史文献。它由一大批在相当长的时间内产生的文献构成。对吠陀有广义和狭义两种理解。从广义上说,

---

① 主要是摩亨佐—达罗和哈拉帕的遗址(1921—1922 年开始发掘)。

② 主要是一些微型雕刻印章上的神像。这类神像中有"赤陶母神""瑜伽男神""树木女神"等。参见黄心川主编:《南亚大辞典》,成都:四川人民出版社,1998 年版,第 471 页。

它指一些西北印度文献的总体，包括：吠陀本集（Saṃhitā）、梵书（Brāhmaṇa）、森林书（Āraṇyaka）和奥义书（Upaniṣad）；从狭义上说，它仅指吠陀本集，包括：《梨俱吠陀》（Ṛg-veda）、《耶柔吠陀》（Yajur-veda）、《沙摩吠陀》（Sāma-veda）、《阿达婆吠陀》（Atharva-veda）。所谓吠陀时期主要指狭义上的吠陀（吠陀本集）产生的时期，时间范围大致在公元前1500 年至公元前 800 年左右。印度宗教的最初内容在吠陀中有集中表现。吠陀宗教的主要内容是对神的崇拜和祭祀等。对神的崇拜有多神崇拜和主神崇拜等。祭祀的种类则极为繁多，如"火祭""苏摩祭""马祭"等。在吠陀时期，印度影响最大的宗教婆罗门教已产生。这一宗教主要反映了印度四个主要种姓中婆罗门阶层的思想观念。婆罗门教有所谓"三大纲领"，即：吠陀天启、祭祀万能、婆罗门至上。①

印度的宗教哲学最初产生在奥义书中。奥义书在广义上说虽然也属于吠陀文献，然而它和吠陀本集在内容上已有明显的差别。吠陀本集中的一些赞歌虽然已有某些哲学思想，但这类成分极少，它的主要内容还是对神的崇拜赞颂及祭祀。而在奥义书中，则出现了印度哲学的一些基本观念，出现了相对成型的哲学理论。当然，这些哲学理论大多与宗教的思想是混在一起的。但奥义书思想家的哲学意识是十分明确的，这与吠陀本集中的思想家有着根本的不同。奥义书可以看作是印度宗教哲学产生的真正起点，或说是印度后世宗教哲学的源头。奥义书也是在相当长的一段时间内产生的一大批文献，这些文献中较早的大约形成于公元前 800 年左右，而略晚一些的则形成于佛教产生前后。还有一些称为奥义书的文献产生的时间相当晚，甚至某些是在公元后产生的。我们此处所谓奥义书时期的时间范围大致在公元前 800 年至公元前 500 年。奥义书中的宗教哲学的主要内容是关于"梵我同一"的理论和"轮回解

---

① 参见黄心川主编：《南亚大辞典》，第 320 页。

脱"的理论。此外,与宗教哲学思想交织在一起的还有一些关于世界形成的根本要素的理论等。

从公元前6世纪至公元前2世纪,印度思想界呈现出一种极为活跃的情形,进入了一个各类思潮蓬勃兴起和争鸣的历史阶段。印度历史上著名的两大史诗《摩诃婆罗多》和《罗摩衍那》的主要部分在这一时期形成。两大史诗中的不少内容表述了印度的宗教哲学,因而这一时期也被称为"史诗时期"。在此时的印度思想界,除了婆罗门教的思想外,还流行沙门思潮。所谓沙门思潮主要指当时出现的一批反婆罗门教或非婆罗门教的思想。沙门思潮的种类极多。有些材料说有数百种,有些材料说有数十种。其中较有代表性的是所谓"六师",即当时有影响的六种思潮的代表人物,他们是:不兰那·迦叶(Pūraṇa Kassapa)、末伽梨·拘舍罗(Makkhali Gosāla)、阿耆多翅舍钦婆罗(Ajita Kesakambala)、婆浮陀·伽旃那(Pakudha Kaccāyana)、散若夷·毗罗梨子(Sañjaya Belaṭṭhiputta)、尼乾陀·若提子(Nigaṇṭha Nātaputta)。六师在许多方面提出了与婆罗门教不同的观念。但在众多的沙门思潮中,后来得到持久发展并对印度后世产生重要影响的是佛教、耆那教(Jaina)和顺世论(Lokāyata)这三个派别。

佛教是在批判和吸收改造婆罗门教的基础上形成的,大约形成于公元前6世纪。佛教在印度产生后经过了几个主要发展阶段:早期佛教(公元前6世纪中至公元前4世纪末)、小乘部派佛教主要形成时期(公元前4世纪末至公元2世纪中)、大乘佛教的主要形成和发展时期(公元1世纪左右至公元7世纪左右)、后期佛教时期(公元7世纪至公元13世纪)。① 佛教后来成为世界性的影响较大的宗教。但在印度本土,它并不是影响最大的宗教,而且后来在印度本土衰落。佛教的理论极为

---

① 以上这种佛教历史时期的划分是大致的,实际上各时期在时间上是有交叉的。

丰富,它和婆罗门教都探讨灭苦的方法,都有轮回与解脱的理论,思维方式也有不少相近之处。但早期佛教强调缘起的理论,认为事物是因缘和合的,否定有一个不变的实体,主张无常。这是它与婆罗门教的主要不同。

耆那教的产生时间与佛教类似,理论上也与早期佛教的某些观念接近。此教重视对世间万有构成要素的分析,也讲轮回与解脱的理论,但具体内容与婆罗门教有差别,不信奉婆罗门教主张的不变的"梵"。

顺世论是印度思想史上的一个反宗教的派别,它的具体形成时间难以确定,但其思想萌芽时间很早。由于顺世论的理论倾向与印度势力强大的各宗教派别都格格不入,因而发展极为困难,历史资料流传下来的极少。

佛教、耆那教和顺世论这三个派别由于都不承认吠陀的权威,在许多方面与婆罗门教对立,因而在印度思想史上被看作是非正统派,被称为"异流三派"。

从公元前2世纪至公元4世纪,印度婆罗门教哲学经过长期的发展,最终形成了六个主要哲学派别,即:数论派(Sāṃkhya)、瑜伽派(Yoga)、胜论派(Vaiśeṣika)、正理派(Nyāya)、弥曼差派(Mīmāṃsā)和吠檀多派(Vedānta)。这六个派别因为属于印度思想史上占主导地位的婆罗门教系统,都承认吠陀权威,因而被称为正统派哲学,根据其数目又简称为"正统六派"或六派哲学。这六派形成的主要标志是其根本经典(最初的原典)的出现。因此,这一时期通常被称为"经书时期"。六派哲学虽然都隶属婆罗门教系统,但这些派别在理论上的侧重点是不一样的。

数论派侧重对世界的转变形态进行研究,论述"自性"如何在"神我"的作用下转变出世间各种事物。通过认识这方面的真理而达到解脱。瑜伽派侧重研究瑜伽的宗教修持方法。通过这种修持方法,在数论

的基本思想指导下达到最高境界。胜论派侧重对世间各种现象进行区
分,将事物分析为若干种"句义",用以展示世界的基本构成。正理派侧
重研究逻辑理论和辩论规则等,在自然观上与胜论派类似。弥曼差派侧
重论述祭祀的神圣性,在对自然现象的分析方面吸收了不少胜论派的观
点。吠檀多派是直接继承奥义书中婆罗门教主流思想的派别,侧重论述
"梵"与现象世界的关系等理论。

公元 4 世纪至公元 9 世纪,婆罗门教有不少重要变化,开始逐步演
化为印度教或"新婆罗门教"。从 4 世纪开始,婆罗门教大量吸收当时
也很发达的其他宗教及印度民间信仰的成分,对自身进行了许多改造。
至 8—9 世纪,著名的吠檀多派思想家商羯罗(Śaṅkara,788—820)加大了
对婆罗门教思想改造的力度,完善了传统婆罗门教的基本学说,奠定了
印度教的理论基础。印度教中虽然还有多神崇拜,但主神崇拜已明显占
据主导地位,主要有所谓"三大主神"——梵天、毗湿奴、湿婆。后来在
宗教崇拜方面还形成了所谓三大教派,即:毗湿奴派、湿婆派、性力派。
这些崇拜一直发展延续到印度近代。

公元 9 世纪至 18 世纪,是新的民族与新的宗教大规模进入南亚次
大陆的时期,不同民族间的战争和宗教冲突极为剧烈。此时印度教中的
一些派别(如毗湿奴派和湿婆派)在印度社会的各阶层中仍保持着极为
广泛的影响。印度传统的婆罗门教哲学流派在这一时期还是有相当的
发展,特别是吠檀多派的哲学思想与印度教的宗教教义相结合,并吸收
了佛教等派别的一些理论,在思想界占据着主导地位。婆罗门教哲学其
余各派的发展主要表现为对古代经典的阐述和补充。佛教在这一阶段
的初期已密教化,至中期(13 世纪)时在印度已衰落,没有多少影响。耆
那教在这一时期虽曾一度影响缩小,但作为一个教派在印度还是保存了
下来。伊斯兰教在这一时期之初已大规模进入次大陆,并产生了巨大的
影响。它的思想迅速成为次大陆的主要思想之一。印度 15 世纪末和

16 世纪初产生的锡克教（Sikhism）就是在印度教虔诚派运动与伊斯兰教苏菲派思想融合后形成的。

18 世纪下半叶之后，印度逐渐沦为英国的殖民地。在这一时期，印度宗教哲学受到西方文化的巨大冲击，产生了近代印度的宗教与社会改革运动。在这个运动中，出现了一批既继承传统印度宗教哲学，又吸收西方近代思想的著名人物，如 R. M. 罗易（Roy，1772—1833）、D. 娑罗室伐底（Sarasvatī，1824—1883）、S. 辨喜（Vivekānanda，1863—1902）、A. 高士（Ghose，1872—1950）等[1]。

在印度近代，传统的宗教哲学派别的影响仍占有重要地位。影响较大的是婆罗门教哲学中的吠檀多派和瑜伽派。吠檀多派中的著名思想家商羯罗的主要理论对许多近现代思想家都有影响。婆罗门教中其他哲学派别的思想在近现代影响有限。但印度教的基本思想仍是近现代印度社会的主流思想，印度国内的宗教信徒绝大多数都信奉印度教，印度教中的几个主要派别在近现代民众中一直保持着重要影响。耆那教在印度近现代仍有发展，但信徒人数和影响的范围远远无法与印度教相比。佛教在近现代印度影响很小[2]，印度近代的佛教复兴运动主要是由斯里兰卡反传回来的。

二　重要特点

印度的宗教哲学在世界上占有重要地位。与其他国家或地区的情况相比，它具有一些重要的特点。这里侧重分析几个较突出的。

---

① 参考黄心川著：《印度哲学史》，北京：商务印书馆，1989 年版，第 1—20 页；参考黄心川著：《印度近现代哲学》，北京：商务印书馆，1989 年版，第 1—5 页。

② 主要指信众的人数和影响的范围，不指佛教研究。近现代印度对佛教研究还是很重视的。

(1) 宗教与哲学关系紧密

在古代印度,宗教与哲学有着密切的关系,很难离开印度的宗教讲哲学,所谓印度的哲学也多为宗教派别中表述的哲学思想。也可以说,印度的宗教具有很强的思辨性,而印度的哲学大多带有宗教色彩。

这种状况在吠陀和奥义书时期就是如此。《梨俱吠陀》中为数不多的一些所谓"哲理诗"都与宗教思想相关;奥义书中的哲学思想也多数与宗教的思想交织在一起。印度古代主要的哲学派别除顺世论外,都是宗教教派系统中的哲学流派。如所谓正统派哲学是指婆罗门教系统中的六个主要派别。在印度哲学史上影响较大的中观派和瑜伽行派是佛教中的两个主要派别。耆那教在哲学方面也提出了不少思辨性较强的理论,但这些理论毕竟是在耆那教宗教体系中的理论。

印度的哲学在多数场合是被作为一种达到宗教最高境界或摆脱痛苦的有效手段或根本方法。在印度历史上的主要哲学流派中,除顺世论外,各派都讲轮回与解脱的理论,都讲要脱离轮回世界中的痛苦,达到无苦的解脱。而认识真理,获得无上的智慧,就是摆脱痛苦跳出轮回的主要途径。因此各派都讲智慧解脱。所谓智慧,也就是各派的哲学思想。

虽然印度的哲学多带有宗教色彩,但还是要作一些程度上的区分。有些哲学派别的理论与宗教教义结合得非常紧密,是相关宗教体系的内在组成部分;有些哲学派别的理论则与宗教教义结合得比较松散,具有形式上或表面上的关联。这两种情况可举一些实例说明:

关于第一种情况,印度宗教中的吠檀多派和佛教表现得较为典型。吠檀多派的主要思想与婆罗门教的宗教教义结合得极为紧密,此派的最高哲学实体"梵"也就是婆罗门教(或印度教)的最高神。这种最高神的威力就体现在它是一切事物的根本,万有以它为实在。佛教也是一个哲学理论与宗教教义结合极为紧密的派别。早期佛教实际上是无神论,它的宗教特性体现在其他方面,如讲轮回与解脱,要求信徒抑制个人的欲望,进行种种修行等。佛教在后来的发展中虽然有某种实际趋于有神论的倾向,但其思辨性还是较为突出,它对事物的结构或宇宙万有的分析极为细密,如佛教中的说一切有部和瑜伽行派对事物的分类就是如此。佛教虽是影响较大的宗较派别,但其中的思辨性成分甚至要超过一般的哲学派别。

关于第二种情况,印度婆罗门教中的早期胜论派与正理派表现得较为典型。胜论派虽然在传统上被看作是婆罗门教系统中的派别,但此派主要关注的是对宇宙万有的存在形态的区分,重视的是对自然现象的分析。在早期胜论派的文献中,虽然也提到一些宗教性的成分,如轮回解脱和瑜伽修持等,但这方面的内容所占的比例相当低。此派体系中的绝大多数内容是对"句义"(与观念或概念相对应的实在物)的解释,而这些内容与其宗教学说并没有实质性的关联。早期正理派的情况与胜论派的情况类似,此派关注的是逻辑学说和辩论的规则,主要探讨推理的方式和种类、产生错误认识及辩论失败的原因。这些理论与此派的宗教教义也没有内在的联系,正理派早期的主要文献中宗教的内容也占较少的比重。因此,像早期胜论派和正理派这样的哲学派别虽然属于宗教哲学派别,但在总体上说,宗教的色彩实际是很淡的。当然,受印度教的主流思想的影响,这两派在后来的发展中开始逐步强调神的作用。

印度的宗教与哲学的这种密切关系是很突出的,这在与中国及欧洲的情况比较中就可以更明显地看出来。

在中国思想发展史上,宗教与哲学虽然也有重要的关联,但在程度上远不如印度的宗教与哲学的关联紧密。中国古代从总体上说,重视的是对人的生活准则问题的探讨,把人的生活准则或道德规范与宇宙的根本实在相联系,力求在人们的日常生活中体现或发现真理。对神或超自然的实在的崇拜,对宗教仪式的奉行,基本不曾在中国历史上占据主导地位。道教是中国本土的宗教,然而它在古代对中国思想界所起的作用显然远远小于儒家。佛教尽管在中国有重要的发展,但它毕竟自印度传播而来,带有深刻的印度思想的痕迹。总之,道教与佛教在中国的影响远远无法与婆罗门教或印度教在印度的影响相比。

在欧洲思想发展史上,宗教虽然也经常对哲学的发展产生重大的影响,但总的来说,宗教在思想界占据统治地位,或宗教与哲学基本融为一体的时期,主要是在中世纪。而在欧洲思想史上的大部分发展时期,宗教与哲学尽管也有紧密结合或交融在一起的现象,但一般来说,这些现象是局部的,非时代主流的。哲学的思想或理论体系,从整体上看,是离开宗教的信条而相对独立发展的,宗教的流派与哲学的流派大多是可以区分的。

相比之下,印度的宗教与哲学的关系要密切得多。印度从古至今是一个盛行宗教信仰的国家。宗教无论对印度历代的上层统治者,还是对下层的普通百姓,都有着巨大的影响。印度古代的哲学确实很难说有实质性的独立于宗教影响的发展。而印度古代的宗教派别多数具有丰富的哲学思想。这在世界上是不多见的,是印度的宗教或哲学的一个重要特点。

(2) 后代宗教哲学对古代经典中理论模式极为尊崇

印度的宗教哲学还有一个重要特点,即:后代的思想家对古代经典中提出的基本理论模式极为尊崇。印度宗教哲学的许多对立的观点一般都有古老的渊源,历史上的思想家不断出现,但很少创立新的学派,而是每人维护一个古代的思想流派。一般的思想家在提出一种理论时,总要以再次解释某一个旧的观点的形式出现,并往往论证说,他仅仅是阐明远古就已存在的东西,自己没有提出什么新东西。因此,印度历史上许多思想家总是隶属于一个早就存在的宗教哲学派别。在这方面,印度的情况也可与欧洲及中国的情况相比较。

在欧洲思想发展史上,某一时期的思想理论作为一个派别的形态在历史上一般都持续有限的一段时间。后代的思想家对先前的思想派别的理论虽然也有继承和吸收，但在理论体系上多不完全套用先前的形式。这些思想家一般都创立新的学派，构造新的理论体系。而且经常是在批判先前思想的过程中发展自身的。如在欧洲思想史上，古希腊、古罗马的哲学到了中世纪就基本上被经院哲学所取代。欧洲中世纪的哲学虽然利用了亚里士多德的学说，但基本是歪曲地利用，利用的主要是亚里士多德学说中适合基督教需要的成分。亚里士多德学说原来的那种完整体系并没有系统地发展到中世纪。欧洲近代哲学在理论形式上离古代哲学差得就更远了。如黑格尔的哲学虽然在理论形态上与柏拉图的哲学有重要的相似之处，但我们却不能说黑格尔哲学的庞大体系是袭用了柏拉图或前代的某个哲学家的。总之，在欧洲思想史上，不存在从古至今的思想模式或体系。某个时期出现的思想派别，就其整个思想体系而言（不是思想基本倾向或基本问题），不贯穿整个思想史。

中国思想史的发展总的来说明显不同于欧洲的情况，与印度的情况有相似之处。但二者（中国与印度）在发展特点上也并非完全一样。中国思想史上的主要流派的理论萌芽在先秦时大多已产生，后世思想家往往围绕古代"圣人"提出的理论概念进行讨论。如后世儒家对古代"圣人"之言推崇备至，对古代"圣典"不厌其烦地大量注释。然而十分明显的是：后世儒家对古代"圣人"理论的继承主要是在形式方面，而在内容上，实际有很多重要的发展。如程朱理学对孔孟学说有继承和吸收，但程朱理学的具体哲学形态、思想体系与孔孟的理论有很大不同。中国思想史上在后世流行的其他派别亦有类似的情形，即在继承古人思想时，主要是在形式上继承，而在内容上有很大发展。

印度的情况则有些特殊。印度古代宗教哲学的各主要派别在公元前就已产生，此后一直并行发展。这明显与欧洲的情况不同。欧洲思想史上的各主要流派一般是随时间推移逐步产生，总的来说是持一种纵向的或动态的发展,而印度宗教哲学的发展则是一种静态或横向的发展。印度宗教哲学的发展虽然与中国的情况有类似之处,但在遵从古代"圣人"所言的程度上,显然比中国更突出。它无论在形式上还是在内容上受古代理论的影响(或束缚)都要甚于中国。印度这些处于静态或横向发展中的各派内部虽然也有扬弃的发展,但这种扬弃的发展相对于欧洲和中国是不明显的,或说程度不大。印度古代宗教哲学各派的基本观点虽不同,但产生都很早,在两千多年的漫长时间内,长期共存,并行发展,两千年前是这些派别,两千年后基本上还是这些派别。如具体说就是:印度的宗教哲学的发展一般都受一些特定的思想结构或理论模式的束缚。各派的发展一般都以注释本派的最初根本经典的方式表现出来。各派在历史上的重要思想家通常就是本派根本经典的注释者,或是对注释的注释者。如吠檀多派的根本经典是《梵经》(Brahma-sūtra),此派在历史上的重要思想家商羯罗和罗摩努阇(Rāmānuja,约11—12世纪)都是《梵经》的注释者,他们的许多观点都是通过对《梵经》的注释表现出来的。再如正理派的根本经典是《正理经》(Nyāya-sūtra),此派在历史上的重要思想家筏蹉衍那(Vātsyāyana,约4至5世纪)是《正理经》的注释者;而正理派的另一重要思想家乌地耶得迦罗(Uddyotakara,6世纪)则是筏蹉衍那对《正理经》注释的注释者。印度宗教哲学派别中的这些注释者虽然在实质上也经常提出许多本派根本经典中没有的观点,或与之相反的观点,但他们一般不承认是在创新,而是把其理论说成是对根本经典中学说的重复或引申。在印度,古代的经典对于后代的思想家常常具有极大的权威,使他们在表达思想时很少敢于打破旧的框框,新的思想内容不得不非常矛盾地依附于旧的形式。各派一般都有一个从古代传下来的根本经典中就有的理论模式。

印度宗教哲学的这种发展特点,总的来说表现了某种程度上思想意识的相对停滞。这种特点和印度古代的社会经济的发展有一定关系。

印度古代的社会或经济结构有一系列特点,如土地公有(这在很大程度上是由灌溉、水利建设等工作需要巨量的集体劳动决定的);长期存在一种以农业和手工业直接结合的自给自足的农村公社;公社中的劳动分工由种姓制度固定不变。这些特点在印度的原始公社瓦解后逐步形成,并在后来的社会发展中一直存在着,变化是很小的。这种社会经济结构变化相对不大的情况是印度历史发展的一个特点。它自然会影响印度宗教哲学的发展。印度宗教哲学发展的特殊性,即在某种程度上的思想意识的停滞性,与印度古代的社会经济结构变化相对不大的特点是一致的。①

(3) 古代宗教哲学资料年代缺乏确定性

在印度的历史资料中,很少精确记载宗教哲学文献及人物等的年代,这和印度古代其他一般的文献及人物等的情况是一样的。

对印度历史比较关注的人一般都知道,古代印度历史上的许多文献、人物、事件的确切年代往往是不清楚的。这与中国和欧洲的情况(尤其是中国的情况)完全不同。中国古代的历史资料是又多又详细,人物和事件的年代多有明确记载。欧洲国家的古代历史文献保存虽不及中国完备,但依据本国或本地区保存的史料来描绘出自己历史的基本发展过程一般是不成问题的。印度的情况则较为特殊,关于一个朝代或一个朝代君王的年代的不同说法甚至能相差几百年,至于一般的人物或文献的年代模糊则更是不足为奇了。

印度的宗教哲学史是印度历史的一部分。如同要搞清楚印度历史上许多重要人物的年代问题是很困难的一样,要想判定古代印度宗教哲学中各派的创始人、主要经典等的确切年代也是很困难的。关于印度宗教哲学各派的古代主要经典的确切产生年代现在一般都没有最后定论,

---

① 参考 D. 恰托巴底亚耶著:《印度哲学》(中译本),北京:商务印书馆,1980 年版,第 19—23 页。

因为有关资料中关于各派创始人或根本经典的作者等的记述都近于传奇或神话。如关于数论派和胜论派的创始人，一般的印度宗教哲学史料都把他们说成是仙人，并作了一些离奇的描述。关于数论派的创始人迦毗罗，《金七十论》卷上记载说："昔有仙人，名迦毗罗，从空而生。"关于胜论派的创始人优楼迦①，《百论疏》卷上之中说："优楼迦，……此人释迦未兴八百年前已出世，而白日造论，夜半游行。"这类记载无法让人作为历史来相信。再如关于佛教的创始人释迦牟尼，有关他的生卒年代实际上并没有一个公认或统一的说法，因为资料的记载和不同地区的传说有很多种②。耆那教亦是如此，关于其创始人情况的记述也很乱。耆那教最早的经典"十四前"已失传，而现存经典"十一支"③还不为所有教徒承认④，至于最早经典的年代就更无从说起了。

尽管印度古代宗教哲学的主要经典、人物、事件等的确切年代由于史料缺乏记载，因而含糊不清，但在进行研究时还是要划定一个大致的时间，作为考察讨论的基础。因为作为研究对象的文献或人物如果完全没有年代范围的话，就很难对其进行评述了。国际学术界在印度宗教哲学的原典及其主要作者的年代考证方面作了大量的研究工作，取得了不少成绩，但在许多问题上仍有分歧。关于一部经典或一个人物的年代的判定，不同学者的看法甚至能相差数百年。在进行这种年代考证工作时，学者们所得出的结论多数是确定一个尽可能短的时间范围，很少指明精确的时间。例如对于婆罗门教系统中六派哲学的派别形成年代的研究即是如此。不少学者⑤在研究这些派别的产生

① 多数文献作"迦那陀"。
② 参见吕澂著：《印度佛学源流略讲》，上海：上海人民出版社，1979 年版，第4—6 页。
③ 原为"十二支"，一支佚失。
④ 耆那教有白衣和空衣两派。白衣派认为"十一支"是教祖学说的真传，而空衣派则不承认。
⑤ 尤其是一些日本学者。

年代或根本经典及其作者的年代时往往划定三个时期:一是派别基本思想萌芽时期(在这一时期,独立的派别尚未完全形成,但已出现了与此派后来理论体系有关的先驱思想);二是有关派别根本经典的最初部分的形成时期(现存印度宗教哲学的许多古老经典都不是出自一人之手,其中既有最初形成的部分,亦有后人追加的部分。根本经典最初部分的形成时期也就是该派的正式形成时期或该典最初作者①的生存时期);三是现存根本经典定型时期(即根本经典出现后,经过一段时间的后人追加过程,最后定型的时期。现在人们看到的各派的根本经典即是此时形成的)。这种判定方法得出的文献或人物的年代虽然也没有精确到某一具体的年份,但根据现有资料的情况也就只能做到这一步。尽管有关研究结论仍有不少推测的成分,但它毕竟给了我们一个研究对象的大致时间背景。

由于印度古代对历史年代的确切记载极少,还由于一些重要的史料在印度没有保存下来,因而编写印度历史必须大量使用古代希腊、罗马、中国及阿拉伯国家的旅行家和历史学家的记载。特别是中国的史料,对编写印度史十分重要②。在确定印度宗教哲学文献等的年代时,中国的史料有宝贵价值。例如,上面我们提到,印度古代不少宗教哲学的文献、人物等的年代现只能划出一个大致的范围,但划这种范围也需要一些史料根据,而且,范围划得越小越有意义。在中国史料方面,汉译佛典及关于汉译佛典年代等的记述对于考证印度古代宗教哲学文献等的年代极有价值。因为在划定一部经典产生的年代范围时,翻译年代是确定其在印度产生年代下限的重要参考依据(一部经典不可能在其被翻译时还

---

① 一般也就是该派的创始人。

② 如玄奘的《大唐西域记》中记载的许多重要情况(国名、国王名等)在印度保存的史料中根本没有提及。类似的事例还有不少。

未出现）。而汉译佛典及一些中国佛教僧侣对所谓"外道"①经典中有关理论的破斥也有助于推测相关经典的存在年代。这类史料虽然多数也不能用于确切推论出有关文献或人物的精确年代，但对于缩小所推测年代的范围起着重要作用。

（原载于《南亚研究》，2003 年第 1 期）

---

① 佛教称其他派别或不合佛教正统思想的派别为"外道"。

古印度三大宗教的核心哲学理念及其差别

✿

　　婆罗门教、佛教、耆那教是古印度三大主要宗教派别。这几个派别在印度历史悠久,理论博大精深,在世界其他地方也有不同程度的传播。三教产生并流传于相同的地区,在历史背景和文化环境方面有着相同之处,但也存在形成原因和社会阶层基础的不同。因而,它们在理论上有很多相同点也有不同处。本文拟对三者的核心哲学理念的主要内容及其差别进行分析,并力图在此基础上显明古印度宗教哲学的重要特色。

一　对"我"的问题的主要看法

　　所谓"我"是印度宗教哲学讨论的核心概念之一。这一概念主要指生命现象的主体或宇宙现象的本体,较早出现在古印度婆罗门教圣典奥义书中。奥义书是公元前 800 年之后若干世纪在古印度出现的一大批宗教哲学历史文献。这些文献的作者主要是一些婆罗门教的哲人或思想家。他们提出了一系列关于人生现象或宇宙现象本质的看法。其中较为引人瞩目的一个概念就是"我"。

　　奥义书哲人认为:在宇宙现象中有一个根本的实体"梵"。这一实

体是一切事物的根本。① 或说事物在本质上就是这一实体。奥义书哲
人还认为,人等生命现象中有一个主体,他们称为"我"。但众多人各自
的"我"在实质上就是作为宇宙本体的"梵"。梵也可以称为"大我",而
每个人自身中的主体也可以称为"小我"。奥义书中的主流思想认为:
真正实在的仅是梵或大我,而所谓小我在本质上其实就是大我或梵,小
我实际上是当人们处在无知状态时对大我的虚妄认识。这种认为大我
和小我同一的理论通常被称为"梵我同一"。它是古印度宗教哲学中影
响最大的一种理论,是印度后世婆罗门教哲学或印度教哲学中的主流
思想。

在早期奥义书产生之后,印度思想界影响较大的是三个宗教派别,
即婆罗门教、佛教、耆那教。这三教中,历史最为悠久的是婆罗门教。婆
罗门教中后来形成了六个哲学派别,即数论派、瑜伽派、胜论派、正理派、
弥曼差派、吠檀多派。这六派在哲学上有各自的思想体系。佛教在发展
中则出现了小乘部派佛教和大乘佛教。大小乘佛教派别的理论主张有
很大不同。耆那教在古代分成了白衣派和空衣派,但这两派在哲学理论
方面的区分不是很显著。

这三教及其中的哲学流派对于"我"的问题持有不尽相同甚至对立
的看法。

婆罗门教中的主导思想认为存在着这样一种作为生命现象或各种
事物主体的"我",但是婆罗门教的所有哲学流派对"我"的看法并不相
同。吠檀多派是婆罗门教哲学中的主流派,它继承了奥义书中提出的梵
或我的理论。此派中影响最大的思想家商羯罗倡导一种"不二一元
论"。这一理论认为,人的生命现象中的小我与宇宙现象中的大我(梵)
是一种不二一元的关系。真正实在的是没有任何差别或部分的大我,大

---

① 参见 S. Radhakrishnan. *The Principal Upanisads*, London: George Allen&Unwin LTD,
1953. pp. 391,727。

我是不二的,小我仅是人幻觉的产物,无数的小我构成的现象世界并不实在,没有独立于大我或梵之外的事物,一切事物在本质上就是大我或梵。① 商羯罗认为,明了了这一点(梵我不二)的人就将不再有对"我"或"我所"的执著,不再有相应的行为,并不再产生业力,这样也就摆脱了轮回状态,达到无苦的最高境界。

婆罗门教哲学中的胜论派、正理派、弥曼差派与吠檀多派对"我"的看法不尽相同。这三个派别认为生命现象中存有实在的主体,每个人有其自己的"我"。这"我"并不是虚妄的,而是生命活动的中心,是轮回与解脱的主体。当这种"我"被身体等束缚住时,他就处在轮回中。当轮回中的一种形态毁坏时(如当人死亡时),"我"会转世投生,形成新的生命形态或轮回状态。当人获得了智慧,摆脱了各种无知时,这"我"就不再投生或轮转,"我"也就解脱了。这几个婆罗门教哲学派别不认为有一个最高的梵或大我,也不认为生命现象中的"我"不实在,而是主张生命现象中的"我"应摆脱轮回形态或不实之物的束缚,应当保持其本来清净或自由的本质,这样才能不执著于各种暂时或不实之物的束缚,达到脱离轮回的无苦境界。

婆罗门教哲学中的数论派和瑜伽派也有"我"的观念,但与吠檀多派及胜论派、正理派、弥曼差派的观念又有不同。数论派在其理论中提出一个"细身"(或"相身",linga)的概念,作为轮回主体,认为细身是一种细微之物,因其细微而不受阻碍,轮转或流动于三世之中。这一细身的作用与其他派别中讲的"小我"类似。但数论派又认为有一个精神性实体"神我"。神我是世间事物或人生现象中产生精神现象的根源,是永恒存在的。当人达到解脱时,细身和其他精神或物质现象构成的轮回

---

① 参见 S. Radhakrishnan and C. A. Moore, *A Source Book in Indian Philosophy*, Princeton University Press, 1957, pp. 513-514; 参见金仓圆照:《印度哲学史》,京都:平乐寺书店, 1963 年版,第 166—167 页。

现象终结,回归到数论派提出的一个物质性实体"自性"中。而神我则处于一种与物质性成分或自性脱离的绝对独存的清净状态,这也就是此派所追求的最高境界。瑜伽派在这方面的观念与数论派类似,也认为存在一个精神性实体神我。瑜伽派与数论派是姊妹派,此派除了比数论派更重视瑜伽修行的具体手法外,其理论体系与数论派是一致的,在"我"的观念上也是如此。①

奢那教中也有与"我"相应的概念,称之为"命我"。这种命我被该教认为是精神性的实体,而且是永恒存在的实体。但奢那教又认为命我存在于不同的事物形态中,可分为不同种类。从大的方面来说,命我被分为处于轮回状态中的命我和解脱的命我。处于轮回中的命我又被分为动的与不动的。不动的命我存在于地、水和植物等中,动的命我存在于具有两种感觉以上的动物中,如虫、蚁、蜂和人中都有命我。这样,处于轮回中的命我实际上就存在于各种事物中,既存在于生物中,也存在于地、水等一般所谓的非生物中。这种"我"和上述婆罗门教中胜论派、正理派等的"我"接近,是意识现象或生命现象的依托体。但胜论派、正理派等不认为地、水等物体中有这种"我"或"命我"。奢那教的命我是生命现象或一般事物中的主体或主导者。尽管此教没有说有一个类似奥义书中梵那样的最高我,然而却认为轮回状态中的命我是受束缚的,应摆脱这种束缚,使我或命我获得自由或解脱。这是奢那教作为宗教派别追求的最高目标。②

佛教在"我"的问题上与婆罗门教和奢那教持相反的态度。释迦牟尼在创立佛教时就提出了"无我"的主张,认为在生命现象中不存在一

① 参见姚卫群编译:《古印度六派哲学经典》,北京:商务印书馆,2003 年版,第 145—216 页。

② 参见 S. Radhakrishnan and C. A. Moore,*A Source Book in Indian Philosophy*,Princeton University Press,1957,pp. 252-260。

个不变的主体,在一切事物中也不存在一个万有的本体。在解释人生现象时,佛教提出"五蕴"的观念,认为所谓的人及其作用其实是由五部分构成的,即色、受、想、行、识。生命现象是这五部分的聚合体,不存在一个作为小我或灵魂的永恒主体。在解释其他世间各种物体时,佛教提出缘起的理论,认为事物是因缘和合而产生的。其中没有一个梵这样的作为大我的不变永恒实体。生命现象也是各种现象中的一种,作为单个的人可以分析为五蕴,作为动态的生命现象的发展,可以分析为十二因缘(无明、行、识、名色、六处、触、受、爱、取、有、生、老死)。也就是说,无论是在生命现象中,还是在其他的各种世间事物中,佛教都认为是"无我"或"无主体"的。①

佛教在创立时提出无我论是有其社会历史原因的。释迦牟尼及其最初的佛教信众主要代表了古印度四种姓中的刹帝利和吠舍种姓阶层的利益与观念。他们反对四种姓中婆罗门种姓的至上地位,认为在社会中不存在一个永远居于主导地位的最高种姓。与此相应,佛教在理论上就主张无我和平等的观念,就主张缘起的理论。这种无我论至少在客观上暗示了宇宙各种现象中没有一个永恒存在并不变的东西,社会中也不应存在一个永恒居于主导地位的最高阶层。

佛教创立时虽然出于社会历史原因而提出无我论,但佛教同时为了吸引信众和确保其教义为信众所遵循,也倡导轮回与解脱(涅槃)的理论。这就在其教义体系中造成了一定的论证困难。因为讲轮回与解脱在逻辑上就必定要涉及轮回解脱的主体,人们就会问你是谁造业并接受果报?是谁由于修行和获得最高智慧而达到解脱?如果说没有一个主体驱使人造业受果,没有一个主体最后达到解脱,是很难说服人的。但若放弃无我论,接受有一个主体的观念,则无疑是否定释迦牟尼确立的

---

① 参见《杂阿含经》卷第十。

佛教的根本原则,等于否定佛教整个理论体系的基础或出发点,佛教也就无法与婆罗门教等印度其他主要宗教在理论上相区分了。而若放弃轮回解脱理论,则佛教也将面临很大的问题,佛教的因果报应学说等于没有了归属,善恶报应之说就无法成立,佛教的许多对信众的教化也就失去了支撑。佛教将失去在信众中的号召力和理论的感召力。这也是佛教万万不能做的。基于这种原因,佛教发展到部派时期,在这一问题上想出了变通的方法,提出了一些变相的"我"的观念。如部派佛教中的犊子部提出一种"补特伽罗"(音译"数取趣",意为一次次在轮回道中轮转的东西)的概念。犊子部认为,这种补特伽罗可以从前世转移到后世,它不是"我",却能起到"我"的作用①,与五蕴"非一非异",是一种不可说的东西。除犊子部外,其他一些部派中也提出了某些类似的概念,如化地部提出的"穷生死蕴"、大众部提出的"根本识"、上座部提出的"有分心"、经量部提出的"一味蕴"等等,都在一定程度上起了轮回主体的作用,实际是变相的"我"。

在大乘佛教时期,佛教强调较彻底的"空"观,对于"我"的概念,通常是持坚决否定的态度。但这一词在一些大乘文献中还是使用的。这里面较突出的是《大般涅槃经》。此经提出一个"大涅槃"的观念,认为在"大涅槃"中存在"常、乐、我、净",即所谓"涅槃四德"②,认为在大涅槃中有"我"。但《大般涅槃经》并没有说在轮回现象中有我,而是将"我"限于大涅槃的境界中。而且,此经提到"我",其实际意思是说,如来的法身是不灭的,既是不灭,当然应有一个主体,它就可以称为"我"。但此经中说的"我"与世俗或其他派别中说的"我"不同,主要指如来的法身中的不灭之物,与"凡夫"颠倒中的"我颠倒"并不一样。此经虽然没有直接否定早期佛教中的无我说,但强调大涅槃中有我,显然是大乘

① 参见《异部宗轮论》。
② 参见《大般涅槃经》(北本)卷第二十三。

佛教中一种较新的说法。

大乘佛教中的瑜伽行派实际也提出了能起"我"作用的概念。此派理论体系中有"八识"的理论,其中的第八识"阿赖耶识"和第七识"末那识"与"我"的问题关系较大。瑜伽行派认为,阿赖耶识中藏有产生世间各种现象的"种子",它是生命现象中的主体。此派虽然否定阿赖耶识是如同其他派别中的"我"那样的实体,但却将其用来解释轮回现象。瑜伽行派认为,八识中的第七识"末那识"有一种"思量"的作用,它可以把阿赖耶识思量为"我",这样人就生成了"我"的烦恼。第七识主要把"阿赖耶识"思量为"我",并生成四种关于"我"的具体的"烦恼"。按照《唯识三十论颂》中的说法,是"四烦恼常俱,谓我痴、我见,并我慢、我爱"。这样,瑜伽行派就可以用这思量出来的"我"来解释轮回现象了。此派认为,若要达到解脱,即要破除"我执",达到我空的思想境界。因此,瑜伽行派中虽然用"我"来解释轮回等现象,但最后还是要破我,主张一切皆空。甚至认为"识"也不能执著,因为识也不是真实有的,只是破除实有观念的工具。[①]

显然,在三教中,尽管各教里的不同分支或不同时期的有关"我"的看法有差别或有变化,但婆罗门教和耆那教在总体上主张的是有我论,而佛教在总体上主张的是无我论。

二 关于事物本质的观念

三教尽管都是宗教派别,但对于世间事物进行哲学分析却很重视,特别是对事物本质的见解在各自的教义体系中占有显要地位,是论述的重点问题。

---

① 参见《成唯识论》卷第二。

古印度宗教哲学派别对事物本质的看法涉及的焦点是事物实有还是空无的问题。三教在这方面都提出了自己的观念。

　　婆罗门教哲学中在这方面的主流观念也是来自奥义书。奥义书哲人的核心思想是"梵我同一"，即认为宇宙万有在本质上就是"梵"，包括人生现象在内的一切事物并不能离开梵而独立存在。因而事物呈现在人们面前的只是一种虚假不实的差别，事物的"多"是虚妄，而"一"才是"实有"。奥义书不是一个作者的产物，而是在相当长的一段时间内产生的一大批文献，因而有多种理论。除了梵我同一理论之外，这些文献中还提到其他一些物质元素等方面的理论①，认为这些元素构成了世间事物，元素及其构成物是实在的。这些理论对后来的印度哲学，特别是对婆罗门教的哲学都有不同程度的影响。

　　婆罗门教哲学中的吠檀多派基本上继承了奥义书中的主流思想。商羯罗等不二一元论者认为只有梵是实在的，而多样的世间事物在本质上是人的虚妄认识的产物。人们之所以产生轮回中的痛苦就是因为被虚妄的事物所迷惑，追求不实在东西。若要脱离痛苦，跳出轮回，根本的途径就是认识事物的本质，认识到只有唯一的梵才是真正实在的，梵外的一切均为虚妄。

　　婆罗门教哲学中的胜论派认为，事物在本质上是一些基本的"句义"。句义指与观念或概念相对应的实在物。胜论派认为，人们所使用的许多概念或观念，并不是凭空出现的，在这些概念或观念之后，有与其相对应的实在的东西，而作为世间事物基础的句义仅有若干种。因此，作为事物基础的句义是实在的。但一些缺乏这种智慧的人不明了实在的句义，因而不断去追求不实在的东西，不断产生因这些追求行为而出现的业力，产生轮回现象，使自我受到束缚，只有认识了这句义的本质，

　　① 参见 S. Radhakrishnan, *The Principal Upanisads*, London: George Allen&Unwin LTD, 1953. pp. 478-480。

才能摆脱束缚,达到解脱。

婆罗门教中的正理派极为强调获得真理的方法,因而侧重探讨逻辑推理和辩论的技巧。在事物本质方面,此派的观念与胜论派类似,认为构成世间事物的基本成分有若干种,事物不是由单一的因产生的或转变出来的。只有掌握了此派的逻辑推理和辩论的方法,才能获得真理性的知识,达到最高境界。

婆罗门教哲学中的数论派认为事物在本质上是二元的,产生生命现象或世间事物的是两个实在体:一个是精神性的"神我",另一个是物质性的"自性"。神我作用于自性就可使自性内部发生变化,转变出生命现象或世间事物。生命现象或世间事物的具体形态是不能持久的,因而,从可变性的角度来讲是不实在(不长存)的,但转变出这些事物或现象的根本因自性和作用它的神我则是实在(长存)的。

婆罗门教哲学中的瑜伽派与数论派在对事物本质的分析上是一致的,都认为世间事物或生命现象是神我作用于自性后的产物,事物的具体形态不能长久,最终都要回归其原本的实体。无知之人不能认识这真理,因而追求不实之物,产生痛苦。只有通过做瑜伽,认识真理,达到数论瑜伽追求的最高境界,才能摆脱痛苦。

婆罗门教中的弥曼差派是一个崇奉祭祀的派别,认为吠陀圣典中提及的祭祀行为是十分有效的,强调祭祀功效的真实性。此派后来在发展中也重视用句义的理论来分析世间事物,强调以句义为基础的事物的实在性①。此派关于事物本质的认识与胜论派是接近的。

耆那教在理论的基本倾向上属于多元实在论。此教认为,构成世间事物基础的有多种因,其中最主要的就是"命我"与"非命我"。命我是生命现象甚至非生命现象中的主体。这命我是实在的,但命我所依附的

---

① 参见姚卫群编译:《古印度六派哲学经典》,北京:商务印书馆,2003 年版,第 422—425 页。

物质性的身体则是不断变化的,而且对命我起一种束缚作用。因而,耆那教对事物本质的看法就涉及事物的主体和主体所依附的事物。此教认为命我在本质上是恒常的、不变的,因而真实有。非命我包括物质和事物的表现形态或存在条件。这些非命我在耆那教看来也要具体分析。非命我中的物质(补特伽罗)分为极微以及极微合成的事物。极微是不灭的,因而是实在的,而极微聚合成的事物也就是命我依附的具体事物的形态,则不能长久,是要不断变化的。时间和空间以及运动的条件和静止的条件在耆那教看来都是实在的。

耆那教认为无知之人不能认识命我和非命我的本质,因而执著于对具体事物形态的追求,产生业力,就会推动轮回的持续发展,使人的命我不能摆脱束缚,因而陷入痛苦,若能认识事物的本来面目,明了命我和非命我等的本质,人就可以跳出轮回,达到无苦境界。

佛教对于事物本质的看法比较复杂。在佛教的不同时期、不同流派、不同文献中,佛教的看法是有差别的。

早期佛教侧重分析的是人生现象,认为这种现象中不存在一个永恒的不变主体“我”,人不过是五蕴的和合形态。因而,早期佛教主要展示了一种“我空”的思想,认为生命现象是不断变化的,是不实在的。早期佛教中也有对“法”的分析,但不是重点。由于早期佛教提出缘起的理论,因此对诸法从逻辑上来分析,也不存在一个根本因,因而也有关于“法空”的思想萌芽。但无论是“我空”还是“法空”的观念,在早期佛教中表述的都不突出。早期佛教对于“我”和“法”的一些基本分析,为后来的佛教大力倡导“我空”及“法空”的观念提供了理论基础和最初的思想资料。

部派佛教派系众多,对于“我”和“法”的本质的分析不尽相同。一些部派主张较明显的我空观念,有些派别则提出变相的我有观念。对于诸法的本质,各部派持多种立场。如说一切有部主张“三世实有”“法体恒有"。① 一说部等认为诸法都是"假名",主张"法空"的观念。有些部派不笼统地说是法空还是不空,而是进行区分,如上座部系统的一些部派认为现在法有,过去和未来法空。关于部派佛教,若把对"我"和"法"的观点综合起来说,则是:说一切有部主张"我空法有",大众部系统的一些部派主张"我法两空",而犊子部则主张"我法俱有"。各部派的具体主张在细节上十分复杂。此外,佛教中还有一个方广部,主张绝对虚无之说,即所谓"恶趣空",认为事物一无所有,如同龟毛兔角一样完全不存在。

大乘佛教对于事物本质的看法基本都持空的观念,只是大乘中不同的分支对空的论证方法有差别。较早的大乘般若类经典在论证空的时候持一种体空或性空的观念,认为事物之所以空并不是由于构成它的部分离散了,而是由于事物在本性上即空,空是事物的不可分离的属性。大乘佛教的中观派较重视"缘起性空",认为没有任何事物不是缘起的,因而事物都是空的②,不仅由因组成的果是缘起性空的,而且因本身也是缘起性空的。瑜伽行派等中的大乘佛教思想家强调唯识性空之说,侧重说明一切事物都是人虚妄认识的产物,而且认为识本身也是空的,强调一种唯识无境的大乘空观念。大乘佛教在总体都是强调事物的本质是空或不实在的。

总起来说,三教中的婆罗门教既有空的观念,也有不空的观念。耆那教则对其提出的命我与非命我概念基本认为实有。而佛教从缘起的角度说实际承认事物的某种动态变化中的有,但佛教在发展中其主流的思想又认为事物的不断变化就是非永恒,非永恒的东西在本质上就是空,因而诸法皆空。

---

① 参见《俱舍论》卷第二十。
② 参见《中论》卷第四。

三　对事物形态分类的主要理论

三教中的思想家对事物形态的主要类别划分问题有不同程度的关注。这方面的理论是印度宗教哲学的重要内容。

奥义书时期古印度哲人就曾论及有关事物形态或类别的思想,如《歌者奥义书》3,19,1—2 中即提出了"安荼"(蛋状物)的世界形态理论,认为安荼"周年成熟后裂开,出现两半卵壳,一半是金的,另一半是银的"。"银的那半是大地,金的那半是天空,外膜为群山,内膜为云雾,脉管为河流,液汁为海洋。"这里实际上就提出了世界的一些基本形态。除此之外,奥义书中还提出了若干种要素的理论,认为世间事物的基本元素有地、水、火、风等。但奥义书中的核心哲学思想是梵我同一的理论,因而,各种要素或千差万别的事物类别的实在性是被奥义书主流思想家所否定的。这方面的理论在奥义书中不突出或不清晰。

在奥义书之后形成的婆罗门教哲学中,胜论派、弥曼差派、数论派是较多论及事物类别问题的派别。

胜论派的句义论中就包含了突出的事物类别划分理论。此派有十句义的理论。第一个句义是"实句义",指事物自身。第二个句义是"德句义",指事物的静的属性。第三个句义是"业句义",指事物的动的形态。第四个句义是"同句义",指事物的相同性。第五个句义是"异句义",指事物的差别性。第六个句义是和合句义,指事物所具有的自体与属性等的不可分的内在联系。第七个句义是"有能句义",指与实、德、业三句义有内在联系,并可使它们共同或单独生出特定结果的句义。第八个句义是"无能句义",指与实、德、业三句义有内在联系,并可使它们不共同或单独生出其他结果的句义。第九个句义是"俱分句义",指相对的同与异,即把同句义限于存在性,把异句义限于最终差别性,其余的同与异另成一独立的句义。第十个句义是"无说句义",指事物的非存在状态。① 这种句义论中的实句义中包含构成事物的最小单位极微、事物的时空,以及生命现象中的主体等概念。其他句义中包括事物静的属性和动的形态,以及事物相互间的关系等,展示了一种十分丰富的对宇宙现象的分析,实际也就是一种关于事物形态的类别划分理论。

弥曼差派在发展中受到了胜论派的影响,提出了它的句义论。此派的句义论与胜论派有一定差别,如弥曼差派的重要思想家枯马立拉认为世界现象可分析为五个句义,即实、德、业、同、无。此派的另一个思想家普拉帕格拉认为世界现象可分析为八个句义,即实、德、业、同、和合、能力、相似、数。弥曼差派与胜论派在句义论上的这种差别并没有本质的不同,两派都将事物主要区分为事物自身、事物的静的属性、事物的动的形态以及事物相互间的关系等。

数论派提出一种"二元二十五谛"的理论。这种理论认为,存在着两个对世间事物和人生现象形成起根本作用的实体。一个是精神性的"神我",另一个是物质性的"自性"。当神我作用于(观照)自性时,自性就转变出世间事物或生命现象。自性先转变出"觉"("理性"或"知性"),由觉转变出"我慢"(自我意识)。从我慢一方面生出"十一根"(眼、耳、鼻、舌、皮、发声器官、手、足、排泄器官、生殖器官、心),另一方面又生出"五唯"(香、味、色、触、声),五唯又生"五大"(地、水、火、风、空)。② 这二十五个概念实际也就是数论派对事物形态类别的一种基本区分。

婆罗门教中的吠檀多派与奥义书中的主流理论类似,在事物类别划分方面提出的思想不多。正理和胜论两派对事物形态的类别划分问题见解大致相近。瑜伽派与数论派在这方面的观念也基本相同。因而,婆

---

① 参见《胜宗十句义论》。
② 参见《金七十论》卷上。

罗门教中的事物形态类别划分理论最有代表性的就是胜论派与数论派
的说法。

耆那教关于事物形态类别划分的思想主要体现在此教提出的"命
我"与"非命我"的理论上。"命我"是生命现象和非生命现象中的精神
实体。命我又分为处于轮回中的命我和解脱的命我两类。处于轮回中
的命我又被分为动的与不动的。不动的命我存在于地、水和植物等中,
动的命我存在于具有两种感觉以上的动物中。"非命我"由四部分组
成,即:法、非法、虚空和补特伽罗。"法"是事物运动的条件;"非法"是
事物静止的条件;"虚空"是事物运动的场所;"补特伽罗"即物质,它分
为极微和极微的复合体。

由此可以看出,耆那教对于万有,实际上是区分为两大类。命我这
一类基本属于精神或意识主体的方面。非命我则涵盖了各种物质现象
的因果形态及其存在的诸种条件。耆那教在进行这种区分时,基本上是
对各类事物的实在性都加以认可的,它所强调的是,命我应当是自由的,
不应受物质现象的束缚。

佛教的事物形态类别划分理论较为丰富。早期佛教就把人及其作
用从静态的角度区分为五蕴,而从动态的角度则区分为十二因缘。此
外,早期佛教中还有十二处(眼处、耳处、鼻处、舌处、身处、意处、色处、
声处、香处、味处、触处、法处)、十八界(眼界、耳界、鼻界、舌界、身界、意
界、色界、声界、香界、味界、触界、法界、眼识界、耳识界、鼻识界、舌识界、
身识界、意识界)、六界(地、水、火、风、空、识)等的说法,这些都可以说
是佛教中较早出现的对包括人生现象在内的事物形态所做的类别划分。

部派佛教中对事物形态的分类更趋细密。这里较突出的就是说一
切有部。有部较早地提出了"五位法"的理论,将各种事物或现象分为
五大类,即色法(物质现象)、心法(精神或意识体)、心所法(精神或意识
所具有的种种表现)、心不相应行法(非色非心的属于行蕴所摄的内

容)、无为法(没有生、住、异、灭的现象)。在这五大类之下,又有更细的事物形态区分。部派中不同的文献说法不尽相同。按照《品类足论》中的分法,色法有十五种,心法有六种,心所法二十七种,心不相应行法十六种,无为法三种。合计"五位六十七法"。按照说一切有部后来的主要著作《俱舍论》的分法,色法有十一种,心法仅一种,心所法有四十六种,心不相应行法有十四种,无为法有三种。合计"五位七十五法"。

大乘佛教中也有"五位法"的理论。这主要就是《大乘百法明门论》中的分类。由于此论对于事物的分类最为细密,在佛教中最有代表性,因而此处将其细目也具体列出:

心法八种:眼识、耳识、鼻识、舌识、身识、意识、末那识、阿赖耶识。

心所有法五十一种:作意、触、受、想、思、欲、胜解、念、定、慧、信、精进、惭、愧、无贪、无瞋、无痴、轻安、不放逸、行舍、不害、贪、瞋、慢、无明、疑、不正见、忿、恨、恼、覆、诳、谄、憍、害、嫉、悭、无惭、无愧、不信、懈怠、放逸、惛沉、掉举、失念、不正知、散乱、睡眠、恶作、寻、伺。

色法十一种:眼、耳、鼻、舌、身、色、声、香、味、触、法处所摄色。

心不相应行法二十四种:得、命根、众同分、异生性、无想定、灭尽定、无想果、名身、句身、文身、生、老、住、无常、流转、定异、相应、势速、次第、方、时、数、和合性、不和合性。

无为法六种:虚空无为、择灭无为、非择灭无为、不动灭无为、想受灭无为、真如无为。

佛教中的"五位百法"理论是对事物形态类别划分最为细致的理论。这一理论体系中论及物质现象、精神现象,还有一些其他的事物存在或表现形态,具体涵盖了人的思想意识、情感、生命发展阶段、物体的存在形式、事物间的关联、轮回与解脱状态等等,与先前的佛教中有关事

物形态类别划分理论有相似处,特别是与说一切有部的《品类足论》等
文献中的相关理论接近,但也有明显的不同,即瑜伽行派的这种分类理
论中实际主要强调的是"识"的主导性,"五位"在实质上并不都是并列
的。这与说一切有部不同。佛教的这种事物形态划分理论是三教中最
为细致的,是古印度宗教哲学中在这方面最有代表性的一种理论。

四　差别与特色

从以上的论述中可以看出,古印度三大宗教派别在核心哲学理念上
有着明显的差别。这主要表现在以下三点上:

第一,对于宇宙万有中有没有一个主宰一切的实体,三教的看法有
差别。

婆罗门教的主流哲学认为无论是人生现象还是世间事物中都有一
个主体或本体,提出了梵或我的理论。而佛教的主流思想则否定有这样
的主体或本体,主张缘起说,主张五蕴说。耆那教虽然有命我的观念,但
并不认为一切事物都来自于命我,并不主张命我主宰一切,是世间事物
的根本因,而是认为命我和非命我都是实在的,主张一种多元实在论,这
和婆罗门教的主流哲学思想不同,与佛教完全否定本体或主体的观念也
不同。

第二,对于宇宙万有的基本形态所作的类别划分,三教有差别。

婆罗门教中对万有或各种现象进行分类的主要代表是胜论派。此
派将万有的形态区分为若干种句义,在每个句义下又有更进一步的区
分。婆罗门教中的后期弥曼差派也与胜论派的这种分析类似。佛教中
的说一切有部和大乘瑜伽行派将事物划分为五大类,每一类之下又有不
少进一步的分类,涉及的事物形态或概念众多。耆那教将事物或现象划
分为命我和非命我两大类,在这两大类之下也有进一步的划分,提出了

一种多元形态的宇宙现象的思想体系。这三教在这方面的理论互不相同，但从中可以看出古印度哲人对宇宙或人生现象观察之细微。

第三，对于各种事物或现象的实有和虚无问题，三教的看法有差别。

婆罗门教中的主流哲学观念认为，世间事物在本质上是梵或大我，强调真正存在的只有这种唯一不二的最高本体，而世间事物的千差万别是虚假的，独立于梵或我之外的事物是不存在的。佛教则反对这种唯一最高本体或主体论，认为事物是缘起或无我的，强调只有事物的缘起形态才是事物的本来面目，而离开缘起形态的所谓最高实体或生命主体是不存在的或是虚假的。耆那教认为作为众多生命或现象中各自主体的命我是实在的，但并不认为作为物质现象或事物的存在形态的非命我是虚假的，主张实在的命我应摆脱物质的束缚。耆那教实际上表明了一种多元实在论。可见，三教在这一问题上的立场也是互不相同的。

从这三教的核心哲学理念及其主要差别中，不难发现古印度宗教的重要特色。这体现在三个方面。

第一，三教在核心哲学理念上的差别，反映出它们在形成和发展过程中各自所代表的不同社会阶层的倾向。

婆罗门教在三教中出现得最早，佛教和耆那教出现时间接近。在这三教中，婆罗门教哲学的理论主要反映了古印度种姓中婆罗门祭司阶层的利益和思想倾向。婆罗门祭司阶层认为，在社会的各个阶层中，应该有一个主导阶层或最高等级，这就是婆罗门祭司阶层，他们是社会的核心，可以统治或主导社会的一切。与此相应，此教在哲学上就主张梵一元论，主张宇宙万有中有一个最高实体。而佛教和耆那教哲学则在很大程度上反映了当时社会中刹帝利和吠舍等非婆罗门种姓阶层的利益和思想倾向。这些阶层反对种姓制中的不平等观念，反对婆罗门至上，反对婆罗门种姓的最高地位永恒不变。两教都否定仅有一个实在的最高实体的主张，而强调缘起论或多元实在论。

第二,三教的核心哲学理念反映了古印度宗教与哲学的密切关联。

三教都是重要的宗教派别,都提出了思辨性很强的哲学理论。这是古印度宗教的一个显著特点。也就是说,这三教尽管都有崇拜的宗教对象,有系统的教规或戒律,有大量的信众和教团组织,但却也都极为关注哲学问题,这在世界宗教中是不多见的。印度古代的哲学思想多数是宗教派别中的思想,很难找出一个宗教派别不探讨哲学问题的,也很难找出一个哲学派别不论及宗教问题的。印度的宗教与哲学关系之紧密在世界各大古文明的发展中是十分突出的。

第三,三教的核心哲学理念反映了古代印度人对宇宙事物及人生现象的细致深入观察。

三教都对事物或人生现象的主要形态和本质进行了深入的探讨。婆罗门教哲学中的胜论派对万有形态的分析、耆那教对命我与非命我及其下属内容的描述、佛教提出的五位百法等的事物形态类别的区分,以及三教对于这些现象之本质的论述,都在深入和细致方面达到了极高的程度。这在古代世界历史上是十分罕见的,具有鲜明的东方文化的特色。它们对事物或人生现象形态的区分及其本质的见解对后世人类思想的发展有着重要的启发或影响。

(原载于《中国高校社会科学》,2015 年第 6 期)

奥义书思想及其与婆罗门教六派哲学的关联

✿

奥义书是古印度最早提出大量哲学思想的典籍,是印度后世许多哲学学说的主要理论源头。奥义书不是一部或几部著作,而是较长时期出现的一大批文献。它的思想内容涉及面极为广泛,十分庞杂。但就其中的核心成分而言,论述的是印度婆罗门教的思想。这些思想对印度后世系统化的哲学派别的形成有重要影响,不仅影响了正统派哲学,而且影响了非正统派哲学。本文仅就奥义书与婆罗门教六派哲学的理论关联问题简要地提一些看法。

一　奥义书思想的主要成分

奥义书的梵语是"Upaniṣad",它的原义是"近坐"或"坐在一起",引申为师生对坐时所传的"奥秘教义"。奥义书包括的典籍为数众多,约有二百多种。较早的奥义书的大致出现在公元前 9 世纪至公元前 6 世纪,后世流传的不少奥义书出现得相当晚,有些在公元前 6 世纪之后,有些甚至在公元后。

一般认为奥义书中年代较早的有:《广林奥义书》(Bṛhadāraṇyaka Up.)、《歌者奥义书》(Chāndogya Up.)、《他氏奥义书》(Aitareya Up.)、《鹧鸪氏奥义书》(Taittirīya Up.)、《乔尸多基奥义书》(Kauṣītakī Up.)、

《由谁奥义书》(Kena Up.)。上述奥义书通常被认为是约公元前 800 年
至公元前 500 年间产生的。此外,还有一些年代晚一些,约在公元前
500 年至公元前 200 年间产生,但也很重要的奥义书,如:《迦塔奥义书》
(Kaṭha Up.)、《伊莎奥义书》(Iśa Up.)、《白骡奥义书》(Śvetāśvatara
Up.)、《剃发者奥义书》(Muṇḍaka Up.)、《蛙氏奥义书》(Māṇḍūkya
Up.)、《慈氏奥义书》(Maitrī Up.),等等。

这些奥义书在内容上虽然有差别,但它们讨论的许多问题是相同
的,而且在一些重要观念上的看法也是一致的。这主要表现在三个方
面:一是关于梵我关系的理论;二是关于轮回解脱的理论;三是关于物质
要素的理论。

梵我关系理论是奥义书中婆罗门教思想家论述的核心思想。这一
思想提出后在印度历史上一直影响巨大。

所谓"梵"(Brahman)一般被奥义书思想家看作是万有的最高本体
或根本;所谓"我"(Ātman,亦意译为"灵魂""小我",或音译为"阿特
曼")则常被看作是人生命现象的主体。"梵"被认为只有一个,而"我"
通常被人们认为有许多,每个人有每个人的"小我",而众多的"小我"及
其相关事物就又被后人看作是现象界。①

在奥义书中讨论梵我关系的众多思想家中,占主导地位的观点是所
谓"梵我同一"或"梵我一如"。这些思想家认为,宇宙最高本体(梵)和
人的主体(阿特曼或我)在本质上是同一的。如《广林奥义书》中说:"他
(梵)位于一切存在之中,没有什么能认识他,他的身体就是一切存在
物,他从内部控制一切存在物,他就是你的自我。"②《蛙氏奥义书》中说

---

① 每个人有自己的小我,别人的小我对自己来说是外物,自己的小我对别人来说也是外
物。因而无数小我及其相关物实际也就是现象界或众多的外部事物。

② 《广林奥义书》3,7,15。本文中使用的各类奥义书依据 S. Radhakrishnan, *The Principal
Upanisads* (London:George Allen&Unwin Ltd,1953)一书中所载文本。下同。

得更明确："一切确是此梵,此阿特曼即梵。"①因而,在奥义书中,"阿特曼"一词也常用来指万有的本体"梵","梵"也被称为"大我"。

这最高的梵或大我在奥义书中有时也被认为是最高神,万物来自于它,以它为根本。奥义书在论述梵或大我时,还认为这一最高本体是不可思议的,不能用一般的言语或概念来描述,只能说它不是什么,而不能说它具体是什么。人们只能在对一系列具体描述它的属性的否定中来体悟它究竟是什么。

奥义书中的梵我关系理论反映了印度社会中婆罗门祭司阶层的思想倾向和政经利益。在他们看来,社会中具有最高地位的是婆罗门种姓,其他种姓应当服从它,以婆罗门种姓为根本。婆罗门种姓的地位是永恒的、不变的。显然,奥义书哲学中梵的最高本体地位与印度社会中婆罗门种姓的至高无上地位是对应的。

轮回解脱理论是奥义书中的又一重要思想。它对印度后世宗教哲学的形成和发展起了重要作用。印度历史上流行的各宗教哲学流派都在不同程度上继承或借鉴了这种理论。

在奥义书的许多思想家看来,所谓轮回状态也就是一种无明状态。它的产生完全是由于人们不认识梵我同一,不认识作为现象界具体内容的无数我(小我)在本质上是梵,不认识仅有梵是实在的。因而在本来唯一实在的梵之外错误地认为还有多样性的世间事物。由此产生对不实事物的追求。而这些追求往往不能真正或最终达到目标,使人产生痛苦。人的这些行为又会产生所谓"业力",它将影响有关人的"阿特曼"(小我),使其不断在各种轮回状态中流转,经受痛苦。当然,有关轮回的学说或基本观念,在奥义书中也是逐步形成与明晰的。

关于轮回的状态,较早的奥义书中提到的是所谓"五火二道"理论。

---

① 《蛙氏奥义书》2。

所谓"五火"是指人死后再出生的五个轮回阶段。即人死被火葬后,先
进入月亮,再变成雨,雨下到地上变成食物,食物被吃后变成精子,最后
进入母胎出生。所谓"二道"是指"神道"(devayāna)和"祖道"(Pitṛ-
yāna)。"神道"是人死后进入梵界,不再回到原来生活的那个世界中来
的一种道路;"祖道"是人死后根据"五火"的顺序再回到原来生活的那
个世界中来的道路。①

除"五火二道"的理论外,后来又有所谓"三道四生"②的理论。这是
进一步系统化的轮回解脱理论。奥义书认为,轮回状态的好坏与人生前
行为的善恶有关,如《广林奥义书》中说:"行善者成善,行恶者成恶。"③

在奥义书中,虽然区分了轮回状态的好坏。但这种好坏并不是严格
意义上的。严格来说,轮回状态在本质上或最终意义上说是没有所谓好
的。因为处在轮回状态中就不可能避开痛苦。因此,对许多奥义书思想
家来说,真正的善报应该是跳出轮回,达到解脱。而要达到解脱,就必须
消除无明或无知。

在奥义书中,轮回解脱的理论与梵我关系的理论实际上是密不可分
的。根据许多奥义书的观点,业报轮回产生于人的欲望和相应的行为,
解脱则要在欲望消除后才能达到。④所谓解脱也就是得到关于梵的智
慧,领悟到梵我同一。如果真正认识到了一切皆梵,自我即梵,那人对外
物的欲望和追求自然就没有意义了。无欲望就无相应的行为,无行为自
然就不会产生业力,也不会有轮回转生,这也就是解脱。⑤《广林奥义
书》中说:"智者,即梵的认识者,在身体衰亡后,直升天界,达到解脱。"⑥

---

① 参见《广林奥义书》6,2;《歌者奥义书》5,3 以下;金仓圆照:《印度哲学史》,京都:平乐
寺书店,1963 年版,第 33 页。

② "三道"指天道(神道)、祖道、兽道;"四生"指胎生、卵生、湿生、种生。

③ 《广林奥义书》3,2,13。

④ 《广林奥义书》4,4,5—6。

⑤ 《歌者奥义书》7,25,2。

⑥ 《广林奥义书》4,4,8。

显然,在奥义书中,获得解脱的根本办法是一种智慧解脱的办法。这一特点在后世的印度宗教哲学中一直保持了下来。

物质要素的理论也在奥义书思想中占有一定比重。这类理论不仅对印度婆罗门教系统的哲学派别有影响,对非婆罗门教系统的哲学派别也有影响。

大多数奥义书的思想家都将"梵"或"我"这种实体,视作世界的本原、人生命的根本。一些奥义书还将这种实体或多或少地说成是精神性或意识性的。但这并不等于说奥义书中就不存在其他关于世界本原的理论了。实际上,许多奥义书中都提到了世界的本原是一些物质性的东西。如印度哲学或宗教史上经常论及的"四大"(地、水、火、风)的概念,最早就出现在奥义书中。

奥义书中的许多思想家把此类物质性要素中的一种或几种看作是世界的本原。如《歌者奥义书》中说:"水确实大于食物(地),正是水呈现出这地上不同的形态,呈现出大气、天空、群山、众神与人、牲畜与鸟、草与树、野兽与虫、蝇与蚁。水确实是这一切形态。应崇拜水。"①"火确实大于水。……人们说:有闪电,有雷,因而有雨。火确实先表明了这,并创造了水。应崇拜火。"②"空间③确实大于火。在空间中,存在太阳和月亮、闪电、星星及火。通过空间人呼叫,通过空间人听闻,通过空间人回答。人在空间中痛苦,在空间中生,对着空间生。应崇拜空间。"④"风确实是一摄入者。火熄灭时归于风,太阳落时归于风,月亮没时归于风。"⑤这类材料很多,还可在奥义书中找到其他一些相关论述。⑥

---

① 《歌者奥义书》7,10,1。

② 《歌者奥义书》7,11,1。

③ 印度宗教哲学文献中与四大并列的"空"(ākāśa)一般被当作元素。这种元素由于不阻碍事物,因而有时也常与空间概念混同。

④ 《歌者奥义书》7,12,1。

⑤ 《歌者奥义书》,4,3,1。

⑥ 参考黄心川:《印度哲学史》,北京:商务印书馆,1989 年版,第55—66 页。

当然,从总体上说,物质要素理论在奥义书中不是占主导地位的理论,它在整个奥义书中所占的比重无法与梵我理论及轮回解脱理论相提并论,而且一些物质要素理论也常与梵我及轮回解脱理论掺杂在一起。

奥义书中的物质要素理论,对印度后世流行的自然哲学起着先驱思想的作用。这方面的理论无论是在婆罗门教系统的派别中,还是在非婆罗门教派别中,都有流传。它的思想源头应该说是奥义书。

奥义书思想对印度后世的哲学思想有多方面的影响,其中受到影响最大的是婆罗门教系统的六派哲学,即:吠檀多派、弥曼差派、数论派、瑜伽派、胜论派、正理派。这六派又可以分为三组。以下分别考察奥义书与它们的关联。

二 与吠檀多派和弥曼差派的关联

在六派哲学中,吠檀多派和弥曼差派是更为正统的婆罗门教哲学派别。二者中,吠檀多派与奥义书的关系又最为紧密。

吠檀多派是印度哲学中的主流派,它的思想直接来源于奥义书。这从此派的名称也可以看出来。"吠檀多"一词的梵语为"Vedānta",其字面意思是"吠陀的终末"。吠陀是印度最早的一批宗教历史文献。奥义书从广义上说,也属于吠陀文献,是吠陀文献中晚出的部分。而所谓"吠陀的终末"即吠陀的最后一部分,也就是奥义书。由于此派在理论上与奥义书关系密切,因而得名。

吠檀多派哲学的理论核心仍然是梵我关系问题。在奥义书中,许多哲人主张"梵我同一"。但由于奥义书有多种,作者也不是一人,因而他们在阐明这一理论时存在着表述上的不一致,即他们一方面说梵与我是一个东西,而另一方面又对其作出种种区分(如说梵是唯一不二的,而我是杂多的;梵是自由的、纯净的,而我是不自由的和不纯净的等等)。

这样,对梵与我在相同的程度上和差别的程度上就可以有各种理解,甚至是完全对立的理解。当吠檀多派兴起时,这一派的哲学家在继承奥义书的"梵我同一"理论时,也面临着这样的问题,即:梵与我的关系究竟怎么摆?它们是绝对相同、毫无差别,还是基本相同、略有差别,或相同是真实的、差别是虚幻的等等。因此,对梵与我(现象界)的关系问题的不同回答,就形成了吠檀多派的众多分支。在这些分支中,影响较大的是跋达罗衍那的"不一不异论"、商羯罗的"不二论"、罗摩努阇的"限定不二论"及摩陀婆的"二元论"。

跋达罗衍那(Bādarāyaṇa,约 1 世纪)是吠檀多派的创立者,也是吠檀多派的主要经典《梵经》(Brahma-sūtra)的作者。他在梵我关系问题上的见解倾向于"不一不异论"。这种理论认为,梵作为世界的创造者或世界的根本因,与其部分、属性或被造物——我(现象界)是不同一的(此为"不一"),但从我(现象界)都具有梵性,一切事物离开梵都不能存在的角度看,梵与我又是同一的(此为"不异")。二者的关系被比喻为如同太阳和其映在水面上的影子的关系一样。[1] 跋达罗衍那在轮回与解脱问题上的观点与奥义书中的一般说法也相近,他在《梵经》中论述了小我的轮回过程及如何通过冥想等获得梵的知识,认为进行婆罗门教的祭祀也有助于正确认识梵,强调如果小我与梵合一,则可不再回到轮回的世界中。[2]

商羯罗(Śaṅkara,788—820)是吠檀多派中最有影响的哲学家,也是印度哲学史上最著名的思想家之一。他在其《梵经注》(Brahma-sūtra-bhāṣya)等著作中论述了"不二论"的思想。商羯罗认为,真实存在的仅

---

① 参见《梵经》3,2,18—28 及商羯罗的相应注释。本文所引六派哲学的各类经典或文献依据姚卫群编译《古印度六派哲学经典》(北京:商务印书馆,2003 年版)一书中所载文本。下同。

② 参见《梵经》4,4,4—22。

是梵,梵是一切的根本,现象世界是梵的一种幻变。由于万有以梵为根本,因而梵也被认为具有最高神那样的力量,是无所不能的。商羯罗在其《梵经注》中说:"梵是全知全能的,是世界的产生、存在和解体的原因。"①商羯罗虽然把梵看作是唯一真正实在的,但面对众多人们所认为实在的世间万象,他要进行实质性的否定仍要作一番详细论证。他认为,梵在本质上是唯一不二的,但由于人们对梵的理解不同而表现出有两种梵,一种是下梵,它是有限制的,有属性的,表现为神创造的具有不同名称和形态的世界(现象界);另一种是上梵,它是摆脱一切条件因素的,无差别的,无属性的。在商羯罗看来,下梵和上梵的区分只是人主观认识的产物,在实际上,梵只有一个。② 商羯罗还吸收和发展了奥义书中的轮回解脱理论。他认为,人应摆脱轮回,达到解脱。他把解脱区分为两种。一种是"渐解脱",另一种是"真解脱"。渐解脱是在对下梵的信仰中产生的,这种解脱还讲人死后小我(灵魂)至梵界享乐,它还不是彻底的解脱;真解脱是在对上梵的信仰中产生的,它要通过对梵的正确认识获得。③ 这种解脱的实现虽然也要求遵从婆罗门教(印度教)的种种规定, 履行种姓义务等,但主要的还是要依靠修行者坚持"梵我同一"的观点,坚持不二论的思想。在商羯罗看来,人的本性是纯净的,真解脱仅在于消除无明,认识真我。

　　罗摩努阇(Rāmānuja,约 11—12 世纪)是吠檀多派中主张"限定不二论"的著名思想家。他在其《梵经注》④等著作中提出:小我(现象界)与最高我(梵)之间的关系是属性与实体或部分与整体之间的关系。这就如同光是火或太阳的一部分,或白色等是具有这些颜色的东西的性质

　　① 商羯罗《梵经注》1,1,4。

　　② 参考商羯罗《梵经注》1,1,11;1,2,8;参考金仓圆照《印度哲学史》,第166—167 页。

　　③ 参考商羯罗《梵经注》1,1,11;参考木村泰贤《印度六派哲学》,东京:丙午出版社,1919年版,第578—602 页;参考金仓圆照《印度哲学史》,第166—168 页。

　　④ 亦称为《圣疏》(Śrī-bhāṣya)。

一样。小我与最高我虽密不可分,但二者又不相同。① 小我是最高我的属性或部分,属性或部分尽管隶属于实体或整体,但并不能因此就认为属性和部分不实。同样,作为属性或部分的现象界虽然隶属于作为实体或整体的梵,但并不能由此认为现象界不真实。他反对商羯罗及其先前的一些哲学家把现象界看作是虚幻或无明之产物的观念。罗摩努阇虽然坚决主张现象界的多样性和差别性是真实的,但他始终承认作为实体而存在的仅是唯一的最高梵。现象界(小我)虽实在,但也仅仅是限定客观实在的属性或部分,万有的最终实体是"不二"的,因而罗摩努阇的这种梵我关系理论被称为"限定不二论"。罗摩努阇也论及摆脱轮回达到解脱的方法问题。他特别强调对神的信仰和敬爱,认为梵即神(毗湿努神),倡导通过忆念和冥想直观神来求得解脱。

摩陀婆(Mādhva,约13世纪)亦为吠檀多派的重要思想家。他也注释了《梵经》,提出了此派梵我关系理论中的"二元论"。他认为,梵虽是根本,但却与小我不同一,二者是分离的。他不同意商羯罗的许多观点,反对世间事物是无明之产物的说法。他实际更为强调小我的实在性,强调小我与梵之间的差别。摩陀婆明确宣称:小我与神(梵)是分离的,小我与神(梵)不同一。② 由于摩陀婆极为强调神(梵)与小我(现象界)的双重实在性和二者间的差别,因而其理论被称为"二元论"。在轮回解脱思想方面,摩陀婆认为,要摆脱轮回达到解脱,需要学习吠檀多派哲学的知识,而且对神的崇拜和献身也是重要的。

吠檀多派虽然有大量分支,有众多观念不同的思想家,但此派的思想家有一个共同点,即他们都受到奥义书思想的影响,承认梵是最高的实体,强调对梵与我的正确认识是最高的智慧,认为获得了这种智慧将使处于轮回痛苦中的人们达到解脱。

---

① 参见罗摩努阇《梵经注》2,3,45。
② 参见摩陀婆《梵经注》2,3,28。

弥曼差派与吠檀多派比,受奥义书的影响相对要小。但它也还是与奥义书的思想有关联。

弥曼差派的思想渊源较早,此派主要探讨婆罗门教的祭祀或与祭祀直接相关的内容。而这种探讨在吠陀文献中(特别是在梵书中)即已展开。吠陀文献中相当成分的内容是祭祀。祭祀仪式是非常烦琐的。这种仪式实行的时间长了,难免就要产生许多疑问。于是,有不少人探讨这些内容,或专门从事这方面的研究。这种研究后来向不同方向发展。一些人较为重视梵书等吠陀文献,专门研究祭祀本身的各种做法、动作等形式方面。这些人形成一个派别,被称作"前弥曼差派",或"业弥曼差派",后简称为"弥曼差派"。还有一些人侧重研究吠陀中哲理思想的成分,即侧重研究奥义书中的思辨性成分,这些人被称为"后弥曼差派"或"智弥曼差派",后来又更多地被称为"吠檀多派"。

奥义书从广义上说也属于吠陀文献,虽然奥义书的核心思想是关于梵我关系的理论,但在这些文献中也谈到祭祀的内容。如《歌者奥义书》中在论及人的义务(法)时,曾首先列举了祭祀、学习吠陀等。[1]《迦塔奥义书》也谈到祭祀施物时人产生信念的问题。[2] 奥义书毕竟也属吠陀文献,与梵书等吠陀文献有着不可分割的联系,因而谈论祭祀问题也是很自然的。这些内容或多或少地对弥曼差派有影响。

弥曼差派研究的重点是祭祀的方式及其功效,强调吠陀文献的神圣性,强调吠陀言语的先天正确性和永恒性。此派最早提出的基本理论是"声常住论"。所谓"声"(śabda)此处指言语、观念或知识,特别指吠陀的言语或知识。弥曼差派认为,这种观念和知识是先天本有的,不是人造的,它常住不灭,并绝对正确。一般的言语和观念是这种先天本有的"声"的显发。

---

① 参见《歌者奥义书》2,23,1。
② 参见《迦塔奥义书》1,1,1—2。

弥曼差派强调的"声"虽然主要是指早期吠陀中涉及祭祀较多的吠陀言教,但由于弥曼差派产生在公元前 2 世纪左右,因而此派说的"声"也不能完全说不含有作为广义吠陀文献的奥义书的言教。换言之,在这方面,弥曼差派的思想是与奥义书相关的。

除了"声常住论"之外,弥曼差派在教义中也论及了轮回解脱的观念。印度宗教哲学各派的这种观念都在不同程度上受奥义书中的轮回解脱观念的影响,只是弥曼差派在接受这些成分时,亦极为强调祭祀在获得解脱过程中的主要作用。

再有,弥曼差派在后来还对世间现象进行了细致的分类①,亦主张积聚论的观念,其中的一些思想与奥义书中的物质要素理论也是相关的。

三　与数论派和瑜伽派的关联

数论派和瑜伽派是六派哲学中关系较为紧密的一组。它们的理论在奥义书中也能找到思想萌芽。

数论派的基本哲学体系是所谓"二元二十五谛"。此派认为,世间事物或人生现象是由"自性"和"神我"这两个实体(二元)相互作用后形成的。自性在被神我"观照"后,内部结构发生变化,开始产生世间事物或人生现象。最初产生的是"觉"(相当于起确定或决定作用的"理性"或"知性"),从觉生出"我慢"(即"自我意识"或"主我性"),从我慢一方面生出"十一根"(眼、耳、鼻、舌、皮、发声器官、手、足、排泄器官、生殖器官、心),另一方面又生出"五唯"(香、味、色、触、声),五唯又生"五大"(地、水、火、风、空)。②

---

① 弥曼差派中的不少这类成分来自胜论派。
② 参见《数论颂》22 及《金七十论》卷上中的相应解释。

数论派的这种"二元二十五谛"①的理论构成了印度古代极有特色
的人生现象和世界形成学说。这一学说完全成型是在此派的主要文献
《数论颂》(Sāṃkhya-kārikā)②出现后。但它的某些成分在奥义书中就可
以见到。如《迦塔奥义书》中说:"在根之上,是境;在境之上,是意;在意
之上,是觉;在觉之上,是大我。""在大我之上,是未显;在未显之上,是
神我;在神我之上,则无。这就是终点,这就是最终的目的。"③

　　此处,奥义书中说的"根"和"意"实际就是数论派说的十一根中的
"五根"和"心"。奥义书中的"境"就是数论派中的"五唯";奥义书中说
的"未显"就是数论派中的"自性";奥义书中说的"神我"与数论派的
"神我"相同;奥义书中说的"大我"在数论派中没有,但却与数论派中的
"我慢"的含义有关。

　　从这种对比中我们可以看出,在奥义书中,数论派的一些基本观念
已经提出。奥义书中的有关论述虽然还显得比较散乱,缺乏系统性,但
由这些成分完全可以进一步提炼出新的系统化的理论。

　　奥义书中的轮回解脱成分也被数论派所吸收借鉴。如数论派认为
所谓解脱就是脱离轮回中的种种痛苦,而最根本的离苦方式是认识数论
派揭示的真理。具体说,就是认识数论派的"二元二十五谛"的理论,④
通过学习或体验数论派哲学的真理,获得"非我""非我所"等绝对认识,
使自性不再与神我发生关联,断灭轮回,达到解脱。⑤ 尽管奥义书中没
有说解脱要认识"二元二十五谛",但奥义书中普遍主张的智慧解脱的
思路也为数论派所借鉴。

---

　　① 觉、我慢、十一根、五唯、五大这二十三谛加上自性和神我这二元,合称"二元二十
五谛"。

　　② 作者为自在黑(Iśvarakṛṣṇa,约 4 世纪)。

　　③ 参见《迦塔奥义书》1,3,10—11。

　　④ 参见《数论颂》2 及《金七十论》卷上中的相应解释。

　　⑤ 参见《数论颂》64 等及《金七十论》卷下中的相应解释。

瑜伽派在哲学理论的体系上一般沿用数论派的观念,但它也有其自身的特点,它所关注的是具体的瑜伽修行以及与这些修行有关的理论。这些内容在奥义书中也能找到相关的成分。《慈氏奥义书》曾给"瑜伽"下定义,称瑜伽是统一呼吸、心和感官,漠视一切存在现象。[1]《慈氏奥义书》还将瑜伽做了较细的分类,认为瑜伽有六种:调息、制感、静虑、执持、观慧、三昧。[2]《迦塔奥义书》中提到"瑜伽"之处也不少。在该奥义书中,瑜伽被认为是五根的认识和意根停止一般的活动,心作用自身不再扰动的一种最高状态。瑜伽还被认为是对根(感觉器官)的牢固控制。[3]《白骡奥义书》认为通过瑜伽中的静虑,可以使人获得神性的自在力。[4] 瑜伽作为一种宗教修持方法在印度很早就已存在,但将其进行归纳总结,并发展成一个派别,则是由钵颠阇利(Patañjali,约公元前 2 世纪)创作《瑜伽经》(Yoga-sūtra)后才开始的。瑜伽派的主要思想体现在《瑜伽经》及其在后代的注释等著作中。

瑜伽派的许多主要思想与奥义书中的相关论述有相近或类似之处。如对"瑜伽"的定义,《瑜伽经》一开始即提出:"瑜伽是对心作用(心的变化)的抑制。"[5]这与《迦塔奥义书》中说的认识器官停止一般活动,心作用自身不扰动是一致的。

关于瑜伽的具体实践方法,瑜伽派提出了所谓"八支行法"。它们是:禁制、劝制、坐法、调息、制感、执持、静虑、等持。禁制是修行者必须遵守的规定(戒律),共有五条:不杀生、诚实、不偷盗、净行、不贪。劝制是应奉行的道德准则,也有五条:清净、满足、苦行、学习与诵读、敬神。坐法是修行时保持身体的安稳,姿态轻松自如,这样有助于阻止外界的

---

① 参见《慈氏奥义书》6,25。

② 参见《慈氏奥义书》6,18。

③ 参见《迦塔奥义书》2,3,10—11。

④ 参见《白骡奥义书》1,3,3。

⑤ 参见《瑜伽经》1,2。

干扰。调息是在坐法完成后对呼吸的调节和控制,即注意调节呼吸时气息活动的内外范围(位置)、呼吸的间隔时间、停顿的次数等等。制感是对身体的感觉器官进行控制,使它们与相应的感觉对象脱离接触。这样,心就不会受外界干扰了。执持是在修行时心注一处,即把心贯注在任选的某物之上,使之凝定而不散乱。静虑是上述执持状态的进一步发展,即心持续集中于禅定对象上。等持即三昧,是修持的最高阶段。这时,仅静虑的对象发出光辉,心与禅定对象冥合为一,主观意识犹如完全不存在。①

把瑜伽派的这八支行法与《慈氏奥义书》中的六分瑜伽相比,可以看出二者在大的方面是一致的。所不同的是:《慈氏奥义书》六分瑜伽的内容仅为抑制感官活动和进入三昧,而瑜伽派的八支行法,则在这方面的内容之上加上了道德规范和行为准则的成分,把这些作为抑制感官活动和冥想禅定的先决条件。

此外,《白骡奥义书》中提出的修瑜伽静虑可以使人获得神性自在力的思想,对于瑜伽派也有影响。如瑜伽派认为,八支行法中的后三支(执持、静虑、等持)称为"总制",修这"总制"可以获得神奇的力量(超自然力),即所谓"神通力"。总制的对象不同,所获的神通力也不同。《瑜伽经》中提到的神通力很多,如:可以获得前生的知识,可以知道别人的心,可以隐身,可以获得关于死的知识,甚至还可以得到对一切存在和无限知识的至上支配力量等等。② 这些内容在奥义书中虽然没有具体提到,但可以看出是瑜伽派在奥义书相关思想基础上所做的进一步发展。

奥义书中有关数论派和瑜伽派的先驱思想是比较多的,具体内容还不止以上所述。这些内容在后世被数论派和瑜伽派思想家所体系化。

---

① 关于这八支,参见《瑜伽经》2,29—55;3,1—3。
② 参见《瑜伽经》3,16—54。

四　与胜论派和正理派的关联

胜论派和正理派在婆罗门教哲学流派中与奥义书的主流思想相对来说离得远一些。但它们的理论与奥义书的思想也有渊源关系。

胜论派在理论上最为关注的是对自然现象的类别等的分析,将事物分为若干种"句义"（Padārtha）。"句"（Pada）是"言语"或"概念"的意思,"义"（artha）是"事物"或"东西"的意思。所谓"句义"就是指"与概念相对应的实在物"。胜论派用句义来区分自然现象。此派的各种哲学思想一般都包含在对各个句义的具体解释之中。

胜论派在古代影响较大并且成体系的著作主要是《胜论经》（Vaiśe-ṣika-sūtra）[①]、《摄句义法论》（Padārtha-dharma-saṃgraha）[②]及《胜宗十句义论》[③]。但这三部著作对于句义的分类和叙述并不完全一样。其中提到句义种类最多的是《胜宗十句义论》。该论认为有十个句义。十个句义是:实（事物的自体）、德（事物的静的特性等）、业（事物的动的特征）、同（事物间的相同关系）、异（事物间的相异关系）、和合（事物间的内在联系）、有能（使事物产生特定结果的能力）、无能（不使事物产生特定结果的能力）、俱分（事物间存在的相对的同异关系）、无说（事物的非存在状态）。

胜论派的这种句义理论显示出一种积聚说的特点。即认为世间事物是由多种要素和合而成的,其中既包括事物自体,也包括事物的属性,还包括事物间的相互关系。在胜论派的理论体系中,积聚说特征还主要体现在此派关于"实句义"的理论中。

---

① 作者为胜论派的创立者迦那陀（Kaṇāda,约公元前2世纪）。
② 作者为钵罗奢思多波陀（Praśastapāda,约6世纪）。
③ 原文已失传,现仅存玄奘译的汉文本。作者为慧月（约6世纪）。

　　"实句义"被分为九种——地、水、火、风、空、时、方、我、意。① 地、水、火、风是事物的物质要素(或元素),②它们的表现形式是极微及其复合物;空在印度古代常指空间,有时也指元素,但在胜论派中主要指一种要素,这种要素被设想为是声音的依托体;③时指时间,人们之所以产生此时、彼时、同时、不同时、慢、快等观念,是因为存在时这一实体;④方指空间或方位,人们之所以产生东、南、西、北、上、下等观念是由于存在方这样一个实体;⑤我指个人的灵魂或意识的主体,不同的身体有不同的我,它的存在是根据身体中存在着许多生命现象(呼吸、感觉、欲望等)而被证实的;⑥意是我(灵魂)五感官的联络者,当五感官与外界接触时,人有时产生认识,有时不产生认识,这就是意存在的证明。⑦

　　胜论派积聚说中的许多观念在奥义书中都能找到相关的内容:

　　关于地、水、火、风这些物质性的要素,在奥义书中也有这方面的成分。例如上面提到的《歌者奥义书》中就列举了这类要素。所不同的是,奥义书中通常将这些要素单独或共同作为世间事物的基础,但并未像胜论派那样将其分析为极微,并作细致的描述。而胜论派则在论述这些要素时将其做了一些区分,即分为极微和其复合物,并就极微的形态和运动原因等提出了看法。这些是奥义书中还未提出的。奥义书中的要素论应该说是胜论派极微理论的萌芽形态。

　　"空"(ākāśa)的概念在奥义书中已提出,但在多数情况下是指空间,如上述《歌者奥义书》中的有关实例即是如此。而"空"在胜论派中则一般指元素。胜论派涉及空间概念的主要是"方"(diś)。应该说,胜论派

---

① 参见《胜论经》1,1,5。
② 参见《胜论经》2,1,1—17。
③ 参见《胜论经》2,1,20—31。
④ 参见《胜论经》2,2,6—9。
⑤ 参见《胜论经》2,2,10—16。
⑥ 参见《胜论经》3,2,4—21。
⑦ 参见《胜论经》3,2,1—3。

中的"空"和"方"的概念与奥义书中的空间概念都是有关联的。

　　胜论派中的"时"的概念在奥义书中也已提出。如《慈氏奥义书》中说:"一切事物从时间中流出,从时间中前进并成长。"①这和胜论派的"时"的概念是相近的。

　　胜论派中的"我"的概念相当于奥义书中说的"小我"。但胜论派一般不讲"大我"(梵),不认为它是一切事物的根本,这与奥义书是不同的。胜论派只是吸收了奥义书中关于生命现象的主休为"阿特曼"(我)的思想。

　　胜论派中说的"意"在奥义书中也已提出。如上述《迦塔奥义书》中提到的"意根"就是例证。"意"在胜论派中被看作是联系身体五感官("五根")与"我"之间的内部器官,它所起的作用是使人在认识时各感官所获得的信息有顺序地传给认识主体"我",不产生混乱。胜论派的这一概念也是自奥义书中继承发展而来的。

　　正理派是婆罗门教哲学中主要研究逻辑推理和辩论规则的派别,它在理论体系上与胜论派关系密切。除了逻辑和辩论方面的理论外,正理派中也有不少涉及自然现象和宗教伦理方面的内容。这些内容多数与胜论派类似,或说是沿用了胜论派的有关学说。因此,这类成分中也有吸收借鉴奥义书思想的成分。这主要表现在此派关于极微、瑜伽、轮回解脱等的观念上。

　　正理派认为极微是超越感官认识的,常住的,不可毁灭的。如此派的主要经典《正理经》(Nyāya-sūtra)②中说:"极微具有超越根(的感知)的特性。"③"极微是常住的。"④"毁灭是没有的,因为极微真实存在

---

① 《慈氏奥义书》6,14。
② 作者为正理派的创立者乔答摩(Gautama 或 Gotama,约 1 世纪)。
③ 《正理经》2,1,36。
④ 《正理经》2,2,25。

着。"①这些理论与奥义书中的物质要素理论是有渊源关系的。正理派
和胜论派的极微理论的情况类似,两派讲的极微的具体形式都是地、水、
火、风。这类要素在奥义书中虽未明确区分为极微和极微的复合物,但
它们都是被看作是事物的基础。

正理派中也提及了瑜伽的思想。如《正理经》中说:"应教导人们在
森林、洞穴和沙滩等处修习瑜伽。"②"借助禁制、劝制以及瑜伽确定的较
高精神状态的规范等方法,这净化我的目的可以达到。"③奥义书中有大
量关于瑜伽的论述,因而正理派中关于瑜伽的表述也应与之有关。

轮回解脱的理论在正理派中也有一定位置。正理派认为,痛苦来自
于再生一类的轮回状态。这轮回状态与人的行为、过失和错误的认识相
关。而解脱从根本上说是要通过灭除人的错误认识来实现。如《正理
经》说:"当苦、生、行为、过失、错误的认识被依次④灭除时,解脱就会因
对它们的持续灭除而获得。"⑤正理派这种关于解脱的理论显然也是沿
袭了奥义书中的智慧解脱的观念,只是正理派的智慧主要指此派的根本
理论,而不是奥义书中说的关于梵我关系的智慧。

从以上所述可以看出:印度婆罗门教系统的六派哲学与奥义书思想
的联系极为密切。虽然这种联系在各派中有程度上的差别,但奥义书思
想对这些派别后世基本形态的形成有着深刻影响。奥义书确实可以说
是婆罗门教六派哲学的理论源头。考察和分析这方面的内容,对深入理
解印度宗教哲学的发展历史,把握东方哲学的基本精神,有着重要意义。

(原载于《外国哲学》,北京:商务印书馆,2008年版)

---

① 《正理经》4,2,16。
② 《正理经》4,2,42。
③ 《正理经》4,2,46。
④ 此处的"依次"指以相反顺序,即先灭错误的认识,然后再灭过失等。
⑤ 《正理经》1,1,2。

古印度哲学中的"真假" 与"善恶"观念

✾

在古印度哲人所提出的大量思想观念中,"真假"与"善恶"占有重要的地位。这两组观念有明显不同,但又密切相关。本文拟对印度思想史上一些影响较大的哲学流派或文献中与这两组观念相关的内容进行梳理分析,简要地提一些看法。

一 吠陀奥义书中的"真假"与"善恶"观念

吠陀是现存最早的古印度文献。它最初是远古印度先民口头创作的一大批赞歌,后人将其整理成书面文字。① 印度早期宗教思想在吠陀中有大量展示。哲学思想虽在吠陀中也有所表露,但此类成分很少。印度古代最早提出较多明确哲学思想的是奥义书。② 广义的吠陀文献包括奥义书,印度后世的宗教与哲学的许多思想的最初萌芽形态都可追溯到吠陀奥义书中。真假与善恶观念也是如此,其最初形态也可在吠陀奥义书中看到。

---

① 吠陀文献主要形成的时间约在公元前 1500 年至公元前 900 年之间。
② 奥义书的种类亦很多,这批文献出现的时间跨度也很长。较早的奥义书出现在公元前 800 年左右,较晚的奥义书出现时间晚于公元前 6 世纪,甚至某些公元后出现的文献也被冠以奥义书的名称。

吠陀时期的印度人在其赞歌中表现出了他们的一些真假和善恶观念。如《梨俱吠陀》10,8,3 在赞扬雷神因陀罗时,说因陀罗从不会使朋友失望。《梨俱吠陀》10,8,9 在祈求因陀罗惩罚敌人时,说敌人不守信用。《梨俱吠陀》10,8,12 说,希望因陀罗的箭像天上落下的火石一样穿透那些爱说谎的人。由此可知,在一些吠陀诗人看来,对朋友友善、守信用、真诚是善;对朋友不友善、不守信用、说谎话则是恶。即此处表现出这样的意识:说假话是恶,说真话是善。

一些吠陀赞歌中提到"法"或"理法"(ṛta),将其视为宇宙的秩序或法则,认为人们应该遵循它。这种"法"或"理法"被认为是好或善的,它往往被认为与真实或真诚联系在一起。如《梨俱吠陀》9,113,4 中说:"通过法而辉煌,宣扬法,说真话,在你的行为中表现出真诚!"在这里,说真话和真诚被鼓励,被认为是善行。真与善实际是联系在一起的。

奥义书时期出现了许多哲人。他们追求世界和人生的最高真理。这种真理也被认为与至善的状态紧密相关。对真理的追求是达到善的或理想生活状态的必由之路。

在奥义书中,哲人们追求的最高真理涉及的主要不是生活中的一般真假问题,而是事物的本质问题,是宇宙和人生的本来面目问题。在这方面,奥义书哲人提出了两个基本的概念:一个是"梵"(Brahman),另一个是"我"(Ātman)。"梵"被认为是宇宙一切事物的本体,是世界的根本因。事物有多种多样,但这些只是梵的外在表现。各种事物的形态都不会持久,都会有变化,因为事物在本质上都是梵。梵是唯一不变的,是各种事物的真实之体。《歌者奥义书》3,14,1 中说:"这整个世界都是梵。""我"被认为是生命现象中的主体。人之所以有生命特征或功能,是由于身体中存在着"我"。《广林奥义书》3,7,23 中说:"它不被看却是看者,不被听却是听者,不被认知却是认知者,不被领悟却是领悟者。除它之外没有看者,除它之外没有听者,除它之外没有认知者,除它之外没有领悟者。它就是你的我,是内部的控制者。"

大多数的奥义书哲人认为,"梵"和"我"这二者其实是同一的。如《广林奥义书》3,7,15 中说:"它(梵)位于一切存在之中,没有什么能认识它,它的身体就是一切存在物,它从内部控制一切存在物,它就是你的自我。"在这些哲人看来,生命现象归根结底也是世间现象。因而,一切事物中的本体实际上也就是生命现象中的主体。而且,从现象上看来,各种生命现象中的主体众多,别人的生命主体"我"对自己来说是外物,自己的生命主体"我"对别人来说也是外物。无数的这些"外物"及相关物其实也就是现象界。这现象界的本体是"梵",无数的生命现象主体"我"在本质上自然也就是"梵"。梵在本质上仅仅是"一",但它外显的生命现象主体似乎是"多"。这"多"其实是虚假的,"一"才是真实的。如果看不到这种"梵我同一",看不到一切事物实际上就是唯一不二的"梵"(亦称"大我"),仅仅执著于自己的小我,人就会陷入无知或无明中,而无知或无明将使人产生痛苦。

"梵我同一"的认识在奥义书哲人看来就是真理性认识,因为它看到了事物的本来面目,看到了人的本质。获得了这种真理就摆脱了虚假不实,达到解脱境界。换言之,在奥义书中,区分事物真假或判定认识对错的根本标准就在于是否认识到"梵我同一",认识到了"梵我同一"也就认识了事物的真实面目,就消除了根本的错误或虚假观念。

奥义书也论及了善恶的问题。在奥义书思想家看来,人若尽了自己应尽的义务,就是善。《歌者奥义书》2,23,1 中说:"有三种义务:第一种是祭祀、学习、布施、苦行;第二种是居于师家,追求神圣的智慧;第三种是贞行,控制自己的身体。做到这些将达到善的境界。那坚定地处于梵中者将达到生命的永恒。"这里实际列举了种种善行,这些善行的反面自然是不善或恶。

奥义书中谈及的善行,其实是分不同层次的。此类文献中占主流的是婆罗门教的思想。在婆罗门教看来,祭祀、对众生慈悲或友善、控制自己的不当欲望等,是基本的善行;而努力学习,获得"梵我同一"的真理性认识,则是最高的善行。进入了这种境界,人就将获得永生。所谓永生就是跳出轮回状态,达到至善的解脱。

为什么获得了"梵我同一"的真理性认识就能摆脱恶而达到善呢?因为轮回状态在本质上就是恶或不好的状态。轮回中的形态只有相对的好,例如人可能一时有权势,有财富,有健康的身体,但这些不可能永远不变,人终究会有不得意时,会生病,会死亡。只有跳出轮回才能摆脱恶或不善。而轮回状态的出现与人的思想或认识有关。当人不能认识"梵我同一"的真理时,就会去追求自我(我)的占有或永恒存在,这将驱使人不断实施相应的行为,这行为将不断地产生新的业力,使轮回生生不息,给众生带来痛苦或恶的生存状态。只有认识到独立的小我实际并不存在,唯一存在的仅仅是梵,人才能消除有关的欲望,停止为实现欲望而实施的行为。行为停止了也就没有业力了,人自然就摆脱了在本质上是恶的轮回状态,达到至善的解脱。

可以看出,奥义书实际上把真假观念与善恶观念是联系在一起的。因为获得"梵我同一"的智慧就是对虚假认识的消除。而这样的认识在奥义书哲人看来就是善的或好的,将引导人进入一个理想的境界。正如《广林奥义书》4,4,8中所说:"认识梵者,直升天界,达到解脱。"也就是说,获得了真理性认识就能脱离种种虚假,就能达到至善的解脱。

二 婆罗门教哲学流派中的"真假"与"善恶"观念

婆罗门教在印度很早就出现,但此教形成明确的哲学派别则要晚一些,大致在公元前300年至公元初。这一时期婆罗门教中明显形成了六个主要哲学派别:数论派、瑜伽派、胜论派、正理派、弥曼差派、吠檀多派。

通常称这些派别为"正统六派哲学"。这些派别中的真假观念与善恶观念也是密切关联在一起的。

数论派在其文献中表明了他们对一些行为是不赞成的,如杀生以及由于某些人在一些方面占据优势而导致另一些人心理不平衡等。① 这些都被认为是不善或不好的行为。但此派认为最为不善的其实是人的轮回状态,因为轮回中的世界充满了痛苦。这痛苦有人自身内部引起的,有外部的动物或物体引起的,有天气或天上的自然现象引起的。② 数论派致力于消除人的痛苦,以达到一种摆脱轮回后的至善状态。而要实现这一目标则需认识世间事物或人生现象的本质或本来面目。此派认为世间事物或人生现象来自于两个根本因:"自性"(Prakṛti)和"神我"(Puruṣa)。自性是物质性的实体,神我是精神性的实体。二者结合之后就产生各种事物或生命现象。在数论派看来,这种解释是关于事物和人生现象的根本真理。不了解这真理,就会陷入痛苦的轮回状态;而了解了自性和神我的差别,获得了关于它们及其转变物的真理,就能消除对事物的虚假认识,从而摆脱轮回状态的种种不善,达到解脱。③

瑜伽派与数论派关系密切,在真假观念与善恶观念上与数论派相似。此派的关注重点是瑜伽修行的方法,而在哲理上采用数论派的观点。在瑜伽修行的步骤中,此派强调要不杀生、诚实、不偷盗、净行、不贪,还强调要清净、满足、苦行、学习与诵读、敬神。④ 把这些视为善的行为,这些行为的反面则是恶。此派所追求的至善境界是达到解脱,因为在轮回状态中人是不能避免痛苦的。瑜伽派认为,要彻底摆脱不善的状态,必须获得对"自然"(自性)和"精神"(神我)的"辨别智"。这样才能

---

① 参见《金七十论》卷上中所载的《数论颂》2 及其注释。
② 参见《金七十论》卷上中所载的《数论颂》1 及其注释。
③ 参见《金七十论》卷上中所载的《数论颂》2 和 64 及其注释。
④ 参见《瑜伽经》2,30—32。

得到对事物的真理性认识,①消除一切虚假不实的东西,人达到至善的
境界。

胜论派主要探讨自然现象的种类。他们认为,事物可以区分为一些
基本的"句义"(Padārtha,指与概念或观念相对应的实在物)。此派的根
本经典《胜论经》认为,事物可以区分为六种句义:实句义(事物自身)、
德句义(事物的静的属性)、业句义(事物的动的形态)、同句义(事物的
相同性)、异句义(事物的差别性)、和合句义(事物之间的内在联系)。
胜论派认为,获得了有关这些句义的真理,也就认识了事物的本来面目。
《胜论经》中也有关于人的行为善恶的论述,该经认为应遵守婆罗门教
的一般宗教规定,如梵行、祭祀、布施等②。此经还认为"邪恶在于伤
害"③。这些论述中表明了胜论派的一些基本善恶观念。但这些只是一
般层次上的善恶观念。在最高的层次上说,胜论派认为获得关于事物本
来面目的真理才是至善的状态。如《胜论经》1,1,4 说:"至善来自对真
理的认识,来自特别的法,并借助关于实、德、业、同、异、和合句义的相似
与差别(的知识)获得。"这里也可以清楚地看出,此派认为要达到至善
的境界,需要获得最高的真理。

正理派在古印度是专门探讨逻辑与辩论规则的派别。此派旨在通
过有效的推理或辩论方法获得真实的知识。此派的根本经典《正理经》
中也有关于善恶观念的表述。该经 4,2,46 说:"借助禁制、劝制以及瑜
伽这些较高精神状态的规范方法,可以达到净化我的目的。"此处说的
"禁制"指不杀生、不偷盗、诚实等;"劝制"指清净、满足、苦行等。这些
行为被此派视为善行,其反面则为恶行。不过这些在正理派看来也并不
是最高层次的善。因为根据《正理经》的论述,最高的善与获得此派的

① 参见《瑜伽经》3,48—54。

② 参见《胜论经》6,2,2。

③ 参见《胜论经》6,1,7—15。

根本智慧直接相关。《正理经》1,1,1 说："至善来自对量、所量、疑、动机、实例、宗义、论式、思择、决了、论议、论诤、坏义、似因、曲解、倒难、堕负这些谛的认识。"这里提及此派在论述其逻辑和辩论理论时所使用的十六个基本范畴,一般称为"十六谛"。正理派认为,有了这十六谛,就能获得真理,就可破除错误的认识。而没有了错误的认识,人也就不再有为实现自己欲望而实施的行为,这样就能灭除业力,断灭轮回,达到至善境界。①

弥曼差派以吠陀圣典作为理论正确与否的标准。此派的根本经典《弥曼差经》1,1,2 说："法是(吠陀)教令所表明之物。"该经 1,1,5 说:"圣教是认识那法的手段,……是获得正确认识的手段。"弥曼差派认为,要达到至善的状态就要遵循吠陀圣教,吠陀中说的就是真的和善的,违背吠陀圣教的理论或观念就是假的和恶的。弥曼差派的最终目的是要达到天堂,而要实现这一目的的主要手段就是做祭祀。吠陀则是教导人们如何做祭祀的圣典。② 因而,吠陀圣典的言语(实在之声)就是真理。这真理对达到至善状态的天堂是至关重要的。

吠檀多派直接继承了奥义书中的主要思想,在真假与善恶观念上基本也是如此。此派作为婆罗门教哲学中的主流哲学派别,要求遵守此教的一些基本政治主张和种姓制中规定的相关义务,认为遵守这些规定,尽义务就是善。此派中影响最大的哲学家商羯罗宣称:我们关于义务和非义务的知识依赖于圣典,关于一个行为好坏的知识也依赖于圣典。③他在这里说的圣典主要就是指吠陀奥义书,因为吠陀奥义书被婆罗门教教徒视为圣典。他说的行为好坏也就是行为的善恶。这善恶是分层次的。生活中一般行为的善恶并不是根本的善恶。最高的善在于认识事

① 参见《正理经》1,1,2。
② 参见《弥曼差经》6,1,2—5。
③ 参见商羯罗《梵经注》3,1,25。

物的根本真理,最大的恶在于不认识事物的本来面目。吠檀多派中的根本真理就是其梵我关系的理论。就商羯罗来说,他主张的"不二一元论"就是其最高真理。商羯罗在其《梵经注》1,4,22 中说:"小我与最高我的差别是由限制性因素,如身体等造成的。它们(身体等)由无明幻变出来的名色构成。差别是不真实的。"意思是说:小我等现象界的各种事物在本质上就是作为大我的梵。唯一实在的仅有梵,在梵之外没有独立存在的事物。商羯罗认为这就是世间事物或人生现象的真理。如果获得了这种真理,就将达到至善的解脱境界;如果不能获得这种真理,就将处在痛苦或不善的轮回中。商羯罗在其《梵经注》1,1,19 中说:"如果一个人在由妙乐构成的大我中看到一点点不同一的差别,那么他就不能从轮回的恐惧中解脱出来。而如果借助绝对同一的知识,那么他将在由妙乐构成的大我中找到绝对的安宁,他将摆脱轮回的恐惧。"商羯罗在这里说的妙乐也就是至善。可见,在吠檀多派中,至善与至真是联系在一起的,虚假或错误的认识则与不善相关联。

三 佛教的"真假"与"善恶"观念

佛教是一个思辨性很强的宗教派别,其中大量的教义涉及善恶观念,也有相当多的理论探讨事物的真假问题,而且这两方面的内容是交织在一起的。

佛教创立时提出的根本目标是要使众生从痛苦中解救出来。有益于达到此目的的行为均为善。佛教在后来的发展中又倡导慈悲利他的思想。慈悲利他的行为属善行,相反的行为则为恶行。

佛教对信徒制定了具体的戒律或行为规范。出家者要遵守具足戒等,在家者应实行三皈五戒。遵守这些戒律或行为规范被视为是善,不遵守或破坏则被视为恶。另外,佛教中也流行所谓十恶或十善等说,①并把这些行为与人的轮回或转世形态等联系在一起。如《杂阿含经》卷第三十七中说:"杀生,乃至邪见,具足十不善业因缘故……是非法行,危崄行,身坏命终,生地狱中。……十善业迹因缘故,身坏命终,得生天上。"但这类善行其实并不是佛教要追求的最高的善,佛教崇尚的最高的善是彻底摆脱轮回状态。因为轮回状态必定与种种痛苦联系在一起,与恶相关联。要达到最高的至善境界,就必须达到涅槃。而涅槃境界与最高的智慧或真理是联系在一起的。因而,在佛教中,善恶观念也与真假观念紧密相关。

佛教认为,人之所以有痛苦与其爱欲有关,而爱欲又与无知或无明有关。由于人们不能正确地认识人生或事物的本来面目,认为有一个实在的我(灵魂),认为自己的"我"会永远存在,因而就去追求"我"的永恒占有,去追求自我利益的最大化。这种追求的行为会产生业力。而业力将推动有情不断在轮回状态中轮转。轮回状态似乎有好坏,有善恶,但其从根本上说是恶。因为在轮回中人们不可避免地要经受种种痛苦。要跳出在本质上不善的轮回状态,脱离痛苦,就必须灭除无明。在无明状态中,人们不能认识事物的真实本质,为事物虚假的表象所迷惑。灭除无明则靠智慧。这智慧在佛教看来当然是指其各种理论,其中最根本的就是佛教对人生以及世间事物真实本质的认识。这种认识在佛教发展的不同时期是不完全相同的。

在早期佛教时期,佛教提出了无常、无我、五蕴、缘起等理论。这些理论认为,无论是世间一般事物还是人生现象都不是恒常不变的,其中没有一个最高的本体或实体,没有一个唯一实在的根本因,所谓人不过就是五种成分的积聚,事物是由各种条件或要素聚合在一起的,要素的

---

① 十善指不杀生、不偷盗、不邪淫、不妄语、不两舌、不恶口、不绮语、不贪欲、不瞋恚、不邪见。其反面为十恶。

聚合离散构成了具体的事物形态或生命现象。这些观念是早期佛教表述其真理的最基础的思想,是佛教消除无明、展示真实的教义。

在部派佛教时期,佛教分成许多分支,各个分支对于世间事物或人生现象都提出了自己的看法。有些部派认为我空法有,有些部派认为我法俱有,有些部派认为部分法空、部分法有,有些部派认为事物俱不实有。这些部派都认为他们的看法表明了佛陀教法的真正思想,认为自己的观点反映了事物的本来面目,解释了人生现象的实质,是实在不虚的真理。

在大乘佛教时期,不同的佛典,不同的派别,提出了新的实际上与早期和部派佛教理论有很大差别的理论。这些大乘的经典或派别通常都认为事物是"性空"的,有的主张缘起性空,有的主张唯识无境。论证手法有一定差别。但他们也都认为自己的主张是佛的根本智慧,是消除了错误或妄念的人类最高真理。

佛教在其发展的各个时期所提出的关于世界和人生现象的种种分析或理论,都被当时的佛教徒视为摆脱恶或不善状态的利器,视为达到至善境界的根本凭借物。他们认为,学习这些理论,就能真正摆脱虚妄或无知。尊崇或实践这些理论,是最大的善;反对或不信这些理论,则是最大的恶。

尽管佛教中有许多戒律或一般的行为规范,遵守这些戒律或行为规范被认为是善。但就层次来讲,掌握佛教对事物或人生本质主要分析的真理,消除无明,才是最高层次的善。因为只有这种真理能使信众不再追求虚假不实的东西,能够不再追求不当欲望的行为,能够消除业力,断灭轮回,达到至善的涅槃状态。

四 其他哲学或宗教派别中的"真假"与"善恶"观念

在古代印度,除了婆罗门教哲学和佛教哲学外,重要的思想流派还有耆那教和顺世论。这两派中也有关于真假与善恶的观念。

耆那教虽然是一个宗教派别,但也十分重视对世间事物及人生现象基本形态的分析,提出了"七谛"的理论。"七谛"指命我、非命我、漏、缚、遮、灭、解脱。"命我"主要指生命现象中的轮回及解脱的主体。一些"命我"存在于地、水等一般物体中,属于"不可解脱的命我";一些"命我"则存在于人等生命体中,通过修行和认识真理可以摆脱束缚,属于"可解脱的命我"。"非命我"是对"命我"之外的其他事物的概括,包含了耆那教对世间各种物体及其存在条件的基本看法。"漏"指业的物质流入(漏入)命我,这种业的物质产生于人的行为。"缚"指业的物质对命我的束缚。"遮"指对"漏"的抑制。"灭"指灭除业的物质漏入命我。"解脱"指"命我"摆脱一切业物质的束缚,即通过完美的正信、正智等达到耆那教追求的最高境界。

耆那教中的各种宗教哲学思想主要是通过对这"七谛"的具体解释展开的,或是在这七谛的基础上演绎变化而来。在耆那教看来,"七谛"之说是有关世间事物或人生现象的真理性认识,掌握了七谛的理论也就掌握了真理的真实含义。

耆那教中也有关于善恶的观念。善恶在此教中实际也有层次的不同。作为一种宗教,此教对教徒的行为是有约束的。耆那教的主要经典《谛义证得经》7,1 说:"禁誓是不杀生、不妄语、不偷盗、不淫、不追求私财。"这是此教戒律中的一些基本要求,遵守这些戒律是善,不遵守则是恶。《谛义证得经》7,3—11 中还列举了为配合遵守这些戒律而应做的一些事情,如应行为谨慎、放弃贪和瞋、居于偏僻清净处、不贪恋感官享受、对众生友善等。这些都是属于善行的范围。但此教中最高的善并不是简单地做好事或不做坏事,而是要达到解脱状态。解脱也就是使人的命我不受物质的束缚。而要实现这一目标,就必须学习耆那教的真理(即所谓"谛义")。只有消除了各种虚妄不实的观念并认识了事物或人

生的真实本质时,才能达到至善的境界。《谛义证得经》10,4 说:"当命
我解脱时,保持着完美的正信,完美的正智,完美的观念。"

顺世论是印度哲学中唯一反对各种宗教思想的派别。此派对于事
物的真假与善恶的观念与一般的古印度思想流派都不同。在顺世论看
来,判定是否为真理或确定事物真假的标准是人对事物的感觉。只有人
的感官对事物的直接感觉是可靠的,其他的认识方式都是可疑的。顺世
论认为,包括人的身体在内的一切事物都是由地、水、火、风这"四大"构
成的,意识也是"四大"合成的身体的产物。不存在天堂、地狱等人们无
法感知的存在形态。因果报应、轮回解脱等宗教理论都是虚假不实或虚
妄骗人的说法,都是不可信的。① 人追求世间的幸福是正当的,不会产
生所谓恶业;作一般的好事也不会产生所谓善业。各种世间事物是自然
形成的,没有造物主或超自然的因。在顺世论看来,一般宗教所否定的
一些为满足人的欲望的行为并不是恶;布施、苦行、祭祀等行为也说不上
是善。真正的善就是在世间寻求并享受生活中的幸福。这才是人生的
真理,而各种宗教派别关于人生及世间事物本来面目的教义或理论是虚
假的,不可能达到至善的境界。古印度载有顺世论主要思想的文献《摄
一切见论》转述其理论说:"必须归依斫婆伽(顺世论者)的理论。此即
至善至美。"

五　综合分析与评述

从以上的论述中可以看出,在古印度,哲人们很早就把事物的真假
问题与善恶问题联系起来考虑。吠陀和奥义书中都有这方面的论述。
后来的哲学或宗教派别大多继承了这种传统。由此,我们可以发现古印

---

① 参考《摄一切悉檀》1—15。

度宗教哲学的一些重要特点：

第一，多数宗教或哲学派别将善恶观念分出层次。

各派多将善恶区分出层次。一般层次的善恶观念是各派都认可的。例如，佛教中的戒律要求不杀生、不偷盗、不妄语、不贪婪等。婆罗门教和耆那教中也有这方面的要求。因而，在各派中，杀生、偷盗、妄语、贪婪等行为一般都被认为是恶，而这些行为的反面或为抑制这些恶行所实施的行为则是善。但这类善行或恶行并不是最高层次的善恶。最高层次的善恶通常都与各派对世间事物或人生现象本质的认识联系在一起。

第二，各派通常都认为善与真是一致或相应的。

印度哲学从吠陀奥义书开始就认为真实或真诚是善的，真是善的重要标志；而虚假或不实通常则是恶的标志。古印度后世的主要思想流派多数也持这种观点。婆罗门教哲学派别中一般都认为本派对事物或人生现象的探索是为了达到至善境界。高层次的善一般被认为与人的真理性认识直接相关。这些派别通常都强调，认识了事物的本质或人生现象的本来面目，就能达到一种至善的境界，而各种恶或不善的根源则来自人不能认识事物或人生现象的本来面目。因而，消除各种无明，获得最高智慧，是达到至善的根本，是灭除各种恶或不善的必由之路。无论在婆罗门教中，还是佛教或耆那教中，都有这种观念。

在婆罗门教中，吠檀多派将认识一切事物在本质上都是梵视为最高智慧，胜论派将获得句义的知识视为根本的智慧，正理派将获得十六谛的知识视为根本智慧，数论派将能辨别自性、神我及其产生物视为最高智慧，瑜伽派将获得自性、神我的知识及相应修持手法视为最高的智慧，弥曼差派把吠陀言教视为最高的智慧。这些派别都要寻求事物的最高真理，要消除虚假不实的认识。他们作为宗教派别也同时追求至善的境界。各派都认为这种境界的达到要依赖于对事物或人生的真理性认识，认为只有掌握了这种真理性知识，才能达到最高的善。真与善是密切联系在一起的。

在佛教中,真理性认识也被认为是对事物或人生现象的正确把握。早期佛教将无常、无我、缘起等理论视为最高真理,部派佛教中各派将其对法与我的认识视为最高真理,大乘佛教中中观派将缘起性空、中道实相等视为最高的真理,瑜伽行派将唯识无境等思想视为最高的真理。佛教认为,至善的境界就是涅槃境界,涅槃境界是消除无明等烦恼的状态。消除了无明即洞察到事物的实相。各派对事物实相的理解是有差别的,对法与我的看法并不完全相同。也就是说,佛教中各流派理解的真理正是他们的真假观念,去假存真是达到佛教至善状态的根本途径。善与真也是不可分离的。

顺世论反对印度古代流行的解脱理论。但此派也要向人们揭示事物的本来面目,认为一切事物中的根本是"四大"。认识到了"四大"是一切的基础就把握了真理。解脱等理论则是虚妄之说。人们追求实在的幸福生活就是善,各种宗教派别追求的禁欲或苦行等则是不善或恶。至善的状态就是现实世界中的幸福生活。顺世论的善恶观念没有像其他派别那样划分出层次。在它看来,真理就是以"四大"为事物的基础,相信这真理并在生活中实施相应的行为就是善。

第三,一般层次的善恶行为与人能否获得最高智慧有关。

尽管印度哲学各派认为最高的善与人的真理性认识联系在一起,但也认为人们日常生活中的一般善行十分必要,认为这种善行是获得最高真理的必要条件。这在婆罗门教系统的哲学派别和佛教中都有展现。

婆罗门教系统中的瑜伽派追求达到一种三昧状态,强调要修"八支行法"(禁制、劝制、坐法、调息、制感、执持、静虑、等持)。这八支中的前两支"禁制"和"劝制"就是对修行者行为的约束或劝导。禁制包括不杀生、诚实、不偷盗、净行、不贪。劝制包括清净、满足、苦行、学习与诵读、敬神。瑜伽派认为,这前两支是达到最高三昧状态的基础或前提条件。

如果不修这两支，就不能达到三昧状态。这两支中的实际内容，其实也就是人们一般说的善行。而达到最高的三昧状态，则是至善的境界。因而，前两支对于达到至善境界不是可有可无的。

婆罗门教的主流哲学派别吠檀多派中也有这方面的观念。如此派中影响最大的哲学家商羯罗认为解脱的根本途径是认识梵我不二，获得关于梵的最高智慧，但也要求信众遵从婆罗门教或印度教的种种规定，履行种姓义务等。遵守相应规定或履行有关义务被认为是善行。这些善行对于获得梵的最高智慧是必要的。如果不遵守这些规定或不做这些善行，就不可能获得梵的最高智慧。

佛教中有不少劝人向善的教义，也有不少告诫人不能作恶的要求。这些教义或要求肯定的就是世间人们的一般善行。尽管这些内容与佛教对法和我的本质的分析理论不在一个层级上，但在佛教的教义中，行这些善也是很重要的。佛教不认为在日常生活中作恶多端的人能真正掌握佛教的最高智慧。恰恰相反，在生活中一切为自己打算、执著心很强的人，是不可能真正接受佛教关于事物或人生本质之义理的。做一般的善行和体悟最高的智慧这两个方面是相互促进的。真的观念与善的观念紧密相关。

耆那教的理论中强调要证得"谛义"，而且也有不杀生、对人友好等善行的要求。这种善行其实也是此教把握真理的一些基本要求。在此教中，不行一般的善或不守戒律的人是不可能真正证得"谛义"的。因而，在耆那教中，行善或守戒对于获得真理、破除虚假、达到解脱也是必要的。

第四，真假与善恶观念紧密结合是思辨性强的宗教的重要特征。

印度哲学与宗教的关系密不可分。印度历史上绝大多数的哲学派别（除顺世论外）是隶属于某一宗教中的哲学派别。宗教教派通常也有很强的思辨性。而真假观念和善恶观念的密切结合是这种宗教哲学形

态所具有的重要特征。一般来说,宗教派别较为关心或论述较多的是善
恶问题,而哲学派别较为关注或论述较多的是事物的真假或事物本质的
问题。这两方面都关注的思想派别往往就是宗教思想与哲学思想密切
关联的派别。印度从古至今是一个宗教信仰极为普遍的国家,十分关心
人的行为善恶问题;同时,印度又是一个哲学思想极为丰富的国家,十分
关心事物与人的本质及相应认识的真假问题。因而,真假与善恶观念紧
密结合是思辨性强的宗教的重要特征。

古印度思想史上人们对真假与善恶问题的探讨极为重视。这方面
的观念集中展示了这一地区的人们对于世界本质以及人生活之意义的
基本看法,在世界文化发展中占有重要地位。梳理这方面的内容,进行
认真的研究,对于我们探索人类思想的发展规律,推动精神文明建设,促
进社会的和谐进步具有积极意义。

(原载于《宗教与哲学》,总第四辑,北京:社会科学文献出版社,
2015 年版)

吠陀奥义书中确立的婆罗门教的基础观念

✿

婆罗门教虽然在印度长期发展、变化,不断提出新的教义、思想,但它的基础观念形成于吠陀奥义书时期。这些基础观念对婆罗门教以后的发展有着重要的影响。直到今天,在婆罗门教后来演化出的印度教中,依然能看出这种影响。吠陀奥义书中与婆罗门教有关的思想成分很多,但主要表现在这样一些观念上:神灵崇拜观念、祭祀观念、社会道德伦理观念、梵我关系观念、轮回解脱观念。它们构成了后来婆罗门教进一步发展的基础。

一 神灵崇拜观念

与世界上许多国家和地区的远古先民一样,吠陀时期的古印度先民中也存在着最初的神灵崇拜。在当时,由于生产力发展水平低下,人们对外部事物的认识能力有限,对自身的认识能力也有限,因而对许多问题不能理解。但他们又要对自己或同伴就这些问题作出解释,因而只好借助猜测和想象,特别是对那些影响人们日常生活的自然力量的产生原因或事物的本质进行猜测和想象。这就必不可免地产生了最初的神灵崇拜。

古代印度人对神灵的崇拜也遵循着这类崇拜产生的一般规律,即首

先崇拜身边的具体事物,如风雨雷电,山河大地等。这些事物变化不定,
常常对人们的生活产生或利或弊的影响。如雷雨有时能危害人们,给人
们的生命财产造成损失;有时则能造福人们,给久旱的田地带来雨水,使
庄稼获得丰收。山河大地在一般情况下可以使人们安居乐业,平静生
活,但有时候也能带给人们意想不到的灾害,如山崩地震,河水泛滥等。
在这种情况下,人们往往会认为在这些现象的背后有一些超自然的神
灵,或认为这些现象本身可能是某些神灵的化身,认为这些神灵的力量
巨大,人们如果得罪他们就会遭到厄运,而如果使他们高兴则可以保持
平安或获得好运。因此,古代印度先民就用种种方法来取悦于这些他们
想象出来的神灵。这就是最初的神灵崇拜。

此外,在古代人对自身的一些状态也会产生相应的神灵观念。如人
们不断看到自己的长辈或同伴死亡,在自己身边消失。对这种现象感到
恐惧,并希望能够解释它。他们在当时所作的猜测或想象是死去的人并
没有真正死亡,他们只是离开了自己生活的这个世界,到了另外的世界
中。但又认为这个另外的世界并不完全与自己生活的世界隔绝。亡灵
会以种种方式回到其曾经生活的世界中来。而且死去的前辈(祖先)在
死后的能力要大大强于在世时的能力,有力量保护自己的子孙。而其他
死去的人的力量也大大强于他们生前,因为他们已经变为神灵。如果自
己想方设法取悦于这些死去的人,那么前辈亡灵会努力保护或造福于自
己,其他的亡灵至少不会加害自己。反之,则前辈亡灵不会努力保护自
己,而其他的亡灵则很可能加害自己。这些想象或猜测往往在梦境中得
到了验证。因此,这些先民就设想出种种方法来取悦于此类神灵。这也
是最初的神灵崇拜。

这些神灵在吠陀中数量众多,应当说属于多神崇拜,后来逐渐出现由
多神崇拜向主神崇拜的发展趋势。虽然婆罗门教或印度教在后世崇拜的
主神在吠陀中并不突出,但是在吠陀中还是能找到与其相关的内容。

婆罗门教或印度教在印度后世有所谓三大主神:梵天、毗湿奴和湿婆。梵天(Brahmā)在《梨俱吠陀》中尚未出现。但一般认为他与《梨俱吠陀》中的祈祷主神(Bṛhaspati)①和生主神(Prajāpati)②有关,是取代了他们的位置之后产生的。梵天最初在一些梵书中出现,成为创造世界的一个主要的神。③ 但在吠陀时期和奥义书时期,梵天并没有像在后来的婆罗门教或印度教中那样成为教徒崇拜的主神;而是经过了史诗、往世书等文献的进一步改造和强调后,他才具有了后来在婆罗门教或印度教中的那种地位。

毗湿奴(Viṣṇu,也译为遍入天)在《梨俱吠陀》中就存在。④ 人们认为他也有很大的威力,据说可以三步跨越(或丈量)大地。但在《梨俱吠陀》和其他的吠陀文献中,他的影响远不如后来那样大。毗湿奴也是在经过史诗、往世书等文献的进一步改造和强调后,才在印度后世取得了婆罗门教或印度教中的主神地位。

一般认为湿婆(Śiva)由吠陀时期的楼陀罗神(Rudra)发展而来,也有人认为他的最早形态可以上溯到印度河文明时期。⑤ 吠陀文献中虽然论及他,但他在婆罗门教或印度教中的主神地位也是在史诗和往世书之后才取得的。

在吠陀奥义书时期,虽然一些有关的神并没有取得像后来的婆罗门教或印度教中的主神那样高的地位,但相关的思想观念或神的观念的雏形毕竟已经出现。这对于后来婆罗门教或印度教的神灵崇拜形态的形成奠定了一个发展的基础。

---

① 参见《梨俱吠陀》10,68。

② 参见《梨俱吠陀》10,121。

③ 参考黄心川:《印度哲学史》,北京:商务印书馆,1989 年版,第 55 页;并参考慈怡主编:《佛光大辞典》,台北:佛光文化事业有限公司,1988 年版,第 850、4626、4627 页。

④ 参见《梨俱吠陀》1,154。

⑤ 参见黄心川主编:《南亚大辞典》,成都:四川人民出版社,1998 年版,第 366 页。

二　祭祀观念

在吠陀时期,人们对神的崇拜有种种方式,其中重要的一种方式是作祭祀。当时不少的印度人认为,作祭祀是为了讨神(或神灵)欢心,可获得神的恩宠,给人带来好处。

但也有一些学者认为:吠陀时期人们作祭祀并不是为了讨神欢心,在他们看来,祭祀行为产生的结果与神无关,或主要不是因为神的原因,祭祀行为本身即可机械地给人们带来好处。祭祀有它自身的巫术力量,它可以独立地带来结果,而不依赖于神。①

实际状况可能是上述两种情形在当时恐怕都存在。即一部分人认为祭祀可以直接作用于神,促使神的行为有益于人。而另一部分人则可能认为祭祀行为本身就必然导致某种结果,在任何情况下,只要作这种祭祀,就一定会有这种祭祀的结果,祭祀的行为直接与结果相联,其间没有什么中介者,即不存在神的作用,因为否则的话,祭祀结果就有很大的不确定性:如果神高兴了,就会给人带来好处,反之,则不会给人带来好处。这样,祭祀行为本身就不是起决定性作用的了。这样会影响祭祀的绝对有效性并进而影响到吠陀的权威。在实际上,后来的婆罗门教中的弥曼差派思想家就特别强调这一点,坚决否定在祭祀行为与祭祀结果之间有神的作用,并由这种观点引发了后来弥曼差派对有神论的激烈批判。

吠陀文献中提到的祭祀种类极多,较常提到的有新月满月祭②、火祭、马祭、人祭等等。这些内容在吠陀本集和梵书中可以大量看到。它

---

① 参见德·恰托巴底亚耶著,黄宝生、郭良鋆译:《印度哲学》,北京:商务印书馆,1980年版,第52—53页。

② 1日及15日的月祭。

们中的不少种类在印度历史上流传了很长时间,对婆罗门教的形成和发展起了重要作用。

在吠陀时期,一些人除了认为作祭祀可使神高兴,给自己带来好处外,还认为咒法也可以作用于神,使人达到目的。《阿闼婆吠陀》中有大量这方面的内容,《耶柔吠陀》也有这方面的内容。咒法种类极多。如有用于息灾的咒文,用它来对付恶神,使其不显威力。还有诅咒,主要用来使魔神加害于自己所恨之人。还有一些祈求长生或平安的咒文。总之,咒法在当时也被人们视为是消灾招福的重要工具。[①]

吠陀时期大量存在的祭祀现象实际是比较复杂的。各种祭祀的适用范围和影响大小也有很大不同。这些祭祀在印度历史上并没有全部流传下来。婆罗门教在后来的发展过程中吸收了不少这方面的内容,并把祭祀万能作为本教的一条基本纲领。

三 社会道德伦理观念

婆罗门教的社会伦理观念也是在吠陀时期开始萌发的,不过这些观念的最初形态并不带有多少教派色彩。严格来说,吠陀时期产生的许多社会伦理观念后来在印度宗教的各派中都有影响,而婆罗门教则是较早吸收这些观念的主要宗教派别。

在《梨俱吠陀》中,不少赞歌表达了古代印度人的一些原始的伦理观念,如其中一些赞歌要求人们友好、互助、诚实等。[②] 此外,一些吠陀诗人还提出了一种"理法"(Ṛta)的概念,认为这种理法是永恒的,能消

---

① 以上关于吠陀中的一些论述参考了黄心川:《印度哲学史》,北京:商务印书馆,1989年版,第30—49页;高楠顺次郎、木村泰贤著,高观庐译:《印度哲学宗教史》,台北:台湾商务印书馆,1983年版,第39—174页。

② 参见《梨俱吠陀》10,117;7,104。

除罪恶,使生灵得到启示,并认为理法是坚固的,美好的。① 从这类赞
歌中可以看出,理法概念在吠陀中一方面代表永恒的宇宙法则或秩
序,另一方面又代表人类行为的准则。遵从这种准则,人们就可得到
真理,就可变得纯净和神圣。② 印度历史上流行的苦行、断食、禁欲等
理论在吠陀中也有一定反映,③但这类成分未占主导地位。④ 这与吠
陀时期的社会性质有一定关系。吠陀时期总的来说是处于原始社会
瓦解和阶级社会形成时期的历史发展阶段,因此,吠陀中一方面反映
了原始社会人的部分道德,如对人友善、互相帮助等;另一方面也反映
出了与阶级社会形成过程中有关的伦理道德观念,如苦行、断食、禁欲
等。后者当时在印度虽然还未普遍流行,但随着印度阶级社会的不断
发展,它在印度历史上的影响也越来越大,开始在印度较早出现的婆
罗门教中受到重视。

　　婆罗门教的主要伦理观念的形成与印度种姓制的出现密切相关。
种姓制是古代印度社会划分阶级的一种重要表现形态。这种制度及与
之相关的思想在吠陀中就有所反映。种姓制明显强调人的地位是不平
等的观念。在当时的统治阶级看来,这种制度是和谐的,是自然的。
《梨俱吠陀》的一首赞歌在谈到"原人"(puruṣa)时说:"婆罗门是他(原
人)的嘴;他的双臂成为刹帝利;他的两腿是吠舍;他的两足生出首陀
罗。"⑤在这首赞歌中,作者还把"原人"视为世间事物的根基,把世间事
物与人紧密地联系起来,表现出一种认为人类本性与世界本性同一的思
想。原人的形态也体现了人类社会等级分类的形态。这首赞歌虽然未

　　①　参见《梨俱吠陀》4,23。

　　②　参见《梨俱吠陀》7,56 等,并参见 S. Radhakrishnan and C. A. Moore:"*A Source Book in
Indian Philosophy*", Princeton: Princeton University Press,1957,pp. 25,27.

　　③　参见《梨俱吠陀》10,136。

　　④　参见 S. Radhakrishnan and C. A. Moore:"*A Source Book in Indian Philosophy*", pp. 27-
30.

　　⑤　参见《梨俱吠陀》10,90。

说遵从种姓制的不平等是美德,但却可以看出作者实际上把这种不平等看作是一种和谐的现象,认为各个种姓都是"原人"必不可少的部分,种姓的不平等是符合自然秩序及人的需要的。当然,吠陀中这种伦理思想的倾向还不是十分明显。把遵守种姓义务看作美德,把违背种姓义务看作大逆不道的伦理观念,是在婆罗门教有了很大发展,大力强调"婆罗门至上"的信条之后,尤其是在奥义书之后才普遍流行开的。

在吠陀时期的相当一部分婆罗门教思想家看来,所谓"善"主要指举行祭祀,相信吠陀中说的祭祀的有效性;所谓"恶"则主要指反对作祭祀,或对祭祀的功效持怀疑态度。这种善恶观念很快也发生了变化,特别是在奥义书出现之后,婆罗门教中的"善"和"恶"的含义有了很大的扩展。

奥义书中提出或明确强调了一系列对后来婆罗门教或印度教的发展有重要意义的理论(实际上对后世婆罗门教之外的印度其他思想派别理论的形成也有重要意义)。在社会伦理道德思想方面,奥义书时期的婆罗门教在理论上已比吠陀时期丰富得多,奥义书中也提出了更明确的善恶因果观念。奥义书中的婆罗门教思想家虽然在一定程度上依然肯定祭祀的重要性,认为进行祭祀是善,但他们更重视的是思辨性强的问题,认为最高的善与对真理的体悟及信奉有关。他们提出的最高真理或事物根本因的理论直接与其种姓观念相联。换言之,奥义书中的婆罗门教思想家谈的善恶与其最高真理及事物根本因的学说有关,而他们信奉的最高真理及事物根本因的观念又与其种姓等级观念有关。他们实际上更重视以思辨性较强的方式来继续宣传"婆罗门至上"的基本教义。在奥义书中,婆罗门教思想家依然认为,所谓善是指遵守种姓制确立的社会秩序或生活准则,认为这便是善因,善因将获善果;反之,便是恶因,恶因将获恶果。但善或恶又并不局限于这个较直接的方面,它们与梵我关系的观念和轮回解脱的观念是密切相关的。这需要在下面的叙述中联系在一起来讨论。

四 梵我关系观念

在奥义书时期,婆罗门教的重要发展突出表现在它初步提出了自己的核心哲学思想。这种思想就是梵我关系观念。梵我关系问题是奥义书的众多思想家最为关心的问题,也可以说是婆罗门教思想家所讨论的中心问题,不涉及"梵"与"我"这类概念的奥义书非常之少。

婆罗门教立教的宗旨之一就是要强调"婆罗门至上",它最直接地表明了此教的性质,即要维护种姓等级中的婆罗门种姓的最高地位,并认为这种最高地位是可以世代保持、永远不变的。这显然是一种政治主张。但要想使这种主张能普遍为人们所接受,就必须对其合理性或正确性进行论证,要使其带上客观或天意的色彩。奥义书中的婆罗门教思想家提出的梵我关系观念就恰恰能起这种论证的作用。

"梵"(Brahman)一词并不是奥义书中最早提出的。《阿闼婆吠陀》和梵书中就提到过这一概念,但在当时并没有产生多大影响。只是到了奥义书时期,作为抽象哲学概念的"梵"才真正在思想界的讨论中占据了中心地位。在奥义书中,梵被大多数思想家描述为是一切事物的本体,宇宙的最高实在。梵在本质上是一种"识"(Vijñāna),但它又不同于世间一般的意识。在奥义书中的许多思想家看来,梵既是一种最高的实在,它就不能具有任何具体的属性,如果梵具有具体的属性,那它就是有限制的了,就不是最高实在了。梵不能用世间一般概念来理解或用语言来表达,因为能用概念来理解或用语言来表达的东西都是有限制的,而梵是无限制的。对梵不能用一般的概念范畴下一确切的定义。如果一定要问梵是什么,那就只能从各种否定中去理解和体会它。也就是说,只能通过不断否定梵有具体性质来体会梵的最高本质。对于梵的本质,只能说："不是这样,不是这样"(Neti,Neti),仅可在这样的否定中来体悟梵。奥义书中的这些思想家采用这种不断否定的方式来表述梵,主要是为了突出它的至高无上,表明它的万物本体的地位。当然,奥义书并不是一人所作,也不是短时间内形成的文献,因而不同文献之间,甚至同一文献中都可能有前后叙述不一致或不协调之处。关于梵的论述也是如此。在实际上,奥义书中直接表述梵的特性或一般属性的言论也不少。但从总体上可以看出,它的主要思想还是要强调梵的超言绝相性。这种论证最高实体的方法对后来的婆罗门教哲学派别有重要影响。①

"我"(Ātman)一词音译为"阿特曼"。它在梵语中有多种含义,如自我、呼吸、本性、整个身体、人生命的最高本原等等。在奥义书中,这个词一般是在两种意义上来使用:一是指自我或个体灵魂,即是作为人的身体诸器官(如眼、耳、鼻、舌、皮)的主体或人生命活动的中心,也就是所谓"小我";另一种意义即指"梵"。许多奥义书在论述作为世界本体的梵时,不用"梵"这一词,而仅用"阿特曼"。此种"我"就是所谓"大我"。在奥义书和后世的印度宗教哲学中,"我"或"阿特曼"一词较多地是在前一种意义上来使用的。若不特别指明的话,它一般指个人的生命主体或个人的精神与意识的控制者,人生死轮回中的主体。由于"我"或"阿特曼"作为单独的人的生命主体时,众多的小我及有关的生存状态就构成了现象世界,因此,小我在后来的婆罗门教哲学中也有现象界的含义。

在奥义书中讨论梵我关系的众多婆罗门教思想家中,占主导地位的观点是所谓"梵我同一"或"梵我一如"②。这些思想家认为,作为宇宙本体的梵(大我)和作为人的主体的我(小我)在本质上是同一的。我(小

---

① 而且对其他的宗教派别也有影响。如佛教也经常采用否定形态的思维方式来论证事物的实相或最高真理。

② "梵我同一"中的"我"即是在上述第一种意义上使用的。

我)虽然表现为多种多样,但这些仅是现象,真正实在的只有最高的梵。
梵是一切的根本,是我(小我)的本质。世俗之人把梵与我看作不同的
东西,或仅认为我(小我)是人的根本,而不认识梵,这就是无明。无明
亦即后来吠檀多派中反复强调的"幻"(māyā)。

　　梵我同一的理论认为,梵是万有永恒的最高实体,它唯一不二,并永
恒不变。我作为人身体或生命现象的主体,实际是以梵为根本的,或在
本质上就是梵。这种梵我的理论在婆罗门教的学说体系中也与善恶标
准等伦理观念结合在一起。在奥义书的许多婆罗门教思想家看来,人不
应该仅仅满足于世上人间的善因善果,而应按照更高的道德标准来积累
善因,求取更高的善果。这更高的道德标准即是认识梵我同一。达到梵
我同一的状态,就是达到了至善的状态。他们认为,获得梵的最高知识,
达到至善,还需要禁欲、苦行、冥想等种种辅助手段。因此,在奥义书中,
苦行、作瑜伽以及履行宗教义务等都被看作是善,它们是达到解脱或梵
我同一的重要步骤。①

　　奥义书中的梵我同一理论在印度历史上影响极大。它成为婆罗门
教哲学中的主流思想。之所以会出现这种情况,主要是因为梵我同一的
理论确认了自然界和人类社会中存在着一个最高的不变实体。这个实
体是一切的根本。一切事物可以变化,而这个实体则是不变的;一切事
物可以产生并消亡,而这个实体在本质上是不被产生并不会消亡的。这
个实体被确立后,才有可能论证或宣称婆罗门种姓的最高地位是自然就
有的,是永恒不变的。婆罗门教哲学中的"梵"实际上与印度种姓中的
"婆罗门"是一致或对应的。梵我同一的理论强调了自然界与人的本性
是同一的思想,更主要的是确立了在自然界和人类社会中存在着一个决
定一切的主体的意识。这种意识对于社会中占主导地位的阶层十分重

―――――――――

① 参见《慈氏奥义书》(Maitrī Up.)1,3—4;4,1,3—4;6,17—18,30,34。

要。具体来说,对婆罗门祭司阶层十分重要,起到维护这个阶层的特权地位的作用。

梵我同一的理论在印度后世直接被吠檀多派所继承和发展。在吠檀多派中,众多的婆罗门教思想家对这一理论的深层次含义进行了更充分的讨论,提出了多种看法,并由此产生了吠檀多派中的各个分支。在这些分支中,吠檀多派的最著名理论家商羯罗(Śaṅkara,788—820)深入阐述了"不二论"的学说,从而完成了婆罗门教核心哲学思想的系统化工作,为婆罗门教向印度教的转化奠定了理论基础。

五 轮回解脱观念

轮回与解脱严格来说是两种观念或理论。但在印度宗教思想史上,它们在许多场合联系极为紧密,经常相提并论。从产生时间上来说,轮回观念要略早于解脱观念,它在吠陀中已有明显的思想萌芽或最初的形态;而解脱观念则主要是在奥义书时期产生的,在吠陀中至多只能说有一些相关的概念出现,但没有这方面明确的思想。

婆罗门教把轮回与解脱观念作为自己的基本观念主要是在奥义书时期。这两种观念之所以被婆罗门教所重视,是因为它们对婆罗门教的主要宗旨有巩固作用。具体来说,婆罗门教要强调祭祀万能、婆罗门至上等基本纲领,必然会有非婆罗门教或低种姓的人物加以反对并在行动上有所表示。而为了压制这些人的思想和行为,婆罗门教就要提出一些理论来表明反对本教基本主张将会得到恶果,遵从本教基本主张将有善果。于是,轮回与解脱的理论自然就被推到了一个十分重要的位置。当然,在吠陀与奥义书时期,这两种观念在最初萌发时,并没有十分明显的婆罗门教推动因素。婆罗门教强调它们并将其作为本教体系中的基本内容是在比较晚一些的时期,有些观念得到高度重视的状况甚至是在奥义书时期之后。

轮回观念的出现与人们对自己死后的思考有关。在吠陀时期,一些印度人就开始思考人死后的去处。较早的吠陀文献《梨俱吠陀》中已有这方面的表述。《梨俱吠陀》在论及人死后要去的处所时,提到了"阎摩",认为阎摩是人们死后将去处所之王,还提到最高之天,认为作好事的回报是到这最高之天,如《梨俱吠陀》10,14,7 中说:"离开!离开!沿着那古昔之道,我们的祖先在那里逝去。在那里,你将见到奠酒中伐楼那神和阎摩的欢乐。"《梨俱吠陀》10,14,8 中说:"你与祖先聚合,与阎摩聚合,在最高天上得到善行的回报。回家时,所有的不完善离去,与你的身体结合,充满了活力。"

从《梨俱吠陀》的这类内容可以看出,在当时不少人相信人可以永远存在,认为人死后将去另外的世界。人们看到人死后身体的毁坏,因而想到去往另外世界的应是不同于人身体的东西。这一东西是什么?在吠陀中讲得不多,有的赞歌提到"末那"在人死后达到"阎摩境内"。①但对轮回主体的讨论,在吠陀中展开得不多。对轮回境界的描述,也远没有后来印度宗教中那么复杂丰富。

吠陀文献虽然已经谈到阎摩管辖的区域和神存在的世界,但对它们的区分并不严格明确,不像印度后世那样有鲜明的好坏对比差别。吠陀中也提及轮回状态与人的行为相关,但只是谈到行善者可以升天,②没有相应地明确讲行恶者入地狱。

在奥义书时期,轮回观念渐成体系。在当时的许多思想家看来,所谓轮回状态也就是一种无明状态。它的产生完全是由于人们不认识梵我同一,不认识作为现象界具体内容的无数我(小我)在本质上是梵,不认识仅有梵是唯一实在的。因而把本来唯一实在的梵错误地认为是有

---

① 参见巫白慧:《印度哲学》,北京:东方出版社,2000 年版,第 72 页。

② 如上述《梨俱吠陀》10,14,8 中的内容。

多样性的世间事物,由此产生对不实事物的追求。这些追求往往不能真正或最终达到目标,使人产生痛苦。而人的这些行为又会产生所谓"业力",它将影响人的"阿特曼"或"我",使其不断在各种轮回状态中流转,经受痛苦。当然,有关轮回的学说或基本观念,在奥义书中也是逐步形成与明晰的。

关于轮回的状态,较早的奥义书中提到的是所谓"五火二道"理论。所谓"五火"是指人死后到再出生的五个轮回阶段。即人死被火葬后,先进入月亮;再变成雨;雨下到地上变成食物;食物被吃后变成精子;最后进入母胎出生。所谓"二道"是指"神道"(devayāna)和"祖道"(Pitṛ-yāna)。"神道"是人死后进入梵界,不再回到原来生活的那个世界中来的一种道路;"祖道"是人死后根据"五火"的顺序再回到原来生活的那个世界中来的道路。①

除了"五火二道"的理论之外,后来又有所谓"三道四生"②的理论。这是进一步系统化的轮回解脱理论。奥义书在谈到轮回状态时,常常论及种姓的等级高低,转生成高种姓自然是好的轮回状态,转生成最低的种姓实际上则与牲畜的地位相近。关于产生轮回状态差别的原因,根据许多奥义书的解释,与人生前行为的善恶有关,如《广林奥义书》3,2,13中说:"行善者成善,行恶者成恶。"此处,所谓行善,主要是指遵守婆罗门教的种种宗教规定,尽各种姓应尽的义务,学习婆罗门教的教义,认识梵我同一;所谓行恶自然是与行善完全相反。

奥义书虽然区分了轮回状态的好坏。但好的轮回状态并不是在严格意义上说的。严格来说,轮回状态在本质上或最终意义上说是没有所谓好的,因为处在轮回状态中就不可能避开痛苦。因此,对许多奥义书

---

① 参见《广林奥义书》6,2;《歌者奥义书》5,3 以下;金仓圆照:《印度哲学史》,京都:平乐寺书店,1963 年版,第 33 页。

② "三道"指天道(神道)、祖道、兽道;"四生"指胎生、卵生、湿生、种生。

思想家来说,真正的或最高的善报应该是跳出轮回,达到解脱。

解脱观念很难说在吠陀中就已产生,但吠陀中的一些概念与后来奥义书中的明确解脱观念有关。如一些吠陀赞歌中谈到"不死"或"不朽状态",梵文为"amṛtam"或"amṛtatva";①还有一些吠陀赞歌谈到要"生不死地""证取不死""入不死界"等。② 这都与印度后世说的解脱有联系。因为所谓解脱是相对于生死轮回而言的,吠陀中所说的"不朽状态"或"不死界"等虽然没有谈到摆脱生,但却谈到了摆脱死。而且这在当时的人看来是一种完美的状态。它与后来的解脱观念有某些相似之处。当然,吠陀中谈到的这类概念与奥义书以后印度宗教中所说的解脱还是有相当差距,不能等同。

在奥义书中,解脱观念是随着轮回观念的发展而逐步形成的。奥义书中已明确提出了处在轮回中的生命形态是充满痛苦的,而跳出轮回,摆脱痛苦,即为解脱。奥义书中对人死后的去处问题的讨论已进行得比较深入,认为人死时死的是躯壳,但生命的主体并不死,它会进入不同的道路或区域,即"祖道"和"神道"。祖道是生命的主体经过一些轮转过程后回归到人生活的世界中来的道路,实际上是一种轮回的道路;而神道则显然是一种解脱的道路,因为进入这个道路的生命主体将到达梵界,不再回到原来生活的世界中来,也就是不再轮回,这即是达到了解脱状态。

奥义书中最深层含义的解脱观念与婆罗门教哲人所讨论的"梵"与"我"的观念直接相关,或说与其对梵我关系的看法有关。

奥义书中的婆罗门教思想家认为,要达到解脱,就必须消除无明或无知。这样,在奥义书中,轮回解脱的理论与梵我关系的理论实际上就是密不可分的。根据许多奥义书的观点,业报轮回产生于人的欲望和相

① 参见《梨俱吠陀》10,90,2—3。
② 参见巫白慧:《印度哲学》,北京:东方出版社,2000年版,第78—79页。

应的行为,①解脱则要在欲望消除后才能达到。② 所谓解脱也就是得到关于梵的智慧,领悟到梵我同一,即消除无明或无知。如果真正认识到了一切皆梵,自我即梵,那人对外物的欲望和追求就自然没有意义了。无欲望就无相应的行为,无行为自然就不会产生业力,也不会有轮回转生,这也就是解脱。正如《广林奥义书》4,4,8 中所说:"智者,即梵的认识者,在身体衰亡后,直升天界,达到解脱。"显然,在奥义书中,获得解脱的根本是一种智慧解脱的办法。这一特点在后世的印度宗教哲学中一直保持了下来。

轮回与解脱的观念产生之后,在印度历史上一直有重要的影响。婆罗门教后来的六派哲学的每一派的理论体系中都有这方面的内容。一些非婆罗门教的印度宗教哲学派别中也有这方面的内容(如佛教和耆那教)。但从轮回与解脱观念产生的源头来说,是在吠陀奥义书时期,最早把其作为自身理论体系的基本组成部分的宗教派别则是婆罗门教。

(原载于《南亚研究》,2004 年第 1 期)

---

① 参见《广林奥义书》4,4,5。
② 参见《广林奥义书》4,4,6。

印度古代哲学关于人与世界
关系的基本观念

✿

人与世界关系的问题是世界许多国家或地区哲学史上所讨论的基本问题。对它的考察应是我们哲学研究的重点之一。印度哲学中这方面的内容很多。较完整的叙述自然需要较大的篇幅。本文只能简要地叙述和分析古代印度人在这个问题上的基本观念。这里所谓"基本观念"指印度哲学在这方面的主要或影响较大的理论。

一　早期宗教哲学文献中的基本观念

现存印度最早的宗教历史文献是吠陀,而较早大量叙述印度哲学思想的典籍是奥义书。① 在吠陀和奥义书中,都记述了古代印度哲人关于人与世界关系的看法。

在吠陀中,叙述这方面内容较典型的赞歌是所谓《原人歌》(《梨俱吠陀》10,90)。《原人歌》说:

> 原人(有)千头、千眼和千足。……原人就是这一切,(是已经)存在的(事物)和(将要)存在的(事物),还是主宰不朽者。……他(原人)的四分之一是所有存在物,他的四分之三是天上的不

_____

①　奥义书也包括在广义的"吠陀文献"之内。

朽。……当(原人)出生时,他在后面和前面都超越地。……(原人可)分成多少块? ……婆罗门是他的嘴,(他的)双臂成为刹帝利,他那两腿即是吠舍,由(他的)两足中生出首陀罗。月亮由(原人的)心(意)产生,太阳由(其)两眼产生,由(其)嘴生出因陀罗(雷)和阿耆尼(火),由(其)气息生出伐由(风),由(其)肚脐生出空气,由(其)头演化出天,由(其)两足(出现)地,由(其)耳(生出)方位。世界就这样生成了。①

《原人歌》和许多吠陀赞歌一样,在表述思想观念时,有些诗句较为晦涩,意思不很明确,整首诗前后文亦有不连贯之处。但从以上所引部分来看,该赞歌的含义大致还是可以把握的。即《原人歌》把"原人"视为世间事物的根基,认为世间事物是其部分或由他所产生,婆罗门等四种姓是原人的身体部分。日、月、风、太空、天地、方位等也由原人的身体器官等产生。《原人歌》把世间万物与人密切联系起来思考,表现出了一种认为人与世界(或小宇宙与大宇宙)同一或密不可分的思想倾向。这种倾向在印度哲学后来的演变过程中得到了进一步的发展。

如果说吠陀对人与世界的关系观念的表达还只是在个别的赞歌中,不自觉也不连贯,那么,到了奥义书时期,情况则完全不同了。人与世界的关系问题是奥义书哲人探讨的主要问题。

印度古代被称作"奥义书"的典籍为数众多,大致有二百多种。较早的奥义书约出现在公元前 9 世纪左右,较晚的产生在公元后。无论是较早的奥义书还是较晚的奥义书,凡是其中较多论及印度哲学思想的,一般都涉及人与世界的关系问题。诸奥义书中对此问题有多种论述,其中影响最大的理论被后人称为"梵我同一"或"梵我一如"。

---

① 译文据 A. A. Macdonell, *A Vedic Reader* (Oxford University Press,1981)一书中所载梵本。

所谓"梵"在奥义书中被大多数哲人描述为一切事物的本体、世界或宇宙的最高实在。如《广林奥义书》1,4,10 中说:"最初,此(处)唯有梵。"《歌者奥义书》3,14,1 中说:"这整个世界(都是)梵。"《秃顶奥义书》2,1,3 中说:"(最高梵是)一切事物的支撑者。"

所谓"我"一词亦译为"阿特曼"。它在梵语中有多种含义,如个我、呼吸、自我、本性、整个身体、人生命的最高主宰体等。在奥义书中,该词通常在两种意义上来使用:一种意义是指个体我或个体灵魂,即是在作为人的身体诸器官(如眼、耳、鼻、舌、皮等)的主宰体或人生命活动的中心这种意义上来使用的,也就是所谓"小我"。如《广林奥义书》3,7,15 中说:"他(阿特曼)就是你的自我,是内部的控制者,不朽者。"另一种意义即指"梵",许多奥义书在讨论作为世界本体的梵时不用"梵"这一词,而仅用"阿特曼"。此种"我"就是所谓"大我"。如《歌者奥义书》7,26,1 中说:"空间(产生)于阿特曼,火(产生)于阿特曼,水(产生)于阿特曼,出现与消失(产生)于阿特曼,食物(产生)于阿特曼,力量(产生)于阿特曼,理解(产生)于阿特曼,冥定(产生)于阿特曼,心思(产生)于阿特曼,决定(产生)于阿特曼,意(产生)于阿特曼,言语(产生)于阿特曼。……确实,所有(都产生)于阿特曼。"

"梵我同一"的理论认为:作为宇宙或世界本体的梵(大我)与作为人的主宰体的我(小我)在本质上是同一的。我有多种形态,但梵是其根本,是真正的实在(最高本体)。《广林奥义书》1,4,10 中说:"最初唯有梵,他仅这样理解自己:我是梵。因此,他成为一切。"《歌者奥义书》6,9,4 说:"整个(世界)以那(精微之物或梵)为自我,他是实在,他是阿特曼,他就是你。"

在奥义书的许多哲人看来,如果一个人认识到梵为根本,认识到梵这种宇宙本体也就是人的本体,那么他就获得了真正的至上的智慧,就获得了解脱。如果一个人认识不到这点,把宇宙的本体与人的本体看作是不同的东西,认识不到梵为一切的根本,那么他就将陷入无明或无知。《广林奥义书》4,4,8 中说:"认识梵者,直升天界,达到解脱。"

总之,奥义书哲学的一个核心观点,就是认为人的本体与世界其他现象的本体同一,人与世界在本质上是一体的,不可分的。

这里要说明的一点是:从主体或主宰体方面看,可以说梵代表世界的主体,而我(小我)代表人的主体。但从本体和现象的方面看,应当说梵代表本体,而我(小我)代表现象。因为我(小我)是有许多的,许多的我(小我)就构成了现象界,这现象界也就是世界。因此,梵我关系的理论一方面论及了世界的主体与人的主体(这两种主体也就是一切的本体)的问题,另一方面也论及了本体与现象的问题。这样,仅我(小我)这一概念自身亦涉及了人与世界的关系问题,表明了个人与现象世界的不可分割的联系。但较直接地涉及这一问题的还是梵(大我)与我(小我)这两个概念(即世界的主体与人的主体同一的理论)。

探讨人与世界的关系问题,可以说是从吠陀时期开始,至奥义书时期形成一些基本观念。这些观念在印度哲学后来出现的派别中得到了进一步的继承和发展。

二　主要哲学流派的基本观念

奥义书时期之后,印度哲学史上的主要流派逐步形成。这些派别的思想萌芽有不少在奥义书时期甚至更早就已出现,但形成较体系化的独立的派别则主要是在奥义书时期之后。在奥义书时期之后形成的哲学流派中,人与世界的关系问题得到了不同程度的重视。此处仅考察几个主要哲学流派,即吠檀多派、数论派、佛教和顺世论。

吠檀多派是最直接继承奥义书主要哲学思想的派别,对于人与世界的关系问题也最为关注。此派在发展过程中又分成不同的分支,其中影响较大的分支理论是不二一元论、限定不二论和二元论。

不二一元论的主要代表人物是乔荼波陀和商羯罗。乔荼波陀认为：梵(最高我)与我(小我)实际是完全同一的。二者既不是分别的存在，也不是一个产生另一个。他曾就二者的关系作了一个譬喻，认为梵与我的关系就如同瓶外大虚空和瓶内小虚空的关系一样。瓶内小虚空由于有瓶子的缘故，因而显得与瓶外大虚空是两个东西，而当瓶子破坏时，小虚空与大虚空就完全同一了。与此类似，梵与我本是一个东西，由于人们的虚妄分别，才显得二者有差别。消除了这种虚妄分别，二者就完全同一了。因此，我既不是从梵派生出来的，也不是梵的变异。而且，由于在梵中没有部分，因而我也不是梵的部分(参考《乔荼波陀颂》第三章)。乔荼波陀的这种理论明显把人与世界的关系看成是密不可分的，其基本思想显然来自奥义书。商羯罗与乔荼波陀一样，也继承和发展了奥义书中的"梵我同一"思想。他从我在本质上就是梵的观点出发，认为有别于梵的独立我(小我或现象界)是不存在的，论证了杂多的(有差别的)世间现象是不实在的。他和乔荼波陀都主张一种"摩耶"的理论，认为外界事物的不实在就如同梦中的事物不实在一样。这些事物完全是"我"通过自己的幻力对自身进行虚妄分别的产物①。不二一元论实质上仍是认为人的主体与世界的主体同一，并认为构成现象界的"我"严格来讲是不实在的。

限定不二论的主要代表人物是罗摩努阇。他认为，梵(最高我或神)与我(小我或现象界)之间的关系是实体与属性或整体与部分之间的关系。这就如同光是火或太阳的一部分，以及白色或黑色是具有白色式黑色的东西的性质一样，二者虽有联系，但也有区别②。属性或部分隶属于实体或整体，但并不能因此就认为属性和部分不真实。同样的道

---

① 参见商羯罗《梵经注》1,4,22。
② 参见罗摩努阇：《梵经注》2,3,45。

理:作为属性或部分的我(现象界)尽管隶属于作为实体或整体的梵,但并不能因此而认为我(现象界)不真实。罗摩努阇批驳了商羯罗等人的"摩耶"说和真正的实在无差别的观点,但他始终认为作为本体而存在的唯有梵,我(现象界)虽与梵同样实在,但我(现象界)毕竟仅仅是"限定"梵的属性或部分,万有的最终本体是"不二"的。他的理论因此被称为限定不二论。限定不二论把作为现象界的小我放在第二位上,但明确肯定了其实在性,与不二一元论是不同的。限定不二论把作为人的主体的小我看作是附属于世界主体的,但在一定范围内(程度上)又强调了其实在性。

二元论的代表人物是摩陀婆。他认为,梵(大我或最高神)与我(小我或现象界)是一种二元的关系。他也承认我是依从于梵的,但坚决反对商羯罗等人的"摩耶"理论,认为说世界为虚幻不实是无知。他主张梵与我(现象界)的双重实在性(因而其理论被称为二元论)和事物之间的差别,认为在梵(神)与个别我之间、在梵(神)与物质之间、在个别我与个别我之间、在个别我与物质之间、在一种物质与另一种物质之间,存在着永恒的差别①。摩陀婆的这种理论在处理人与世界的关系问题时,较先前的吠檀多派有一些不同,因为他特别强调事物间的差别。根据他的理论来看人与世界也是有真实差别的,如上述五种差别中的在个别我与物质之间的差别就具有这种含义。

数论派虽与吠檀多派同属婆罗门教系统的哲学流派,但二者的主要理论有不少差别。数论派关于人与世界关系的观念主要体现在此派的"二元二十五谛"的基本哲学体系之中。数论派认为,任何结果仅仅是原因的转变,而世界作为结果总要有一根本因。这个根本因就是"自性"(prakṛti)。自性最初是一种处于未显状态的原初物质,当它内部由

---

① 参考金仓圆照:《印度哲学史》,京都:平乐寺书店,1963年版,第173页。

于某些原因而失去平衡时,它就开始转化或转变。数论派认为,自性是
事物转变的根本因,但却不是唯一的因,还存在着一个与自性并列的独
立的精神实体——"神我"(puruṣa)。神我自身虽不演变出世间事物,然
而却可与"自性"结合,使自性开始演化。自性的演化过程是:首先,由
自性生出"觉"(相当于起确定或决定作用的"理性"或"知性"),从觉生
出"我慢"(ahaṁkāra,"自我意识"或"主我性"),从我慢一方面生出"十
一根"(ekādaśa indriya,眼、耳、鼻、舌、皮、发声器官、手、足、排泄器官、生
殖器官、心),另一方面又生出"五唯"(pañca-tanmātra,香、味、色、触、
声),五唯又生"五大"(pañca-mahābhūta,地、水、火、风、空)。上述演化
过程中的主要成分被称为"二元二十五谛",即自性和神我为"二元",加
上觉、我慢、十一根、五唯、五大则共计"二十五谛"①。

　　数论派的这种理论虽非专门(主要)讲述人与世界的关系,但其总
的论述中却明显具有人与世界的生成同一或类似的观念。数论派在转
变说中所描述的既可以理解为世界事物的形成过程,也可以理解为人或
人生现象的生成过程。通过仔细分析"二元二十五谛"是可以看出这一
点的。

　　在这个体系中,自性相当于阴性要素,而神我相当于阳性要素。因
为直接产生出(转变出)事物的是自性,而神我只对自性起一种"观照"
作用,通过观照与之结合,使得产生(转变)的过程开始。这与人之男女
结合生成新的生命相类似。这在《数论颂》的注释中有相应的表述。如
乔荼波陀在对《数论颂》21 的注中说:"正如儿子是由男女结合生出一
样,创造是由神我和自性结合产生的。"

　　生成的第一个环节是"觉","觉"相当于人在形成过程中产生的意
识或精神作用。从人来说,是有了一些知性或理性的作用,从一般的世

---

①　参见自在黑《数论颂》22。

间事物来说,相当于由根本物质实体转化出总体上的(或世界的)意识现象。从觉产生"我慢",我慢严格来说是有情识之物(主要是人)才可能有的。至于"十一根",自然是人等动物才有的。"五唯"从情理上说虽不是人本身,但却是人的五感官所执取的对象,而"五大"虽是外部世界的元素,但又是构成人器官的元素。即五唯和五大与人体的构成或其作用是直接相关的。

不难看出,数论派的转变说理论体系把人和世界的关系看作是密不可分的,认为人的形成与世界的形成是一致的或类似的。这一理论在基本思路上与吠陀和奥义书中的有关理论是相近或有关联的。如吠陀中的《原人歌》就有认为人与世界(或小宇宙和大宇宙)同一的思想倾向,奥义书中有人的主体与世界的主体同一的思想。这些与数论派把人的生成看作与世界的生成类似的思路是一致的。当然,在理论的细节上,它们(吠陀、奥义书、数论派)并不完全相同。

佛教理论中也有不少关于人与世界关系的思想。早期佛教中的缘起观及五蕴(五阴)理论就涉及这个问题,大乘佛教中的唯识理论也涉及这个问题。

缘起理论认为,事物的生成是由缘(条件)相互作用而起的。《杂阿含经》卷第十二中说:"此有故彼有,此起故彼起。"《中阿含经》卷第二十一中说:"若有此则有彼,若无此则无彼。若生此则生彼,若灭此则灭彼。"在这里,早期佛教论及了事物间的因果联系问题,但它的这种缘起观主要是用来说明人生现象的。作为这一理论的具体表现形式,早期佛教提出了所谓"十二因缘"的学说,把人生过程分为十二个互为条件或因果联系的环节,即:无明(心的迷暗无知,对事物的本质不明)、行(心的动向)、识(意识)、名色(精神要素与物质要素的结合体,即作为人的个体)、六处(眼、耳、鼻、舌、身、意)、触(感觉器官对外部世界的感触)、受(感受,即苦、乐、不苦不乐等)、爱(对外部世界的渴爱或渴望)、取(对

外部事物的追求、执著)、有(由对事物的贪爱、追求等行为而产生的后
世相应的果报或生存环境)、生(来世之再生)、老死。①

　　这种十二因缘说具体描述了人生现象相互依存或在因果作用中依
条件而起的状况,并由此论证了在人生现象中不存在一个主宰体,人生
现象不是由一个主体或主宰体创造或演变出来的观点。这种理论实际
也影响了佛教对世界形成的看法,佛教在相当长的一个时期内(或说在
不少分支中)认为世界也没有一个类似婆罗门教的梵那样的主体,世间
事物也如人生现象一样是依缘而起的。这在大乘佛教中表现得更明显,
如龙树在《中论》卷第四中说:"未曾有一法,不从因缘生。"这里,佛教很
明确地把除人生现象外的其他事物都看成是因缘生的,把人生现象的生
成与世间其他事物的生成看成是一致的。从这个角度说,佛教在这方面
的观念与上述奥义书和吠檀多派的思路有相似之处。

　　早期佛教的五蕴(五阴)理论把人或人的表现作用的构成要素分
成五种,即:色蕴,指一切有形态的物质现象,如地、水、火、风等;受蕴,
指感受,即由感官接触外物所产生的情感等;想蕴,指表象、观念等;行
蕴,指意志一类的心作用;识蕴,指区别与认识事物等。② 佛教提出五
蕴理论最初主要是对人或人的表现作用的分析,但后来五蕴的含义实
际已不限于人,而成为对世间事物或世间现象主要成分的总的分析。
这样一来,佛教五蕴的理论实际上就具有了人或人的表现作用的构成
与人之外的世界现象的构成同一的观念。这也是一种对人与世界关
系的看法。

　　佛教中把人与世界联系得最为紧密的一种理论是唯识理论。该理
论认为,外部世界不过是"识"的转变,在本质上不过是识,即所谓"万法
唯识""一切唯识"。《唯识三十论颂》17 说:"是诸识转变,分别所分别,

　　① 参见《杂阿含经》卷第十二。
　　② 参见《杂阿含经》卷第十。

由此彼皆无,故一切唯识。"这种理论确实把世界与人(严格说是人的意识)密切地联系在一起,但紧密得过了头,竟然达到了彻底取消人(人的意识)与外部世界差别的程度,把外部世界和识统一在识之上。

顺世论在印度哲学中是较特殊的一派。它与婆罗门教系统的哲学派别及佛教完全不同。该派反对各种宗教信条和其他派别所主张的主流理论,但在对待人与世界关系的问题上,却与其他派别类似。顺世论的基本理论是所谓"四大"之说,认为地、水、火、风四大元素是万有的基础。商羯罗在《摄一切悉檀》中记述顺世论持有这样的主张:"唯有四元素——地、水、火、风是最终本原,不存在其他的(可作为本原之物)。"顺世论不仅认为世界一般事物是由"四大"组成的,而且特别提到人的身体等也是"四大"结合的产物。一些佛教典籍中曾这样记述顺世论的观点:"四大生一切有情,禀此而有,更无余物,后死灭时,还归四大。"①这样,顺世论就把人的构成与世间一般事物的构成看成是统一的,而且在"四大"这样的物质元素上找到了它们统一的基础。这种认为人与世界在本质上同一的观点是有其特色的。

三　比较分析

以上简要叙述了印度哲学中几个主要派别关于人与世界关系的基本观念。还有一些派别在此问题上亦有表述,但大致可归入上述这些派别的观点,或差别不大。从总体上说,各派在这方面的看法有同有异,此处作一比较分析。

就同的方面而言,有两点值得注意:

第一,各派一般认为人与世界在本质上是同一的。如吠檀多派中的

---

① 《成唯识论述记》卷第六。

不少梵我关系理论继承了奥义书中世界的本体与人的本体同一的观念。
而佛教中的"我法两空"理论在实质上也是一种认为人的本质与世界本
质同一的观念。顺世论的"四大"是世间一般事物的基础亦是人身体的
基础的观点,也是一种人与世界本质同一的理论。

第二,多数派别认为人的痛苦与其对世界和人生的正确认识有关。
如吠檀多派认为,人若不能认识到世界和人的本质是梵,就会把人及其
所属物看成是不同于外部事物或与外部事物的本质不同的东西。这样
就会去追求外部事物(包括财富、地位、权力等),力图把其长久占为己
有,而实际上这又不能真正做到,因此必不可免地会陷入痛苦。而一旦
人认识到了自己的本质与外部世界事物的本质是同一的,就不会再为追
求外部事物不遂愿而烦恼。因为自己的东西与外部事物(包括别人的
东西)在本质上不过都是梵。达到了这种思想境界的人也就解脱了。
婆罗门教系统的其他哲学派别(包括数论派及以上未讨论的其他一些
派别)一般也认为,如能正确认识人与世界的本质,那么就将达到解脱。
佛教也认为人的痛苦与对自身及世界的不正确认识(无明)有关,而佛
教所谓要达到的"涅槃"实际就是获得对人及世界本质的正确看法。在
佛教中,不同佛教派别或分支对什么是正确认识的看法也有不同。根据
大乘佛教的主要观点,达到"我法两空"即是获得了对人及世界事物的
正确认识,就达到了解脱。因此,从认为人的解脱与对世界的正确认识
有关这一角度说,各派一般也是认为人与世界的关系极为紧密。

就异的方面而言,亦有两点值得注意:

第一,在人与世界(或人及其作用与世界及其构成物)中哪个是基
础的问题上,一些派别间的观点有不同。在各派中,吠檀多派里的多数
分支主张"梵我同一"或"不二论",主张人与世界的本体是一,因而,严
格来讲没有这方面的问题。顺世论认为地、水、火、风四大为基础,四大
不仅是世间各种事物的基础,也是人身体的基础。因而,此派实际上认

为人也是物质世界中的一种，认为物质世界（物质世界的元素）是根本性的或基础性的。而佛教中主"万法唯识"的派别，则与顺世论的观点不同。按此派的观点，外部世界仅是人的意识的产物。从这种主张来看，他们认为在人与世界之间，人或其某种作用是基础性的，是主导性的。

第二，在人与世间现象中有无主体（或主宰体）的问题上，一些派别间有观点的不同。婆罗门教系统中的各派别间看法就不同。吠檀多派的多数分支认为，无论是人还是世间事物，都是有主体的，这主体从现象上看有小我和大我之分，而在实质上则一切都以大我（梵）为主体。婆罗门教哲学系统中的胜论派、弥曼差派等则仅认为在人或人的生命现象中存在主体，即存在着主管人的思维、生理、心理等生命现象的阿特曼（小我）。至于在世间一般现象之中，则不存在吠檀多派所说的大我（梵）那样的实体。因而，在"我"的问题上，婆罗门教各哲学派别对人与世间一般事物的看法是不同的。佛教一般主张"无我"（即无主体说），但这无我说在早期佛教中主要指的是人生现象中无主体，至于在世间一般事物中是否有主体，早期佛教虽有"一切法无我"之说，但在一些具体论述中，这一观念贯彻得不彻底。到了大乘佛教初期和中观派那里，才明确提出了两种无我（人无我与法无我）。而在大乘佛教后来的发展中，又有派别（或佛典）认为在涅槃境界中是有"我"的。但总的来说，多数佛教派别在人与世界一般事物有无主体的问题上看法差别不大，即多数佛教派别主张人生现象和世间现象在本质上同一，二者中都不存在主体。

印度古代哲学关于人与世界关系的基本观念反映了古代印度人在理论思维上所达到的发展水平，从这些观念可看出古代印度哲人对人与自然奥秘的积极探索精神。这些哲人实际上探讨了人的本质是什么、世界的本质是什么、人与世界是如何生成和发展的等等一系列哲学基本问题。他们在探讨中所提出的不少思想对我们今天正确认识世界,正确认识自身有重要的启发作用。探讨和分析这方面的问题对我们深入进行哲学研究,促进现代化的精神文明建设有积极意义。

(原载于《南亚研究》,2000 年第 2 期)

印度古代宗教哲学中的思维方式

✿

印度古代宗教哲学的内容极为丰富,极为深奥,在世界思想史上占有重要地位。这一思想体系的引人注目之处不仅仅在于其提出的大量名目繁多的概念、范畴或理论,还在于它自身中展示出来的颇具特色的思维方式。这思维方式不是单一的,也不是静止不变的,它是在印度宗教哲学的产生和发展过程中逐步形成和完善的。以下就这方面的内容进行初步的探讨。

一　主要类别

人们在观察或认识世界时,总是要采取某种方式,尽管在大多数场合,对这些方式的选择并不是事先有意识地进行的。古代印度人也不例外。在几千年的宗教哲学发展过程中,印度人展示出了在认识世界或追求最高实在时所使用的思维方式。要想全面恰当地对这些思维方式进行归纳或评述并不很容易,特别是要想将它们严格区分开更是难以做到。但要考察这方面的情况,仍有必要先对这些思维方式进行粗略的区分,以便在讨论时有些框架可以凭借。

如果粗略地来划分,印度古代宗教哲学中展示出来的思维方式至少有三种:一为否定形态的思维方式;二为逻辑思维方式;三为辩证思维方式。尽管这三种方式有时是联系在一起的,很难说其中一种方式中没有另外两种的成分,但它们之间还是存在着明显差别。

否定形态的思维方式在一些场合也可以称为直觉思维方式,它是印度宗教哲学中最有特色的思维方式。这种思维方式的特点是否定具体的概念或范畴可以直接把握事物的本质,否定明确的言语或名相自身能客观地反映有关事物的本来面目。根据这种思维方式,事物的本质或本来面目只能在否定具体观念的过程中体悟,否定并不一定就是认为事物没有本质或事物的本质不能认识,而是认为要通过不断否定错误来寻求正确,通过否定对事物的片面或不完全的认识来获得全面或整体的认识,这在许多情况下就是强调要进行直觉。

逻辑思维方式主要指采用形式逻辑的方法来获得正确的认识或知识。这方面的内容在印度宗教哲学中也是十分丰富的。实际上,应当说这种思维方式是最常使用的,因为人们在日常生活中在判断和思考问题时,多数情况下会首先采用这种方式,这种方式的最常见表现形态是推理。推理是一般人自觉或不自觉地要采用的,只是由于其使用频率很高,人们通常没有意识到它而已。当然,这种方式的使用也有程度和水平高低的差别。

辩证的思维方式有多种表现,如观察事物时立足于分析其矛盾,通过事物的现象认识事物的本质,在事物的量变中看到事物的质变,以发展变化的观点看待事物,认识事物时注意它们的相互关联等等。辩证的思维方式与前两种思维方式关系密切,但与它们又有不同。一些否定形态的思维方式中有辩证的因素,但又不能将二者完全等同。辩证的思维并不一定就都采用否定形态的思维方式,而且并不是所有的否定形态的思维方式都具有辩证的性质(有些以否定方式表现出来的怀疑论或虚无主义就不是)。再有,逻辑的思维方式中有时也有辩证的因素,有些逻辑被称为辩证逻辑。本文中所谓逻辑思维方式主要指采用形式逻辑的方法来认识事物,并未将辩证逻辑包括在内。

这三种思维方式经常在同一时期或同一派别中都存在。并不是某一派别仅使用一种思维方式,不使用其他方式。多数情况是在某一时期某种方式用得多一些,或在某一派别中某种方式用得多一些,而其他方式用得少些。而且,各派的情况也是不断地变化着的。这就需要联系历史上各派的情况来具体分析。

二　吠陀与奥义书

现存最早的印度宗教历史文献是吠陀[①]。吠陀中的主要内容是对神的崇拜、祭祀等,哲学性的成分也有,但不多。印度古代较早开始大量论述哲学思想的文献是奥义书。奥义书含有印度后世各派哲学中许多学说的最初思想萌芽。考察古代印度人的思维方式也要从吠陀与奥义书开始。

在吠陀中,已可看出古代印度人在思维方式上展示的一些特色。如著名的"无有歌"(《梨俱吠陀》10,129,1,2,4,7)中说:"那时(泰初),既没有无,也没有有。""既没有死,也没有不死。""有的联系在无中被发现。""这造作是从哪里出现的? 或是他造的,或不是。他是这世界在最高天上的监视者,仅他知道,或他也不知道。"此处,吠陀诗人同时举出了几组相互对立的概念——有与无、死与不死、是与不是、知与不知。这说明,在吠陀中的一些哲理诗的作者那里,已注意到了事物的矛盾与对立。他们考察问题时已有意识地将这种矛盾或对立的东西联系起来。在他们的表述中,并不因为否定了一个概念就肯定与此概念完全对立的概念,而是对一些完全相反的概念同时加以否定。这种做法显示了作者的一种意图,即要通过否定的手法来表述某种状态。在这里,已多少可

---

① 吠陀文献从广义上说包括吠陀本集、梵书、森林书和奥义书;从狭义上说,它仅指吠陀本集。本文中所谓吠陀主要指狭义上的。

以看出一点在印度后世宗教哲学中极为风行的思维方式的某些特征。应当说,这是否定形态的思维方式和辩证思维方式在吠陀中的最初表现形态。

奥义书中所显示的这方面内容远比吠陀中的多。在否定形态的思维方式方面,奥义书中的有关叙述较为详细,较为明确。这突出地表现在许多奥义书的作者在描述最高实体"梵"时所使用的手法上。在这些作者看来,梵是不能用一般的概念来理解或用言语来表达的。因为最高实体就不能用具体事物的属性来限定或修饰,否则它就不是最高实体了。如《迦塔奥义书》(6,12)中说:"他(梵或最高我)是不能用言语,不能用思想,不能用视觉来认识的。"《广林奥义书》(4,5,15)中说:"我(Ātman)不是这样,不是这样。它是非把握的,因为它不能被把握;它是非毁灭的,因为它不能被毁灭;它是非附加的,因为它不能被附加。"

那么,梵是否就不能认识或不能理解了呢?根据奥义书的这些思想家的解释,梵还是可以认识或理解的,只是不能用一般的手法(不能用言语或概念直接)来理解,对梵的理解只能通过对一些具体特性的否定来实现。如《广林奥义书》(4,4,8)在描述梵时说它是"不粗,不细,不短,不长,不(似火)红,不(似水)湿,非影,非暗,非风,非空,无粘着,无味,无嗅,无眼,无耳,无语,无意,无光,无气,无口,无量,无内,无外"。也就是说,在论及梵的特性时要不断地表示"不是这样,不是这样",只能在不断的否定中来体悟梵是什么。《由谁奥义书》(2,3)中说:"那些(说他们)理解了它(梵或阿特曼)的人并没有理解它;那些(说他们)没有理解它的人却理解了它。"显然,这些思想家力图表明,如果一定要用日常一般的概念、范畴来肯定梵(我)有某些具体的性质,想借此描述梵,那就说明你没有真正理解梵。而当你能自觉地否定梵有具体属性时,你实际上已体悟到了梵的实质。

许多奥义书思想家所使用的这种把握最高实体的方法实际上就是

一种否定形态的思维方式。这些思想家不承认用一般的概念或思想、范畴可以认识实在或真理,而认为实在或真理只能在否定具体事物的属性的过程中去体悟或直觉。

奥义书中的这种否定形态的思维方式中明显包含一些辩证的因素,如它看到了事物中存在的矛盾,强调通过否定达到肯定。但这种方式与辩证的思维方式也还是有差别的,它多少夸大了言语或概念的局限性,否定了范畴或名相在说明事物实质方面时正面的或积极的作用,多少还是存在着滑向虚无论、不可知论的倾向。因此这种方式不能完全等同于辩证的思维方式。

事实上,奥义书中还有许多与否定形态的思维方式无关或关联不大的内容,展示出早期印度宗教哲学中的辩证思维方式。这方面我们也可以找出一些事例。

例如,一些奥义书在看到事物的矛盾特性时并没有完全否定概念的意义。《伊莎奥义书》5 中说:“它(梵或最高我)既动又不动,既远又近。它既在所有这一切之内,又在所有这一切之外。”此处,奥义书的思想家虽然看到了事物的矛盾特性,但并没有否定这些对立的概念,而是对它们同时肯定。这显然与否定形态的思维方式不同,有着较明显的辩证思维方式的特征。

再如,一些奥义书看到了事物不是孤立和不变的特性。《迦塔奥义书》2,1,10 中说:“任何在这里的东西就在那里;在那里的东西又在这里。”此处,该奥义书的作者多少也意识到了事物间存在的某种关联性和变化性。

此外,一些奥义书看到了事物的本质和现象的区别,强调要抓住事物的本质。如《广林奥义书》4,7,8 在说明梵(最高我)与事物间的关系时说:“这就如同当击鼓时,人不能抓住外散的声音,但通过抓住鼓或鼓手就可抓住声音一样。这也如同当吹海螺时,人不能抓住外散的声音,但通过抓住海螺或吹海螺者就可以抓住声音一样。"作者实际上力图表明,梵与事物的关系是现象与本质的关系,只有抓住了事物的本质才能真正抓住事物的各种现象。

这些都是奥义书中存在的辩证思维方式的一些重要表现。当然,这种思维方式明显也还不成熟,有不少缺陷。如上面举的一些事例说明作者还不能完全划清与相对主义的界限,也还不能完整地科学说明现象与本质的关系。这是奥义书中此类内容表现出来的历史局限性。但它们对印度后世的宗教哲学确实有着重要的影响。

三 早期佛教

佛教是在批判地吸收改造婆罗门教思想的基础上形成的。在思维方式方面,早期佛教中的许多理论明显具有辩证思维的特征。早期佛教反对婆罗门教强调的梵一元论思想,反对婆罗门教宣传的梵唯一不二、常恒不变的思想。它提出了所谓"无常"的观念,强调事物是处在不断地变化发展之中的。佛教认为事物是缘起的,而不是像婆罗门教所说的那样仅是梵的显现或以梵为根本。《杂阿含经》卷第十二中说:"此有故彼有,此起故彼起。"《中阿含经》卷第二十一中也说:"若有此则有彼,若无此则无彼。若生此则生彼,若灭此则灭彼。"佛教把事物的变化和发展描述为是一个因缘和合的发展系列,具体提出了十二因缘的理论。这种理论从侧重说明人生现象入手,强调事物的关联或内在联系,强调事物的发展变化,有力地扩大了辩证思维方式在印度的影响。

否定形态的思维方式在早期佛教中也有表露。如早期佛教中有所谓"十四无记"或"十无记"之说,讲的是释迦牟尼创立佛教时,对待印度其他思想流派提出的一系列重要问题所采取的态度。《杂阿含经》卷第三十四等中记述的这些问题是:世间常、世间无常、世间亦常亦无常、世间非常非非常、世间有边、世间无边、世间亦有边亦无边、世间非有边非无边、如来死后有、如来死后无、如来死后亦有亦无、如来死后非有非无、命身一、命身异。此称"十四难"或"十四问"。另外,早期佛教其他一些经典中还有"十难"或"十问"之说,内容与"十四难"或"十四问"大同小异。释迦牟尼对这些问题的态度是所谓"不为记说",即都不回答。在他看来,这些问题的各种答案都不能表明事物的实际情况,都有片面性,若肯定一种或为肯定一种而否定另一种,都将是走极端。因此,这些问题不能用一般方式解决,而只能"不为记说"。这种做法或态度虽然从形式上看并没有说什么,但它实际显示的也是一种否定形态的思维方式,因为它对任何一种问题的解答实际上都持否定态度,以此来显示事物的本质是难以用言语来表明的。当然,早期佛教在这方面的表现在佛教史上不是最典型的,在后来的佛教发展中,特别是在大乘佛教的发展中,否定形态的思维方式有着更为鲜明的表现。

四 耆那教与顺世论

耆那教和顺世论在印度思想史上属非正统派。两派在思维方式方面也有一些自己的特色。

耆那教虽是宗教派别,但理论体系的思辨性很强。它的学说中既有辩证思维方式的成分,也有否定形态的思维方式的成分,但两种方式的表现都不是很典型。在这方面较有代表性的是耆那教的"七支"的判断形式理论和五种"智"的认识论思想。

耆那教认为,对事物的判断可有七种形式(七支),即:存在(有)、不存在(无)、存在又不存在(亦有亦无)、不可描述(不可言)、存在并不可描述(有亦不可言)、不存在并不可描述(无亦不可言)、存在又不存在并不可描述(亦有亦无亦不可言)。并认为,由于事物是变化的,由于事物在地点、时间、特性等存在形式上具有多样性,因而在上述每一判断形式前都应加上"或许"一词,以表明每个判断仅从某一角度(或事物的某一特定形态)看是正确的。① 耆那教的这种理论虽然带有折中主义或不可知论的色彩,但它毕竟强调了事物总是处于发展变化中的观点。因而在这个意义上说,它是具有某些辩证因素的。耆那教与佛教产生于同一时期,而且都反对婆罗门教的梵常恒不变思想,强调事物的变化和发展。只是他们的表达方式有所不同。

耆那教的学说中也存在着否定形态的思维方式或直觉思维方式的成分,主要表现在其五种"智"的理论中。耆那教认为,人获得认识的方式一般有五种,他们称之为"智",这五种智是:感官智(通过感官等获得的认识)、圣典智(借助符号和言语获得的认识)、极限智(直接获得的在时空上极为遥远的事物的认识)、他心智(对别人精神活动的直接认识)、完全智(对一切事物及其变化的最完满的认识)。耆那教认为这五种智中的前两种是"间接的"(指要借助感觉等),而后三种则是"直接的"(指不借助感觉等,直接把握认识对象),并认为前三种智有可能产生错误,后两种则不会。② 根据耆那教的这种理论,人若借助感官或言语符号等来认识事物,就有可能产生错误,而若不借助感官或言语来认识事物则会获得正确的认识。这种理论显然否定感觉、概念等在认识事物过程中的积极意义,主张直觉的认识方式。这是否定形态认识方式中的一种影响较大的类型,在印度宗教的发展中极为流行。

顺世论不是一个宗教派别,它极为激烈地反对宗教。此派的理论也展示了一些思维方式方面的成分。顺世论主张世间一切事物的根本是物质性的所谓"四大"(地、水、火、风)。在解释意识或精神现象时,顺世

---

① S. Radhakrishnan and C. A. Moore. *A Source Book in Indian Philosophy*. Princeton: Princeton University Press,1957. pp. 263-265.

② Ibid. ,pp. 250-254.

论表现出了一些辩证的观念。顺世论认为,人的意识或精神是由物质性的四大结合起来形成的,虽然个别的物质元素并不具有意识,但当这些元素以某种方式合在一起时(即组成人的身体时),意识或精神就表现出来了。这种形成过程就如同红颜色产生于蒟酱叶、槟榔子和石灰的结合一样,或如同使人醉的力量(酒)产生于酿酒的植物等的结合一样。①顺世论举出的这些事例表明它意识到了事物从量变到质变的过程,有着辩证思维的特性。

五　婆罗门教六派哲学

婆罗门教六派哲学是印度宗教哲学中的正统或主流派别。在这些派别中,上述三种思维方式有不同程度的表现。

就逻辑思维方式而言,前述的吠陀奥义书、耆那教、顺世论、早期佛教中不能说没有任何表现。如关于推理的一些观点,对一些思想的论证等,都说明他们自觉或不自觉地有这方面的意识,但他们也确实没有提出较系统或明显地展示这种思维方式的理论。而在六派哲学中,则有这方面的典型学说。其中最明显的是正理派,其次,在胜论派、数论派、弥曼差派等中也都有这类内容。

正理派学说的重点就是研究逻辑问题,主要涉及的是形式逻辑方面的内容。此派在这方面的重要建树是确立了"五支论式"的推论方法,认为正确的推论式应由五部分组成,即:宗(命题)、因(理由)、喻(实例或例证,分同、异两种)、合(应用)、结(结论)。具体用例如下:

宗:声是非常住的,

因:因为是被造出来的,

---

① S. Radhakrishnan and C. A. Moore. *A Source Book in Indian Philosophy.* pp. 228-235.

同喻:凡是被造出来的都是非常住的,如盘、碟等,

合:声是这样,是被造出来的,

异喻:凡不是被造出来的都是常住的,如阿特曼等,

合:声不是这样,不属于不是被造出来的,

结:所以声是非常住的。[1]

正理派的这种推论式虽然有"五支",但真正对推理完成起作用的是其中的三种成分,即"小词""大词"和"中词"。推论的方法是通过中词使小词与大词发生联系,即小词"声"通过中词"被造出来的"与大词"非常住的"发生联系,推论出"声是非常住的"这种结论。因而,五支论式与西方三段论在完成推理方面本质上是相同的,只是正理派为了有利于辩论,在五支论式中加入了一些从纯逻辑学角度看重复的成分。

此外,正理派还对推理中的错误和辩论失败的原因等作了极为细致的分析,论述了五种似因、三种曲解、二十四种倒难和二十二种堕负。[2]

胜论派和数论派也很重视逻辑思维方式。这主要表现在其关于"比量"的论述中。胜论派在谈到比量时分了五种类型:从结果推知原因、从原因推知结果、从有结合关系的事物中根据已知的一个推知另一个、从有矛盾关系的事物中根据已知的一个推知另一个、从有和合关系的事物中根据已知的一个推知另一个。数论派将比量分成三种:有前比量(从因推果)、有余比量(从果推因)、平等比量(同类推理)。关于比量,六派哲学中的其他一些派别也曾论及,内容与胜论派和数论派的论述有不少相似的成分。

弥曼差派对逻辑思维方式的运用突出地表现在其对有神论的批判

---

① S. Radhakrishnan and C. A. Moore. *A Source Book in Indian Philosophy*. pp. 362-363.

② 姚卫群编译:《古印度六派哲学经典》,北京:商务印书馆,2003 年版,第 69—71 页;125—139 页。

上。此派重要的思想家枯马立拉在批判有神论时说："如果生主①有身体，那这身体肯定不能由他自己创造。这样，我们必须要设想他身体的另一个创造者。如果生主的身体被认为是永恒的，那么，我们问：既然地元素还未被生出，身体是由什么材料构成的呢？""如果认为生主出于怜悯而创造世界，那么我们则说，当不存在怜悯的对象时，生主的怜悯是不可能出现的。而且，如果他纯粹被怜悯所驱动来创造，那么，他将仅创造幸福的生物。"②不难看出，弥曼差派在批判中充分利用了印度有神论在逻辑上的谬误，这种批判显示了此派对逻辑思维方式的重视。

辩证思维方式在六派中也有明显的表现。这方面较突出的是数论派、胜论派和吠檀多派中的一些思想家。

数论派的学说是一种转变说。它强调事物的发展变化，而且用事物内部的矛盾来解释这种发展。根据数论派的解释，事物中有三种成分，它称之为"三德"（萨埵、罗阇和多磨）。当这三德处于平衡状态时，事物呈潜伏状态，而当这三德发生对立和矛盾时，事物就开始转变和发展。数论派还注重分析事物中存在的因果关系，主张因中有果论，反对将因与果的差别绝对化，强调因与果的内在联系。③

胜论派在分析因与果的关系时主张因中无果论。④它认为因与果有质的不同，但因生成果与因的量的变化有关。在胜论派中，所谓果就是因的结合体。这种理论看到了事物的量变引起质变，也有辩证思维的因素。

吠檀多派的商羯罗是印度历史上十分著名的思想家，他的思想有明显的辩证思维色彩。比如，他在论述梵与其表现形式时说："如同太阳

---

① 即造世神。
② 姚卫群编译：《古印度六派哲学经典》，第237页。
③ 同上书，第375—385页。
④ 同上书，第282—283页。

或月亮的光线穿越空间,与手指或某些其他有限的附加物接触时,根据后者的直或曲,它自身也似乎变得直或曲一样,梵也如同它所表现的那样,采取了与其相关联的世间或其他有限的附加物的形式。"①这种论述表明,商羯罗对事物的本质与现象或内容与形式的关系有着明确的认识。在他那里,辩证的思维方式与否定形态的思维方式经常是混合在一起的。

否定形态的思维方式在六派哲学中的吠檀多派和瑜伽派中有较突出的表现。

吠檀多派继承和发展了奥义书的基本思想,强调认识最高实在梵应使用否定形态的思维方式。如商羯罗在谈到这方面的问题时说:"它(梵)是超越言语和思想的,不属于'物体'的范畴……'不是这样,不是这样'这句短语并不绝对否定一切事物,而仅仅否定除了梵之外的一切事物。"②商羯罗的否定实际上也就是一种直觉的思维方式。他在谈到轮回业报时说:"当身体死时,可以产生新时期的果报的只有新的一套业。业依赖于虚假的知识。而这种虚假的知识可被完美的直觉所摧毁。"③

瑜伽派的否定形态的思维方式确切地说也就是直觉的思维方式。此派的主要经典《瑜伽经》在给瑜伽下定义时说:"瑜伽是对心的变化的抑制。"④心的变化被分为五种:正知、不正知、分别知、睡眠和记忆。⑤ 在解释这五种心的变化时《瑜伽经》说:"现量、圣教量和比量是正知;不正知是对事物的虚假的认识,它具有不表明事物特性的形式;分别知由言

① S. Gambhirananda. *Brahma-Sūtra Bhāṣya of Śaṅkarācārya*. Calcutta: Advait Ashrama,1977. p. 613.

② Ibid., pp. 624-625.

③ Ibid., pp. 845-846.

④ 姚卫群编译:《古印度六派哲学经典》,第189页。

⑤ 同上书,第190页。

语表达的认识产生,它没有实在性;睡眠是心的变化,它依赖于不存在的原因;记忆是未遗忘的感觉印象。这五种心的变化应通过修习和离欲被抑制。"①显然,在瑜伽派看来,无论是错误的思维意识,还是正确的思维意识,或是其他类型的意识活动,都应被抑制。这抑制实际就是一种否定,即否定人的一般的概念或意念形态的意义。否定的具体手法(修习和离欲)也就是《瑜伽经》后面论述的进入瑜伽冥想的种种步骤。由此可以看出,瑜伽派认为要把握事物的本质或最高实在,只有通过直觉。瑜伽派倡导的这种思维方式在一些奥义书中就有表露,它将其系统化并进一步弘扬,在后来的印度宗教哲学史上有着广泛的影响。

六　大乘佛教

佛教在产生初期就明显地表现出对辩证思维和否定形态的思维方式的强调。在形式逻辑的理论方面,早期佛教并不突出。但佛教在后来的发展中,特别是在大乘佛教的发展中,吸收和借鉴了正理派的逻辑理论,创立了佛教的"因明"②学说。在这一学说中,佛教充分显示了它对逻辑思维方式的重视,达到了印度逻辑理论的高峰。

佛教的因明理论可以分为"古因明"和"新因明"。古因明主要指陈那(约6世纪)以前的佛教因明学说;新因明主要指陈那之后的佛教因明学说,代表人物除陈那外还有商羯罗主(约6世纪)和法称(约7世纪)。佛教古因明的理论基本沿用了正理派的逻辑学说;新因明则有较大的创新。

---

① 姚卫群编译:《古印度六派哲学经典》,第190—191页。
② "因明"一词的原文是"hetu-vidyā"。"因"指理由、根据,"明"指明了、知识、智慧。二者合起来(因明)则指通过使用推理的理由或根据来获得知识或智慧。就整个因明学来看,里面包含了不少关于辩论、其他一般的认识论观念等方面的成分,但它在总体上主要还是一种逻辑学说。

新因明对古因明的改革主要表现在对推论式的完善和对推论中"因"等要素的正确与否的更精确判定方面。

在古因明中,佛教大多采用正理派创立的五支作法的推论式,有些佛教著作论述因明方面的内容时,提及与推论有关的三支,但古因明中提出的三支(三分)作为推论式并不很固定,也不完善。新因明则针对古因明中五支作法推论式的弱点,明确把"合"与"结"去掉,将三支作法作为一种较固定的推论式,并将这种论式中的一些内容进一步完善,使之更具合理性或科学性。

新因明与古因明最重要的差别表现在二者对"因"的分析方面,因为"因"的正确与否直接关系到推论能否成功。古因明中已经有了不少关于"因"的探索,如提出了关于"似因"的理论,关于何种"因"才正确的理论。但这些理论总起来说还存在不少缺陷,论述不够细致与清晰。新因明对古因明的这方面的理论进行了完善或改造。新因明关于"因"的见解有不少包含在所谓"因三相"的理论中。"因三相"一词在古因明中就已提出,如《顺中论》(初品法门卷上)中就提到了"因三相"这一词,但未对其作出明确细致的解释。对"因三相"作全面清晰论述的是新因明的思想家。

所谓"因三相"指在推论中的"因"如果正确就必须具备的三项条件。它们是:遍是宗法性、同品定有性、异品遍无性。[1] 新因明思想家的理论创新最为突出之处是他们所提出的"九句因"的学说。"九句因"是在"因三相"理论的基础之上提出的,是对"因三相"理论的进一步完善。"九句因"是新因明思想家用来具体判定"因"的正确与否的一种理论。符合"因三相"中"遍是宗法性"条件的"因",与"同品"和"异品"可能存在着九种关系,因而有九种因(九句因)。九句因中的第二句因在同品

---

① 商羯罗主:《因明入正理论》。

中遍有,在异品中遍无,第八句因在部分同品中有,在所有异品中无,都符合因三相中后两项的要求,因而是正因。其余七句因由于不符合因三相中后两项的要求,因而是似因。①

新因明还对古因明中关于在推论中产生错误(过失或倒难等)的理论进行了整理充实,其显著特点是把这些错误与推论式中的三支联系起来考虑,明确区分出"宗过""因过""喻过"。其中最系统的理论是商羯罗主提出的"三十三过"的理论。②

在陈那和商羯罗主之后,法称又进一步发展了新因明的学说。他在推论的形式、正因的判定、推论中的过失等具体问题上提出了不少有别于陈那等人或陈那等人未提到的新看法。如法称认为三支中的"喻"可以合到"因"中,还认为具备三相的正因可以有三种,它们是不可得的、自性的和果性的等。③

法称的新见解使新因明的理论更为完善,更趋合理。在他之后,印度历史上仍不断有因明学者出现,他们一般继承了陈那、法称等人的新因明学说,使佛教的因明学达到了印度古代逻辑理论的高峰,充分展示了逻辑思维方式在古代印度的巨大影响力。

大乘佛教在辩证思维方式方面继承了早期佛教的相关思想,仍然强调事物的变化和发展,强调事物的现象与本质的区别,要求把握事物的本质。只不过这些都体现在大乘佛教的一些新的理论形式之中。

大乘佛教中的中观派突出地讲"缘起性空",讲缘起也就是显示"无常"的观念,也就是强调事物的变化。他们是在论证事物"空"的过程中表述这方面思想的。早期佛教虽然也已提出了这类观念,但主要借此强

---

① 商羯罗主:《因明入正理论》。
② 丁福保编:《佛学大辞典》,北京:文物出版社,1984 版,第 138—140 页。
③ 巫白慧编:《东方著名哲学家评传》印度卷,济南:山东人民出版社,2001 年版,第 338—363 页。

调人生现象中的"我"不实在,并未像大乘佛教那样直接用缘起理论来论证一切法空,也没有像大乘佛教那样明确地强调所有事物都毫无例外地是缘起的。如《中论》卷第四中说:"未曾有一法,不从因缘生,是故一切法,无不是空者。"强调事物的变化和发展,是佛教在发展中一直坚持的一条基本思想原则。

大乘佛教也一直强调不要被事物的现象(假相)所迷惑。如瑜伽行派就一直强调世间事物都是一些不实在的现象,它们都是"识"的幻现。这里就表现出了大乘佛教关于事物的现象与本质的关系方面的一些观念。

大乘佛教在辩证思维方式方面也有明显不同于早期佛教的重要发展,如在分析事物中存在的矛盾时,看到或强调了矛盾中的同一或统一的方面。这在《维摩诘所说经》中有典型的表现。该经卷里说:"垢净为二,见垢实性,则无净相。""世间出世间为二,世间性空即是出世间。""生死涅槃为二,若见生死性则无生死。""明无明为二,无明实性即是明。"类似的言论还有很多。这些充满辩证思想的精辟论述是早期佛教所没有的。

否定形态的思维方式在大乘佛教中依然很受重视。如《般若波罗蜜多心经》中说:"是诸法空相,不生,不灭,不垢,不净,不增,不减",展示了一系列的否定。《中论》卷第一中更是提出了著名的"八不":不生、不灭、不常、不断、不一、不异、不来、不出。大乘佛教力图否定其他派别经常用来描述事物本质或本体的基本概念,极力说明事物的"实相"是不能用一般的概念或范畴来表述的,要把握事物的实相只能在否定的过程中去体悟。大乘佛教的这种否定形态的思维方式我们在奥义书中就能看到,但差别在于奥义书以此来把握最高实体梵,而大乘佛教则以此把握事物的实相。

在大乘佛教的一些重要经典中否定形态的思维方式被明确看成是

一种固定的把握真理的模式。这以《金刚经》最为典型。如该经(罗什译本)中有不少在形式上类似的句子:"佛说般若波罗蜜,即非般若波罗蜜,是名般若波罗蜜。""如来说三十二相,即是非相,是名三十二相。""是实相者,即是非相,是故如来说名实相。""如来说第一波罗蜜,即非第一波罗蜜,是名第一波罗蜜。""所言一切法者,即非一切法,是故名一切法。""说法者,无法可说,是名说法。""如来说三千大千世界,即非世界,是名世界。""所言法相者,如来说即非法相,是名法相。"《金刚经》篇幅不长,里面却有大量上述这种"说……,即非……,是名……"的句式,可见此句式的重要性。那么,为什么"说……,即非……"呢?《金刚经》中有这样一段话,实际作了回答:"凡所有相,皆是虚妄。若见诸相非相,则见如来。"显然,在经的作者看来,"说……"表述的必定是"相",而"相"则无一例外均为"虚妄",因而必须要认识到这"虚妄"("即非……")。认识到这一点也就认识了事物,故"是名……"。大乘佛教的否定也并不是要否定一切,它否定的仅是事物的"相"的实在性,但并未否定事物的真实本质,实际是认为事物的真实本质要通过对其表露的"相"的否定来把握。因而否定中就包含着肯定,否定是为了肯定。否定只是手段,把握事物的真实特性才是目的。这种否定形态的思维方式实际上也有辩证的因素。

上述三种思维方式虽然在实质上确实有明显差别,但在不少场合它们实际又是交叉或混合的,难以严格区分。将其进行区分有时是为了便于分析叙述。它们在总体上都构成了古代印度人思维方式所具有的基本特点。

(原载于《杭州师范学院学报》,2003 年第 5 期)

古印度的"禁欲"与"享乐"观念

✵

古印度哲人通常都追求一种最高的精神境界或生命状态,认为在这种境界或状态中,人摆脱了无知或无明,不再遭受各种痛苦,获得一种至上的幸福。这种追求在印度历史上由来已久,各宗教或哲学流派一般都把达到这种境界或状态作为本派的根本目的,并据此制定了本派的修持或行为规范。在这些规范中,涉及的重要观念就是"禁欲"与"享乐"。本文拟对印度历史上这方面的内容进行梳理,借以探讨古印度人对待社会与人生的基本态度。

一 远古圣典中的相关思想

古印度文化的最早文献是吠陀和奥义书。这是一大批反映印度远古思想的宗教文化材料,最初是雅利安人在向古印度地区迁徙过程中口头创作的赞歌等,后人将其整理成书面文字,流传至今。在印度,吠陀和奥义书被绝大多数人视为圣典。印度后世流行的许多宗教或哲学思想的源头都可在吠陀和奥义书中找到。

吠陀产生的时间大致在公元前16世纪至公元前9世纪。在这一时期,印度虽然已出现了哲学思想的萌芽,但这些萌芽的抽象思维水平还是较低的,很难说它们是真正的、系统化的哲学理论,而更多是宗教性的成分。

在广义上说奥义书亦属吠陀文献,但其内容与一般的吠陀文献有很大差别。严格意义上的印度哲学思想是在奥义书中表露出来的。奥义书的时间范围大致是在公元前 9 世纪至公元前 6 世纪(即吠陀后期至佛教产生之前)。

吠陀文献中的一些赞歌就论及了与"禁欲"及"享乐"观念相关的内容。

吠陀时期的人们很早就流行"苦行"的修持方法。而苦行实际上就是一种对人的欲望或一些身体功能的抑制。一些早期吠陀文献中就有对当时的苦行者的描绘,如《梨俱吠陀》10,136,2—4 中说:"圣者(苦行者)立于风中,穿着黄色的脏衣。他们随着风快速移动的进程,去那以前神去过的地方。""圣者与诸神的神圣业力相联系。"[1]这里,苦行者的一些形象或行为被展现出来,如立于风中,穿脏衣,但这种苦行却能产生一些好的结果,即苦行者能去以前神去过的地方。神去过的地方应当是一个不同于世俗之人常住的地方,是一个非同一般的境界或神圣处所。这里暗示了做苦行可获得超凡的功力,能有善果。文中尽管没有明确说欲望不好,但苦行的行为本身实际上就是对人身体的一般欲求的抑制。只是在吠陀中,这种对苦行必要性的论证还不是很清晰。

"苦行"一词的原文是"tapas"。这一词也有"热力"的含义。在吠陀的一些赞歌中,它似乎也与人的性行为有关。如《梨俱吠陀》10,129,3—5 中说:"太一通过炽热之力(苦行)而产生。""最初,爱欲出现于其上,它是心的最初种子。那里,有持种子者,也有力量。自力在下,冲动在上。"[2]从吠陀文献里的这些描述可以看出,在当时,苦行这类行为与人们对欲望问题的思考是联系在一起的。

---

① S. Radhakrishnan and C. A. Moore. *A Source Book in Indian Philosophy*. Princeton: Princeton University Press, 1957. p. 30.

② Ibid. , p. 23.

吠陀时期的古印度人虽已开始倡导苦行,但也并不是都崇尚此种修行,他们也同样追求快乐的生活。吠陀中有大量内容展示当时人们的这种追求。如《梨俱吠陀》1,1,3 中说:"通过火神阿耆尼,人们获得财富,日日幸运。"①就描述了人们希望通过神来获得财富,得到幸福。这表现出吠陀时期的人们希求自己的欲望得到满足,过上幸福快乐的生活。吠陀诗人也设想了达到最高的理想境界。在这种境界中,人们的欲求得到完全的满足。如《梨俱吠陀》9,113,7—11 中说:"将我带到不死、不朽的世界中去。在这个世界中,燃亮着天堂之光,闪烁着永恒的光辉。""使我进入永生的境界,那里将传播幸福,快乐和幸运交织在一起,长久的希望得到满足。"②

从这里可以明显看出,在吠陀时期,人们还是追求自己的欲求获得到满足。尽管吠陀中有苦行的倡导,但人们作苦行并不是真的求苦,而是希望以一时的痛苦求得一种力量,以进入长久的幸福境界。因而,可以说,在吠陀时期,苦行实际上是一种手段,希求通过这种手段,获得长久的欢乐。这是当时禁欲与享乐观念并存的主要原因。

在奥义书中,哲人们在探讨宇宙和人生本质的问题时,也论及了"禁欲"与"享乐"的观念。

奥义书哲人认为,人的生命中有一个主体,称为小我或阿特曼;宇宙现象中有一个本体,称为大我或梵。但小我在本质上就是大我或梵。若人不认识自己的小我在本质上就是宇宙的大我或梵,就会为了自己的小我的欲望去做种种事情。而人的行为是会产生"业力"的。这业力会推动人不断地转世投生,陷入痛苦的轮回。要摆脱轮回,就要抑制人的欲望。

奥义书哲人还认为,人生的最高目标是获得解脱。所谓解脱是一种

---

① S. Radhakrishnan and C. A. Moore. *A Source Book in Indian Philosophy*. p. 7.

② Ibid., p. 34.

至善的状态。在这种状态中,人摆脱了痛苦的生命轮转。解脱是真正的至喜至乐的境界,而世俗生活或轮回过程中人的一般享乐则是微不足道的,或在本质上是痛苦的。

《迦塔奥义书》2,1,2 中说:"幼稚之人追求外部世界的快乐,他们步入宽阔的死亡之网。"[1]这里说的"死亡之网"实际上就是一种最大的痛苦。《迦塔奥义书》1,2,20 中说:"没有欲情并认识最高我(梵)的人,就将摆脱苦恼。"[2]从这里可以看出,欲情对于获得最高智慧,达到至善境界是一种阻碍,应限制或抑制欲情。如果不这样的话,人就会陷入长久的痛苦。

《迦塔奥义书》1,2,1—2 中说:"善为一事,乐为另一事。""择乐者不达目的。""智者择善不择乐,愚人患得患失而择乐。"[3]这里说的"择乐者"就是不抑制欲情的人。这样的人不能真正达到最高层次的乐或真正摆脱痛苦。

在奥义书哲人那里,对享乐是分层级的。他们要抑制的是世俗的一般享乐,追求的则是达到梵我同一后的至乐。在这些哲人看来,达到了梵我同一的境界才是真正的乐,梵本身就是乐,如《歌者奥义书》4,10,4 中说:"喜乐即是梵。"[4]

从奥义书中的相关论述可以看出,在当时的哲人中有这样的共识,即世俗的享乐是短暂的,不能持久。人们追求这种世俗享乐的行为会产生业力,这业力推动人们陷入痛苦的轮回中。若要达到最高境界的至乐状态,则要抑制人的欲望。因为抑制了这欲望就不会有相应的追求行为,没有行为就没有业力,没有业力就能断灭轮回,达到真正或长久的乐。

---

① S. Radhakrishnan. *The Principal Upaniṣads*. London: George Allen & Unwin LTD, 1953, p. 631.

② Ibid., p. 617.

③ Ibid., pp. 607-608.

④ Ibid., p. 413.

　　奥义书哲人也有这样的意识：若要有效地抑制人的欲望，就需要获得最高的智慧。这种智慧在奥义书中主要指"梵我同一"的认识，即要认识个人的小我实际上并没有离开大我或梵的独立存在。这自然也就不会有种种为了小我的利益或欲求的行为，就可以达到解脱之乐。

　　总起来说，在吠陀时期虽然有苦行的风气，但这种苦行涉及的禁欲的主要目的是要获得一种不同寻常的力量，获得不可思议的神力，以求达到神居住的处所或一种最高的境界。吠陀时期对人欲望抑制的倡导还不是十分普遍。但在奥义书出现之后，古印度的禁欲或限制人欲望的要求已成为思想界或各宗教派别的共识。因为在他们看来，造成痛苦的直接原因就是欲望，而促使这些欲望形成的根本原因则是人的无知或无明。因此，众多哲人或宗教流派大力弘扬自己理解的智慧，以求摆脱无知或无明。并且，这些哲人或宗教流派都认为，抑制人的一时欲求虽然限制了人世俗的享乐，但却能使人获得最高境界的至善之乐。

　　奥义书之后，古印度历史上出现的哲人众多，新思潮众多，形成了种种理论。这些理论大多都要求抑制人的欲望，而关于抑制的手法以及对抑制欲望后所达到的至善至乐境界的解释，各家各派又是不尽相同的。

二　顺世论的思想

　　客观地说，在古印度流行的有关人的行为规范的理论中，禁欲思想或限制人的享乐追求的理论占有主导地位，但也不能说整个印度思想史上人们都持这种观念。上述所引的一些吠陀文献中就表露出人们追求幸福生活的愿望。而且，在后来历史上形成的重要哲学派别中，也有反对禁欲主张的派别，其中最典型的就是顺世论。

　　顺世论认为，世间一切事物，包括人本身都是地、水、火、风"四大"

元素构成的。四大构成人的身体时,人有生命,有思想。而当四大构成的人的身体解体时,人的生命也就消失了。人死后没有什么灵魂,也不存在业报轮回或转世投生,没有天堂与地狱。因此,古印度各宗教派别中流行的种种修行手法在顺世论看来是没有意义的,有关禁欲的要求也是没有必要或无功效的。

记述许多顺世论思想的《摄一切见论》中提到,顺世论认为:人生在世时就应努力享受生活中的快乐。不能因为顾忌享受生活快乐会引发痛苦就不敢享受。《摄一切见论》中说:"人的唯一目的就是通过感官的快乐来进行享受。不能因为享受总与某种痛苦混杂在一起就说它们不能成为人的目的。因为我们的智慧就是尽可能地享受纯粹的快乐,并避开必然伴随着它的痛苦。这正如想得到鱼的人得到的是带鳞和刺的鱼,他把可取的鱼的部分尽量取走后才作罢;或如一个想得到稻米的人得到的是带壳的稻米,他把可取的米的部分尽量取走后才作罢。因此,对我们来说,不应因为害怕痛苦而拒绝快乐。""当生命还存在时,让人快乐地生活! 即使欠债,也要吃酥油。"[1]另一部载有顺世论思想的著作《摄一切悉檀》15 中说:"智者应通过从事农业、养牛、经商、政治管理等合适可见的方式来享受此世的快乐。"[2]

顺世论认为,许多宗教派别所说的天堂中的享乐等实际是世间的享乐。如《摄一切悉檀》9 中说:"天堂中的享乐就在于:吃好吃的东西,与年轻的女人在一起,享用精美的衣服、香料、花环、檀香糊等等。"[3]

此派否定进行禁欲等宗教修行的必要性,认为用这种行为来抑制享乐是聪明的弱者的谋生之道。《摄一切悉檀》11—12 中说:"智者不应为那解脱费心,只有蠢人才使自己被苦行、断食等所折磨。""贞洁和其他

---

① 姚卫群编著:《印度哲学》,北京:北京大学出版社,1992 年版,第238—239 页。

② 同上书,第237 页。

③ 同上。

一类信条是由聪明的弱者所制定的。"①在顺世论看来,禁欲的行为不会上天堂,享受世俗的快乐等行为也不会掉到地狱中去。因为根本就没有天堂和地狱。《摄一切见论》中记述顺世论说:"当生命属于你时,愉快地生活吧! 没有什么能逃出死神的眼睛。一旦我们的身躯被烧灭,它又如何能回归?"②这意思是说,人死后身体没有时,没有什么灵魂一类的东西会轮转。因此,禁欲等行为不会对所谓的来世有影响。现实的享乐也不会使人后世转到一个很差的生命形态中去。

顺世论的这种对待禁欲和享乐的态度或解释,在古代印度社会中受到各派所批驳或打压。此派的代表人物或思想家的主要文献没有流传下来与此有很大关系。顺世论的这方面思想或主张在古印度的思想界不是占主导地位的观念,但在下层的民众中还是有一定影响的,在历史上流传了很长时间。

三 耆那教与佛教的理论

耆那教与佛教产生的时间接近。历史上两派在许多方面都反对婆罗门教的主导思想;但在禁欲和享乐观念方面,两派则有与婆罗门教的主流观念类似的主张。

耆那教在印度历史上以强调苦行著称。苦行的实施也是以限制人的欲望为目的,认为通过禁欲或限制欲望,能使人的灵魂不再受业的物质的束缚,获得解脱。耆那教影响最大的文献《谛义证得经》7,6—8 要求信众"居于偏僻和荒凉之处","戒绝听会引起追求女人的故事,戒绝看她们美丽的身体,戒绝回忆以前对女人的享受,戒绝使用春药,不装扮

---

① 姚卫群编著:《印度哲学》,第 237 页。
② 同上。

自己".①《谛义证得经》9,4—18 中要求信众"对思想、言语和身体的行为要加以适当的控制","绝对地不伤害别人,甚至细微的欲情也要摆脱".②

佛教文献中也记载了耆那教等崇尚苦行的情况,如《中阿含经》卷第四十五中说:"有沙门、梵志,裸形无衣。或以手为衣,或以叶为衣,或以珠为衣,或不以瓶取水,或不以槐取水,不食刀杖劫抄之食,不食欺妄食,不自往,不遣信,不来尊。不善尊,不住尊。若有二人食,不在中食,不怀妊家食,不畜狗家食,家有粪蝇飞来而不食,不啖鱼,不食肉,不饮酒,不饮恶水,或都不饮。"

耆那教的禁欲或苦行的思想也表现在它的戒律中。《谛义证得经》7,1 中说:"禁誓是不杀生、不妄语、不偷盗、不淫、不执著于外部事物。"③其中最后两项明显就是要求对人的欲望予以抑制。

耆那教倡导这类苦行或禁欲的行为与其宗教的根本目标是直接相关的。此派追求命我或灵魂摆脱业的物质的束缚,而业的物质的形成以及对命我的附着,与人的行为有关。行为直接受人的欲望驱使。人有欲望才会有相应的行为,而行为产生的业力直接推动轮回的产生。人要真正摆脱痛苦,首先是要认识事物的本质,获得最高的智慧。在耆那教中,这种智慧就体现在此教对人生现象和其他自然现象的本质和类别的分析。耆那教的基本教义思路是:当你认识到人和自然现象的本质时,你就明了了人的痛苦的来源,认识到轮回就是受业的物质束缚产生的。而欲望则是人追求外部享乐的直接原因。若将这种欲望抑制住了,人也就没有相应的行为及业力,就不会有对命我的束

---

① S. Radhakrishnan and C. A. Moore. *A Source Book in Indian Philosophy*. Bombay: Princeton: Princeton University Press,1957. p. 258.

② Ibid. , p. 259.

③ Ibid. , p. 257.

缚,人自然也就达到了解脱。

由此可见,禁欲或苦行在耆那教的理论体系中占有重要地位。但耆那教在发展中,这方面的要求是有变化的。在历史上,耆那教中白衣派与空衣派的形成实际上与此教教徒中对苦行或禁欲的理解或解释不同有关。

佛教在产生时就关注限制人的欲望与享乐的问题。佛教认为,人在生死轮回中充满了痛苦,而要摆脱痛苦就要跳出轮回。轮回现象的产生与人的欲望有关,人由于无明而去追求并不实在的自我(阿特曼)。而为了这并不实在的自我,人会产生种种贪欲,并产生相应的行为和业力,这样会推动轮回的发展。因此,要想摆脱痛苦,就要抑制人的贪欲。佛教的许多戒律实际上就是起抑制或控制人贪欲的作用。这些戒律在佛教不同时期的律本中的表述有一些差别,但基本的精神是类似的,有些基本要求在印度各个宗教中都是相近的。例如,佛教也要求不杀生、不妄语、不偷盗、不淫、不执著于外部事物等。这些要求在各宗教中类似,甚至在世俗社会中也被当作行为规范。

但佛教对人的欲求也并不是绝对的否定。佛教主要否定的是人的贪欲。像顺世论那样要求人在世间要尽量享乐的观念佛教是否定的。佛教也否定耆那教等那样极端化的苦行。在佛教产生初期,就反对极端化的享乐,也反对极端化的苦行。例如,《中阿含经》卷第五十六中说:"有二边行,诸为道者所不当学:一曰著欲乐贱业,凡人所行;二曰自烦自苦,非贤圣求法,无义相应。五比丘,舍此二边,有取中道。"这段话是佛陀对其最早的五个弟子讲述的。文中提到了"二边行",就是两个极端。一个极端是放纵自己的欲望,不加节制地享乐。这属于"著欲乐贱业",是顺世论那样的凡夫俗子所追求的,这些人不能控制自己的欲望,不是贤圣所为,必将导致人在陷入轮回中,不但不能长久享乐,最终还会加长痛苦的时间。另一个极端是过度的苦行,即不适当地自找苦吃,属于自烦自苦,对于最终解脱也是没有意义的。释迦牟尼在创立佛教时对这种行为有深切的体悟,因而,他主张"舍此二边,有取中道",也就是既不主张放纵人的欲望,也不主张不加区分地对人的正常生命需求或欲望加以绝对限制。

在这个问题上,佛教所持的态度在历史发展中也是有变化的。在印度小乘佛教中,一些人主张远离世间,把涅槃与世间对立起来,追求远离世俗生活的状态,追求完全脱离众生的生活,倾向不加区分地禁欲。而大乘佛教兴起后,经典中出现了反对小乘佛教把涅槃与世间绝对对立起来的倾向,强调二者之间的联系或统一。这在较早的一些大乘经中有明显的表述。《妙法莲华经》卷第五中说:"为度众生故,方便现涅槃,而实不灭度,常住此说法,我常住于此。"《维摩诘所说经》的一些论述也很典型,如该经卷中说:"现于涅槃而不断生死。"这实际上是强调不能完全脱离世俗生活,而是要在生活中去体悟佛法。而参与社会生活,实际上就不能像先前一些小乘佛教那样完全否定人的生活欲求,社会生活中人的一般需求也应得到满足。而且,大乘佛教的不少僧人认为,应在人的日常生活中去体悟佛教的真理,佛教的真理不是离开社会生活而存在的,而是就在社会生活中体现出来。佛教追求的涅槃境界并不是与世俗社会脱离的,而是对世俗社会本质的认识。因此,佛教中观派的主要论典《中论》卷第四中说:"涅槃与世间,无有少分别。世间与涅槃,亦无少分别。"这里要突出的是:在真理涉及的对象上,佛教与世俗社会是没有差别的。因此,佛教不应排斥深入社会生活,不应完全否定世俗社会中人的正常需求。

佛教在发展过程中,戒律等要求也是有变化的。在一些佛教后来传入的地区,在饮食甚至婚娶等方面,禁欲的要求有所放松。

四 六派哲学的主张

所谓六派哲学指属于婆罗门教系统的哲学派别,即数论派、瑜伽派、胜论派、正理派、弥曼差派、吠檀多派。这些派别在总体上说,渊源于吠陀奥义书时期的婆罗门教思想的一些基本理念,它们的理论体系吸纳了轮回解脱的思想,因而,都或多或少地有禁欲方面的内容。但对于享乐或现实社会中人们的一般需求,它们提出了不是完全否定的观念,而这些观念也不完全相同。

数论派认为,人们生活的世间充满了痛苦。数论派的目标就是脱离痛苦。而脱离痛苦的根本办法就是认识轮回世界的形成原因。关于这形成原因的知识被此派视为是最高的真理,其中的一个重要内容就是要获得"无我"和"无我所"的认识。如数论派现存的根本典籍《数论颂》64中说:"通过修习真理,产生非我、非我所,因而无我的知识。这种知识由于无误,因而是纯净的和绝对的。"[1]《数论颂》在古印度的注释者乔荼波陀对此颂解释说:"非我,即我不存在;非我所,即此身不是我的。因为我是一物,身是另一物。彻底的无我,即我摆脱自我。这种知识是彻底的……绝对的,即只有这知识是解脱的因,没有其他的东西是因。"[2]按照数论派的观点,应该获得无我的知识。若是认识到无我或无我所,那么人的世俗的欲望实际也就没有意义了。与欲望相关的行为也就会停止。而停止了为我而做的种种行为,也就将消除业力,这样就能达到灭苦的解脱境界。《数论颂》45中说:"由于离欲而回归到自性,由于忧而有轮回。"[3]这里明确提出了离欲对于获得解脱的重要性。而所谓的

---

① 姚卫群编译:《古印度六派哲学经典》,北京:商务印书馆,2003年版,第170页。

② 同上书,第170页。

③ 同上书,第163页。

"忧"指患得患失,即有想得到某种利益的欲望,这自然是不能脱离轮回的。

　　瑜伽派与数论派的关系密切。此派认为,要获得解脱,就要获得最高的智慧,达到三昧状态,进入这种状态要作瑜伽。瑜伽就是对心作用的抑制。具体的修行手法有所谓"八支行法",按照《瑜伽经》2,29—32中的说法,这八支是:禁制(修行者必须遵守的规定)、劝制(修行者应奉行的道德准则)、坐法(修行时保持身体的安稳)、调息(修行时对呼吸的调节和控制)、制感(修行时对身体感觉器官的控制)、执持(修行时心注一处)、静虑(心持续集中于禅定对象上)、等持(与禅定对象完全冥合为一的三昧状态)。[①] 在这之中,禁制和劝制中的一些内容都涉及对贪欲或人的一些身体机能的控制。如禁制包含五条:不杀生(指对生物不伤害或不使用暴力)、诚实(不妄语,说实话)、不偷盗、净行(不淫或梵行)、不贪(不贪恋财物)。劝制也包含五条:清净、满足、苦行、学习与诵读、敬神。[②] 其中的净行、不贪、清净、苦行等都包括禁欲或控制人欲望的内容。瑜伽派作为一个主要致力于宗教修行的派别,不仅要求信众对世俗的一些欲望要加以控制,甚至认为对于超越世俗的一些欲求也不应有,如《瑜伽经》1,2—15 中说:心作用"要通过修习和离欲被抑制。""离欲是摆脱了对可见和超验享乐追求的人的克制意识。"[③]这里说的可见享乐是指世俗的一般享乐,而所谓超验享乐则指上天堂的享乐。瑜伽派认为,这两种享乐都要抑制。此派追求的是最终的离苦解脱。其理论基础与数论派相同,而有特色之处在于它带有禁欲色彩的修行手法。

　　胜论派是婆罗门教哲学派别中的一种自然哲学。此派主要关注的

---

　　① R. Prasada. *Patanjali's Yoga-Sutras*. New Delhi: Oriental Books Reprint Corporation, 1982. p. 155.

　　② Ibid. , pp. 155-160.

　　③ Ibid. , pp. 5-29.

是自然现象的种类,侧重对各种事物进行类别区分和相应的分析。对于人的行为准则等方面的问题虽不是很感兴趣,但也有一些相关的论述。如此派的最早根本经典《胜论经》1,1,4 中说:"至善来自对真理的认识,来自特别的法,并借助关于实、德、业、同、异、和合句义的相似与差别的知识获得。"①这里说的"至善"就是一种摆脱轮回之痛苦的境界。在胜论派看来,摆脱轮回状态从根本上说要借助于胜论派关于"句义"的智慧而获得。但在这个过程中一些宗教的修行也是必要的,如胜论派的重要著作《摄句义法论》6,99 中说:"处于出神状态的瑜伽行者,在他们那里可出现一些事物的真实形态的极正确的认识。"②这里就肯定了瑜伽修行的内容。瑜伽修行中自然有控制或抑制人欲望的内容。但从总体上来说,胜论派中的这类成分较少。

正理派与胜论派关系密切,但二者的理论重点也有不同。此派论述的主要内容是逻辑思想和辩论规则,同时亦论及轮回与解脱的问题。正理派认为,要达到解脱,就应依靠智慧和一些修行手法。正理派的根本经典《正理经》4,2,42 中说:"应教导人们在森林、洞穴和沙滩等处修习瑜伽。"③这里说的修行包括抑制人的欲求或一些身体功能的发挥等方面的内容。

弥曼差派是婆罗门教哲学中最重视祭祀的一个派别,而且在古代较为关注做祭祀上天堂及天堂中的幸福状态。弥曼差派在发展过程中也探讨了解脱的问题。此派思想家认为,解脱是作为人再生之因的法与非法的彻底消失,法与非法也就是古印度各派常说的"业力"。这业力产生于人的行为。解脱的途径是:对世间烦恼产生厌恶,认识到

---

① A. E. Gough. *The Vaisesika Aphorisms of Kanada*. New Delhi: Oriental Books Reprint Corporation, 1975. p. 4.

② 姚卫群编译:《古印度六派哲学经典》,第 54 页。

③ S. C. Vidyabhusana. *The Nyaya Sutra of Gotama*. New Delhi: Oriental Books Reprint Corporation, 1975. p. 137.

此世的快乐总与痛苦相关联,对享乐不感兴趣,停止做那些圣典禁止做的事和被认为可能带来某种快乐的事,通过承受产生于先前获得的法与非法的经历来减少法与非法等等。也就是要遵循婆罗门教圣典中提出的原则来消除法与非法,使"我"不再回到轮回的世界中去,此即为解脱。①

吠檀多派是婆罗门教中的主流哲学派别,也是印度哲学中影响最大的派别。吠檀多派继承和发展了奥义书的思想。在禁欲与享乐问题上也沿袭了奥义书中的基本观念。此派中的主流思想(不二一元论)认为,当人不能认识梵是一切事物的根本时,就将陷入轮回。在这种情况下,就会有所谓大我和小我的区分。小我就是轮回中人自身的主体,他将经受苦乐。而在人有无知或无明时,会产生世俗社会中的种种欲望,受这种欲望的驱使,人有种种行为,并因而产生业力,推动轮回的持续。在轮回状态中,人没有真正的幸福或享乐。只有破除无知,认识到小我没有独立于梵之外的真实存在,人才会不产生自己的欲望,停止相应的行为,达到真正梵的境界。这种境界是一个至喜至乐的境界。商羯罗在《梵经注》1,1,4 中说:"对于那达到了梵我同一状态的人来说,就不可能证明他的世俗生活能像以前一样继续下去。"②所谓世俗生活不能继续下去就是跳出轮回,就是放弃世俗的欲望,停止造业,使自己的小我真正与梵同一。这在本质上也就是一种乐的状态。此派的重要思想家罗摩努阇在其《梵经注》4,4,22 中说:"他(梵或神)的特性是最高的妙乐与善。"③

---

① Ganganatha Jha. *Purva-Mimamsa in Its Sources*. Banaras: Banaras Hindu University,1964. pp. 31-32.

② 姚卫群编译:《古印度六派哲学经典》,北京:商务印书馆,2003 年版,第 249 页。

③ 同上书,第 356 页。

五 综合评述

印度思想史上关于人的行为规范或人生目标的问题是各思想派别讨论的重要内容。而在这方面,各派理论体系都涉及有关禁欲及享乐的问题。从以上的论述中可以看出各派观点在这个问题上的一些特色:

第一,在各派的理论体系中,禁欲或限制人的欲望的主张占有主导地位,而主张在现实社会中应尽力享乐的派别只有顺世论一家。这种情况的出现与古印度哲学大多是宗教教派中的哲学有很大关系。宗教派别一般都强调超凡入圣。而追求现实生活中的享乐通常被认为是一种凡俗的表现,自然为各种宗教所不容。而脱俗的表现之一是不放纵自己的欲望或抑制欲望。各宗教派别如果都这样来思考,那么禁欲或限制人的欲望的做法自然也就成了主要的倾向。

第二,主张禁欲的各派也并不是以禁欲为目标,而是通常把禁欲或限制人的欲望作为一种手段。实施这一手段要达到的目标是能在最终进入一个最高的境界。在这一境界中,人没有痛苦,或能享受长久及真正的快乐。各宗教派别都认为轮回是由业力推动或维持的,而业力与人的欲望有直接的关系。有欲望才有行动,有行动才有业力和轮回中的痛苦。而要摆脱痛苦就要控制人在世俗社会中的欲求。这样断灭了业力,摆脱了轮回,才能长久地处于至善至乐的境界。因而,各派都把禁欲作为获得解脱的重要手段。

第三,主张禁欲或限制欲望的各派要达到的目标不同。耆那教把使命我摆脱业物质的束缚作为根本的目标。佛教把消除无明,使人认识缘起、认识无我作为目标。婆罗门教中的主流派把获得本派的最高智慧,认识事物的本质作为目标。而这些目标实现后就能跳出轮回。这些派别的智慧是用来消除错误观念的,特别是消除人们中存在的关于"我"

的错误认识。消除了这种认识才能有效抑制人的贪欲,才能达到至善或至乐的状态。

第四,各派所理解的至善至乐的状态也有不同。耆那教的至乐至善状态就是命我摆脱业的束缚后的自由自在的状态。在这种状态中,人不再为了世俗的欲望而实施各种行为,不再有痛苦。佛教追求的最高境界是涅槃。在涅槃中,人也没有世俗的欲望,没有痛苦,是一种至善的状态。婆罗门教各哲学派别以达到各自的解脱为目标。在这种解脱中,各派获得了本派的最高智慧,消除了无知,并摆脱了欲求,通过业的消失而断灭轮回,达到了至善至乐的境界。

从总体上说,古印度哲人多数都想通过禁欲或限制自己的欲望来终止业力的产生。他们把禁欲或抑制自己的欲望作为主要手段,力图通过这种暂时的痛苦来获得长久的快乐或幸福。这种思想在印度历史上长期流行,直到今天仍然有重要影响。

（原载于《西南民族大学学报》,2015 年第 7 期）

"轮回"与"解脱"

✿

按照佛教的观念,人的生命形态其实是一种"五蕴",不同的五蕴形态在轮回中流动,在解脱前不断变化。最终会变成什么形态由多种因素决定。什么时候不轮转了,跳出轮回形态,也就没有痛苦了,即解脱了。按照大乘佛教的说法,这是一种实相涅槃。就是说,认识了人生现象的本质,认识了世间事物的本来面目,就不再轮转,彻底脱离痛苦了。要达到这一目标,在佛教看来,就要消除无明。消除无明靠什么? 靠的是智慧,靠的是对人生或世间事物的真理性认识。这方面的内容涉及佛教的核心理念,也是宗教哲学讨论的基本问题。本文就"轮回"与"解脱",谈一些看法。

一 轮回与解脱观念是如何产生的

轮回与解脱观念并不是由佛教最早提出的。佛教是在吸收改造印度早期宗教圣典中相关思想的基础上形成这方面理念的。这些圣典主要是吠陀和奥义书。吠陀是一大批印度上古的宗教历史材料,它的最初形态是口头传诵的赞歌等,后人将其整理成书面文字。较早的吠陀赞歌约在公元前 1500 年左右产生。最初的奥义书出现于公元前 800 年左右。吠陀奥义书被婆罗门教或印度教徒视为本教的神圣经典。但在实际上,印度后世的许多宗教哲学观念的源头都要追溯到这些远古圣典中。佛教产生于公元前 6 世纪左右。佛教中的轮回解脱观念实际上是在吸收借鉴吠陀奥义书中的相关思想之后创立的。

在吠陀时期就有一些印度人开始思考轮回（saṃsāra）的问题。《梨俱吠陀》论及了人死后要去的处所，提到了"阎摩"（yama），认为阎摩是人们死后将去的处所的掌管者，还提到最高之天，认为作好事的回报是到这最高之天，如《梨俱吠陀》X，14，7 中说："离开！离开！沿着那古昔之道，我们的祖先在那里逝去。在那里，你将见到奠酒中伐楼那神和阎摩的欢乐。"《梨俱吠陀》X，14，8 中说："你与祖先聚合，与阎摩聚合，在最高天上得到善行的回报。回家时，所有的不完善离去，与你的身体结合，充满了活力。"这里谈到回家时如何如何，就是一种轮回的观念。关于轮回的主体，有的赞歌提到"末那"，认为"末那"在人死后达到"阎摩境内"。但对轮回主体的讨论，在吠陀中展开不多。对轮回境界的描述，也远没有后来印度宗教中那么复杂丰富。后世印度宗教强调轮回状态与人的行为直接相关，在吠陀中有提及，但主要说的是行善者能升天，未见到直接说行恶者入地狱。

在奥义书中，轮回解脱理论基本上开始系统化。奥义书中的轮回观念较著名的是"五火二道"之说。所谓"五火"是指人死后到再出生的五个轮回阶段，即人死被火葬后，先进入月亮；再变成雨；雨下到地上变成食物；食物被吃后变成精子；最后进入母胎出生。所谓"二道"是指"神道"（devayāna）和"祖道"（pitṛyāna）。"神道"是人死后进入梵界，不再回到原来生活的那个世界中来的一种道路；"祖道"是人死后根据"五火"的顺序再回到原来生活的那个世界中来的道路。[①] 这里的"祖道"涉及轮回观念，而"神道"涉及解脱观念。

[①] 参见《广林奥义书》6，2；《歌者奥义书》5，3 以下；金仓圆照《印度哲学史》，京都：平乐寺书店，1963 年版，第 33 页。

奥义书思想家已明确区分轮回状态的好坏,有了明确的业报观念,①而业报观念又直接与伦理观念相关。轮回状态的好坏,被认为与人此前行为的善恶有关。如《广林奥义书》3,2,13 中说:"行善者成善,行恶者成恶。"《歌者奥义书》5,10,7 中说:"此世行善者将得善生:或生为婆罗门,或生为刹帝利,或生为吠舍。此世行恶者将得恶生:或生为狗,或生为猪,或生为贱民。"在一般的奥义书思想家看来,所谓行善,通常是指遵守婆罗门教的种种宗教规定,尽各种姓应尽的义务,学习婆罗门教的教义,最高的善就是消除无知。而所谓行恶,自然是与行善的情况相反。

许多奥义书思想家在论述轮回观念时,明确提出了轮回的主体,即所谓"我"或"阿特曼"(Ātman)的概念。"我"是人生命现象中的主体,是业报的造作者和轮回中善恶结果的承受者。轮回的主体在奥义书中往往也被认为在本质上是宇宙或万有的本体——"梵"(Brahman)。

所谓"解脱"主要指摆脱生死轮回的束缚。"解脱"一词,多从梵语"vimukti"或"mokṣa"翻译而来。一般认为它的使用是从奥义书开始的。但在奥义书之前的吠陀中的一些概念与解脱思想有关,如一些吠陀赞歌中谈到"不死"或"不朽状态",梵文为"amṛtam"或"amṛtatva"。② 还有一些吠陀赞歌谈到要"生不死地""证取不死""入不死界"等。③ 这都与印度后世说的解脱有联系。但与奥义书以后印度宗教中说的解脱还是有相当差距,不能等同。因为吠陀中谈到了摆脱死,但没有谈到摆脱生。

在奥义书中,解脱观念是随着轮回观念的发展而逐步形成的。奥义书已明确提出了处在轮回中的生命形态是充满痛苦的,而跳出轮回,摆

---

① 在吠陀时期,就已有初步的"业"的观念,但因轮回说不发达,这一观念不是很明晰或很有影响。

② 参见《梨俱吠陀》10,90,2—3。

③ 参见巫白慧《印度哲学》,北京:东方出版社,2000 年版,第 78—79 页。

脱痛苦,即为解脱。奥义书中对人死后的去处问题的讨论已进行得比较深入,认为人死时死的是躯壳,但生命的主体并不死,它会进入不同的道路或区域。上述奥义书中提到的"神道"显然是一种解脱的道路,因为进入这个道路的生命主体将到达梵界,不再回到原来生活的世界中来,也就是不再轮回,这即是达到了解脱状态。

在奥义书中,最深层含义的解脱观念与婆罗门教哲人所讨论的"梵"与"我"的观念直接相关,或说与其对梵我关系的看法有关。所谓"梵"在奥义书中一般被描述为是一切事物的本体,宇宙的最高实在。所谓"我"(音译为"阿特曼")一般指生命现象中的主体(小我),有时也指众多的小我及相关的世间事物。奥义书中的主流思想主张"梵我同一",认为世间一切事物在本质上与作为根本实体的梵没有差别,独立于梵之外的事物是没有的。如果认识不到这点,处于无知或无明状态,追求世间事物,追求有别于梵的自我或小我的永存或其利益,就会产生业力,导致轮回,而轮回中的一切是痛苦的。

因此,在不少奥义书看来,所谓解脱也就是得到关于梵的智慧,领悟到梵我同一。如果真正认识到了一切皆梵,自我即梵,那人对外物的欲望和追求就自然没有意义了。无欲望和行为就无业,无业就无转生,即摆脱轮回。正如《广林奥义书》4,4,8 中所说:"智者,即梵的认识者,在身体衰亡后,直升天界,达到解脱。"

吠陀奥义书中的轮回与解脱观念对于印度后世的宗教哲学派别有着深远的影响,佛教也不例外。

二 佛教轮回解脱观念的主旨

佛教在产生时既有破斥婆罗门教思想后创立的教义,也有吸收借鉴婆罗门教观念后形成的理论。佛教的轮回与解脱思想是吸收改造奥义书中相关内容后的产物。

佛教在创立时吸收了婆罗门教的因果报应观念,吸收了婆罗门教的"业"的理论,认为具体的轮回形态与人的行为有关,行为会产生业力,而业力会推动轮回的持续,轮回中充满了痛苦,要灭苦就要摆脱轮回,达到解脱。

佛教认为,人的生命形态就是一种轮回。释迦牟尼在菩提树下悟出了四谛——苦、集、灭、道,论述了人生形态这种轮回中苦的普遍存在、产生苦的原因、灭苦的目标、灭苦的途径。这四谛理论实际上表明:轮回形态中就充满痛苦,要灭苦,达到涅槃或解脱。灭苦要分析苦产生的原因。按照四谛说,苦的一个直接原因是人的渴爱或欲望。由于有渴爱或欲望,人就有要满足这渴爱或欲望的相应行为。这行为会产生业力。业力则会推动人继续轮回。而在轮回中人是不能摆脱痛苦的。这渴爱或欲望仅仅是产生痛苦的一个直接的因,还不是根本的因。根本的因是无明。由于人有无明,不了解缘起的道理,不了解人生或事物中无我,认为有不变的东西,认为人可以长生不老,人可以永远占有财富等,因而引发人的渴爱或欲望,并实施相应的行为,产生业力,推动轮回。

这样看来,要跳出轮回,摆脱痛苦,关键是要消除无明。消除无明依靠的是智慧。这智慧主要是对人生现象和世间事物本质的真理性认识。而在佛教内部,尽管对最高智慧的理解有不同,但在佛教创立时提出的一些基本观念上,一般的佛教分支还是趋于一致的。这就是缘起的思想,无我、无常的思想。这些是多数佛教分支都坚持的,至少在表面上是坚持的。

佛教关于轮回的理论中有因果报应的思想,讲善有善报,恶有恶报。佛教鼓励人们积极向善,反对人们作恶,认为作善事会促成人以后进入好的生存形态,作坏事会促成人以后进入坏的生存形态。但佛教的根本目标不在于教导众生获得一个好的生存形态,而是让众生获得最高真理或根本智慧,最终跳出轮回,达到解脱。因为所谓好的生存形态只是相对的好,不是绝对的好。好的生存形态依然是一种轮回形态。在这种形态中,有情仍然摆脱不了痛苦。在轮回中,乐或满意的境况只是暂时的或相对的,这种乐或满意的状态很快就会为苦所取代。

因此,在佛教看来,要使众生摆脱痛苦,根本的做法并不是引导众生去作一般的功利性很强的所谓善事,不是引导众生设法获得一般的所谓善报,而是要引导众生去获得最高的智慧,去认识事物或人生的本质。所谓智慧在佛教中通常包含在他们说的慧学中。在大乘佛教中主要就是所谓般若思想。有了这种最高的智慧,人就不会再去追求本来不实在的东西,就会消除无明,不再有渴爱或贪欲。没有渴爱或贪欲就没有相应的行为,没有行为就没有业力和轮回。这样也就达到了解脱。所以说,在佛教中,最为看重的是消除无明,获得最高的智慧,以达到解脱,而不是获得一个世俗所谓的一般善报或世俗的利益,因为这种一般的善报或世俗的利益并不能长久。只有获得最高智慧,不再轮回,才是佛教追求的最高目标。

大乘佛教兴起后,突出讲事物性空,也是要人们不要去追求世俗的所谓功利或利益,因为这些功利或利益都不是恒常的,都是性空的。说性空不是说绝对的虚无,而是说无常,说缘起,说没有永恒不变之体。这是佛教,特别是大乘佛教的根本智慧。在大乘佛教看来,你若认识到事物性空或无自性,就不再有渴爱或贪欲,就不会去追求性空无自体的事物。这样就不再轮回,摆脱了痛苦。

有人问,既然事物都性空,那么佛教就不鼓励人做善事了?也不能这样说。因为在佛教看来,一个人要获得最高智慧,要达到最高的境界,首先要向善,要有慈悲利他之心。这样你才能真正去客观地认识世界或人生,才有可能获得最高智慧。向善,慈悲利他,是获得最高真理,达到最高境界的基本要求或条件。因此,佛教在引导众生追求最高真理的过程中十分强调人要向善,要求人们在世间作好事。有了这样的基础或基本条件,人才有可能消除无明,获得最高智慧。这是佛教轮回解脱理论真正要强调的东西。即佛教追求的根本目标不是轮回状态中暂时的利益或相对好的轮回状态,而是要追求认识事物或人生的本质,消除无明,最终跳出轮回,进入涅槃的最高境界。大乘佛教的涅槃境界主要是一种实相涅槃的境界,也就是认识事物的实相或本来面目的境界,最终摆脱痛苦。

三 佛教与婆罗门教轮回解脱观念的主要同异

佛教的轮回解脱观念是在批判、吸收、改造婆罗门教轮回解脱观念的基础上形成的。那么,这两种轮回解脱观念具体来说有哪些主要异同呢?我认为以下内容是重要的。

两教轮回解脱理论的相同之处主要有三点:

第一,二者都讲善恶因果报应。

两教都认为人的行为会产生业力,业力会影响人此后的生存状态。善行会有善报,恶行会有恶报。善恶的标准有普世的成分,也有种姓的因素。婆罗门教认为遵守种姓制的规定为善,反之为恶。佛教则强调四姓平等,众生平等,认为持平等观为善,反之为恶。在因果报应的理论上,佛教吸收了婆罗门教的思想,但二者关于善恶的标准有不同。

第二,二者都认为轮回中充满痛苦,轮回中的好或乐的状态是相对的,短暂的。

在这一点上二者的观念相同,都认为再好的轮回状态其实最终都是痛苦的,好的轮回状态不可能持久,发展下去还是痛苦,这种状态不值得留恋,应尽快摆脱。在这方面佛教基本上是沿用了婆罗门教的观念,而佛教的理论中对苦的强调更为突出,有所谓"八苦"。婆罗门教的一些哲学派别(如数论派和瑜伽派)中讲"三苦"(依内苦、依外苦、依天苦),讲苦没有佛教那样突出,对苦的分析没有佛教那样细致。但两教认为轮回中充满痛苦的观念是一致的。

第三,二者都讲智慧解脱,认为消除无明或无知是灭苦的必由之路。

两教都认为轮回状态的产生和持续与业力有关,而业力是人的行为产生的,行为又受贪欲或欲望推动,欲望来自人对人生和世界的不正确的认识,把不实在的东西当作实在的东西,为追求这不实在的东西而实施相应的行为,产生业力,导致轮回中的痛苦。而要摆脱轮回的痛苦就要消除无明或无知。消除无明或无知要依靠智慧。尽管两教对智慧的理解不同,但在认为要靠智慧解脱这一点上是相同的。

两教轮回解脱理论的不同处主要也有三点:

第一,对主体有无的看法不同。

两教轮回解脱观念的一个最大不同在于对轮回解脱中有无一个主体看法不同。婆罗门教认为有一个主体;佛教认为没有主体。婆罗门教认为,在宇宙中有一个本体梵或大我,在生命现象中有一个阿特曼或小我。人在轮回中,主体被认为是小我。而在人解脱后,小我与梵或大我就合一了。婆罗门教认为梵或大我是恒常的。佛教则不认为有这一恒常主体。佛教主张缘起观,认为无论是在世间事物中还是在生命现象中都没有一个不变主体,既不存在梵,也不存在我,主张无我及无常。这是佛教与婆罗门教理论的最大不同。

第二,追求的最高境界不同。

两教都追求跳出轮回,达到解脱,但对解脱境界的理解不同。在婆罗门教的主流思想中,解脱的境界就是认识梵我同一,使小我与大我等同起来,认识到独立于梵之外的我是不存在的,小我是不实在的。在婆罗门教看来,有了这种认识后,人就不会去追求不实在的小我及与小我有关的财富或名声,人就没有了相应的行为。没有行为就没有业力,就使轮回终结,人获得解脱。因而,婆罗门教的核心理论强调梵我同一的认识是最高的智慧,是最高的境界。而在佛教中,追求的最高境界是涅槃。涅槃实际上就是寂灭无明的境界。什么是无明？在佛教看来，认为有我，认为有恒常不变的主体或本体是最大的无明。而涅槃或解脱境界则是认识到诸法都是缘起的，是无我的，无常的。有了这样的认识或体悟，就达到了最高的境界。因为在这种境界中，人不会再去追求不实在的我或我所，就不会有追求的欲望及行为。因而，达到无我无常的认识境界，就能跳出轮回，达到无苦解脱。

第三，代表的社会阶层不同。

佛教和婆罗门教在印度产生时分别代表了不同的社会阶层，其产生有着社会历史背景。婆罗门教产生在先，佛教产生在后。婆罗门教主要代表了古印度四种姓中婆罗门祭司阶层的利益。他们主张"婆罗门至上"的政治纲领，认为婆罗门种姓具有最高的社会地位，这种地位是永恒不变的。社会中有个最高不变的等级，宇宙中也有个最高的实体梵或阿特曼。这种有最高主体或本体及其永恒不变的思想，与婆罗门至上及此种姓最高地位永恒不变的政治主张是一致的。佛教产生时主要代表了四种姓中刹帝利和吠舍阶层之人的利益。他们反对婆罗门至上的观念，反对有一恒常之我的观念，反对种姓地位先天确定并永恒不变的思想，主张四姓平等或众生平等，因而在理论上追求达到"无我"境界。

就我自己来说，我想我实际上无法达到佛教说的"无我"境界。因而，按照佛教的观念，虽然在这次轮回状态中我已转了六十年，但还要继续轮转，时下还不会解脱。在我看来，人生的理想状态应是处在对事物真理的不断探索之中。

（原载于《人文宗教研究》第四辑，北京：宗教文化出版社，2015年版）

古印度佛教的四姓平等观及多元倾向的思想体系

佛教在理论上的重要特点是主张缘起观,否定事物在本质上源于某种单一或唯一的根本因,否定世间或人生现象中有一个永恒不变的本体或实体,这在哲学上属于一种有多元倾向的理论形态。这种理论的提出,虽然有佛教创始人释迦牟尼个人思想偏好等某些看似偶然的因素,但在实际上,却与古印度社会阶层的结构或历史发展的推动等有着必然的联系。本文拟对佛教中很早就出现的这种理论倾向与古印度特定的社会发展形态的关系进行探讨,简要地提一些看法。

一　早期佛教对待种姓不平等观念的基本态度

佛教的产生和理论的形成与印度种姓制有很大关联。在佛教产生前,印度就以种姓来划分社会阶层。种姓最初是古印度形成的某种由职业或谋生手段决定的社会等级。其中较普遍存在的有四个种姓,即:婆罗门(祭司阶层,以作祭祀为职业,宣称能与神沟通,是社会中最高的等级)、刹帝利(武士或王室人员阶层)、吠舍(商人或农民)、首陀罗(从事下层低微工作的民众)。这四个种姓在印度的存在历史十分久远。佛教产生时印度社会就属于种姓制的社会。按照这种制度,下等种姓要服

从上等种姓,上等种姓有权统治下等种姓。每个人的种姓是随双亲种姓
与生俱来的,而且后代还要承袭下去。

释迦牟尼本人出身王族,属于刹帝利种姓。佛教在产生初期的主要
信众或支持者多属于印度种姓中的刹帝利或吠舍阶层的人。早期佛教
的信众基础主要是这两类种姓阶层。释迦牟尼离开王宫出家时,他父亲
并不愿意。但他决心坚定,其父也无可奈何,派了宫廷中的五个人随其
出家。这五个人在释迦牟尼悟道后成了佛教的最初信众,即所谓"五比
丘"。五比丘来自宫廷,应当是属于或接近刹帝利种姓的人。相传释迦
牟尼的继母和妻子都皈依了佛教,她们也属于刹帝利种姓。除了刹帝利
种姓之外,佛教最初的信众里还有不少吠舍种姓的人。释迦牟尼在扩充
教团时,有一个叫作耶舍的商人,就曾带来六十多人加入佛教僧团。[①]
释迦牟尼在传教过程中,经常接受大富商的捐赠,有些人提供传道场所,
赠予房屋,或提供其他资助。商人在印度社会中一般属吠舍种姓。这方
面的内容在佛经中有大量记述。这说明佛教产生时最初主要反映了这
两个种姓阶层的利益与思想,或与这两个阶层有着极为密切的关系。

由于释迦牟尼及其最初的信众主要是来自刹帝利和吠舍这两个种
姓的社会阶层,因而佛教的主张也就在很大程度上反映了他们的利益。
论及佛教最初情况的一些经典中有这方面的内容。

《别译杂阿含经》卷第五中说:"不应问生处,宜问其所行,微木能生
火,卑贱生贤达。"这段经文就表明了佛教重要的政治主张,即反对印度
种姓制所具有的不平等思想。因为在种姓制中,人的社会地位不是由其
所作所为来确定的,而是由其出身来决定的。一个人即便很聪明也很努
力,但若是出身低种姓,他的社会地位仍是不高的;一个人即便很愚笨或
很懈怠,但若出身高种姓,他的社会地位也还是高的。因而,这种种姓制

---

① 吕澂:《印度佛学源流略讲》,上海:上海人民出版社,1979 年版,第 14 页。

对于婆罗门种姓阶层的好处是显而易见的,而对于其他非婆罗门种姓则明显不公平。佛教反对这种制度。在佛教看来,人的社会地位不应由其出身来决定,而应由其行为或品行来决定,出身卑微的人也可以成为圣贤之士。

《长阿含经》卷第六中说:"汝今当知,今我弟子,种姓不同,所出各异,于我法中出家修道,若有人问:汝谁种姓？当答彼言:我是沙门释种子也。"这段经文表明:在早期佛教中,佛教在吸收信徒时实质上是不作出身限定的,可以"所出各异"。无论是上等种姓还是下等种姓,只要有意愿学习佛法,都可以在"我法中出家修道"。而且,佛教有意淡化信众种姓出身上的差别,认为不管是出身何种种姓的信徒,在佛教僧团中最后都归于一种身份,即"沙门释种子",也就是具有佛教的种姓。因而,在佛教中,信众最初是被认为具有平等社会地位的,在出身上没有高低贵贱之分,都是佛教信徒这样一种身份。

在释迦牟尼的时代,社会中的种姓区分是很严格的。而早期佛教对待种姓制中等级划分的态度凸显了佛教的平等思想。这也是可以理解的。因为释迦牟尼及最早的佛教信众,多数或核心成员来自于第二种姓和第三种姓阶层。这些人对于婆罗门教强调的种姓不平等观念是十分不满的。

婆罗门教是古代印度长期处于主导地位的思想文化形态,在佛教产生前的古代印度已经流传了很长时间。但在释迦牟尼生活的年代,印度兴起了"沙门思潮"。这一思潮是由各种新兴的反婆罗门教或非婆罗门教思想家或思想流派促成的。沙门思潮的主要倾向是要否定婆罗门教的政治主张。婆罗门教在这方面的主张通常被概括为"三大纲领",即:吠陀天启、祭祀万能、婆罗门至上。所谓"吠陀天启"指婆罗门教主张古

印度载有大量早期婆罗门教思想的吠陀①是神(天)的启示,具有最高的
权威性或神圣性。所谓"祭祀万能"指婆罗门教认为婆罗门祭司所从事
的祭祀活动是极为有效的。所谓"婆罗门至上"指婆罗门教认为婆罗门
种姓在各种姓或社会各阶层中是地位最高的。这三大纲领中的核心其
实是"婆罗门至上"。吠陀之所以神圣是因为这些文献中展示了反映婆
罗门祭司思想和维护婆罗门种姓利益的观念;祭祀之所以万能是因为祭
祀是婆罗门祭司所从事的工作。"婆罗门至上"最直接地表达了婆罗门
祭司阶层的主张。

佛教在实际上对这三大纲领都持否定态度。佛教中的一些理论尽
管有借鉴改造吠陀相关思想的成分,但在总体上或核心理念上与婆罗门
教思想是对立的。佛教并不把吠陀视为本教的圣典,不承认吠陀权威。
佛教徒的日常宗教修行也不是进行婆罗门祭司所做的那些事情。佛教
不认为祭祀是万能的。佛教主张四姓生来平等,不承认婆罗门祭司阶层
在社会中的特权地位,因而反对婆罗门至上。

在反对婆罗门特权地位和主要思想的过程中,佛教最初与其他沙门
思潮中的不少流派是一致的。或者说,佛教最初实际属于古印度沙门思
潮中的一种。尽管佛教在当时和后来的许多主张与沙门思潮中的其他
派别的主张有很大的不同,但在反对种姓等级划分和婆罗门教的社会不
平等观念上,佛教与这些派别持有相同或相近的立场。

佛教在产生时虽主要代表了古印度四种姓中的第二和第三种等级
的利益或思想,但也不是绝对排斥来自婆罗门种姓的信徒,而是各个种
姓出身的人都吸收。释迦牟尼在扩大佛教教团的过程中,吸收了一些杰
出人才成为其教团的骨干。这集中体现在所谓佛的"十大弟子"上。在
这些弟子里,优波离就出身卑微,属首陀罗种姓,出家前是释迦王族宫廷

---

① 最初主要是口头传诵的赞歌或祭词等,后人将其整理成书面文字,被婆罗门教或印度
教视为神圣的文献。

中的理发师,在佛陀成道后第六年加入僧团,号称"持律第一"。阿难属刹帝利种姓,他二十五岁时出家,长期随侍佛陀,达二十多年,号称"多闻第一"。阿那律是释迦牟尼的堂弟,也出身刹帝利种姓,号称"天眼第一"。罗睺罗是释迦牟尼的儿子,号称"密行第一"。其余的六大弟子则属婆罗门种姓出身。也就是说,在佛的十大弟子中,有一半以上的人是婆罗门种姓出身。但这并不能说明佛教代表了婆罗门种姓阶层的人的利益,而是表明,释迦牟尼在创立佛教之初,就较彻底地贯彻了四姓平等的观念。因为佛教虽然在产生时主要代表了四种姓中的第二和第三种姓阶层的人的利益,但若只吸收这两个阶层的人参加佛教组织,实际也体现了一种不平等的观念。排斥婆罗门种姓加入佛教僧团也是一种歧视,也是一种不平等。而且,在实际上,吸收出身婆罗门种姓的人加入佛教僧团,在当时对佛教的发展也有好处。因为在古印度,文化水平较高或受过良好文化教育的人,往往来自于婆罗门种姓的家庭。这些人如果真心接受释迦牟尼的思想,皈依佛教,那么通常能够发挥更大的作用。例如,号称"头陀第一"的迦叶,号称"智慧第一"的舍利弗,号称"神通第一"的目犍连,号称"解空第一"的须菩提,号称"论议第一"的迦旃延,号称"说法第一"的富楼那,都是出身婆罗门种姓,但他们在佛教最初的发展中均发挥了重要的作用。因而,在释迦牟尼那里,出身并不是一个特别重要的问题,关键是要加入佛教的人真心信奉佛教。如果真心信奉佛教,是可以不看出身而允许其加入佛教组织的。在这个问题上,释迦牟尼贯彻了实实在在的平等原则。

因此,吸收包括出身于婆罗门种姓家庭的人加入佛教组织,也从一个重要的方面体现了释迦牟尼或早期佛教所具有的平等观念。这种观念对于促进佛教的发展具有重要的推动作用。

二 佛教早期的重要教义与其种姓观念的关联

早期佛教创立者的社会阶层所属及其政治立场会或多或少地影响到佛教理论的基本形态或主要倾向。我们从印度佛教最初的一些基本教义中就可以看出来。其中表现最突出的是缘起观、五蕴说、无我说与无常观等。

缘起观的理论认为世间事物是由多种因素促成的,认为无论是人生现象还是一般事物都由多种条件或要素构成。阿含类经典对此有明确论述。如《杂阿含经》卷第十二中说:"此有故彼有,此起故彼起。"《中阿含经》卷第二十一中说:"若有此则有彼,若无此则无彼,若生此则生彼,若灭此则灭彼。"这众多的条件或前后相关的成分构成了人生现象的发展链条,或构成了同时相互作用的事物的因果形态。

缘起观最典型的表述是十二因缘。这些因缘包括:无明(对事物的本质不明了)、行(由无明引生的行为)、识(意识或精神体)、名色(具有精神作用的物质身体)、六处(六种感觉器官——眼、耳、鼻、舌、身、意)、触(对外界产生的触)、受(触后产生的感受)、爱(感受后产生的喜爱)、取(对外部事物的追求或执著)、有(相应的果报或生存环境)、生(在生存环境中形成的再生)、老死(生命发展的最后形态)。佛教认为,这十二因缘是生命现象的发展或轮回状态的变化场景。整个生命现象是由种种要素构成的。

关于具体的单个人的形态或作用的构成,佛教提出了五蕴理论。所谓"五蕴"指五种成分的积聚或和合,即:色、受、想、行、识。色蕴指一切有形态、有质碍的事物,接近于现今人们所说的物质现象,如地、水、火、风及由其所构成的事物;受蕴指感受,即由感官接触外物所生之感受或情感等;想蕴指表象、观念等;行蕴指意志一类的心作用;识蕴指区别与认识事物等。五蕴在早期佛教中,有时也指一般的物质现象和精神现象,但主要还是指现实的人或人身心作用的构成。这一理论也是强调所谓人不是由单一的实体或神创立或产生的。这种理论也展示了一种多元论的思想,与缘起观是一致的。一般的缘起观主要表现出生命现象的动态发展,而五蕴说则侧重显明了生命体的非单一要素形态。

无我和无常则是诠释缘起观和五蕴说所必然导出的逻辑结论。既然事物是由多种要素或因缘构成的,那么事物之中或事物之上就没有一个根本的或本原性的实体或本体。既然事物是由多种要素或因缘不断变化构成的,那么其中就没有什么永恒不变的东西。因而,佛教提出了两个重要的理念,即无我与无常说,认为在人生现象或世间事物中没有一个作为"我"或灵魂的东西,事物都是不断变化和无常的。《杂阿含经》卷第十中说:"一切行无常,一切法无我。"这里就强调了事物的迁流变化,无恒变不动之体。无常与无我说与释迦牟尼的灭苦理论紧密相关:既然世间一切本来变化无常,无永恒主体,那么人就不应去追求不实之物。然而世俗之人由于无明,把本来是无常、无我的东西作为有常、有我的东西来追求,产生种种渴爱及欲望,这就不能不引发产生于人们行为的业力,使轮回现象持续,给众生带来痛苦。而要想摆脱痛苦就要消除无明。

这种无常和无我观念被称作是佛教的所谓"法印",即作为判定是否为佛教理论的重要标准:主张无常的是佛教的理论,主张常的不是佛教的理论;主张无我的是佛教的理论,主张有我的不是佛教的理论。无我和无常说是佛教教义的标志性观念。

之所以出现这种情况,从根源上来讲,与佛教的四姓平等观念直接相关。或者说,与佛教反对婆罗门教的种姓制不平等主张及其相应的哲学理论有关。

婆罗门教在政治上主张婆罗门至上,主张婆罗门阶层在四种姓中的
最高地位,主张这种最高地位永恒不变,那么他们在哲学上就一定要论
证世间事物或人生现象中有一个最高本体,而且认为这一本体的最高地
位是永恒不变的。在历史上,印度婆罗门教的一些主要文献或思想家曾
大力论述这种理论。

　　最早提出婆罗门教哲学核心理念的是奥义书,后世继承奥义书根本
思想的是吠檀多派。奥义书和吠檀多派中的婆罗门教主流思想认为:在
人生现象中,有一个主体"我"(阿特曼)。这个"我"是永恒存在的,人死
时死的是躯壳,而"我"不死。这我是每个人生命现象中的主体。奥义
书和吠檀多派中的婆罗门教主流思想还认为:在宇宙或世间一切事物
中,有一个根本的实体。这一实体是"梵",也称为"大我"(阿特曼)。梵
是一切事物的根本,是一切事物的本原。如《歌者奥义书》3,14,1 中说:
"这整个世界都是梵。"①《白骡奥义书》3,7 中说:"高于这世界的是
梵。"②吠檀多派中影响最大的思想家商羯罗在其《梵经注》1,1,4 中则
说:"梵是全知全能的,是世界的产生、存在和解体的原因。"③

　　奥义书及吠檀多派中的主流思想还认为:梵或大我(阿特曼)高于
任何世间的具体现象,是唯一实在的,永恒不变的。每个人中的"我"
(阿特曼)在实际上也就是这个梵。《歌者奥义书》6,9,4 中说:"一切以
他为自我,他是实在,他是阿特曼,他就是你。"④《歌者奥义书》7,26,1
中说:"气息产生于阿特曼,希望产生于阿特曼,记忆产生于阿特曼,空
间产生于阿特曼,火产生于阿特曼,水产生于阿特曼,出现与消失产生于

　　① S. Radhakrishnan. *The Principal Upaniṣads*. London: George Allen & Unwin LTD, 1953.
p. 391.

　　② Ibid. , p. 727.

　　③ Gambhirananda. *Brahma-Sūtra Bhasya of Sankaracarya*. Calcutta: Sun Lithographing Co. ,
1977. p. 21.

　　④ S. Radhakrishnan. *The Principal Upaniṣads*. p. 460.

阿特曼,食物产生于阿特曼,力量产生于阿特曼,理解产生于阿特曼,冥定产生于阿特曼,心思产生于阿特曼,决定产生于阿特曼,意产生于阿特曼,言语产生于阿特曼,名称产生于阿特曼,曼陀罗产生于阿特曼,羯磨产生于阿特曼。确实,一切都产生于阿特曼。"①

　　婆罗门教思想家强调:当人处在无知或无明状态时,以为自己的小我是实在的,这样人就会去追求小我的常恒永在,想要尽可能多地拥有财富或名利,并付诸一切实际的追求行为,产生业力。这业力会推动人处于轮回状态,而在轮回中,人是充满痛苦的。

　　婆罗门教的这种理论影响极大,而且有多种表述。但在总体上说,此教中的主流观念是强调存在一个根本因,强调这根本因常恒不变。这即是一种有我论和常恒论。这一理论对于婆罗门教种姓制作出了论证。因为若在作为最高智慧的哲理上确认有一个最高实体,而且这实体的最高性永恒不变,那么印度的种姓制就是一种自然的现象,社会中存在一个最高种姓就成了符合事物本性的现象。而种姓制度下的人和人生来不平等的现象也就是合理的了。

　　佛教在产生时主要反映了印度种姓中刹帝利和吠舍种姓阶层的利益诉求和相应思想。因而,释迦牟尼在创立佛教之初提出缘起观、五蕴论、无我和无常说等就是十分自然的。因为这些理论在哲学上明显有多元倾向,否定只有一个主体或根本因,否定事物的永恒不变。这样就顺理成章地否定了种姓制的合理性,否定了人生来就有固定地位的观念,否定了不同种姓地位差别永恒不变的规定。而这些否定显然与佛教四姓平等的主张是一致的。

---

① S. Radhakrishnan. *The Principal Upaniṣads*. pp. 488-489.

三 佛教与婆罗门教哲学的历史发展及
与种姓制的关联

印度后世宗教哲学的发展与各派对待种姓制的态度有重要关联。而在这方面,佛教哲学和婆罗门教哲学在理论上的差别与此关系最为紧密。

就印度佛教整体而言,虽然经历了两千多年的发展,但其理论长期保留着佛教形成初期时的主要倾向。释迦牟尼创立佛教时提出的一些基本理念,后世的佛教流派或分支都在不同程度上有继承,或受影响。这从佛教的主要发展阶段的理论形态上可以明显地看出来。

早期佛教分析的重点是人生现象,提出的缘起、五蕴、无我、无常等概念都主要是这方面的内容。这些概念虽也涉及一般事物,但不突出,即对生命现象之外的事物,相对来说分析得不是十分细致。早期佛教在这些理论中,都否定有唯一实在的最高实体,否定事物的常恒不变。

部派佛教分析的重点从人生现象延伸到各种事物,涉及的对象不局限于人,而是各种事物的形态或种类。部派佛教中较有影响的是说一切有部。此派对于“法”的分析极为细致。如《品类足论》中较早将事物分为五大类,即色法、心法、心所有法、心不相应行法、无为法。在这五位法之下,又有更细的分类,提出了“五位六十七法”的理论。此后,《俱舍论》中又提出了“五位七十五法”的分类理论。这类理论实际上就属于多元实在论,认为事物由多种要素或多种成分构成。在这些法中,没有一个根本因。部派佛教中的其他部派虽在理论上与说一切有部不尽相同,但在否定事物有一个根本因,在否定事物永恒不变上,他们的观念是基本一致或类似的。

大乘佛教突出强调事物的性空理论。般若类经侧重论述“空”,认为空是事物不可分的本质属性。中观派则侧重讲缘起性空,认为任何事物都是因缘和合而生的,因而事物都是空的,但空也不是绝对的虚无,要看到作为缘起而生成的假名之有。瑜伽行派虽然讲唯识,但此派讲识实际上是为了能使信众更好地接受空的观念,识在本质上也不是真实有的。大乘佛教无论是哪个分支或流派,实际都否定有一个唯一实在的最高实体,否定有什么永恒不变的根本因。

密教等后期佛教虽然致力于秘法修持,但在基础理论上也是认可大乘佛教的性空理论的,在基本观念上虽然受到印度教或婆罗门教的某些修行方式的影响,与先前的佛教有所不同,但在总体上还是承认无我论和无常说,其理论中所保存的传统佛教的基础性成分还是占有相当大的比重。

由此,我们看到,佛教在不同的发展时期虽然理论有很大差别,但在否定有唯一根本因的存在以及否定事物中有永恒不变之物的方面是相同的。这与印度种姓制的长期存在密不可分。佛教在发展的各主要时期,都强调众生平等。这是佛教吸引信众的一个重要主张或口号。而强调众生平等就要否定各种姓中有一最高的阶层,要否定人的社会地位是生来就确定并永恒不变的观念。这样,佛教在其教义中大力推行无我论和无常说也就不难理解了。

就婆罗门教而言,其发展历史比佛教要长很多。婆罗门教哲学的核心理念在奥义书时期初步形成。后来的婆罗门教六派哲学则在不同程度上沿袭及发展了奥义书中的有关思想。六派哲学在理论上的基本倾向也是明显的。而且这些流派的理论主张也与种姓制有着重要关联。

数论派和瑜伽派中虽然有两个实体——自性和神我,但二者都被认为是实在的,并是永恒存在的。这两派提出了很多概念或要素,然而其核心理念也很清楚,即认为在世间事物或人生现象中,存在着根本的和永恒不变东西。这种哲学与婆罗门教的种姓观念也是一致的,因为承认有最高实体和永恒之物就能与婆罗门教的最高种姓观念及四姓差别常恒存在观念相吻合。

胜论派和正理派对于宇宙现象或世间事物的分析有多元倾向,但这两派中也都有"小我"或阿特曼的观念。这小我或阿特曼就是生命现象中的主体和永恒不变的东西。这一理论与婆罗门教主张的存在最高种姓和其地位永恒不变的观念也吻合,与婆罗门教的政治纲领有契合之处。

弥曼差派虽然不特别崇奉梵这一最高实体,但在其理论中也有阿特曼(生命体中的小我)的观念。而且,此派是渊源于古印度祭祀崇拜的婆罗门教哲学派别。这一派别相信祭祀行为的功效,自然也认为从事祭祀行为的婆罗门祭司阶层应当在社会中享有最高地位。弥曼差派主张"声常住论",[1]认为婆罗门教圣典吠陀中的言语是常恒永在的。此派在古代印度当然是支持种姓等级制合理和人生来就不平等观念的。

四 简要评述

佛教虽然是一个世界性的大宗教,但其产生地则是在古印度。因而其最初理论的形成与古印度的社会形态或社会结构必然有着密切的关系。佛教最初的教义体系实际上也确实受到了释迦牟尼时期古代印度社会的发展形态或社会结构的影响。而佛教在印度后来发展的各个主要阶段,其理论也长期受佛教创立时的基本观念或教义的影响。甚至在佛教传入印度以外的国家之后,这种影响仍然存在。佛教在许多国家或地区的发展,受到传入国的原有文化的重要影响,其表现形态有很大变化。然而,当我们仔细分析或研究印度外不少国家的佛教文化的形态

---

① S. Radhakrishnan and C. A. Moore. *A Source Book in Indian Philosophy*. Princeton University Press, 1957. pp. 488-491.

时,仍然可以见到大量最初形成于古印度的佛教早期教义的成分。这种情况说明,世界性的大宗教的教义或理论的主要成分,与其最初产生地的经济与政治社会背景有着极重要的关系。

就佛教教义的理论特色与古印度的社会历史背景的关系来说,种姓制是一个应当受到研究者充分注意的因素。佛教最初的教义和在历史上发生重要作用的理论,与古印度存在的种姓制关系密切,与佛教的创立者对待种姓制的态度关系密切。这是我们研究佛教理论形态或特色的形成原因时应特别加以关注的内容。

(原载于《杭州师范大学学报》,2015 年第 5 期)

二 佛教与婆罗门教思想比较

佛教的法类别论与胜论派的
句义论比较

✿

佛教与胜论派都是古印度产生的重要思想流派。两派对世间各种现象提出了细致的分析,对事物的类别做了较全面的划分。这方面的观念在两派各自的理论体系中占有显要地位。分析和比较这两种理论对于认识古代印度人的世界观或宇宙论有重要意义。

一 佛教关于"法"的基本类别的区分

佛教将一切事物或一切现象统常称为"法"。这一词一般认为译自梵语的"dharma"或巴利语的"dhamma"。音译则有"达磨"(达摩)、"昙摩""昙无"等。一些佛教文献中对这一词有解释。如《俱舍论》卷第一中说:"能持自相,故名为法。"按照这个解释,能持有自己特性或能有所表现的东西就是"法"。也就是说,"法"指各种事物或现象。

《成唯识论》卷第一中说:"法谓轨持。"《成唯识论述记》卷第一中对这句话的说明是:"轨谓轨范,可生物解;持谓住持,不舍自相。"按照这类说明,法有两个基本含义:一是指规范事物的根据或规则,由它能产生对事物的解释,或确定事物的含义;二是指保持自己一定特性的东西,实际也就是指有各种特性(自相)的事物或现象。具体来看,在各类佛教的文献中,所谓"法"在多数情况中是指一切事物或一切现象。有时也指理论或学说,如说"佛法"一般是指佛教的理论或学说;说"诸法"是指各种事物。我们这里讨论的佛教关于"法"的基本类别的区分,也就是佛教对于一切事物或一切现象的基本分类。

佛教在产生时关注的重点是人生现象,但人生现象也是重要的世界现象。而且分析人生现象实际上也离不开其他世界现象。因而,严格来讲,佛教最初提出的理论中,就有对包含人生现象在内的种种法的分析。这之中较为突出的是五蕴、十二处、十八界、十二因缘等理论。

"五蕴"中的"蕴"译自梵文"skandha",意思是"积聚"或和合"。"五蕴"就是五种积聚或和合。具体就是色、受、想、行、识这五种蕴。

色蕴指一切有形态、有质碍的事物,接近于现今人们所说的物质现象,如地、水、火、风及由其所构成的事物。受蕴指感受,即由感官接触外物所生之感受或情感等。想蕴指表象、观念等;行蕴指意志一类的心作用;识蕴指总的意识活动,如区别与认识事物等。阿含类经中就论及了这五蕴(五受阴)。如《杂阿含经》卷第三中说:"有五受阴。何等为五?谓色受阴、受、想、行、识受阴。云何色受阴?所有色,彼一切四大及四大所造色,是名为色受阴。""云何受受阴?谓六受身。何等为六?谓眼触生受、耳、鼻、舌、身、意触生受,是名受受阴。""云何想受阴?谓六想身。何等为六?谓眼触生想,乃至意触生想,是名想受阴。""云何行受阴?谓六思身。何等为六?谓眼触生思,乃至意触生思,是名行受阴。""云何识受阴?谓六识身。何等为六?谓眼识身,乃至意识身,是名识受阴。"

"五蕴"在早期佛教中,主要指现实的人或人身心的构成。它有时也指一般的物质现象和精神现象。这一理论的提出是要表明在五蕴之外不存在独立的"我"或不变的主体,世间所谓的"我"仅是五蕴暂时的和合,它(我)实际上并不实在,而人之所以有痛苦就是因为不明白这个道理(此即无明),把五蕴认作实在的"我"或不变的主体来执著。

"十二处"中的"处"译自梵语"āyatana"。这一词意为"进来的地方"。"十二处"具体指人的六根及其相对应的六境。六根是眼、耳、鼻、舌、身、意。六境是色、声、香、味、触、法。《杂阿含经》卷第十三中说："何等为六内入处？谓眼入处、耳入处、鼻入处、舌入处、身入处、意入处。何等为六外入处？色入处、声入处、香入处、味入处、触入处、法入处。""十二处"主要是从人的身体器官入手，进一步对应地分析其作用对象的不同存在形态，从而说明多样性的世界的基本构成类别。这种分析的着眼点也是人及其与之关系紧密的外部现象。正是由于人的器官及其相应的作用，才有可能产生各种感受或认识，展示人的生命或情感活动等世界现象。

　　"十八界"中的"界"译自梵语"dhātu"。这一词有"要素""种族""分界""差别""基础"等含义。具体指六根、六境以及根缘取境之后所生的六识（眼识、耳识、鼻识、舌识、身识、意识）这十八种涉及人认识的要素或基础。它们是密切相关的：人的感觉器官（六根）作用于各自的对象（六境），产生各自相应的识别或认识（六识）。《杂阿含经》卷第十六中说："云何为种种界？谓眼界、色界、眼识界、耳界、声界、耳识界、鼻界、香界、鼻识界、舌界、味界、舌识界、身界、触界、身识界、意界、法界、意识界，是名种种界。……云何种种界？谓十八界：眼界、色界、眼识界，乃至意界、法界、意识界，是名种种界。"十八界的理论较全面地论述了早期佛教关于人的认识形成过程中所涉及的各个要素。这种论述实际也就把"法"的基本形态展示了出来。与十二处相比，十八界增加了根取境之后所生的六识，这对认识过程的叙述就更为完整，"法"的内容自然也更为丰富。

　　"十二因缘"中的"缘"译自梵语"pratyaya"。这一词指使他物存在或产生的"原因"，也就是"条件"。这是早期佛教提出的人生现象过程的十二个动态的因果环节，它们是：无明、行、识、名色、六处、触、受、爱、取、有、生、老死。《杂阿含经》卷第十二中说："云何无明？若不知前际，不知后际，不知前后际；不知于内，不知于外，不知于内外；不知业，不知报，不知业报；不知佛，不知法，不知僧……痴暗无明大冥，是名无明。缘无明行者，云何为行？行有三种：身行、口行、意行。缘行识者，云何为识？谓六识身：眼识身、耳识身、鼻识身、舌识身、身识身、意识身。缘识名色者，云何名？谓四无色阴：受阴、想阴、行阴、识阴。云何色？谓四大、四大所造色，是名为色。此色及前所说名，是为名色。缘名色六入处者，云何为六入处？谓六内入处：眼入处、耳入处、鼻入处、舌入处、身入处、意入处。缘六入处触者，云何为触？谓六触身：眼触身、耳触身、鼻触身、舌触身、身触身、意触身。缘触受者，云何为受？谓三受：苦受、乐受、不苦不乐受。缘受爱者，彼云何为爱？谓三爱：欲爱、色爱、无色爱。缘爱取者，云何为取？四取：欲取、见取、戒取、我取。缘取有者，云何为有？三有：欲有、色有、无色有。缘有生者，云何为生？若彼彼众生，彼彼身种类生，超越和合出生，得阴，得界，得入处，得命根，是名为生。缘生老死者，云何为老？若发白露顶，皮缓根熟……造行艰难羸劣，是名为老。云何为死？彼彼众生，彼彼种类没……舍阴时到，是名为死。此死及前所说老，是名老死。"

五蕴、十二处、十八界、十二因缘这些"法"在佛教中又被称为"有为法"，即处于相互联系、生灭变化中的事物。与之相对的是"无为法"，即没有因缘关系、不生不灭的东西，如佛教中的"涅槃"即属无为法。

早期佛教对"法"的分析构成了佛教对宇宙及人生现象的基本观念。佛教后来在这方面的分析愈发细密，但早期佛教关于"法"的种类划分理论则是基础。

部派佛教时期，佛教对于事物的分析更为细致。多数部派把"法"作了过去法、现在法和未来法的分别。犊子部把"法"分为五类：过去法、现在法、未来法、无为法、不可说法（补特伽罗），大众部把无为法分为九类：择灭、非择灭、虚空、空无边处、识无边处、无所有处、非想非非想处、缘起支性、圣道支性。说一切有部中则有"五位七十五法"的分类。

"五位七十五法"主要是《俱舍论》中的分类，是部派佛教中最有代表性的理论。所谓"五位"指对"法"所作的五种基本分类，它们是色法、心法、心所法、心不相应行法、无为法。"七十五法"则是在五位之下进一步划分的七十五个更小的法的具体名目。

"色法"主要指物质现象。《俱舍论》卷第一中在讨论色的特性时说："变碍名色，理得成就。"这是指色的一般特性，即可以变化，有质碍。色法有十一种：眼、耳、鼻、舌、身、色、声、香、味、触和无表色。前十种色是身体的五种器官及其相应的作用对象，无表色则主要指不能表示出来的一种色，如产生某种结果的行为之力量或潜势力等。《俱舍论》卷第一中说："颂曰：色者，唯五根、五境及无表。论曰：言五根者，所谓眼耳鼻舌身根。言五境者，即是眼等五根境界，所谓色声香味所触。及无表者，谓无表色。""无表虽以色业为性如有表业，而非表示令他了知，故名无表。……表业及定所生善不善色，名为无表。"

"心法"是精神作用的主体，即心王。它只有一种。"心"与精神作用是密不可分的。《俱舍论》卷第四中说："颂曰：心心所必俱，诸行相或得。论曰：心与心所必定俱生，随阙一时余则不起。"在《俱舍论》中，"心"与"意"及"识"这几个概念是一体的，不同的名称代表了精神作用之体的几个主要方面。《俱舍论》卷第四中说："论曰：集起故名心，思量故名意，了别故名识。复有释言：净不净界种种差别故名为心，即此为他作所依止故名为意，作能依止故名为识。故心意识三名所诠，义虽有异，而体是一。"

"心所法"是心所具有的作用。它有四十六种。《俱舍论》卷第四中说："诸心所法且有五品。何等为五？一大地法，二大善地法，三大烦恼地法，四大不善地法，五小烦恼地法。""如是已说五品心所，复有此余不定心所,恶作睡眠寻伺等法。"因此,心所法在《俱舍论》中实际被分为六类。第一类是大地①法,指一般的与心相应的心的作用,它们是:受(感受)、想(想象)、思(心的一种造作活动)、触(触觉)、欲(希求)、慧(分别简择)、念(念念不忘)、作意(警觉)、胜解(对事物产生的确认和把握)、三摩地(心注一处的入定);第二类是大善地法,指与一切善心相应的心的作用,它们是:信(使心澄净)、勤(使心勇悍)、舍(使心不执著,住于平等)、惭(对自己的错罪感到耻辱)、愧(对自己的错罪感到羞愧)、无贪(不贪婪)、无瞋(不憎恨)、不害(不伤害)、轻安(使心轻妙安宁)、不放逸(专注修善法);第三类是大烦恼地法,指与不善心相应或障碍道的心的作用,它们是:无明(愚痴)、放逸(不修诸善)、懈怠(懒散不勇悍)、不信(不信奉与爱乐三宝)、昏沉(心境沉郁)、掉举(心躁动不安);第四类是大不善地法,指仅与一切不善心相应的心作用,它们是:无惭(对自己的错罪不感耻辱)、无愧(对自己的错罪不感羞愧);第五类是小烦恼地法,指只与无明相应并仅能单独产生的心作用,它们是:忿(对不合己意的人或事产生忿怒)、覆(隐瞒自己的过失)、悭(吝啬财物与教法)、嫉(嫉妒)、恼(坚持己错,并生恼怒)、害(危害他人或他物)、恨(心中不快生怨)、谄(奉承)、诳(欺骗)、憍(傲慢);第六类是不定地法,指上述心作用之外的心作用,它们是:恶作(后悔所作之事)、睡眠(精神意识昏昧)、寻(粗略思考)、伺(细微伺察)、贪(贪欲)、瞋(憎恚)、慢(自负并轻慢他人)、疑(犹豫不决)。

"心不相应行法"是一种非色法、非心法、非心所法的有为法,为五蕴中的行蕴所摄。《俱舍论》卷第四中说:"颂曰:心不相应行,得非得同分,无想二定命,相名身等类。论曰:如是诸法,心不相应,非色等性,行

---

① "大地"的"地"指心作用的"行处",也就是"心"或"心王"。《俱舍论》卷第四中说:"地谓行处,若此是彼所行处,即说此为彼法地。大法地故名为大地。此中若法大地所有,名大地法,谓法恒于一切心有。"

蕴所摄,是故名心不相应行。"心不相应行法有十四种:得(指具有,有两种:一是已失今获,二是得已不失)、非得(不具有,有时间上的区分,如未来的非得和过去的非得)、众同分(相同性或同类性,分为有情同分和法同分两种,前者是有情众生的同类相似,后者是事物的同类相似)、无想果(在无想天中达到的灭心心所的状态,是修无想定的果报)、无想定(能使心心所灭的一种禅定,能达无想果,它是凡夫或异生所追求并获得的,但不是真涅槃)、灭尽定(在非想非非想处①使心心所灭尽的一种禅定,它是圣者所得,非异生所起)、命根(生命或寿命)、生(产生或生起)、住(相续或保持)、异(变异或变化)、灭(坏灭)、名身(名称或概念的复合体②)、句身(具有完整意义的句子的复合体③)、文身(字母的复合体④)。

　　"无为法"是无生无灭的存在。《俱舍论》卷第六中说:"无为法都无有因,是故无为虽实有物,常无用,故无因无果。"无为法共三种:虚空无为(事物存在的场所,不障碍万物,也不被万物所障碍⑤)、择灭无为(通过智慧的拣择力来灭除烦恼,从而达到的涅槃或解脱状态⑥)、非择灭无为(不由智慧的拣择力而得,而是由缺少自身产生之缘而得的毕竟不生的状态⑦)。

---

　　①　"非想非非想处"即是作为无色界之第四天的有顶天。

　　②　"名"指表明一定意义的事物的名称或概念,"身"有"聚集"之义。因此,"名身"指两个以上的名称或概念的复合体。《俱舍论》卷第五中说:"名身者,谓色声香等。"

　　③　"句"指具有完整意思的一个句子,"句身"指两个以上的句子的复合体。《俱舍论》卷第五中说:"句身者,谓诸行无常,一切法无我,涅槃寂静等。"

　　④　"文"指单一的字母,"文身"指两个以上的字母的复合体。《俱舍论》卷第五中说:"文身者,谓迦佉伽等。"

　　⑤　《俱舍论》卷第一中说:"虚空但以无碍为性,由无障故,色于中行。"

　　⑥　《俱舍论》卷第一中说:"择灭即以离系为性。诸有漏法远离系缚,证得解脱,名为择灭。择谓拣择,即慧差别,各别拣择四圣谛故,择力所得灭,名为择灭。"

　　⑦　《俱舍论》卷第一中说:"永碍当生,得非择灭,谓能永碍未来法生,得灭异前,名非择灭。得不因择,但由阙缘。"

《俱舍论》是有部较晚的著作。此派较早的著作还有不少,对于法的分类还有其他一些说法。

大乘佛教的经中对法的分类理论不多,但一些论中则有完整体系,这里面最突出的是大乘佛教瑜伽行派的著作,其中有代表性的是世亲的《大乘百法明门论》。此论也把法分为五类,但在五位中纳入了一百种法。具体来说有:

心法八种:眼识、耳识、鼻识、舌识、身识、意识、末那识、阿赖耶识。

心所有法五十一种:作意、触、受、想、思①、欲、胜解、念、定、慧②、信、精进、惭、愧、无贪、无瞋、无痴、轻安、不放逸、行舍、不害③、贪、瞋、慢、无明、疑、不正见④、忿、恨、恼、覆、诳、谄、憍、害、嫉、悭、无惭、无愧、不信、懈怠、放逸、惛沈、掉举、失念、不正知、散乱⑤、睡眠、恶作、寻、伺⑥。

色法十一种:眼、耳、鼻、舌、身、色、声、香、味、触、法处所摄色。

心不相应行法二十四种:得、命根、众同分、异生性、无想定、灭尽定、无想果、名身、句身、文身、生、老、住、无常、流转、定异、相应、势速、次第、方、时、数、和合性、不和合性。

无为法六种:虚空无为、择灭无为、非择灭无为、不动灭无为、想受灭无为、真如无为。

从结构上来看,似乎瑜伽行派的五位百法与说一切有部的五位七十五法类似,但这两种对法的分析理论存在着重要的不同。说一切有部的

---

① "作意"至"思"被称为五种"遍行"。
② "欲"至"慧"被称为五种"别境"。
③ "信"至"不害"被称为十一种"善"。
④ "贪"至"不正见"被称为六种"烦恼"。
⑤ "忿"至"散乱"被称为二十种"随烦恼"。
⑥ "睡眠"至"伺"被称为四种"不定"。

五位七十五法中的诸法基本上是平行的关系；而瑜伽行派诸法中的心法
则是根本的，或是占主导地位的。

二　胜论派句义论中对世间现象的基本分类

胜论派是古印度著名的婆罗门教哲学派别。此派对世间现象作了
极为细致的分析，属于典型的自然哲学的理论体系。

胜论派认为，世间事物可以分为若干种"句义"。所谓句义指与观
念相对应的实在物。人们有各种观念或概念，这些观念或概念不是凭空
产生的。在它们之后有作为其基础的东西，这就是所谓"句义"。胜论
派提出的每个句义之下通常又有更小的分类。这些类别就体现了整个
宇宙现象的基本形态。

胜论派关于句义的分类在不同文献中说法有差别。此派最早的根
本经典《胜论经》认为有六个句义，其另一重要文献《胜宗十句义论》则
认为有十个句义，还有一些文献有其他说法。此处结合胜论派的主要文
献解释此派十个句义的主要内容。十个句义是：实句义、德句义、业句
义、同句义、异句义、和合句义、俱分句义、有能句义、无能句义、无说
句义。

实句义指事物自身。事物的各种属性或形态都要依附于一个实体
之上。这种实体就是事物自身，即实句义。实句义一共分为九种：地、
水、火、风、空、时、方、我、意。① 地、水、火、风是各种物体的物质元素，②
它们由事物的最小单位——极微构成；空在古印度的一些文献中常指空
间，有时也指元素，但在胜论派中主要指一种元素，此种元素被设想为是

---

① 参见《胜论经》1，1，5。载姚卫群编译《古印度六派哲学经典》，北京：商务印书馆，2003
年版，第2页。

② 参见《胜论经》2，1，1—17。载《古印度六派哲学经典》，第6—7页。

声音的依托体;①时指时间,人们之所以产生此时、彼时、同时、不同时、慢、快等观念,是因为存在时这一实体;②方指空间或方位,人们之所以产生东、南、西、北、上、下等观念是由于存在方这样一个实体;③我指个人的灵魂或意识的主体,不同的身体有不同的我,它的存在是根据身体中存在着许多生命现象(呼吸、感觉、欲望、记忆等)而被证实的;④意是人的一种内部器官,它是我(灵魂)与外感官的联络者,当五感官与外界接触时,人有时产生认识,有时不产生认识,这就是意存在的证明。⑤ 意要和人的其他五感官相配合,人才能产生认识。

德句义指事物的静的特性等。事物的特性实际是依于某种事物自身的,但从概念上将这些属性分离出来,胜论派称之为德句义。德句义分为十七或二十四种。《胜论经》认为有十七种德——色、味、香、触、数、量、别体、合、离、彼体、此体、觉、乐、苦、欲、瞋、勤勇;⑥《摄句义法论》和《胜宗十句义论》认为有二十四种德,在上述十七种德上又加了重体、液体、润、行、法、非法、声。⑦

业句义指事物的动的形态,事物的动的形态实际也是依于某种事物自身的,但从概念上将这些形态分离出来,胜论派称之为业。业句义分为五种——取(向上运动)、舍(向下运动)、屈(收缩运动)、伸(伸展运动)、行(方向不定的运动)。⑧

同句义既指事物间相对的同的关系,又指事物的存在特性。

---

① 参见《胜论经》2,1,20—31。载《古印度六派哲学经典》,第8—9页。
② 参见《胜论经》2,2,6—9。载《古印度六派哲学经典》,第10页。
③ 参见《胜论经》2,2,10—16。载《古印度六派哲学经典》,第10—11页。
④ 参见《胜论经》3,2,4—21。载《古印度六派哲学经典》,第16—19页。
⑤ 参见《胜论经》3,2,1—3。载《古印度六派哲学经典》,第15—16页。
⑥ 参见《胜论经》1,1,6。载《古印度六派哲学经典》,第2页。
⑦ 参见《摄句义法论》2,5和《胜宗十句义论》。载《古印度六派哲学经典》,第45、358—359页。
⑧ 参见《摄句义法论》2,6和《胜宗十句义论》。载《古印度六派哲学经典》,第45、360—361页。

异句义既指事物间相对的异的关系,又指事物的最终差别。①

和合句义指事物所具有的自体与属性等的不可分的因果关系。② 各个句义的区分主要是在概念上的,而在实际上,它们都要统一在事物自身,即实上面。产生这种自体与属性等不可分的关系的就是和合句义。

有能句义指与实、德、业三句义有内在联系,并可使它们共同或单独生出特定结果的句义。③

无能句义指与实、德、业三句义有内在联系,并可使它们不共同或单独生出其他结果的句义。④

俱分句义指相对的同与异,即把同句义限于存在性,把异句义限于最终差别性,其余的同与异另成一独立的句义。《胜论经》及《摄句义法论》认为同和异可以是相对的,它们随着人看问题角度的不同而变化,一些概念在某些情况下被人们看作是同,在另外一些情况下被人们看作是异。⑤ 但最上位的同是"有"(存在),最下位的异是"边异"(最终差别)。《胜宗十句义论》则把原来属于同句义和异句义中的相对的同异关系独立出来,形成了俱分句义。⑥

无说句义指事物的非存在状态,分为五种——未生无(事物未产生前之非存在)、已灭无(事物毁灭后之非存在)、更互无(事物相互排斥之

---

① 关于同句义和异句义的解释可看《摄句义法论》2,7—8。载《古印度六派哲学经典》,第45—46页。

② 参见《摄句义法论》2,9。载《古印度六派哲学经典》,第46页。

③ 《胜宗十句义论》中的原文为:"有能句义云何?谓实、德、业和合,共或非一造各自果决定所须,如是名为有能句义。"载《古印度六派哲学经典》,第361页。

④ 《胜宗十句义论》中的原文为:"无能句义云何?谓实、德、业和合,共或非一不造余果决定所须,如是名为无能句义。"载《古印度六派哲学经典》,第361页。

⑤ 如"实性"这个概念,对于句义来讲,它是异,因为它只是句义中的一种;而对于地、水、火、风等来说,它是同,因为地、水、火、风同样是实。这种相对的同异关系就称为"俱分"。

⑥ 《胜宗十句义论》中的原文为:"俱分句义云何?谓实性、德性、业性及彼一业和合,地性、色性、取性等,如是名为俱分句义。"载《古印度六派哲学经典》,第361页。因此,在《胜宗十句义论》中,所谓俱分句义是指实性、德性、业性这样相对的同异关系;而所谓同句义仅指有(存在),所谓异句义仅指边异(最终差别性)。

非存在)、毕竟无(过去、现在、将来都不会出现的事物之非存在)、不会无(一物中不会具有另一物的性质之非存在)。①

句义论是胜论派的基本理论框架或理论体系,它囊括了该派各种具体理论观念,包含了该派对宇宙和人生基本成分或要素的基础性分类思想。

三　比较分析

佛教与胜论派对于事物类别的划分理论是古印度哲学的重要内容。这两种理论有不少相同处,也有一些差异点。此处做点比较分析。

两派在这方面理论的相同处在于:

第一,二者的主流思想多持一种多元展示的态度。

佛教中的诸法实际上是一种多元的要素。佛教不承认最高神或恒常根本之因。各种法相互作用形成事物的不同形态。从缘起的角度不能说事物是绝对的虚无,因为佛教认可各种作为缘或条件的事物要素。佛教虽然强调事物的变化或非恒常,并因而说事物空或无自性,但这都不是认为事物完全空无或绝对的非存在。从强调缘起的角度说,不少佛教分支的思想有多元论的倾向。这也是佛教中出现说一切有部的原因之一。胜论派对于所提出的各种句义及其下属的内容也是认为实在的。句义论中的实句义中包含极微的概念。极微被认为是事物的最小单位,是恒常的,实有的。句义有多种,极微也有多种,因而胜论派对句义的分析在这方面与佛教对法的分析有类似处,都有多元实在的理论倾向。

第二,二者都对物质现象和精神现象作了细致分析。

---

① 《胜宗十句义论》中的原文为:"无说句义云何? 谓五种无,名无说句义。何者为五? 一未生无,二已灭无,三更互无,四不会无,五毕竟无。是为五无。"载《古印度六派哲学经典》,第 361—362 页。

在佛教对法的分析中,色法占有很大比重,心法或心所法也占有很大比重。这表明佛教对事物的物质性成分和精神性的成分都较重视。胜论派在这方面与佛教类似。胜论派对实句义的论述中有四大极微及其复合物这些物质性的成分。在对德句义的分析中,有觉、乐、苦、欲、瞋等精神性或意识性成分。两种理论的这方面内容说明古印度的主要宗教哲学派别对于事物中的物质与精神成分有着明显的区分或分别。

第三,二者都既对事物的自身和其属性作了分析,也对事物之间的关系作了分析。

在佛教对法的分析中,色法和心法都具有事物自身或作为其他属性依附体的成分,也具有对事物的各种属性的分析的内容,如心所法中的内容、心不相应行法中的内容即是如此。在胜论派的句义论中,实句义和德句义也是对事物自身和其属性的分析。两派的这方面内容都主要属于对单独事物的分析。在这之外,两派中也对各种事物的相互关系进行了分析。如在佛教中的心不相应行法中的定异、心不相应行法中的众同分都涉及事物间的相同性或差别性。在胜论派中,同句义、异句义、俱分句义也是涉及事物间的相同性和差别性的成分。这表明两派在分析事物时,都注重将各种事物联系起来作比较。

第四,二者都对事物的运动形态作了分析。

在佛教中,心不相应行法中有生、住、异、灭、无常、流转等是涉及事物活动变化等的概念。在胜论派中,有业句义中的取、舍、屈、伸、行以及德句义中的合、离等,都涉及事物的运动或变化。两派对事物的运动都有明显的关注。

第五,二者都对事物的时空关系作了分析。

佛教对法的分析中有涉及时空的内容,如在心不相应行法中,就有时、方的概念。胜论派在其实句义的九实中,也有时和方这两个概念。

两派在对事物类别的划分理论方面的差别点主要表现在:

第一,佛教的这方面理论是以缘起观为基础的;胜论派则是以一种积聚说为基础的。

佛教在其理论中展示了事物或法的多种类别,这些不同类别的法是一种发展形态中的因果关系。处于因果关系中的各种要素或条件的地位不是恒定的。它们在许多场合是互为因果的,各要素有时是因,有时是果。因果关系是可变的。胜论派展示的事物形态则多是单纯的聚合,或是平行的展示。这些事物的表现形态或要素之间的关系或因果关联多属于静态的或相对固定的。这与佛教诸法动态的因果关系有所不同。

第二,佛教这方面的理论有性空观念,胜论派中则没有。

佛教诸法的分类理论多基于缘起说,因而在佛教的许多分支或流派中,对各类法的性质有性空或无自性的判定,主张法体恒有的佛教部派是少数。但在胜论派的理论中,对诸事物的本性通常不作性空的判定,而认为诸句义都是实在的。这是二者的重要不同。

第三,佛教中有唯识说,胜论派中则没有。

佛教在产生之后,就对"识"的问题有不少关注。到大乘时期,形成了中观和瑜伽行两大派。其中瑜伽行派继承和发展了以往佛教经典中的这方面的理论,提出了影响极大的唯识思想。胜论派中虽然也有关于意识或精神现象的概念或思想,但此派在对事物分类或分析时,没有唯识的思想。这也是二者显著的理论差别。

佛教的法类别划分理论与胜论派的句义论是古印度人对世界或人生现象基本形态的重要看法,是人类思想宝库中的珍贵遗产。现代人类对世界和人自身的许多科学见解是在古代先哲有关思想的基础上发展起来的。梳理和归纳这方面的内容,加以分析研究,对于吸收古人思想的精华,促进精神文明建设,构建现代和谐社会,具有积极意义。

(原载于《哲学门》总第二十九辑,北京:北京大学出版社,2014 版)

佛教与婆罗门教的事物形成观念

✳

　　佛教与婆罗门教是印度古代的两大主要宗教。两教都具有很强的思辨性,所弘扬的教义中都有许多哲学思想。其中有不少内容是关于世间事物形成问题的看法。这些看法对于促成两教构建各自的理论体系起了重要作用,在印度思想发展史上占有显要地位。本文拟在这方面作一初步探讨,对佛教和婆罗门教中的这类成分进行梳理,简要地提一些看法。

一　吠陀和奥义书中的有关思想

　　印度宗教哲学的理论源头一般要到吠陀和奥义书中去寻找。吠陀主要反映了印度上古先民的社会生活,其中对神等的赞歌占有很大比重。哲学的思想也有,但相对来说较为零散,还不成系统。系统的印度哲学思想主要在奥义书时期才开始形成。古代印度人关于事物形成的观念在吠陀和奥义书中都有表现。这些观念对印度后世的佛教和婆罗门教哲学流派有不同程度的影响。

　　吠陀中的一些哲理诗谈到了世间事物的形成,这里面比较突出的是被称为"原人歌"的一首诗。该赞歌(《梨俱吠陀》10,90,2—14)中说:"原人就是这一切,是已经存在的事物和将要存在的事物,还是主宰不朽者,并且超越依食物成长者。""婆罗门是他的嘴,他的双臂成为刹帝利,他的两腿是吠舍,从其两足生出首陀罗。""月亮由原人的心(意)产生,他的两眼产生太阳,由其嘴生出因陀罗(雷)和阿耆尼(火),由其气息生出伐由(风)。""由原人的肚脐生出空气,由其头演化出天,由其两足出现地,由其耳出现方位。世界就这样形成了。"①这首诗将宇宙中的各种现象说成是原人产生的,认为原人的身体各部分构成了人类的不同社会阶层,世间事物在本质上就是原人。

吠陀中还有一首较著名的"生主歌"亦论及了这个问题。该赞歌(《梨俱吠陀》10,121,1—9)说:"泰初,他作为金胎出现,他生来就是存在物的主宰。他支撑着大地和天空。""愿他不要伤害我们,他是大地的产生者,具有真实的理法,他产生天空,产生闪光的巨大洪水。"②这里,在泰初作为金胎出现的就是生主。他被认为可产生或主宰一切事物,而且有关社会或世间事物的理法也是他带来的。

吠陀中关于原人和生主等概念的说法是印度对世间事物形成问题的较早解释或设想,这类说法是一种一因论,它在后来的奥义书以及后世的印度宗教哲学派别中得到了进一步的发展。

奥义书时期古代印度哲人的思辨能力有了突出的发展,在世间事物形成问题上提出了更多的理论。其中有两种理论值得注意:一是认为世间事物是由一个根本因发展而来,或是以这根本因为本体;二是认为世间事物由许多要素构成,世间事物中有多种因。

先看第一种理论。这种理论在奥义书中最典型的表现是将梵(Brahman)作为根本因。许多奥义书认为,世间各种现象都来自于梵,

① A. A. Macdonell. *A Vedic Reader*. Oxford :Oxford University Press. 1981. pp. 196-202.

② S. Radhakrishnan and C. A. Moore. *A Source Book in Indian Philosophy*. Princeton: Princeton University Press,1957. p. 24.

或以梵为本体。例如,《歌者奥义书》3,14,1 中说:"这整个世界都是梵。"①《白骡奥义书》3,7 中说:"高于这世界的是梵。……认识梵这一所有事物的包容者或主宰者,就将变得不朽。"②《剃发者奥义书》2,2,3—12 中说:"从那梵生出气息、意、所有的感官……梵是一切事物的支撑者。""梵确实是这不朽者。在前是梵,在后是梵,在右在左亦是梵。梵在下和上伸展。梵确实是这一切。"③在奥义书中,还有一个经常使用的概念是"我"(Ātman),音译为"阿特曼"。它被认为是一切生命现象中的主体或根本。《广林奥义书》3,7,23 中说:"它不被看却是看者,不被听却是听者,不被认知却是认知者,不被领悟却是领悟者。除它之外没有看者,除它之外没有听者,除它之外没有认知者,除它之外没有领悟者。它就是你的自我(阿特曼),是内部的控制者。"④《广林奥义书》2,2,20 中说:"如同蜘蛛吐丝,火产生火花一样,从这阿特曼产生一切气息,一切世界,一切神,一切存在物。"⑤这里说的阿特曼,既指生命现象中的主体,也指其他现象中的主体。许多奥义书认为这两个主体是同一的,主张"梵我同一"。梵或阿特曼产生一切事物,是宇宙万有的根本因。

再看第二种理论。这种理论常常与第一种理论交织在一起,在印度后世影响也较大。这就是关于要素或元素的理论。一些奥义书在谈到事物时认为有几种主要元素,如《他氏奥义书》3,1,3 中说:"这五大元素——地、风、空、水、火……以及那些卵生的、胎生的、湿生的、种生

---

① S. Radhakrishnan. *The Principal Upaniṣads*. London:George Allen & Unwin LTD, 1953. p. 391.

② Ibid. , p. 727.

③ Ibid. , pp. 683-685.

④ Ibid. , pp. 229-230.

⑤ Ibid. , p. 190.

的,……动的、飞的和静止的事物,所有这些都由识指引,建立于识之中。"①《鹧鸪氏奥义书》2,1,1 中说:"从这阿特曼产生空,从空产生风,从风产生火,从火产生水,从水产生地,从地产生草,从草产生食物,从食物产生人。"②在这里,奥义书哲人提到了构成世间事物的一些基本要素,但在提及这些要素时,又将其与某些最高的实体联系起来。这类要素的理论在奥义书中显然还不成型,不是占主导地位的理论。然而,这方面的材料在印度后来得到不少派别的重视,被改造成了要素和合成万物的思想。

二 婆罗门教哲学派别的主要理论

婆罗门教在印度后世形成六个主要派别,即:数论派、瑜伽派、胜论派、正理派、弥曼差派、吠檀多派。这些派别继承或发展了吠陀奥义书中的关于事物形成的观念,提出了印度历史上比较系统化的事物形成思想。这类思想大致可以分为三类:一是转变说,二是积聚说,三是幻变说。以下分别论述。

这六个派别中关于事物的形成主张转变说的主要是数论派和瑜伽派。

数论派认为,世间事物是由一个物质性的实体"自性"转变出来的。自性在转变时,受另一个精神性实体"神我"的影响。神我虽然作用于自性,使其转变,但神我自身并不转变。因而,直接转变出事物的根本因是自性。

关于自性的转变过程及转变出来的成分,数论派的不少文献中都有记述。如数论派现存最早的重要文献《数论颂》21 中在谈到转变因时

---

① S. Radhakrishnan. *The Principal Upaniṣads*. p. 523.

② Ibid. , pp. 541-542.

说:"神我与自性结合是为了观照自性,自性与神我结合是为了独存。二者的结合就如同跛者与盲者的结合一样。创造由此产生。"对于此颂,《数论颂》的一个重要注释者乔荼波陀在其释中说:"二者的结合应被视为如同跛者与盲者的结合一样。如一人跛,一人盲,此二人行走困难。当商队在森林中受到强盗袭击时,两人被朋友抛弃,无目的地徘徊。在徘徊中,他们相遇,……盲者背起跛者,他沿着背在身上的跛者指的路行走。与此类似,神我如同跛者一样有看的能力而不能行走。自性如同盲者一样能行走而无看的能力……正如儿子是由男女结合生出的一样,创造是由神我和自性结合引起的。"①这里谈到能走路的是盲者。相似的情况是,能直接创造世间事物或人生现象的是自性。

在谈到转变出的成分时,《数论颂》22 中说:"由自性生大,然后生出我慢,由此我慢生十六谛系列,再由此十六谛中的五唯生五大。"乔荼波陀的相应注释说:"由无形态的自性生觉……由觉生我慢……由我慢生十六谛系列……即五唯,也就是声唯、触唯、色唯、味唯、香唯。然后是十一根——五知根,即耳、皮、眼、舌、鼻;五作根,即口、手、足、排泄器官、生殖器官以及具有知根和作根这二者特性的第十一根——心……由五唯生五大,即空生于声唯,风生于触唯,火生于色唯,水生于味唯,地生于香唯。"②数论派的这种转变说理论一般被称为二元二十五谛,二元指自性和神我,二十五谛指包括自性和神我在内的二十五个概念,即觉(亦译为"大")、我慢、十一根(含五知根和五作根及心根)、五唯、五大。虽然说是二元,但真正直接转变的是自性,因而这还是一种世间事物由一根本因转变的理论。

瑜伽派与数论派联系紧密。此派注重瑜伽修持的方法和意义,对世间事物形成的看法,基本接受数论派的转变说理论,与数论派没有本质

---

① 姚卫群编译:《古印度六派哲学经典》,北京:商务印书馆,2003 年版,第 155 页。

② 同上。

性的差别。

　　六派关于事物的形成主张积聚说的主要是胜论派、正理派和弥曼差派。

　　胜论派不认为世间一切现象有一个根本因。此派虽然认为在众生的生命体中有一个主体阿特曼(小我),但这个阿特曼仅仅是人的认识活动、生命功能的主体,世间的各种事物并非由它所产生,也不与它同一。此派认为世间事物是由各种要素积聚而成的。

　　胜论派的积聚说思想集中体现在其提出的"句义"理论中。所谓句义指与观念或概念相对应的实在物。胜论派各种典籍中关于句义种类的说法有不同,此派的根本经典《胜论经》1,1,4 中提出有六个句义,即:实句义(事物自身)、德句义(事物具有的静的性质)、业句义(事物具有的动的形态)、同句义(事物之间的相同性)、异句义(事物之间的差别性)、和合句义(事物具有的自体与属性等的不可分的因果关系)。① 胜论派认为,这些句义结合在一起展示了事物的存在。

　　关于世间有形体的事物的形成,胜论派具体提出了"极微"的理论。胜论派认为,"极微"是有形体的事物的最小单位。极微有一些基本的种类,主要分为地、水、火、风四大。极微隶属于胜论派句义论中的实句义。胜论派的重要文献《胜宗十句义论》中说:"如是九实,五常四分别。谓此四中,非所造者常,所造者无常。如常、无常、无实、有实、无细分、有细分、因不相违、非因不相违、有边异、非有边异、圆、不圆亦而。"这段引文中说的"四分别"指的是对胜论派九种实(地、水、火、风、空、时、方、我、意)中前四种实的区分。地、水、火、风四种实被区分成两类,一类指极微,另一类指极微的聚合体。文中的"所造"是极微的聚合体,"非所造"指极微。极微不能被造出,没有比它更小的实体,不能进一步拆分,

---

① 　姚卫群编译:《古印度六派哲学经典》,第 1 页。

不会由于构成因的解体而毁坏,是物体的最终差别,形体是圆的。由极微积聚而成的物体则与极微的这些特性相反。

胜论派认为,单个的极微是不能感触到的,虽感触不到,但通过推理,它的存在可以确定。《胜论经》4,1,1—4 中说:"存在并且无因的东西是常住的。这极微的果是其存在的标志。由于因存在,果才存在。非常住是对常住的特殊否定状态。"①

关于胜论派所主张的极微和合生出世间事物的情况,一些佛教文献中有记述,如窥基在《唯识二十论述记》卷下中说:"实中有九,谓地水火风空时方我意。其地水火风,是极微性。若劫坏时,此等不灭,散在处处,体无生灭,说为常住。有众多法,体非是一。后成劫时,两两极微,合生一子微,子微之量,等于父母,体唯是一。从他生故,性是无常。如是散极微,皆两两合生一子微。子微并本,合有三微。如是复与余三微合生一子微。第七其子,等于六本微量。如是七微,复与余合,生一子微。第十五子,其量等于本生父母十四微量。如是展转成三千界。"

胜论派九种实中的其他五实,也是构成世间现象的重要因素。其中的空,是一种元素,它可以传播声音,没有质碍,事物可以在其中运动;其中的时,是世间存在时间的因;其中的方,是世间存在方位的因;其中的我,是各个有情生命现象的主体;其中的意,是人认识事物时我与外部感官之间的联系者。这五种实与前四实共同形成了世间事物的自身。

正理派也认为世间现象是由极微构成的。此派的文献《正理经》等谈到了极微不是人们能直接感知的,而是结合起来构成世间事物。如《正理经》2,1,32 中说:"存在着由部分构成的整体。"②该经 2,1,36 中

①　姚卫群编译:《古印度六派哲学经典》,第 19—20 页。
②　同上书,第 75 页。

说："极微具有超越根感知的特性。"[1]该经 2，2，25 中说："极微是常住的。"[2]该经 4，2，16 中说："毁灭是没有的，因为极微真实存在着。"[3]这些描述表明，极微是构成事物的最小单位，不能被感知，但它是真实存在的，它本身不能毁灭。

弥曼差派最初对事物形成的问题不是很关心。但此派后期的一些代表人物吸收改造了胜论派的句义论，认为构成事物自身的是实句义。实句义中也包含四大，极微积聚构成了世间事物。弥曼差派在这方面有特色之处是反对神创造世间事物的理论。这在婆罗门教哲学派别中是很少见的。其他婆罗门教哲学派别中都或多或少（或在实质上，或在表面上）有神造世的观念，唯独弥曼差派是例外。如弥曼差派的重要思想家枯马立拉在《颂释补》1，81—2 中说："极微等的创造绝不能由神的意愿产生。"[4]

六派关于事物的形成主张幻变说的主要是吠檀多派。此派是直接继承奥义书中主流婆罗门教哲学思想发展而来的。

吠檀多派中有许多分支，其中影响最大的是乔荼波陀和商羯罗的"不二论"思想。所谓不二论，就是认为梵为一切事物的根本因，事物与梵在本质上是同一的。包括众多生命体在内的事物之所以有各种形态，是由于人的无明的幻力造成的。

乔荼波陀在此派中最早明确提出了不二论的思想。他认为，梵或大我是万有的根本，一切事物是人对梵或大我无知的幻现，它们是不真实的，没有独立于梵或大我的存在。小我既不是梵的部分，也不是它的变异，它们的关系如同瓶中的小虚空和瓶外的大虚空的关系一样。即：瓶

---

① 姚卫群编译：《古印度六派哲学经典》，第 155 页。
② 同上书，第 82 页。
③ 同上书，第 120 页。
④ 同上书，第 241 页。

中的小虚空与瓶外的大虚空本是一个东西,仅仅由于瓶子的限制,它们才显得不同。与此类似,作为人生现象的众多小我与大我本是一个东西,仅仅由于身体的限制,它们才显得不同,两者实际上是同一物。[①] 乔荼波陀在其重要著作《圣教论》中,用了很大篇幅论述此派的"摩耶"(māyā,即无明的幻力)理论,认为万有是由于人们的无知才显现出来的,就如同人在睡梦中见到的事物一样。他在《圣教论》2,4—5 中说:"应知亦由内在因,故有醒时诸差别;醒境如同梦里境,二者封闭无差别。""梦时醒时二种境,智者言称本是一;以诸差别平等故,又以其理极成故。"[②]这种理论实际上就是所谓"梦醒同一论",强调呈现种种差别的外部事物,如同梦境一样虚幻不实。

商羯罗直接继承了乔荼波陀的"不二论"学说,并对其作了进一步的发展。商羯罗认为,真实存在的仅是梵,梵是一切的根本,现象世界是无知之人对梵的一种幻觉。由于万有以梵为根本,因而梵也被认为具有最高神那样的力量,是无所不能的。商羯罗在其《梵经注》1,1,4 中说:"梵是全知全能的,是世界的产生、存在和解体的原因。"[③]商羯罗虽然把梵看作是唯一真正实在的,但面对众多人们所认为实在的世间万象,他要进行实质性的否定仍要作一番论证。他认为,梵在本质上是唯一不二的,但由于人们对梵的理解不同而表现出有两种梵,一种是下梵,它是有限制的,有属性的,表现为神创造的具有不同名称和形态的世界(现象界);另一种是上梵,它是摆脱一切条件因素的,无差别的,无属性的。[④]在商羯罗看来,下梵和上梵的区分只是人主观认识的产物,在实际上,梵

---

① 巫白慧译释:《圣教论》北京:商务印书馆,1999 年版,第 103—113 页。

② 同上书,第 54—56 页。

③ 姚卫群编译:《古印度六派哲学经典》,第 249 页。

④ S. Radhakrishnan and C. A. Moore. *A Source Book in Indian Philosophy*. Princeton:Princeton University Press,1957. pp. 513- 514.

只有一个。①

乔荼波陀和商羯罗将千差万别的事物看作是人无知的产物,是"摩耶"的力量幻变出来的。这种对事物形成的幻变说解释在印度是一种十分流行的理论。它的思想萌芽在奥义书中就已出现,后来不仅在后世婆罗门教哲学流派中有影响,在佛教中也有影响。

三 佛教中的基本理论

佛教的产生晚于婆罗门教,但佛教创立的时间则早于婆罗门教哲学流派成型的时间。佛教与婆罗门教哲学流派有着较长的并行发展时期。因而,在事物形成观念方面,佛教和婆罗门教之间存在着相互影响或借鉴吸收的关系。

从总体上来看,佛教关于事物形成的观念,主要属于缘起说。此外,佛教中的一些论述,有积聚说的特点,也有幻变说的性质。这三种成分应该说是交织在一起的。

佛教关于事物形成的观念最有特色的是其缘起说。它区别于婆罗门教的一个基本点就是认为人生现象或世间事物不是由一个根本因或主宰者创造的,而是缘起的,即特定的事物的出现或存在要依赖于其他的事物或条件。《杂阿含经》卷第十二中说:"此有故彼有,此起故彼起";《中阿含经》卷第二十一中说:"若有此则有彼,若无此则无彼,若生此则生彼,若灭此则灭彼"。在这里,早期佛教实际已论及事物形态的出现问题,而且主要在解释人生现象时论述了这方面的内容。作为这一理论的具体表现形式,它提出了"十二因缘"的学说。

关于十二因缘,《杂阿含经》卷第十二中说:"谓缘无明行者,彼云何

---

① 金仓圆照:《印度哲学史》,京都:平乐寺书店,1963 年版,第 166—167 页。

无明？若不知前际，不知后际，不知前后际；不知于内，不知于外，不知于内外；不知业，不知报，不知业报；不知佛，不知法，不知僧，……痴暗无明大冥，是名无明。缘无明行者，云何为行？行有三种：身行、口行、意行。缘行识者，云何为识？谓六识身：眼识身、耳识身、鼻识身、舌识身、身识身、意识身。缘识名色者，云何名？谓四无色阴：受阴、想阴、行阴、识阴。云何色？谓四大，四大所造色，是名为色。此色及前所说名，是为名色。缘名色六入处者，云何为六入处？谓六内入处：眼入处、耳入处、鼻入处、舌入处、身入处、意入处。缘六入处触者，云何为触？谓六触身：眼触身、耳触身、鼻触身、舌触身、身触身、意触身。缘触受者，云何为受？谓三受：苦受、乐受、不苦不乐受。缘受爱者，彼云何为爱？谓三爱：欲爱、色爱、无色爱。缘爱取者，云何为取？四取：欲取、见取、戒取、我取。缘取有者，云何为有？三有：欲有、色有、无色有。缘有生者，云何为生？若彼彼众生，彼彼身种类生，超越和合出生，得阴，得界，得入处，得命根，是名为生。缘生老死者，云何为老？若发白露顶，皮缓根熟，……造行艰难羸劣，是名为老。云何为死？彼彼众生，彼彼种类没，……舍阴时到，是名为死。此死及前所说老，是名老死。"在这十二因缘中，不存在绝对真实的主体。无明本身就不是一个实体（与婆罗门教中的梵或自性等不同，而且如果获得了佛教的最高智慧，无明也就不存在了）。无明至老死之间的各支，既可为果，又可为因。但无论是作果还是作因，都是相对的，依他的，任何一支的存在都要依赖于其他支，而自身又可以作为其他支存在的条件。作为人生现象的整体，如果离开了其中的任何一支，就不可能存在或延续下去。因而，根据十二因缘等缘起的理论，人生现象的形成过程中有着众多的因缘，各种形态依赖于其他的条件，也可以作为其他形态的条件。不是各种现象由某一个最高的实体或主体产生，而是与其他现象相互作用而存在，诸现象或形态没有唯一实在和不变的根本因。

　　佛教在这方面虽然以缘起说为主导理论,但在论述一些事物时,也有积聚说的成分。如佛教中有五蕴说,有六界说,也有极微说。

　　五蕴说是佛教用来解释人及其构成的理论。《杂阿含经》卷第三中说:"有五受阴。云何为五? 色受阴、受、想、行、识受阴。观此五受阴,是生法灭,所谓此色、此色集、此色灭,此受、想、行、识,此识集,此识灭。"这里的"五受阴"是五蕴的另外一种汉译。色蕴指物质的要素,如构成人身体的地、水、火、风等;受蕴指感受,即由感官接触外物所产生的情感等;想蕴指表象、观念等;行蕴指意志一类的心作用;识蕴指区别与认识事物等。这些成分中没有一个主导性的成分,五蕴基本是并列的,它们积聚在一起构成了人及其作用这种生命现象。

　　六界是佛教提出的六种构成事物的要素。《中阿含经》卷第三中说:"云何六界法? 我所自知自觉为汝说,谓地界、水、火、风、空、识界,是谓六界法。我所自知自觉为汝说也。以六界合故,便生母胎。因六界便有六处,因六处便有更乐,因更乐便有觉。"这就是说,这六种要素积聚在一起,可以合成人的身体,产生人的器官,使人有生命的表现。

　　极微的概念在印度许多派别中都有,佛教也使用这一概念。佛教中的不同分支对极微的解释不完全一样。但通常将其看作是构成有形体的事物的最小单位。《大毗婆沙论》卷第一百三十六中说:"应知极微是最细色,不可断截破坏贯穿,不可取舍乘履抟掣,非长非短,非方非圆,非正不正,非高非下,无有细分,不可分析,不可睹见,不可听闻,不可嗅尝,不可摩触,故说极微,是最细色。此七极微成一微尘,……七微尘成一铜尘。有说此七成一水尘,七铜尘成一水尘。"从这些论述中可以看出,极微虽一般人不能感知,但却能积聚构成事物。至于形成的事物在实质上是否实在,则是佛教大小乘中讨论的主要问题。

　　在大乘佛教中,一些关于事物形成的理论可以归结为幻变说。这种幻变说与缘起或积聚说有着密切的联系。在大乘佛教看来,事物是缘起的,因而没有真正的实在之体。如果一个事物的存在要依赖于其他的条件或是由各种要素积聚而成,那么有关条件或要素缺失时,这事物的形态也就不能再保持下去,因此事物是没有实体或自体的。但无明之人看不到这点,有种种错误的思想观念,并在此基础上对事物进行分别,设想事物的种种实在形态。这样,在佛教中,人们的观念或意识就越来越受重视。当瑜伽行派出现时,识就成为此派的核心观念,并以此来解释事物的形成问题。

瑜伽行派即持一种幻变说。此派主张一切唯识,认为世上的各种现象都是人们的精神总体或作用识所变现出来的。瑜伽行派的主要思想家世亲在《唯识三十论颂》中说:"是诸识转变,分别所分别,由此彼皆无,故一切唯识。"瑜伽行派认为,识有不少功能或作用,因而可以进行区分。此派一般将识分为八种,即:眼识、耳识、鼻识、舌识、身识、意识、末那识、阿赖耶识。这八识又被分为三类,《唯识三十论颂》中说:"由假说我法,有种种相转。彼依识所变,此能变唯三,谓异熟、思量及了别境识。"

此处所谓"异熟"指"异熟识"或"阿赖耶识",它亦称"种子识",因为它蕴藏着生出世间现象的"种子",由这些种子生出的世间现象又可以"熏习"阿赖耶识。这些"种子"还有自类相续的能力,可以"种子生种子"。《成唯识论》卷第二中在谈到阿赖耶识时说:"此识具有能藏、所藏、执藏义故,……能引诸界趣生善不善业异熟果故,说名异熟。……此能执持诸法种子令不失故,名一切种。离此余法能遍执持诸法种子不可得故,此即显示初能变识所有因相。""阿赖耶识因缘力故,自体生时内变为种及有根身,外变为器。即以所变为自所缘,行相仗之而得起故。"

所谓"思量"指"末那识"。《唯识三十论颂》中说:"次第二能变,是识名末那,依彼转缘彼,思量为性相。"文中所谓"彼"指"阿赖耶识"。"依彼转"意为"末那识"要依靠"阿赖耶识"产生和运作;"缘彼"意为

"末那识"要以"阿赖耶识"为认识(作用)对象。该识的性相是进行"思量"。那么,"末那识"思量些什么呢? 它主要把"阿赖耶识"思量为"我",并伴随着四种关于"我"的"烦恼"。《唯识三十论颂》中说:"四烦恼常俱,谓我痴、我见,并我慢、我爱。"

所谓"了别境识"指前六识,六识可以分别把握属于自己认识范围内的东西。《唯识三十论颂》中说:"次第三能变,差别有六种,了境为性相。"这里说的"了境为性相"意即六识的作用为"了境"。了什么境呢?眼以色为境,耳以声为境,鼻以香为境,舌以味为境,身以触为境,意以法为境。

在八识中,阿赖耶识是最根本的。当阿赖耶识发生作用时,末那识与前六识亦开始活动,三类识共同参与转变过程,展示出世间万象。八识中的阿赖耶识既是万象的根源,亦是其他识的根源,而且还是业报轮回或生命相续过程中的主体。当然,在瑜伽行派中,识本身最终也不能看作是实有的。

瑜伽行派对一切事物或一切现象进行了分类,根据世亲的《大乘百法明门论》,有所谓"五位百法"。"五位"是心法、心所有法、色法、心不相应行法、无为法。"百法"是分属"五位"的一百种"法"。心法就是识主体,有八种;心所有法指心所具有的种种精神现象,有五十一种;色法指物质现象,有十一种;心不相应行法指非色非心的一些有生灭变化的现象,有二十四种;无为法指没有因缘关系,没有生住异灭的状态,有六种。

这些法在形式上看似乎是并列的,但核心为心法。各种现象实际是心法的幻变。《成唯识论》卷第一中说:"诸识生时,变似我法,此我法相虽在内识而由分别似外境现。诸有情类无始时来,缘此执为实我实法,如患者患梦力故心似种种外境相现,缘此执为实有外境,愚夫所计实我实法都无所有,但随妄情而施设,故说之为假。"《成唯识论》卷第七中说:"转变者,谓诸内识转似我法外境相现,此能转变即名分别,虚妄分别为自性故,谓即三界心及心所。此所执境名所分别,即所妄执实我法性,由此分别变似外境假我法相,彼所分别实我法性决定皆无。"因此,瑜伽行派在这里说的这种转变属于幻变。

四　比较分析

佛教与婆罗门教在事物形成的观念上有相似之处,也有差别点。差别点显得更为突出一些。以下对二者在这方面的观念作一简要的比较分析,主要谈三点:

1. 两教在积聚说方面的同与异。

如上所述,佛教和婆罗门教关于事物形成的观念中都有积聚说的内容。两教积聚说中的相同处主要有二:一是两教中的积聚说在论述时都将一些相对平行的要素作为世间事物形成的主要成分,一般不在这些要素中设定一个根本因或唯一实在的因;二是两教中的积聚说通常都不是各自体系中占主导地位的理论,因为在佛教中影响大的是缘起说及幻变说,而在婆罗门教哲学中影响大的则是幻变说与转变说。两教积聚说的不同方面主要表现在二者对各自体系中的积聚的主要成分说法不尽相同。佛教中涉及积聚说的有五蕴、六界、极微等概念,而婆罗门教哲学中涉及积聚说的主要是句义论下的一些成分,包括实、德、业等句义,尽管在实句义中包含极微的内容,但胜论派等一般把极微看作实在的成分,而佛教的各分支并不都是将极微看作真实存在的。

2. 两教在幻变说方面的同与异。

佛教和婆罗门教中都有幻变说。二者的共同点在于都认为由无知或无明所转变出来的各种事物没有实在性,如梦如幻。但两教的幻变说也还是有区别的。婆罗门教中主流派的幻变说一般认为事物在本质上是梵这样的真实实体,独立于梵之外的事物是不存在的,人由于无知的幻力而看到产生种种事物。佛教的幻变说一般认为事物是由错误的观念或识变现出来的,人由于认识不到事物是缘起的,因而追求永恒不变的东西,由于无明而看到种种事物,并认为这些事物是实有的。两教幻变说中强调的内容是不同的,婆罗门教讲幻变是认为无知之人不能认识一个有自性的根本因,因而形成幻变;而佛教中讲幻变是认为无明之人不能认识各种事物无自性,因而形成幻变。

3. 两教这方面观念出现差别的主要原因。

佛教与婆罗门教的事物形成观念有种种差别。但两教中的主流思想派别在这方面的最主要差别表现在一点上,即:婆罗门教中的主流派认为事物在本质上是一个根本因,种种事物不过是人们不能认识到这根本因而造成的错觉或幻觉;佛教中的主流派则认为事物在本质上是由多种因缘和合而形成的,种种事物的形态是不断变化的,没有一个根本的不变因。两教中产生这种观念差别有其重要的历史根源。婆罗门教在印度代表了四种姓中的婆罗门祭司阶层的利益,此教在政治上提出"婆罗门至上"的纲领,因而在哲学上就强调有一个不变的实体,只有它是最高的和不变的,而其他事物都以这一实体为根本。这种理论在实质上是要维护印度古代的种姓制中的特权。而佛教在产生时主要代表了属刹帝利和吠舍种姓的一部分人的观念。佛教在创立时就对严格的种姓制有不满的情绪,要求四姓平等,后来又提出了众生平等的主张。因而,佛教在理论上就反对各种事物以一个不变的最高实体为根本因的观念,认为事物由众多的因组成,事物是缘起的。这自然是针对婆罗门教的政治主张,是要否定婆罗门种姓的最高地位,要否定这种地位永远不变的理论。

(原载于《云南大学学报》,2012 年第 6 期)

佛教的"二谛"与婆罗门教的"二知"

✿

佛教与婆罗门教中有许多思想具有可比性。它们往往内容相近或接近,相互之间有影响,或存在着某种渊源关系。佛教中的"二谛"与婆罗门教中的"二知"就属于这类思想。这两种思想在各自理论体系中都具有重要的地位,在两教的发展中有较大影响。探讨它们的形成和发展线索及其在思想史上所具有的理论内涵,比较它们的同异,对于认识东方两大宗教的主要特征有着积极意义。

一 奥义书中的相关思想

奥义书是印度远古的宗教圣典,其中包含着大量的哲学思想,对印度后世的宗教哲学派别有着重要影响。印度佛教和婆罗门教理论体系中的"二谛"或"二知"思想的形成从渊源上来看与奥义书中的一些论述相关。

奥义书中明显论及这方面思想的是《剃发者奥义书》(Muṇḍaka Up.)和《广林奥义书》(Bṛhadāraṇyaka Up.)。

《剃发者奥义书》直接论述了两种知识,该奥义书1,1,4—6中说:"要知道有两种知识,梵的知者宣称:有高的知识和低的知识。在这之中,低的知识是梨俱吠陀、耶柔吠陀、娑摩吠陀、阿达婆吠陀。……而高的知识则是,借助于它不朽者能被把握。……那不朽者是无视、无听、无手、无脚、永恒、遍在、极细微的,智者将其视为存在物的根源。"①

这里提到的两种知识是婆罗门教中的重要内容。四吠陀是在婆罗门教或后来的印度教中被视为天启圣典的文献。这些文献叙述了人们日常生活中的大量内容,有许多被一般民众认为实在的事物和认可的道理,但这些关于事物实在的观念及道理在专门研究梵的婆罗门教哲人看来并不是最高层次的真理,他们认为只有关于梵的知识才是最高层次的真理,因为梵是一切事物的根源,而四吠陀中论及的许多具体事物都是以梵为根本的,有关的道理或观念与关于梵的知识相比都是低层次的。

《广林奥义书》则将梵分为两种。该奥义书 2,3,1—3 中说:"有两种梵,有形的和无形的;有生灭的和无生灭的;不动的与动的;此实在的与彼实在的。这有形的梵异于风和空,是有生灭的,不动的,此实在的。……这无形的梵是风和空,是无生灭的,是动的,彼实在的。"②

这里所谓有形的梵也可以称为有相的梵,也就是表现为人们一般可以看到的呈现出具体形态之事物的梵,这具体形态之事物通常由地、水、火一类元素构成的,它们有生灭,不动,在一定范围内是实在的。无形的梵也可以称为无相的梵,它不是由元素中的地、水、火构成的,而是风和空那样的东西,是无生灭和动的,在另一个范围之内是实在的。

奥义书中的这类表述有一个特点,即提出不同层次的真理,或对某种重要的哲学概念进行不同程度的肯定。也可以说,在这些哲人看来,高的知识和低的知识虽有高下,但毕竟都是知识,只是所指的对象或适用的内容不同。有形的梵和无形的梵虽然构成成分不同,但分别在不同的范围内有其实在的特性。

这种看待知识或真理的思路或思维方式后来在印度产生了重要的

---

① S. Radhakrishnan. *The Principal Upaniṣads*. London: George Allen & Unwin Ltd, 1953. pp. 672- 673.

② Ibid. , pp. 192- 193.

影响,印度佛教和后世的婆罗门教主要哲学派别是在不同程度上吸收了这方面的内容,具体来说,就体现在佛教的"二谛"思想和婆罗门教哲学派别中吠檀多派的"二知"思想上。

二 佛教中的"二谛"思想

所谓"二谛"在佛教中通常指"真谛"和"俗谛"。"真谛"一词译自梵语"paramārthasatya",亦译"第一义谛"或"胜义谛",常简称为"第一义"或"胜义"。"俗谛"一词译自梵语"saṃvṛtisatya",亦译"世俗谛"或"世谛",常简称为"世俗"。

佛教在创立之初并没有提出"二谛"思想,但在后来的发展中,这一思想逐渐形成,到了部派佛教之后,特别是在大乘佛教时期,"二谛"成为佛教理论中的基础内容之一,对佛教的发展影响很大。

在较多记述早期佛教思想的阿含类经典中,有文献提到"二谛"一词。如《增壹阿含经》卷第三中说:"若有一人出现于世,便有一人入道在于世间,亦有二谛、三解脱门。"这里只是说到了"二谛",但文中并没有具体解释二谛的含义。而《增壹阿含经》又是阿含类经典中晚出的,掺入大乘思想较多,因此,此经中出现"二谛"一词并不能证明早期佛教时期就有明确的二谛思想。阿含类经典中有提到作为二谛之一的"真谛"一词,如《中阿含经》卷第三十八中说:"梵志施设第一真谛法,有大果报,有大功德,作福得善。"还有其他一些阿含类经典中也有单独提到"真谛"一词的,但都没有和"俗谛"一词相提并举,因而这类记述也不能作为释迦牟尼时期佛教已有明确的二谛思想的证据。

部派佛教时期明确提出了二谛的思想。说一切有部的著作《大毗婆沙论》中就记述了当时佛教关于二谛的一些基本看法。如该论卷第七十七中说:"尊者世友作如是说:能显名是世俗,所显法是胜义。复作是说:随顺世间所说名是世俗,随顺贤圣所说名是胜义。大德说曰:宣说有情瓶衣等事不虚妄心所起言说是世俗谛,宣说缘性缘起等理不虚妄心所起言说是胜义谛。"

这里具体解释了二谛,世友提出了所谓俗谛指能显示事物的名言,而胜义谛指所显示事物的道理。并且认为,按照世间所说的名言是俗谛,按照佛教贤圣所说的名言是真谛。再有,按照大德所说,认为有情、瓶、衣等不虚妄的言说是俗谛,认为因缘性或缘起的道理等不虚妄的言说是真谛。此外,该论中还列举了不少当时关于二谛的其他一些看法。

大乘佛教中论述二谛的文献很多。般若类经中就谈到二谛,如《摩诃般若波罗蜜经》卷第二十五中说:"第一义相者,无作、无为、无生、无相、无说,是名第一义,亦名性空,亦名诸佛道。……第一义中无有色乃至无阿耨多罗三藐三菩提,亦无行阿耨多罗三藐三菩提者,是一切法皆以世谛故说,非第一义。……菩萨摩诃萨住二谛中,为众生说法:世谛、第一义谛。舍利弗,二谛中众生虽不可得,菩萨摩诃萨行般若波罗蜜,以方便力故,为众生说法。"

在这里,真谛表明了事物没有任何造作、产生、形态,从本质上讲是不能用一般的言语等从正面直接陈述的,真谛也就是性空。在真谛中,没有物质事物,没有无上正等正觉,也没有修行无上正等正觉者。一切法是以俗谛才说的,不是以真谛来表述的。菩萨依据真谛和俗谛这二谛来为众生说法。在二谛中众生虽然最终不可得,但菩萨修行般若波罗蜜,以方便之力,可为众生说法。

大乘佛教中的两大派别中都很重视二谛的观念。

中观派有关二谛的较典型论述是在《中论》中。龙树在该论卷第四中说:"诸佛依二谛,为众生说法,一以世俗谛,二第一义谛,若人不能知,分别于二谛,则于深佛法,不知真实义。"青目的释为:"世俗谛者,一切法性空,而世间颠倒,故生虚妄法,于世间是实。诸贤圣真知颠倒性,故知一切法皆空无生,于圣人是第一义谛,名为实。诸佛依是二谛,而为众生说法。若人不能如实分别二谛,则于甚深佛法,不知实义。若谓一切法不生是第一义谛,不须第二俗谛者,是亦不然。"接下去,龙树在《中论》卷第四中又说:"若不依俗谛,不得第一义。不得第一义,则不得涅槃。"青目的释为:"第一义皆因言说,言说是世俗,是故若不依世俗,第一义则不可说。若不得第一义,云何得至涅槃,是故诸法虽无生,而有二谛。"

这里强调了二谛的重要性。按照此派的观点,如果不依靠二谛,就不能真正地理解深奥的佛教理论。真谛的含义为事物都是性空的,但世俗之人不能理解事物的空无生,认为事物实有。因而诸佛还要依靠俗谛,俗谛就是用来表述事物性空的言语。佛用二谛来为众生说法。虽然事物性空是真谛,但如果不依赖言语这样的俗谛,真谛也不能为众生所认识。如果不认识真谛也就不能达到涅槃。

瑜伽行派亦有二谛理论。此派的主要文献《瑜伽师地论》卷第六十三中说:"云何世俗道理建立?谓依世俗道理建立诸心差别转义。……云何名为胜义道理建立差别?谓略有二识:一者阿赖耶识,二者转识。阿赖耶识是所依。转识是能依,此复七种,所谓眼识乃至意识。譬如水浪依止暴流,或如影像依止明镜,如是名依胜义道理建立所依能依差别。"

这意思是说,俗谛是指根据世俗的道理建立的各种观念变化的理论,而真谛是指根据瑜伽行派的以阿赖耶识为根本的八识理论建立的有关思想。

《显扬圣教论》卷第二中则说:"世俗谛者,谓名句文身及彼义一切言说,及依言说所解了义,又曾得世间心及心法,及彼所行境义。胜义谛者,谓圣智及彼所行境义,及彼相应心心法等。"

这意思是说,俗谛是表现为文字、概念和句子的言说以及依于这种言说的认识,即世间的思想意识和有关事物之道理,真谛是佛教贤圣的智慧及相关的事物之道理,也就是相应的思想意识等。

根据这类引文可知,瑜伽行派的"真谛"主要指此派的唯识理论,即指其有关心识及其转变的理论。而俗谛则主要指世俗观念中的名言概念及相关的思想。瑜伽行派的二谛理论与其整个学说体系的倾向直接相关。此派的理论实际是一种唯识空观,它的真谛中是包含性空观念的,但其展示形态是唯识理论,俗谛则被视为是世俗之人一般的言语及相关道理。

在大乘佛教出现后,小乘佛教仍然继续发展,但理论上有不少变化。小乘佛教在大乘流行时期产生的两部著作较为著名,即《俱舍论》和《成实论》。这两部文献中也有"二谛"的思想。

《俱舍论》是大乘佛教产生后小乘说一切有部的著作,它站在有部的立场上对小乘佛教的学说作了极为细致的总结。关于"二谛",该论卷第二十二中说:"彼物未破析时,以世想名施设为彼,施设有故名为世俗。依世俗理说有瓶等,是实非虚,名世俗谛。若物异此名胜义谛,谓彼物觉,彼破不无,及慧析余,彼觉仍有,应知彼物名胜义谛。如色等物碎至极微,或以胜慧析除味等,彼觉恒有,受等亦然。此真实有故名胜义。依胜义理说有色等,是实非虚,名胜义谛。"在这里,作者实际上是把那种看不到由部分聚合的东西最终会毁灭,以为聚合体是实有(实在)的观念称为俗谛;把那种看到聚合体会分解,但认为分解后剩下的(不可分的)部分是实有(实在)的观念称为真谛。

《成实论》是一部小乘论著,但在一些方面又受大乘佛教的影响,其学说与一般的小乘佛教有差别,在二谛理论方面亦是如此。《成实论》卷第十一中说:"佛说二谛:真谛、俗谛。真谛谓色等法及泥洹,俗谛谓但假名,无有自体,如色等因缘成瓶,五阴因缘成人。"从这段文字来看,真谛指认为作为因的构成事物的色等以及涅槃实在的观念,而俗谛指由因构成作为聚合体的事物,如由色等构成的瓶,由五阴构成的人等实在的观念。这似乎与《俱舍论》的说法类似。但《成实论》此处的"真谛"的地位既不同于《俱舍论》中"真谛"的地位,亦不同于般若中观中说的"真谛"的地位。

《成实论》中除了上述"真谛"外,还有一"第一义"(与上述"真谛"并不等同),而这"第一义"才相当于其他佛教派别中"真谛"或"胜义谛"的概念。如《成实论》卷第十二中说:"五阴实无,以世谛故有。所以者何?佛说诸行尽皆如幻如化。……第一义者,所谓色空无所有,乃至识空无所有。"《成实论》卷第十二中还说:"五阴非第一义有。"在这里,五阴是实无的,只有从世谛的角度才能说有,因为一切事物都是如幻如化的,说五阴空无所有是第一义,也就是一般意义上说的"真谛"。

但《成实论》中的"真谛"(第一义谛)相对于中观派来说,也还是有所不同。这是从其整个理论倾向来看而说的。中观派中的"真谛"或"第一义谛"的实际含义是指对"诸法实相"(或"性空假有")的认识,其中包含着中道精神。而《成实论》中的"真谛"或"第一义谛"则将含义仅限于"空"或"空无",有一种"偏空"的倾向,缺乏中道精神作指导。

从总体上说,佛教"二谛"理论的形成主要是该教发展的需要造就的。但这一理论从来源上说是借鉴了奥义书中的相关思想。《剃发者奥义书》中提出有高的知识和低的知识,将知识分了层次。佛教则将真理分为真谛和俗谛,也将认识分了层次。奥义书中将关于四吠陀的知识和关于梵的知识分了高低层次,但对这两种知识在整体上都是肯定的。而佛教中将世俗之人的观念和佛教贤圣的观念视为不同层次上的真理,对两种真理的作用也都作了肯定,这与奥义书是类似的。佛教中二谛思想后来有很复杂的内容,在佛教理论体系中占有重要地位,这是奥义书中相关思想和后来的婆罗门教哲学难以比拟的。

三 吠檀多派的"二知"思想

吠檀多派是婆罗门教哲学中的主流派,它的思想直接来源于奥义书。此派中又有不少分支,其中影响最大的是不二论吠檀多。而所谓的"二知"思想也主要是不二论吠檀多派中的理论。

奥义书中讨论较多的哲学问题是"梵"与"我"的关系问题。这种讨论在吠檀多派中也是议论的主题。所谓"梵"是一切事物的本体,而所谓"我"(小我)是生命现象中的主体,每个生命体中有其自身的我,无数的我及其相关事物构成了现象界。在吠檀多派兴起时,这一派的哲学家在继承奥义书的"梵我同一"理论时,面临着这样的问题,即:梵与我的关系究竟怎么摆,它们是绝对相同,毫无差别,还是基本相同,略有差别,或相同是真实的,差别是虚幻的,等等。因此,对梵与我(现象界)的关系问题的不同回答,就形成了吠檀多派的众多分支。各分支中影响最大的就是不二论。而不二论分支中最著名的哲学家是商羯罗。商羯罗在论述其不二论时也论述了"二知"的思想。

商羯罗的"二知"思想与其关于两种梵及两种解脱的理论紧密相关。

商羯罗认为只有梵是真正实在的,但面对呈现在面前的世间万象,他要进行实质性的否定仍要作一番详细论证。他认为,梵在本质上唯一不二,但由于人们对梵的理解不同而表现出有两种梵,一种是下梵(有德之梵),它是有限制的,有属性的,表现为神创造的具有不同名称和形态的世界(现象界);另一种是上梵(无德之梵),它是摆脱一切条件因素的,无差别的,无属性的。① 在商羯罗看来,下梵和上梵的区分只是人主

---

① S. Radhakrishnan and C. A. Moore. *A Source Book in Indian Philosophy*. Princeton: Princeton University Press,1957. pp. 513- 514.

观认识的产物,在实际上,梵只有一个。①

与商羯罗在本体论上提出的"下梵"和"上梵"的概念相对应,他在认识论方面提出了"下知"和"上知"的概念。商羯罗认为,把本来是唯一不二的无属性的梵看作是下梵就是无明,即"下知",而把梵看作仅是无属性、无差别的上梵则是真知,即"上知"。② 也就是说,只有透过种种假象,看到一切事物背后只有梵(上梵)真实,才能获得至高至真的认识。③

商羯罗的"下知"在很大程度上是从无明或"摩耶"(Māyā,幻)的角度说的。商羯罗在论述其学说时也提到印度哲学各派都涉及的"量"的问题。商羯罗一般认为有三种量:现量、比量、圣教量。但这些量在商羯罗那里主要是用来认识世间一般事物的,而非主要用来认识最高本体梵(上梵)的(圣教量若是指奥义书中关于梵的知识,自然可以用来认识梵)。因此,由这些量所获得的认识可归入下知的范围。根据商羯罗的不二论的基本观念,唯一实在的是梵(上梵),而其他的东西都是不实的。人们之所以把本来不实的东西看作是实在的,之所以产生下知,是由于人的无明。这种无明在商羯罗那里就是所谓"摩耶"。摩耶能使人们把本来不实在的东西看成是实在的,因而被看成是一种力量(幻力)。商羯罗在描述事物不实在时多次使用了无明或幻的观念。他在《梵经注》1,4,22 中说:"小我与最高我的差别是由限制性因素,如身体等造成的。它们(身体等)由无明幻变出来的名色构成。差别是不真实的。"④

与"下知"和"上知"的概念相应,商羯罗把解脱亦区分为两种。一种是"渐解脱",另一种是"真解脱"。⑤ 渐解脱由下知获得,是在对下梵

---

① 金仓圆照:《印度哲学史》,京都:平乐寺书店,1963 年版,第 166—167 页。
② S. Radhakrishnan and C. A. Moore. *A Source Book in Indian Philosophy.* p. 513.
③ 金仓圆照:《印度哲学史》,第 166 页。
④ S. Radhakrishnan and C. A. Moore. *A Source Book in Indian Philosophy.* p. 520.
⑤ Ibid. , p. 513.

的信仰中产生的,这种解脱还讲人死后小我(灵魂)至梵界享乐,它还不是彻底的解脱。真解脱是由上知获得的解脱,它也称"无身解脱"①,真解脱来自对上梵的信仰②,这种解脱的实现虽然也要求遵从婆罗门教(印度教)的种种规定,履行种姓义务等,但主要的则是依靠修行者坚持"梵我同一"的观点,坚持不二论的思想。在商羯罗看来,人的本性是纯净的,真解脱仅在于消除无明,认识真我。

从商羯罗的"二知"理论中可以看出,这一理论吸收了奥义书中的两种知识的思想。《剃发者奥义书》讲到高的知识和低的知识,将知识划分了层次,虽然没有明确说到是两种梵的知识,但其中提到的不朽者,应当说大致相当于商羯罗说的上梵。《广林奥义书》中说的有形的梵和无形的梵对商羯罗的两种梵的理论有明显的影响,商羯罗实际上是把这两类成分,即奥义书中的两种知识的思想和两种梵的思想融合在一起,构筑了其"二知"等的思想。

商羯罗生活在788—820年,从时间上看完全可能受到佛教思想的影响。事实上,商羯罗在阐述其不二论时亦自觉或不自觉地吸收了佛教的一些思想,他的"上知"和"下知"与佛教的"真谛"和"俗谛"有不少类似处,二者都是将对事物的认识区分为两个层次,认为这两种知识分别起不同的作用。很可能的是,商羯罗一方面吸收了奥义书中的一些成分,另一方面又吸收了佛教"二谛"的一些成分,构筑了其"二知"的思想。

四 综合评述

综上所述,我们看到,佛教的"二谛"与婆罗门教的"二知"都在不同

---

① 金仓圆照:《印度哲学史》,第166—168页。
② 木村泰贤:《印度六派哲学》,东京:丙午出版社,1919年版,第578—602页。

程度上吸收和发展了印度远古宗教圣典奥义书的思想,二者都对人的知识或真理性认识分了层次。这两种思想有一些共同处,也有一些差别点。

共同处主要表现在:

第一,二者都认为世俗的认识与宗教目标所要达到的最高境界是不同的。佛教的二谛理论一般认为,佛最终要表明的是真谛所展示的事物本质,如性空等,这和世俗之人关于世间现象的一般认识是不同的。婆罗门教哲学中的二知理论认为,上知表现的是关于事物本质的认识,是至上至真的境界,而下知则是世间一般人的认识或使用的言语,反映了世间一般人的认识方式所获得的知识,是这些人由于不能认识事物本质而产生的观念。

第二,二者都认为世俗认识对于达到最高境界有着不可否定的作用。佛教中明确认为,如果不依靠俗谛,真谛的道理就表现不出来,而不了解真谛,就不能实现此派追求的最高目标涅槃。婆罗门教中的下知虽然不是最高层次的认识,但下知实际包含了人们日常生活中一般使用的认识方式(如推理等),这些认识方式对于展示上知所要表明的最高实体梵至少也是有辅助作用的。吠檀多派要求人们学习奥义书及《梵经》等圣典,而这些圣典中关于梵的最高真理是要通过言语文字等才可以使人们了解的。

差别点主要表现在:

第一,二者关于二谛中的真谛及二知中的上知的看法不同。佛教的主流观点所理解的真谛,是认为不存在一个最高的实体,认为事物都是缘起的,是性空的,其中没有什么不变的根本因。而婆罗门教吠檀多派主流思想中的上知则主要是关于上梵的认识,认为存在一个最高实体,这一实体就是梵(上梵),任何差别的事物都没有独立于梵的存在,事物是"不二"的,多或差别的观念是虚妄的。

第二,佛教的二谛除了早期佛教之外,在较多的主要分支(部派佛教、早期大乘经、大乘两大派等)中几乎都有论述,在佛教的体系中后来应用得较普遍。而婆罗门教哲学派别中的二知则主要是在吠檀多派的不二论中论述。相对而言,在婆罗门教哲学中二知观念的使用范围不如佛教中二谛观念的使用范围大。

总起来说,佛教的二谛与婆罗门教的二知在印度思想史上都发挥了重要的作用,这种作用较显著的有以下三点:

首先,该理论起着一种缓和宗教学说与世俗社会观念冲突的作用。或者说,该理论可以在一定程度上化解宗教徒既要坚持其理论的出世性,又不得不参与世俗生活(对其有所肯定)这二者间的矛盾。一般的宗教派别都或多或少地有出世的倾向,这是很自然的,因为宗教总是要有所超凡脱俗,但又不可能完全或真正脱离世间生活。这就需要用二谛或二知这样的理论来加以协调,对无论是出世的行为还是入世的行为都加以不同程度的肯定。这对于促进宗教派别适应社会发展,最终造福民众有积极意义。

其次,这方面的理论起着一种调和宗教派别中不同观念之间矛盾的作用。无论是佛教的理论体系,还是婆罗门教的理论体系都是历史发展的产物。这些理论通常不是一人所作,亦不是短时间内形成的。因此,这就决定了有关宗教理论体系各部分间、不同思想家所提出的观点间(甚至同一思想家不同时期的观点间)、不同历史时期形成的理论间会有不一致或矛盾之处。有关宗教理论体系中引起不一致或矛盾的诸成分对整个体系往往都是必要的,或都有重要的历史背景。因而,对后来的宗教徒来说,对不一致或矛盾的部分进行取舍是十分困难的。而二谛或二知的理论则恰好解决了后来宗教徒的这一难题。他们可以把其宗教体系中那些不一致或有矛盾的部分划分成不同层次的理论,言明其都有其功用,只是使用场合、适用对象不同。这对于有关宗教的和谐发展极为有益,对于在同一宗教体系中容纳多种思想提供了便利。

最后,这方面的理论对于破除有关宗教内部的盲目崇拜,增强其文化底蕴,促进社会健康发展,起了重要的作用。如佛教中的不少思想家认为,不仅世俗认为真实的东西不能执著,不能当真,甚至认为连"佛说"也仅仅是言教,不能执著。后来一些佛教思想家甚至认为二谛中的真谛也不过是言教(或仅是工具),不具有最终真理的意义,不能执著。婆罗门教哲学中的吠檀多派也通常强调言语观念等有其局限性,认为应采用否定形态的思维方式来体悟真理,通过对有关梵的属性的表述不断否定来体悟梵究竟是什么。这在客观上促进了人们大胆思考,不盲目因循守旧,推动了印度宗教文化的积极发展。

(原载于《西南民族大学学报》,2011 年第 9 期)

佛教与弥曼差派中的神观念比较

✿

印度是个自古至今都广泛信仰神的国度,但也并不是印度思想史上的各个派别都有对神的崇拜。各派对神的问题很关注,然而对于神的观念却有很大差别。印度历史上的佛教和弥曼差派中都存在对神的否定思想。两派对于神的看法有相似之处,也有着明显的不同。本文拟对二者的神观念进行初步的梳理,并就它们在这方面的思想进行简要比较。

一　佛教中的神观念

佛教是世界主要的宗教派别,然而神在佛教体系中却没有多少地位。不少佛教文献中都提到神,但通常都不把神作为创世神。而且随着佛教的发展,神在佛教体系中的实在性也越来越难以确立。

佛教在创立之初,提出的基本观念是无常、无我及缘起。这就在理论上趋向于排斥唯一实在的至上之神的观念。"无常"说认为在世间事物中没有恒常不变的东西。《杂阿含经》卷第十中说:"一切行无常。"而印度宗教中的最高神通常被认为是常恒不变的。佛教既然把"无常"观念作为其教义的基础,在逻辑上就不能再主张有一个永恒不变的最高神。"无我"说认为在人生现象中不存在一个永恒不灭的主体"我"(灵魂),在自然现象中也不存在一个根本因(大我或梵一类的实体)。《杂阿含经》卷第十中说:"一切法无我。"如果主张有最高神,认为这神能主宰一切,创造一切,那么就将和佛教的"无我"观念发生矛盾。"缘起"说认为事物是处在相互依存的关系中,其中没有什么事物是仅仅作因,不受其他东西制约的。事物的存在都要依赖于某种条件。《杂阿含经》卷第十二中说:"此有故彼有,此起故彼起。"《中阿含经》卷第二十一中说:"若有此则有彼,若无此则无彼,若生此则生彼,若灭此则灭彼。"如果主张有最高神,这神就是独立存在的,不受任何条件制约,那么这种神的观念显然也不符合"缘起"的思想。因此,可以这样说,佛教自产生时起,其基本教义中就排斥有最高神的观念。

尽管如此,佛教也不是完全不提神,佛教中也给神留了一些位置。只是这种位置比较低下。

在早期或小乘部派佛教中,佛教都提到了神。佛教中最一般论及的神是轮回"五道"(五趣)中包含的"天道"。《大毗婆沙论》卷第一百七十二中说:"五趣谓奈落迦、傍生、鬼、人、天趣。……云何天趣?答:天一类伴侣,乃至广说。问:何故彼趣名天?答:于诸趣中彼趣最胜、最乐、最善、最妙、最高,故名天趣。"这里所谓"天",译自梵语"deva",这一词也可译为"神",只不过此类神在佛教中不是创世神,而是生活在天上的一种生命形态,他们的寿命不是永恒的,而且也要受因果报应规律的支配,力量和地位十分有限。

一些佛教文献中提到的神较为著名,如《妙法莲华经》卷第二中说:"天、龙、夜叉、乾闼婆、阿修罗、迦楼罗、紧那罗、摩睺罗伽等大众,见舍利弗于佛前受阿耨多罗三藐三菩提记,心大欢喜,踊跃无量,各各脱身所著上衣,以供养佛。"这些神是八种守护佛法的神,常被称为"天龙八部"或"八部众"(关于"八部"所指,佛典中还有其他说法)。这些神虽然在佛典里有一定知名度,但也都不是创世神,能力也都有限。

此外,在佛教中提到的各种天神多数都不挑战佛的至上地位,他们通常都赞叹佛的无上功德和力量,所能做的主要是聆听佛或菩萨说法。人们在佛典中经常可以看到,在释迦牟尼与其大弟子的许多集会中,有种种天神相伴。佛教并不否定这些天神的存在,但这些神的力量实在是不大,不要说与释迦牟尼相比,就是与其他诸佛、大弟子及一些有名的菩萨相比,他们的威力也差很多。他们一般没有创造世间事物的能力,和凡人相比,差别似乎主要是他们生活在天上,比凡人行走方便些,形象威武些。这些神经常被描述成尾随着诸佛、菩萨等。在遇到问题或麻烦时,往往提不出多少主见,一般是作为佛或菩萨的主张的响应者或赞叹者。

佛教文献中还提到不少在"外道"中很重要的神,如印度教中的湿婆神、毗湿奴神和梵天神。

湿婆神在印度是影响较大的神,佛教文献中较多地称其为"大自在天"或"摩醯首罗"。这一神在印度教中被认为能产生一切事物。佛教则常反对这种观念。如《俱舍论》卷第七中说:"若信受一切世间唯自在天一因所起,则为诽拨现见世间所余因缘人功等事。若言自在待余因缘助发功能方成因者,但是朋敬自在天言,离所余因缘不见别用故。或彼自在要余因缘助方能生,应非自在。"显然,佛教在这里明确否定一切事物由自在天产生。

毗湿奴神在印度也有重要的影响。这一神在印度教中一般被认为属于护持神,然而亦有创造事物的能力。佛教文献中也否定他可产生事物。如《中论》卷第一中青目的释说:"有人言万物从大自在天生,有言从韦纽天生。"这里提到的"韦纽天"就是指毗湿奴神。《中论》大力强调"不生"的观念,对于"从韦纽天生"的说法当然是不能接受的。

梵天在印度是影响相对小一些的神。此神在印度教中被认为具有创造世间事物的能力。但佛教也对此加以否定,如《长阿含经》卷第六中说:"佛告婆悉吒:汝观诸人,愚冥无识,犹如禽兽,虚假自称:婆罗门种最为第一,余者卑劣。我种清白,余者黑冥。我婆罗门种出自梵天,从梵口生,现得清净,后亦清净。婆悉吒,今我无上正真道中不须种姓,不恃吾我憍慢之心。俗法须此,我法不尔。若有沙门、婆罗门自恃种姓,怀憍慢心,于我法中终不得成无上证也。若能舍离种姓,除憍慢心,则于我法中得成道证,堪受正法。"这里对婆罗门种来自梵天等观念是不认可的。

显然,在佛教中,提到不少神的名称,但无论是佛教自己提出的神,还是来自于其他宗教派别的神,都不被认为具有创造世间事物的能力,都没有最高神的地位。

另外,佛教发展到大乘之后,在义理上突出地讲"性空",甚至佛教中经常使用的重要概念等的实在性也被认为不能执著。这样,神在佛教中的实际地位就进一步下降了。

佛教在产生时就提出了缘起等观念,否定有一个不变的作为最高主宰者的实体,趋向于不承认有实在的神。但早期佛教对于事物实在性的否定并不很彻底。它讲缘起侧重表明由缘构成的事物不实在,并没有明确讲缘本身也由缘构成因而不实。因此,仅按照早期佛教的缘起等观念判断佛教是无神论,有一定根据,但支持的材料还不够坚实。

大乘佛教中较早出现的是般若类大乘经。这类经侧重论证事物的"性空",强调"空"是事物不能分离的本性。般若类经在谈到事物的"空"时,还喜欢将其比作幻梦等,如《小品般若波罗蜜经》卷第十中说:"一切法性空,一切法无我无众生,一切法如幻如梦如响如影如炎。"大乘佛教的中观派讲缘起性空,但其缘起理论所含的"空"的观念比早期佛教更突出,如《中论》卷第四中说:"未曾有一法,不从因缘生,是故一切法,无不是空者。"这实际上暗含了:不仅缘起的事物是"空",而且构成事物的诸缘亦"空",这也是一种"体空"的思想。大乘佛教的另一主要派别瑜伽行派虽然讲"唯识",但其主流思想实际认为"识"也不能真的执为实有。因此,从总体上讲大乘佛教不承认有什么实有的东西。甚至如来或佛在中观派中也被认为不能执著。如《中论》卷第四中说:"非

阴不离阴,此彼不相在,如来不有阴,何处有如来？阴合有如来,则无有
自性。若无有自性,云何因他有？法若因他生,是即为非我,若法非我
者,云何是如来？若无有自性,云何有他性？离自性他性,何名为如
来?"像如来这种佛教中地位最高、普遍被崇拜的佛,在中观派中都被认
为没有自性,那么神更不能例外,自然也只能是"无自性"的。

　　总之,佛教中尽管提到神,但这神并不是创造一切事物的神。早期
佛教中就存在着否定永恒存在的最高神的理论,人乘佛教更是对神的实
在性在理论上进行了更彻底的否定。这使佛教成为一个至少有否定创
世神真实存在的理论倾向的宗教派别。

二　弥曼差派中的神观念

　　弥曼差派是古印度婆罗门教哲学的一派。此派在印度历史上对神
的问题极为关注,在其发展过程中对有神论进行了激烈的批判。

　　弥曼差派在不同时期的文献中对神的态度有一定差别。此派最初
的根本经典《弥曼差经》论及一些与神有关的内容。而在大约7—8世
纪时出现的弥曼差派文献《颂释补》则是此派论述神的最重要的著作。

　　弥曼差派的根本宗旨是主张吠陀神圣、祭祀万能。吠陀是上古印度
出现的一大批宗教历史文献,出现的时间跨度相当长,较早的吠陀文献
出现在公元前1500年左右,较晚的吠陀文献(指狭义的吠陀文献)在公
元前800年左右出现,甚至更晚。弥曼差派认为吠陀是神圣的,没有作
者的。吠陀中不少内容提到了神,而大量的内容是关于祭祀的。弥曼差
派认为这些祭祀是有效的,能达到多种目的。

　　《弥曼差经》中论及了吠陀的神圣和祭祀的功效。《弥曼差经》1,1,
2中说:"法是由(吠陀)教令所表明之物。"这里说的"法"相当于事物的
真理或法则。教令指吠陀中对人们行为的有关教导,或指吠陀中关于如

何作祭祀的教导。吠陀教令能认识表明事物的真理或法则,自然不同于一般事物,是神圣的。《弥曼差经》1,1,5 中说:"声与其意义的联系是常住的。圣教是用来认识那法的。而且,对于不可感的事物,它是无误的。这圣教是获得正确认识的手段。"在这里,《弥曼差经》把吠陀之声看作是常住的,认为吠陀圣教是获得正确认识的手段,吠陀圣教没有错误。此处更明确地表明了吠陀之神圣。《弥曼差经》1,2,17 中说:"(祭祀)行为产生结果的(现象)就如同那世间(一般可见的情形)一样。"《弥曼差经》的古代注释《夏伯拉注》在解释这段话时提到,"所有果报可能真的产生于祭祀"。由这类论述可以看出,弥曼差派对于祭祀行为的功效是坚信不疑的。

从《弥曼差经》的一些叙述中可以看出"神"在早期弥曼差派中的地位。《弥曼差经》8,1,32—34 中说:"(在神与供奉行为相比时,)如果二者有冲突,则应说是供奉行为控制(祭祀过程),因为供奉行为是(祭祀的)组成部分。还因为供奉行为与那(祭祀)有联系。神则被作为从属性(的成分)提及。"《弥曼差经》9,1,9 中也说:"祭祀行为是根本性的,而对神的提及是从属性的。"在这里,神被置于祭祀行为之下。祭祀行为是根本性的,而神则不是。也就是说,在祭祀过程中,重要的是祭祀行为本身,而不是神的作用。

弥曼差派为什么这样说呢?因为此派认为,在人们为获得好的结果的努力过程中,祭祀行为中的一种力量直接导致结果的产生,而不是神直接引出的结果。这种力量称为"无前"(apūrva)。所谓"无前"指在祭祀行为实施之前不存在,而在这种行为实施后则出现的一种力量。弥曼差派认为,在祭祀过程中产生结果的是"无前",而不是神。

《弥曼差经》9,1,14 中说:"由于有无前,因而有了确定性的规则。"这里所谓"确定性的规则"就是指某种特定的祭祀行为将机械地或自动地产生特定的结果,这是规律性的东西。《弥曼差经》2,1,5 中说:"(存在着)动因。而这(又促使人们)开始(作祭祀)。"这段经文中说的"动因"一般认为就是指"无前"。《夏伯拉注》在解释这段话时说:"存在着一种叫作'无前'的东西,因为在'人要到天堂,就需作祭祀'的教令中,某种行为被要求。如果不是如此,不存在那种作为'无前'的东西,那教令将是没有意义的,因为祭祀行为自身是可灭的。所以,如果祭祀不产生任何其他事物而消灭,那么由于因不再存在,(表现为天堂等的)果就绝不会出现。由此可知,祭祀确实产生某种东西。"这类弥曼差派的文献充分肯定祭祀行为产生"无前"的作用,而丝毫没有强调神的作用。

由此可以看出,神在早期弥曼差派中虽然有所提及,但实际地位是相当低下的。到了后来的弥曼差派中,神的地位则进一步下滑。

公元7—8世纪时,弥曼差派出现了一些激烈反对有神论的思想家,其中较有名的一位代表人物是枯马立拉(Kumārila)。他写的《颂释补》(Ślokavārttika)是一部批驳有神论的著名著作,在当时印度思想界影响很大。

枯马立拉在《颂释补》中对有神论的观念进行了细致的批判。他否定有唯一实在的最高神,否定世间一切事物是神创造的。以下举出这一文献中的一些较典型的批判:

批判之一:倘若认为在神创造世界之前众生不存在,那么后人怎么能知道世界是神创造的?

当没有这一切事物时,宇宙会是一种什么状态呢?而关于生主(造世神),他又处在何种位置?他处于什么形态?(《颂释补》45)

在那时(无人存在时),谁知道生主并把他的特点告知其后来创造的人们呢?如果谁也没有感知过他,那么怎么确定他的存在呢?(《颂释补》46)

即便神在形态上可以认知,他作为创造者这一事实也是不能确认的。因为在世界创造的初期,一开始出现的众生能够知道什么呢？他们不能知道自己是从哪里产生的，他们不能知道世界被创造之前的状态，他们也不能知道生主是造世者。（《颂释补》58—60）

这几段引文的意思是：倘若有人见过神造世的过程，那这人就不是神创造的；若没人感知过神，就不能证明世界是神创造的。这两种情况得出的结论是一样的，即神创造世界的过程不能证明，造世神的存在亦不能证明。

批判之二：倘若存在造世神，他就应该有身体，而他的身体却不可能是其自己造的。因而造世神并不存在。

> 如果认为生主有身体，那么这身体肯定不能是他自己创造的。这样我们就不得不设想（有创造这身体的）另外一个创造者。如果生主的身体被认为是永恒的，那么，（我们问：）既然地（水等元素）还没有创造出来，那么生主的身体是由什么构成的呢？（《颂释补》48—49）

这段引文是说：倘若认为神有身体，那这身体就不能是他自己造的。倘若神的身体是另一神造的，那另一神也有这个问题，要其他的神来造其身体。这样就要无限延续下去，这显然是荒谬的。而且，在创造之初，物质元素还未造出来，用什么来作神的身体？因而这造世神的存在不能证明。

批判之三：世界若是神出于怜悯而造的，那么，当没有众生时，哪来怜悯的对象？而且，倘若神充满怜悯而造世，那世界为什么充满了痛苦？

> （如果说生主创造世界是出于怜悯，那么）在没有怜悯对象时，他怎么可能有这种怜悯呢？即便他纯粹被怜悯所驱使来创造世界，那他将仅创造快乐的生物。（《颂释补》52）

这段引文的意思是说：认为神出于怜悯而创造世界说不通，因为在还没有众生时，神的怜悯对象也就不存在；而且，神要是有怜悯的话就应只创造充满快乐的世界,世界上就不应有那么多的痛苦。

批判之四:众生的具体形态的变化如果依赖于"法"或自我的"业力",那么就不能依赖于神。

> 如果造世者要依赖于法和引导者,那么这将剥夺其独立性。(《颂释补》54)

> 如果人的业在世界解体时被摧毁,那么将来的创造就不可能了。因为在业被摧毁的情况下,还有什么手段能使业从潜伏状态下出来呢?如果认为神的意愿是那种手段,那么那种意愿本身不能成为灵魂创造的能作因。而且如果创造依赖于神的意愿,那么设想业也就没有用了。(《颂释补》71—72)

这两段引文的意思是说:如果众生的具体形态的出现依赖于法和其他引导者,那么造世者就不是不受任何事物制约的神。反之,如果事物的创造完全依赖于神,法等就不是决定事物创造的东西。也就是说,承认业的理论,而且承认神造世说,那将产生矛盾。因为业力说认为是众生的行为决定其未来的生存状态或世间形态,而神造世说则认为完全取决于神的意愿,与众生的行为无关。因而,在印度宗教派别一般都肯定业力说的情况下,就不能接受神造说。

批判之五:神不可能为了娱乐而创造世界,因为创造工作会给他带来无穷的烦恼。所以神造说无道理。

> 如果造世者的活动仅仅是为了娱乐的欲求,那这样说将与他的永远满足的特性相抵触,而且大量创造工作将会成为其无穷烦恼的来源。(《颂释补》56)

这段引文意为:有神论者说神仅仅是为了娱乐而创造世间事物,这是站不住脚的,因为创造工作的劳累只能给所谓神带来烦恼,不能有什么娱乐。

批判之六：神在创造世界时，也需要材料，不能无中生有。

即便是蜘蛛织网也不被认为无需任何（物质）基础。因为蜘蛛织网的唾液来自于被其吃掉的小动物的身体。（《颂释补》51）

此段引文要表明的是：如同在一般情况下制作事物时需要材料一样。神如果造世也需要材料。然而在世界被创造之前，什么东西都没有，神造世哪有材料呢？因而神造世说是说不通的。

批判之七：有神论者说神创造世界就如同陶工制作陶罐一样，这种说法自相矛盾。

如果在陶罐等的事例中，你们举出陶工等的作用，那么神的控制就不能适用它们。如果另一方面，你们想说陶罐的制造是由神控制的，那么你们就会产生大的（论证）错误。（《颂释补》79）

这段引文要表明的是：有神论者的论证有逻辑矛盾。有神论者实际是在论证说：事物要有一个制造者，这制造者就是神，就如同陶罐要有陶工这样的制造者一样。枯马立拉的意思是：倘若陶工真的是陶罐的作者，神就不是作者；倘若神是作者，陶工就不是。有神论者要么该抛弃其论点，要么该抛弃其证明论点的论据，因而这种论证是不成功的，神创造一切事物之说是不能成立的。

总之，弥曼差派在创立之初，其理论中就没有多少造世神存在的空间。最初的文献中虽然没有直接说神不存在，但神的地位十分低下。到了枯马立拉时期，此派明确否定创世神的存在，从逻辑上全面地批判了神造世说和有神论，在印度历史上成为著名的无神论派别。

三　比较分析

从以上的论述中可以看出，佛教和弥曼差派都有不少有关神的论述,二者有相同处,也有不同处。

相同处主要有三点:

第一,两派都在一定程度上谈到神的存在。

佛教中提及了各种天神,包括"五道"之一的"天道"中的种种神,以及来自"外道"的一些神。弥曼差派中也在论及祭祀时提到了起"从属性"作用的神。这也就是说,两教至少在其发展的某个阶段在其体系中纳入了神。

第二,两派都否定创世神的存在。

佛教在产生时提出的基本理论就排除了存在一个能创造世间一切事物的神的观念。在后来的发展中,佛教反对执著于任何东西,彻底在其体系中否定了神的实在性。弥曼差派在早期的文献中虽然提到神,但不是作为创世神提及的,不认为神的作用是根本性的。此派在后来的发展中更是认为神创造世界是不可能的,明确否定神的存在,对有神论在逻辑上进行了全面的批判。

第三,两派对神的看法都与各自的基本理论直接相关。

佛教之所以否定创世神或永恒存在的最高神是因为其主流思想不能容纳这种神的观念。佛教讲缘起,讲无我与无常,这自然不能同时承认有最高神这样唯一永恒存在的神。大乘佛教在基本理论上突出地讲空的观念,自然不能又承认有一个不空的神。弥曼差派的基本理论是吠陀神圣、祭祀万能,认为祭祀行为本身就能自然或机械地产生结果,这之中神的作用是从属性的,因而不存在造世神。后来弥曼差派的代表人物枯马立拉批判有神论实际也是此派祭祀万能理论发展后出现的必然结果。

不同处也主要有三点:

第一,两派否定创世神存在的出发点不一样。

两派虽然都否定创世神的存在,但理论出发点不一样。佛教否定创世神是因为此派自形成时起就否定有一个最高的实体,否定各种事物背后有一个永恒不变的根本因。这与佛教在产生时所代表的刹帝利和吠舍种姓等阶层的政治观念有直接的关系。弥曼差派否定创世神的观念与其在创立时就确认的以祭祀活动为中心的理论有着密切的关系。祭祀是婆罗门祭司阶层从事的主要活动,他们的地位与祭祀的神圣性直接相关,尽管早期弥曼差派中也在祭祀活动中提到神,但一直对其作用进行限制,认为产生相关结果的主要因素是祭祀行为形成的"无前"。在弥曼差派看来,如果一切事物都是神造的,神是一切主宰,那么祭祀活动也就没有其主导的作用,婆罗门祭司种姓的地位也就不是至上的了。因此,否定创世神及其对世界的创造活动的实在性也就是弥曼差派的必然选择。

第二,两派对神的否定程度或鲜明性不一样。

相对而言,佛教对神的否定程度不及弥曼差派那样直接或鲜明。尽管大乘佛教弘扬彻底的空观,但此派毕竟没有多少直接破斥神造世的言词,而且,大乘佛教文献中论及的佛、菩萨等的各种神通性内容也不少,在一定程度上起着不被称为神的神的作用。弥曼差派虽在初期没有明确否定神的存在,但在枯马立拉时期对有神论作了极为激烈的批判,在否定创世神的实在性方面比佛教要明确。

第三,两派崇拜的对象不一样。

佛教中虽然一般的神没有多少地位,而且在大乘佛教中神的实在性也成问题,但佛教中崇拜的佛、菩萨被赋予的神通其实也不比其他宗教中的一些有名的神的威力小。然而即便如此,在大乘佛教中,甚至连佛、菩萨也被认为是不能执著的,也不能等同于那种唯一真正存在的最高神。在弥曼差派中,虽然吠陀被视为是神圣的,祭祀被认为是万能的,但弥曼差派所崇拜的吠陀和祭祀毕竟不是神,这和佛教的情况不一样。

综上所述,佛教和弥曼差派在印度历史上都属于赋予神地位不高的派别。这和印度古代宗教高度信仰或崇拜神的大部分派别很不一样。两派在各自的发展中,对待神的态度各有变化;两派之间对神的看法也不尽相同;两派后来对神的否定的程度和角度也有差别。这些都与它们各自的理论体系的基本倾向和变化有密切的关系。梳理和分析这方面的内容对我们较全面地把握印度宗教哲学的主要发展脉络有重要价值,对我们认识印度文化的基本特色有积极意义。

(原载于《南亚研究》,2011 年第 2 期)

佛教与婆罗门教的社会人生观念比较

✾

佛教与婆罗门教是印度古代的两大主要宗教。二者在构建各自理论时都对社会人生问题进行了思考,提出了不少观念。这方面的内容是印度思想史的基本组成部分。两教在印度历史上有着较长的并行发展时期,有着相类似的政治文化背景。它们的这类观念存在着相互影响或相互借鉴的关系,有相同处与差别处。对其进行比较有助于深入理解印度文化的重要特征。本文主要分四部分来论述。

一 对社会人生本质的看法

在印度,婆罗门教的产生远早于佛教。因而,印度宗教哲学中关于社会人生的看法较早是由婆罗门教提出来的。婆罗门教的社会人生思想最初见之于吠陀,后来在奥义书中有重要表述,后世形成的婆罗门教主要哲学派别也有论及。佛教在创立时关注的重点亦是社会人生现象,就这方面提出了不少与婆罗门教不同的观念,在后来的发展过程中也一直讨论这方面的问题。

在考察早期婆罗门教的社会人生观念时,一些吠陀文献的表述值得注意。如《梨俱吠陀》中的一首赞歌在谈到"原人"(puruṣa)时说:"原人就是这一切,是已经存在的事物和将要存在的事物,还是主宰不朽者,并超越依食物成长者。"该赞歌 10,90,11—12 中又说:"当分解原人时,他可分成多少块? 他的嘴是什么? 双臂是什么? 两腿和两足称为什么?

婆罗门是他的嘴,他的双臂成为刹帝利,他的两腿是吠舍,他的两足生出首陀罗。"①在这首赞歌中,作者将"原人"视为包括人在内的一切事物的根基或本身,认为原人身体的各部分构成了社会的主要阶层。这里表明了作者认为事物中有一个实在的或根本的东西,即作为根源的主体,认为社会或人生现象依于它而存在,来自于它,或在本质上就是它。

奥义书中也讨论了人的本质问题。一些奥义书中将梵(Brahman)或阿特曼(Ātman)视为一切的根本。如《歌者奥义书》6,9,4 中说:"一切以它为自我,它就是实在,是阿特曼,它就是你。"②《迦塔奥义书》2,2,12 中说:"那一切的控制者,一切事物内在的阿特曼,使自己的一种形态呈现为多种。"③《白骡奥义书》6,16 中说:"这(梵或阿特曼)是一切的创造者,一切的知者,……是世俗(世界)存在之因,解脱之因,持续之因,束缚之因。"④奥义书中的这些论述也是认为人生现象中有一个根本因。它是人内部的主导者,是实在的。

奥义书中的主导思想认为梵我同一,认为包括人或人类社会在内的一切都以梵为根本,独立于梵之外的事物是不存在的。《慈氏奥义书》6,3 中说:"确实有两种梵:有形的和无形的,那有形的是不真实的,而那无形的则是真实的。"⑤这里说的有形之梵就是指作为无形之梵显现形态的事物,认为这些事物并不实在,实在的仅是无形之梵。《迦塔奥义书》2,1,2 中也表述了类似的观念:"幼稚者追求外部世界的快乐,他们步入宽阔的死亡之网,而认识不朽性的智者不在不定中寻求恒定。"⑥这里实际暗示外部世界不实在,不能将非常恒的东西看作是常恒的,否则

① A. A. Macdonell, *A Vedic Reader*, Oxford: Oxford University Press, 1981, pp. 196- 201.

② S. Radhakrishnan, *The Principal Upanisads*, London, George A. llen & Unwin Ltd, 1953, p.460.

③ Ibid. , p.640.

④ Ibid. , p.747.

⑤ Ibid. , p.817.

⑥ Ibid. , p.631.

将陷入生死轮回。

奥义书认为如果不能认识包括人生现象在内的事物之根本就将陷入痛苦或烦恼,而如果认识了事物的根本就没有烦恼。《迦塔奥义书》1,2,22 中说:"当认识了阿特曼时,智者不再忧恼。"[1]所谓认识阿特曼(大我或梵)主要就是指认识到事物在本质上就是阿特曼或梵,其间没有差别。如《迦塔奥义书》2,1,11 中说:"这里没有任何差别,任何感到有差别的人,将从死亡走向死亡。"[2]这段话的意思是说,包括人生现象在内的事物都以梵为根本,认识不到这点就摆脱不了生死轮回。

婆罗门教在后世形成的主要哲学派别一般都承认有根本的实体,认为这种实体是真实的,而外部世界的各种现象则往往是不真实的。如吠檀多派中的"梵"、数论派的"自性"、胜论派的"实句义"等都被认为是实在的。而这些派别中论及的轮回现象则被认为是不实在的。因此,这些派别在这方面与奥义书中的承认有实在体的观念基本一致,与奥义书中的认为现象世界或轮回世界不实在的观念也是一致的。

婆罗门教哲学派别也认为如果不能获得关于事物的正确认识就会陷入痛苦。如数论派就提出三种苦的说法,即依内苦、依外苦、依天苦,强调只有依据数论派的根本真理才能摆脱轮回,消除痛苦。[3]

总之,在婆罗门教的主流思想看来,社会人生中的多种形态不是实在的,但其中存在着实在或根本的东西,事物展示的各种现象以这种实在之体为根本,人们只有认识这种实在之体,才能获得解脱。这是婆罗门教社会人生观念中的核心点。

佛教在创立时主要围绕社会人生现象问题提出其基本理论。与婆罗门教不同,佛教否定世间事物中有一个真正实在的根本因,同时否定

---

[1]　S. Radhakrishnan, *The Principal Upanisads*, p. 618.

[2]　Ibid. , p. 634.

[3]　参见真谛译《金七十论》卷上。

人的生命现象中有一个主体。佛教的许多理论都贯穿着这一观念。

缘起论是佛教分析人生现象时提出的一个基本理论。《杂阿含经》卷第十二中说："此有故彼有,此起故彼起。"《中阿含经》卷第二十一中说："若有此则有彼,若无此则无彼,若生此则生彼,若灭此则灭彼。"这就是说,任何事物的存在都是要依赖于其他事物的,一种事物的生灭会影响其他事物的生灭。在社会中也是如此,人的存在要依赖于种种要素。人生现象是诸种因缘关系的发展过程。佛教为此提出了十二因缘的理论。后来的佛教还把缘起理论与三世因果联系在一起,提出了"三世两重因果论"。《俱舍论》卷第九中这样说："十二支者,一无明、二行、三识、四名色、五六处、六触、七受、八爱、九取、十有、十一生、十二老死。言三际者,一前际,二中际、三后际,即是过未及现三生。云何十二支于三际建立?谓前后际各立二支,中际八支,故成十二。无明、行在前际,生、老死在后际,所余八在中际。"在这里,无明和行为过去因,识、名色、六处、触、受为现在果,爱、取、有为现在因,生、老死为未来果。

在佛教看来,生命现象的存续发展就是因果相互作用的结果,其中没有一个永恒不变或唯一存在的实体。因果本身也不是绝对的,因在一定情况下可为果,果在一定情况下也可为因,不存在一个绝对的实在之因。包括人生现象在内的一切事物都是因缘的分分合合。因此,社会人生的各种现象是"无常"的,人的生命是"无我"的。这与婆罗门教对人生现象本质的看法完全不同。

佛教认为,由于人的生命现象是无常及无我的,一切事物不断变化,因而生命存在的过程也就是轮回的过程,轮回中充满痛苦。佛教最初提出的"四谛"理论就是论述人生之苦的,其中的苦谛论述了生命现象中的各种苦。《中阿含经》卷第七中说："云何苦圣谛?谓生苦、老苦、病苦、死苦、怨憎会苦、爱别离苦、所求不得苦、略五盛阴苦。"

在佛教看来,如果认识不到人生现象中不存在一个唯一实在的根本因或根本实体,认识不到事物是缘起的,而去追求一个有自性的东西,追求对事物的长久拥有,那么就会产生业力,使人轮转于生死,陷入痛苦。

二 对人在社会中的地位的看法

婆罗门教和佛教对于人在社会中的地位的看法有重要不同。印度古代社会很早就形成了所谓的种姓制。上面所引《梨俱吠陀》中的"原人歌"将原人的嘴、双臂、两腿、两足分别与婆罗门、刹帝利、吠舍、首陀罗联系起来,这就暗示了四种姓在社会中起着不同的作用,地位高低有差别。婆罗门教后来发展了这方面的观念,佛教在产生后则提出了与婆罗门教不同的思想。

婆罗门教是大力强调种姓差别或种姓不平等的。此教的基本纲领之一就是主张"婆罗门至上",认为在社会中上等种姓有特权,下等种姓要服从上等种姓,上等种姓的地位不容冒犯,种姓差别是神圣的,永久存在的,是人生来就决定的。在印度古代,有一批被称为"法典"的著作,记述了婆罗门教关于人在社会中地位的观念。在这些"法典"中,最有代表性的是《摩奴法论》(亦译《摩奴法典》)。其中有不少内容论及诸种姓,是婆罗门教关于人在社会中地位观念的典型论述。

关于婆罗门,《摩奴法论》1,96—101 中说:"在万物中,有气息者最优秀;在有气息者中,有理智者最优秀;在有理智者中,人最优秀;在人中,婆罗门最优秀。""婆罗门的出生就是法的不朽的化身。因为,他为法而出生,而这样的出生必将导致与梵合一。""婆罗门一出生便为天下之尊。他是万物之主,旨在保护法库(即法之宝库)。""世界上的任何东西全是婆罗门的财产。由于地位优越和出身高贵,婆罗门的确有资格享有一切。""婆罗门吃自己的,穿自己的,施舍自己的。其他人则多亏婆罗门的仁慈才得以享受。"该论 10,3 中说:"鉴于品行出众、出身优越、坚守禁制和圣礼独特,婆罗门为诸种姓之主。"①

关于刹帝利,《摩奴法论》9,313—323 中说:"即使大难临头,他(国王)也不得惹怒婆罗门;因为,一旦被惹怒,他们就会立即把他和他的军队车乘毁灭。""他们是诸界和众神得以常在的依靠,他们的财富是吠陀;想要活命的人,谁会伤害他们?""当刹帝利在一切方面对婆罗门过于傲慢的时候,婆罗门就应该亲自制服他;因为刹帝利来源于婆罗门。""火来源于水,刹帝利来源于婆罗门。"②

关于吠舍,《摩奴法论》1,90 中说:"他(梵天)把牲畜、布施、祭祀、学习吠陀、经商、放债和务农派给吠舍。"③

关于首陀罗,《摩奴法论》1,91 中说:"那位主给首陀罗只派一种业:心甘情愿地侍候上述诸种姓。"④

婆罗门教关于种姓生来就有差别的观念和婆罗门种姓是社会核心的观念在印度历史上一直占有重要地位,也极大地影响了印度后世婆罗门教哲学主要流派的哲学观念。

佛教在产生时主要代表了刹帝利和吠舍等阶层的观念。佛教反对人的社会地位由出生来确定的主张。如《别译杂阿含经》卷第五中说:"不应问生处,宜问其所行,微木能生火,卑贱生贤达。"意思是说,人的社会地位不应由其出生的处所来决定,即不能由其父母的身份或地位来决定,而应由其自身的行为来决定。如同一小块木头能燃起火一样,出生卑贱的人也能成为社会贤达之士。

佛教在这里实际上表明了对婆罗门教一直主张的种姓制的否定态度,提出的是一种四姓平等的社会政治思想。佛教尤其强调在佛教教团

----

① 参见蒋忠新译:《摩奴法论》,北京:中国社会科学出版社,1986 年版,第 13、202 页。
② 同上书,第 199—200 页。
③ 同上书,第 12 页。
④ 同上。

内不应有种姓方面的区分,如《长阿含经》卷第六中也说:"汝今当知,今我弟子,种姓不同,所出各异,于我法中出家修道,若有人问:汝谁种姓?当答彼言:我是沙门释种子也。"这种在教团内反对强化种姓差别的观念也是其关于人的社会地位生来平等观念的一种表现。

佛教的这方面的思想后来发展为"众生平等"的口号,它对吸引更多信众,在更大范围内传播佛教起了重要的促进作用。

佛教这种政治主张直接决定了它的哲学理论的基本特点。佛教之所以主张缘起无主体论与其主张众生平等及人的社会地位由其行为或品行决定直接相关。

与此类似,婆罗门教之所以主张有根本主体论与其主张婆罗门至上或婆罗门生来社会地位优越的政治主张直接相关。

三 对人在社会中的行为准则的看法

婆罗门教和佛教关于人在社会中的行为准则等有大量论述。两教都认为有关行为准则对于信众认识事物的本质有促进意义,是获得最高智慧的前提条件。

婆罗门教的这方面理论早在奥义书中就已初步提出,如《歌者奥义书》2,23,1 中说:"有三种义务:祭祀、学习吠陀、布施,这些是第一种;第二种是苦行;第三种是学习神圣知识的学生居于师家。"[1]这涉及的是婆罗门教关于信众应有的一般生活方式的观念,主要强调的还是早期婆罗门教中就要求的信众的基本宗教义务。做祭祀是从吠陀时期开始婆罗门教就倡导的行为。学习吠陀以及学习神圣的知识是为了获得最高的智慧。布施、苦行是要求人们有善心并不贪图享乐。

---

[1] S. Radhakrishnan,*The Principal Upanisads*,p. 374.

奥义书中的这些理论在印度后来有较大发展。这方面的文献不少，《摩奴法论》中有集中表述，婆罗门教哲学派别的文献中也有所论及。

婆罗门教对于人生不同时期的行为要求是不同的。此教要求人们按照所谓"四行期"中各阶段人的行为规范来行事。所谓"四行期"是婆罗门教主张的人生的四个主要阶段：梵行期、家居期、林居期、遁世期。在《摩奴法论》第二章至第六章中有大量对四行期的叙述。①

梵行期指成年前的儿童，从师修学吠陀等宗教圣典，熟悉祭祀仪轨，履行宗教义务的时期。这个时期的生活目的是求"法"——宗教等方面的根本真理或道德准则。在整个梵行期期间，梵行者除了要学习吠陀经典、熟悉祭祀仪轨等，在日常生活或活动方面也有大量要求：他每天要沐浴清净，供拜天神祖先等，要持戒行，控制自己的欲望，不能说谎、吵架、赌博、杀生（参见《摩奴法论》2,173—190②）。

家居期指学成回家，过世俗生活，履行成家立业的世俗义务的时期。这个时期的生活目的是"欲"和"财"——结婚和求财。家居者在这个阶段的一项重要义务是进行祭祀。具体的祭祀种类有所谓"五大祭"，即：梵祭（教授吠陀）、祖先祭（为祖先上供）、天神祭（为天神烧供）、精灵祭（空供）、人祭（供养客人）。关于祭祀，《摩奴法论》中有大量具体的规定，如祭祀的程序、祭祀的时间、祭祀所使用的物品、祭祀时对族亲等的接待，等等（参见《摩奴法论》3,70—286③）。这里面有相当多的成分是从吠陀时期就产生的祭祀。

林居期指年纪渐大时，隐居山林，进行各种修行，过简朴的出家生活，为最后的精神解脱作准备的时期。林居期期间的生活是十分艰苦的。林居者要食用野菜、野果，要忌食蜜、肉等，应穿兽皮或破衣，在雨天

---

① 参见蒋忠新译：《摩奴法论》，第15—89页。
② 同上书，第32—34页。
③ 同上书，第46—65页。

以天空蔽身,在冬季穿湿衣。应不求安乐,守道居贞,席地而卧,对蔽身之所漠不关心。应该修越来越严厉的苦行使自己的身体憔悴。在林居期期间,还要进行祭祀,要带着作祭祀的各种有关的器具,还要诵读吠陀,意念清净,慈悲为怀,怜悯众生(参见《摩奴法论》6,1—52①)。

遁世期指单独实践苦行,舍弃世俗享乐,云游乞讨,禁欲减食,磨炼意志,争取最后解脱的时期。遁世者应始终独行不结伴。他持破钵、着破衣,对一切无动于衷,既不能喜对生,也不能喜对死。他不得为无所获而悲伤,也不得为有所获而欢喜。他应潜心于最高我,对世俗事务无兴趣、无欲望(参见《摩奴法论》6,42—49②)。遁世者应通过修习达到永恒的梵。一旦他从情感上脱离了对一切有情的贪爱,他就在今世和死后获得永恒的安乐(参见《摩奴法论》6,65—80③)。

婆罗门教还要求入教者做到所谓“十法”,即:坚定、容忍、克制、不偷盗、清净、诸根调伏、智慧、知识、信实和不怒。认为如果能学习和遵行这十法,学习吠檀多,遁世消除一切罪垢,就将获得最高的归趣(参见《摩奴法论》6,91—96④)。

婆罗门教认为,上述的人生四行期中所规定的各个时期人们所应遵循的行为规范或准则,只有前三个种姓才有资格按此生活,首陀罗或贱民则无权过此生活。《摩奴法论》中有不少内容谈到各种姓应尽的义务和他们相互之间的关系。这方面的内容也是婆罗门教强调的人们在社会交往中应遵守的基本准则。

婆罗门教系统中的主要哲学派别也论述了这方面的内容。如弥曼差派、吠檀多派、胜论派、瑜伽派等中都有相关论述。

---

① 参见蒋忠新译:《摩奴法论》,第106—110页。
② 同上书,第109—110页。
③ 同上书,第111—113页。
④ 同上书,第114页。

弥曼差派极为信奉吠陀,相信吠陀的正确性,相信祭祀行为的功效。与此立场相应,此派特别强调:吠陀上指明应实施的行为就是正确的行为(参见阇弥尼的《弥曼差经》1,1,2①)。而所谓吠陀上指明的行为主要指传统婆罗门教所规定的种种宗教义务,这里面有不少成分是做祭祀,实施苦行或禁欲等。

吠檀多派是强调通过智慧达到解脱的婆罗门教哲学中的主流派。此派认为,人的一些行为对产生这种智慧是必要的。如此派的主要代表人物商羯罗在其《梵经注》3,4,48 中说:"圣典要求居家者尽许多他自己生活阶段的义务,如做祭祀,这要花不少精力。他还必须尽力履行其他生活阶段有功德的义务,如不伤害、制感等。"②商羯罗在《梵经注》3,4,26 中说:"一旦明知产生了,它就不依赖于任何其他因素来产生其结果(即解脱)。但它依赖其他因素来使自己产生。……明知结果的产生不需要在不同生活阶段尽种种义务,但尽这些义务对明知自身的产生却是必要的。"③这里说的"明知"就是此派的最高智慧,尽管解脱完全依赖于这智慧,但智慧的产生则需要信众尽婆罗门教规定的种种义务,遵守一些基本的行为准则。

胜论派阐述的重点是自然哲学方面的思想,但也论及了婆罗门教关于人在社会中的行为问题。此派的根本经典《胜论经》6,2,1—4 中说:"在动机可见和不可见的(行为)中,动机不可见的(行为使人变得)崇高。(遵守关于)沐浴、禁食、梵行、师家住、林中隐居、祭祀、布施、供奉、方位、星宿、圣典、时节(的规定),导致不可见的果报。对生活的四个行期有不忠实的与忠实的。不忠实的是有过失的状态,忠实的是无过失的

① 参见姚卫群编译:《古印度六派哲学经典》,北京:商务印书馆,2003 年版,第 217 页。
② 同上书,第 341 页。
③ 同上书,第 337—338 页。

状态。"①此处说的"不可见的果报"主要指善报,胜论派认为应该遵守婆罗门教关于四行期中的种种行为规范,认为这样是有益的。

瑜伽派强调通过做瑜伽控制人的心作用,消除种种不实在事物的影响。瑜伽修行的较高级阶段就是三昧状态,而进入三昧状态与修行者在社会中的种种行为有关。具体说,与瑜伽修持"八支行法"中的前两支有关。"八支行法"指禁制、劝制、坐法、调息、制感、执持、静虑、等持。其中的禁制和劝制涉及的是对人的日常行为的要求。此派认为,瑜伽行者要想达到三昧状态,首先要品行端正,这就要执行禁制和劝制中提出要求。根据瑜伽派的根本经典《瑜伽经》,禁制是一些强制性的要求,包括五条:不杀生(指对生物不伤害或不使用暴力)、诚实(不妄语,说实话)、不偷盗、净行(不淫或梵行)、不贪(不贪恋财物)。劝制主要是此派提出的修行者应有的品行或应从事的基本活动,也有五条:清净、满足、苦行、学习与诵读、敬神(参见《瑜伽经》2,29—45②)。

佛教在产生时就对信众的行为提出了要求。四谛说里面的道谛就属于这类内容,道谛也就是所谓"八正道"。《中阿含经》卷第七中说:"云何苦灭道圣谛?谓正见、正志、正语、正业、正命、正方便、正念、正定。"这里所谓正见就是指要正确观察事物,把握事物的本质或本来面目;正志指正确思维,不执著于各种错误的观念;正语指正确地言语,禁止口出恶言;正业指正确地行为,戒除身体的种种恶行;正命指以正确的方式谋生,不贪得无厌,不非法牟利;正方便指为达到佛教的目标而精进努力,专注不舍;正念指正确地忆念佛教追求的理想和目的;正定指正确地禅定,使精神处于不乱不散的状态。

在八正道的基础上,佛教进一步总结出信众行为的善恶标准,提出了所谓"十善"或"十恶"的思想。所谓十善指:不杀生、不偷盗、不邪淫、

---

① 参见姚卫群编译:《古印度六派哲学经典》,第8—9页。
② 同上书,第198—200页。

不妄语、不两舌、不恶口、不绮语、不贪、不瞋、不痴。所谓十恶指十善的反面。这十善或十恶的说法在佛教中是与其因果报应观念联系在一起的。如《杂阿含经》卷第三十七中说："十善业迹因缘故,身坏命终,得生天上。"《中阿含经》卷第三中说："此十善业道,白有白报,自然升上,必至善处。"

另外,佛教中还有"四无量心"之说。四无量心指即慈、悲、喜、舍。慈指给众生带来快乐,悲指除去众生的痛苦,喜指见众生快乐而喜,舍指舍弃各种错误的观念。《长阿含经》卷第八中说："慈心广大,无二无量,无有结恨,遍满世间。悲、喜、舍心,亦复如是。"在佛教看来,有这四无量心就是善,是信众应当具有的。

在各种恶中,佛教特别提到有所谓"三毒",即贪、瞋、痴。贪即对不实在的事物的贪恋,瞋即对别人憎恨,痴即无明。这三毒中最根本的是痴,有了痴,才可能有对事物的贪恋和对别人的憎恨。

如果概括佛教对人在社会中行为的要求,主要之点可以归为三项,即平等、克己、慈悲利他。

所谓平等是一种对人对事的态度。这之中包括对事物缘起的看法,包括无主体的看法。因为只有有了这种看法,才能认为众生在本质上地位没有差别,社会中没有一个主导阶层,没有一个永远居于最高地位的种姓。只有有了这种看法,才能认识到人应善待各种生灵。

所谓克己也是以平等观念为基础提出来的。当人认识到自己与其他众生平等时,就不会把自己凌驾于其他众生之上,就会限制或抑制自己的欲望,因为这种欲望往往损害其他众生的利益。而且,由于事物本身都是因缘和合形成的形态,不是永恒不变的,因而为了自己的永恒占有而损害其他众生利益是没有实际意义的,应该克制自己。

所谓慈悲利他是主张平等和克己后自然要讲的。慈悲观念在佛教中一直存在,而利他思想实际也是慈悲观念的应有之义,因为给众生快乐和解除众生痛苦自然是利他。但大力强调利他主要还是在大乘佛教中。

由于佛教有平等、克己、慈悲利他等基本思想,因而它在宗教实践上提出了一系列具体的有关戒律或信众行为规范。这些戒律或行为规范有些是为正式出家信徒制定的,如佛教中的"具足戒"(年满二十岁的比丘和比丘尼应受的戒,根据《四分律》,比丘戒有二百五十条,比丘尼戒有三百四十八条);有些是为在家信众制定的,如三皈五戒(皈依佛、法、僧;戒杀、偷、淫、妄语、饮酒)。

佛教认为,遵守这些戒律是教徒或信众应尽的本分,而且,遵守这些戒律能给信众带来善果,并为进入佛教最高境界做好准备。

佛教说的善恶是分不同层次的。遵循生活中一般的善,如克己利他等在佛教看来能有好的果报,将在来世进入比较好的生存状态。但这种生存状态仍然是在轮回状态中,而人处在轮回状态中就不可能真正摆脱痛苦,轮回状态在本质上就是痛苦的。因而这种为获得好的轮回状态的善不是最高层次的善。最高层次的善是认识事物的实相,或者说,是认识事物为缘起的,无自性的。认识了事物的实相自然就不会去为不实事物(如自己享乐或拥有)而作恶或憎恨别人,认识了事物的实相也就能达到一种至善境界。当然,在佛教看来,实行一般生活中的善是进入最高层次的善的前提或基础。因为一个人如果在生活中为非作歹,品行恶劣,行十恶等,那么就不可能心境平和地进入禅定,就不可能体悟事物的实相。而在社会生活中行一般的善则能为信众获得最高智慧并进入至善境界创造良好的条件。

四　两教社会人生观念的主要异同

作为宗教派别,佛教与婆罗门教自然要对社会人生提出基本的看法,要制定信众行为的基本准则或规范。婆罗门教在印度早于佛教而产生,因而吠陀奥义书中不少婆罗门教思想对佛教有一定影响,使二者形成了一些相同之处。但佛教产生后也提出了一些不同于婆罗门教的基本思想。两教在社会人生观念方面有一致之处,也有不同内容。以下就二者的同异简要作一些归纳。

佛教和婆罗门教在这方面的相同处主要有四点:

1. 两教都认为社会人生中充满忧恼或痛苦。佛教提出了八苦之说,认为轮回世界中的人在本质上是痛苦的,人要摆脱痛苦,就要灭掉无明,不再造业。婆罗门教也认为轮回世界中有忧恼,有痛苦,摆脱痛苦要根除无知。佛教和婆罗门教都把摆脱痛苦作为本教的根本目的。

2. 两教都要求信众在社会人生中追求善行,戒除恶行。在这方面,佛教和婆罗门教中都有要诚实、布施、清净、满足等的要求,都有关于不杀生、不偷盗、不邪淫、不妄语、不贪等方面的戒律。这也是印度古代历史上社会中广为流行的人应遵循的一些基本准则。

3. 两教都认为善恶有不同层次。佛教和婆罗门教中都认为善行可以使人获得较好的果报,都认为善有善报,恶有恶报。二者都认为人的一般善行可以使其进入较好的来世形态,而最高层次的善则是在获得了真正的人生智慧后达到的,它使人彻底摆脱痛苦。而一般的恶行使人进入相对坏的生存状态,根本的恶是不能认识事物的本质,使人在轮回中不能摆脱痛苦。

4. 两教都认为生活中一般的善行有助于获得人生的最高智慧。尽管佛教和婆罗门教对于最高智慧的理解不同,但都认为如果在日常生活中能够行善事,戒除恶行,那么就可以为获得最高智慧创造基础。如果不能行善,甚至为恶,那么就不可能获得最高智慧,将不能达到永远摆脱痛苦的至善境界。

佛教和婆罗门教在这方面的不同处主要有三点:

1. 两教对社会人生中有无主体的看法不同。佛教认为,人生现象实际是事物缘起的形态,其中没有什么主导一切的根本因,人的生命中没有一个根本的主体,社会中也没有一个永恒存在的主导阶层。婆罗门教则认为万有在实质上有一个根本因,一切来自于这根本因,或在本质上就是这一根本因,人的生命中有一个根本的主体,社会中也有一个永恒存在的主导阶层。

2. 两教对社会中人的地位高低的形成看法不同。佛教认为人的社会地位的高低不能依赖于其出生家庭来决定,而应根据其行为。婆罗门教则认为人的社会地位依种姓而定,即依其出生家庭而定,上等种姓生来就具有较高的社会地位,应当统治下等种姓,下等种姓生来地位就低下,应当服从上等种姓。

3. 两教社会人生观念所代表的社会阶层不同。佛教在产生时主要代表了刹帝利、吠舍等种姓阶层的思想,他们对婆罗门种姓的至上地位是不满意的,因而主张无主体论,认为社会中没有一个永恒的主导阶层,用以维护自己的政治或经济利益。婆罗门教的社会人生观念主要代表了婆罗门祭司阶层的利益,他们要论证自己的最高社会地位是神圣的,永恒存在的,因而主张有主体论,认为社会中有一个永恒的主导阶层。

佛教和婆罗门教的社会人生观念在两教出现时就已确立了其主要特征。这种特征与印度古代的种姓制有很大关系。在近现代,印度一般民众和政府对这种制度有反思,批判其消极面,但种姓制的等级观念在印度社会中多少还是存在的。古代印度婆罗门教的社会人生观念在近现代印度社会中仍有重要影响,而佛教虽然在近现代印度影响不大,但它自印度传出后却成为世界性宗教。佛教在古代就形成的社会人生观念,特别是其众生平等、慈悲利他等观念,受到世界上广大民众的普遍欢迎,在当代社会一直起着重要作用。

(原载于《社会科学战线》,2010 年第 10 期)

佛教与婆罗门教的"无明"观念比较

✿

佛教与婆罗门教是印度古代影响较大的两种宗教,又是理论交涉较多的两种宗教。它们的许多思想或观念有着重要的关联,可比性较大。在这之中,"无明"观念极为突出。两教中这方面的内容占有显要地位。比较和分析二者在"无明"观念上的异同,对于深入理解印度宗教哲学的特色以及总体发展形态有积极意义。

一 奥义书中的"无明"观念

奥义书是印度古代较早提出系统哲学思想的一批历史文献。其中的主流理论反映了古印度婆罗门教的思想观念,但也有不少成分被印度后世的其他哲学派别所改造和吸收。"无明"观念在奥义书中就已出现,是后来印度婆罗门教哲学派别"无明"观念的形成基础,佛教等派别也或多或少地借鉴采用了相关的内容。

《迦塔奥义书》1,2,4—5 中说:"明与无明完全对立。……那些陷入无明中的人,自以为是,自以为博学,到处奔走,愚昧,犹如盲人引导盲人。"①这里说的"无明"主要指对事物的不正确认识,即不能客观认识事

① S. Radhakrishnan. *The Principal Upaniṣads*. London: George Allen & Unwin Ltd, 1953. p. 609.

物的本质。

在奥义书中,无明观念与轮回思想是联系在一起的。《迦塔奥义书》2,1,2 中说:"幼稚之人追求外部世界的快乐,他们步入宽阔的死亡之网。"[1]此处说的"幼稚之人"就是无明之人,而所谓"死亡之网"实际上是轮回中的痛苦形态,痛苦是由无明之人追求外部世界快乐的行为造成的。也就是说,促使人实施相关行为并产生业力的是无明。关于无明的内容,直接涉及人们对事物本来面目的认识。错误地认识事物本质的即是无明。"无明"的思想直接与奥义书中的梵我关系理论相关。

不少奥义书哲人认为,世间一切事物在本质上就是最高实体"梵",如《歌者奥义书》3,14,1 中说:"这整个世界都是梵。"[2]《白骡奥义书》3,7 中说:"高于这世界的是梵。"[3]奥义书哲人还认为,单独的人等众生的生命形态中的主体称为"我"(阿特曼)。如《广林奥义书》3,7,23 中说:"他不被看却是看者,不被听却是听者,不被认知却是认知者,不被领悟却是领悟者。除他之外没有看者,除他之外没有听者,除他之外没有认知者,除他之外没有领悟者。他就是你的我(阿特曼),是内部的控制者。"[4]奥义书哲人最为强调的是:无数生命体中的"我"及其相关事物与"梵"在本质上是同一的,主张所谓"梵我同一"。《广林奥义书》3,7,15 中说:"他位于一切存在之中,没有什么能认识他,他的身体就是一切存在物,他从内部控制一切存在物,他就是你的自我。"[5]在这里,人的自我和一切存在物中的控制者是同一的。《蛙氏奥义书》2 中说得更明确:"一切确是此梵,此阿特曼即梵。"[6]

---

[1] S. Radhakrishnan. *The Principal Upaniṣads*. p.631.
[2] Ibid. , p.391.
[3] Ibid. , p.727.
[4] Ibid. , p.230.
[5] Ibid. , p.228.
[6] Ibid. , p.695.

在奥义书的作者看来,如果认识了"梵我同一",就达到了最高的智慧,就将跳出轮回。《伊莎奥义书》7 中说:"在认识到所有的事物都是我(大我或梵)的人那里,在看到了这同一的人那里,有什么迷误和痛苦呢?"[①]这里说的"迷误"即无明。如果认识不到"梵我同一",就是无明,就将不断地轮转于生死。消除了无明就能摆脱痛苦,就能达到解脱。《广林奥义书》4,4,19 中说:"世上无异多。那看到似乎存在的异多之人,将从死亡走向死亡。"[②]《广林奥义书》4,4,20 中说:"这不可描述的永恒存在只能被领悟为一。"[③]所谓"世上无异多"就是说,没有独立于梵之外的东西,世上各种似乎独立于梵的事物并不实在,一切都是"梵"。把事物领悟为"一"就是最高的智慧,因为这样人就不会在梵之外去寻求独立存在的事物,就不会有相应的行为和业力,就能跳出轮回。而认为世上有"异多"就是无明,这将驱使人们在梵之外去追求实在的东西,去满足自己的欲望,而与之相应的行为就将产生业力,推动轮回进程的延续,使人摆脱不了痛苦(从死亡走向死亡)。《迦塔奥义书》1,2,20 中说:"没有欲情并认识最高我(梵)的人,就将摆脱苦恼。"[④]这也就是说,人如果有欲情并追求不实在的外部事物,就会陷入痛苦。而产生欲情的实际上是人的无明,是人不能认识世间事物在本质上就是梵或大我。

二 佛教的"无明"观念

佛教在产生时就提出了"无明"的观念。《杂阿含经》卷第九中说:"云何为无明?尊者舍利弗言:所谓无知。无知者是为无明。云何无

---

① S. Radhakrishnan. *The Principal Upaniṣads*. p. 572.

② Ibid. , p. 277.

③ Ibid. , p. 278.

④ Ibid. , p. 617.

知？谓眼无常不如实知，是名无知。眼生灭法不如实知，是名无知。耳、鼻、舌、身、意亦复如是。如是，尊者摩诃拘絺罗，于此六触入处如实不知、不见、不无间等、愚暗、无明、大冥，是名无明。"此处，该经将不认识人的身体及相关事物等不实在看作是无明。

佛教中的无明观念也与轮回思想紧密相关。佛教认为，包括人生现象在内的世间就是轮回状态。在这之中充满了痛苦。而导致轮回、产生痛苦的原因就是"无明"。具体来说，佛教有十二因缘的理论。在佛教看来，众生生命现象的因果系列发展的最初环节是无明。由于有无明才产生众生的行为、识、身体、感受、爱、取、生、老死等轮回现象。而这个过程中是充满痛苦的。众生要跳出轮回，摆脱痛苦，就必须斩断无明。因而，佛教在后来的发展中提出一系列的理论体系，主要目的都是要消除无明，但佛教发展的各时期(各分支)的具体无明观念是有差别的。

在部派佛教时期，佛教对世间现象的分析更为细致，不同的部派对事物的分析也有差别。各部派的主要观点体现了他们对佛教智慧的基本理解，而不了解本派相关思想或理论则被视为无知或无明。在部派佛教中，由上座部分出的说一切有部、犊子部，由大众部分出的一说部和说出世部都是影响较大或理论较有特色的部派。说一切有部认为"法"可以分为五大类，即：色法、心法、心所法、心不相应行法、无为法。五法之下具体又包括许多内容。关于这些法实在与否的问题，有部中的主流观念基本持肯定态度。但有部对于人生命现象中的主体(我)则持否定态度，因而在总体上此派主张所谓"我空法有"。犊子部认为一切"法"可以分为"过去法""现在法""未来法""无为法""不可说法"五大类。这其中的"不可说法"实际是一种变相的"我"(即"补特伽罗")。犊子部认为这五种法都是实有的。因此，这一派实际主张"我法俱有"。大众部系的部派没有上座部系统的有部和犊子部影响大，但这一系统中主要分支的基本理论倾向也很明显，如由大众部分出的一说部就不仅认为过去法和未来法没有实体，而且认为三世法都是"言说"，一切事物都没有实体。说出世部也认为"世间法"都是"假名"，没有实体，只有"出世法"（即涅槃等境界）才是真实的。也就是说，大众部一般否定事物的实在性。

由此可以看出，在部派佛教中，对无明的理解是不同的。在有部、犊子部等部派看来，不能认识诸法实在特性的是无明。而在一说部等部派看来，认识不到事物的假有则是无明。根据这些部派的观念，要达到佛教的涅槃或解脱，就要破除不认识本派基本理论的无明。

大乘佛教内部对事物的分析也是不同的。这也决定了大乘佛教中无明观念的内涵有差别。

大乘佛教中的中观派认为，不能对事物有任何"分别"，因为事物都是性空的。此派不仅否定外道理论及世俗认识的真理性，而且对于佛教内的种种名相概念的绝对真理性也加以否定。青目在《中论》卷第一的注释中说："以无明爱染贪着色，然后以邪见生分别戏论，说因中有果无果等。今此中求色不可得，是故智者不应分别。"这就是说，无明产生的各种分别戏论是智者不应执著的，其他派别讲的因中有果论和因中无果论都把事物的产生视为实在的，但事物其实都是不可得的，是性空的。

中观派认为，各种关于事物本质的颠倒认识都应消除，甚至先前佛教提出的有关"颠倒"的名相概念也不能执著。龙树在《中论》卷第四中说："如是颠倒灭，无明则亦灭。以无明灭故，诸行等亦灭。"青目的注释说："如是者如其义，灭诸颠倒故，十二因缘根本无明亦灭。无明灭故三种行业，乃至老死等皆尽。"中观派在这里表明的是彻底的空观念，一切事物性空，不能执著，不能分别，甚至佛教的一些名相概念也要灭除。认为事物实在，执著种种不实事物的概念就是无明，只有灭除了无明，才能摆脱轮转于十二因缘的生死现象的痛苦。

大乘佛教中的瑜伽行派的著作中也大量提到无明。如《瑜伽师地论》卷第五十八中说:"无明者,谓于所知真实觉悟能覆能障心所为性。此略四种:一无解愚,二放逸愚,三染污愚,四不染污愚。若于不见闻觉知所知义中所有无智,名无解愚;若于见闻觉知所知义中散乱失念所有无智,名放逸愚;于颠倒心所有无智,名染污愚;不颠倒心所有无智,名不染污愚。又此无明总有二种:一烦恼相应无明,二独行无明。非无愚痴而起诸惑,是故贪等余惑相应所有无明,名烦恼相应无明;若无贪等诸烦恼缠,但于苦等诸谛境中,由不如理作意力故,钝慧士夫补特伽罗诸不如实简择覆障缠裹暗昧等心所性,名独行无明。"瑜伽行派的其他著作中还有不少对无明的论述,不完全一样。而在实际上,归结起来说,此派中最根本的无明是对万法唯识思想的不了解。

《成唯识论》卷第一中说:"由我法执,二障具生。若证二空,彼障随断。断障为得二胜果故:由断续生烦恼障故证真解脱,由断碍解所知障故得大菩提。又为开示谬执我法迷唯识者,令达二空,于唯识理如实知故。复有迷谬唯识理者,或执外境如识非无,或执内识如境非有,或执诸识用别体同,或执离心无别心所。为遮此等种种异执,令于唯识深妙理中得如实解,故作斯论。"这里说的"烦恼障"和"所知障"实际就是此派的无明。由于有这两种障,因而众生不达二空(既不能认识"我空",也不能认识"法空")。而瑜伽行派实际上是要通过唯识的理论来消除这些无明。

瑜伽行派认为外境为识所变。在此派的大量著作中都详细分析了识的种种形态或功能。分析了事物如何源于识,识如何变幻为万物。但此派这样做是为了更好地使人们接受"二空",灭除无明,而不是真的认为有一个实在的"识"。这在《成唯识论》中就有表述,如该论卷第二中说:"为遣妄执心心所外实有境故说唯有识。若执唯识真实有者,如执外境,亦是法执。"从这段话中我们可以看出,瑜伽行派在本质上与中观派一样,也是要否定事物有自性,要强调一切皆空。只是手法有所不同。

中观派主要通过缘起性空或体空等理论来强调事物不实在,而瑜伽行派则主要通过讲一切为识所变来强调事物不实在。在中观派看来,不能理解事物缘起性空,对事物进行虚妄的分别就是无明;而在瑜伽行派看来,不能理解一切为识所变,执著于实有我法的错误观念就是无明。两派的无明内涵有相同处,也有差别点。

三 婆罗门教哲学派别中的"无明"观念

婆罗门教在后来的发展中形成一些主要的哲学流派,即所谓"六派哲学",这些流派一般都有系统的理论体系。在它们的体系中,"无明"观念也占有重要地位。

六派哲学中影响最大的是吠檀多派。此派直接继承和发展了奥义书中的主流思想。在无明观念上,也基本上以奥义书中的相关思想为基础。吠檀多派主要围绕对"梵"与"我"的关系问题展开探讨。此派中有不少分支,其中主要的有不二论、限定不二论、二元论等。各分支关于"无明"的思想也有所不同。

"不二论"的代表人物是乔荼波陀和商羯罗。这种理论认为,世间一切事物的根本实体是"梵",而生命现象中的主体是"我"。但生命现象中的主体及其相关物与梵是同一的,两者在本质上"不二"。把事物看作实有(独立于梵存在)是人们的无知或无明造成的。

乔荼波陀在《圣教论》2,33 中说:"诸有本来非实有,以不二故妄分别。"①该论 3,3 中又说:"一我变现诸个我,如空现为众瓶空。"②这意思是说:事物本来不是实有的,因为事物以梵为根本,与梵是不二的。因此,对事物的区分是虚妄分别。这种情况就如同唯一实在的大我(梵)

① 乔荼波陀著,巫白慧译释:《圣教论》,北京:商务印书馆,1999 年版,第 97 页。
② 同上书,第 107 页。

不真实地变现出诸种小我一样,也如同本来是一的大虚空可以表现为众多的瓶中之空一样。在《圣教论》中,乔荼波陀用了很大篇幅论述此派的"摩耶"(māyā,即无明的幻力)理论,认为万有是由于人们的无明才显现出来的,就如同人在睡梦中见到的事物一样。他在《圣教论》2,4—5中说:"应知亦由内在因,故有醒时诸差别;醒境如同梦里境,二者封闭无差别。""梦时醒时二种境,智者言称本是一;以诸差别平等故,又以其理极成故。"① 这种理论实际上就是所谓"梦醒同一论",即把人们现实生活中的事物与梦境等同起来,把人们现实生活中的事物看作是无明的产物。

商羯罗认为,梵在本质上是唯一不二的,但由于人们对梵的理解不同而表现出有两种梵。一种是下梵,它是有限制的,有属性的,表现为神创造的具有不同名称和形态的世界(现象界);另一种是上梵,它是摆脱一切条件因素的,无差别的,无属性的。在商羯罗看来,下梵和上梵的区分只是人主观认识(无明)的产物,在实际上,梵只有一个。商羯罗还提出了"下知"和"上知"的概念。他认为,把本来是唯一不二的无属性的梵看作是下梵就是无明,即"下知",而把梵看作仅是无属性无差别的上梵则是真知,即"上知"。② 也就是说,只有透过种种假象,看到一切事物背后只有梵(上梵)真实,才能消除无明,获得最高的真理。

"限定不二论"的代表人物是罗摩努阇。这种理论认为,小我(现象界)与最高我(梵)之间的关系是属性与实体或部分与整体之间的关系。这就如同光是火或太阳的一部分,或白色等是具有这些颜色的东西的性质一样。小我与最高我虽密不可分,但二者又不相同。小我是最高我的属性或部分,它们起着限定最高我的作用。属性或部分尽管隶属于实体

---

① 乔荼波陀著,巫白慧译释:《圣教论》,第54—55页。

② S. Radhakrishnan and C. A. Moore. *A Source Book in Indian Philosophy*,Princeton:Princeton University Press,1957. pp. 513-514.

或整体,与实体或整体不二,但并不能因此就认为属性和部分不实。同样,作为属性或部分的现象界虽然隶属于作为实体或整体的梵,但并不能由此认为现象界不真实。罗摩努阇反对此派先前的一些哲学家的"摩耶"理论,不赞成把现象界看作是虚幻的产物。按照他的观念,否定最高实体梵和否定作为属性或部分的现象界的实在性都是无知或无明。

"二元论"的代表人物是摩陀婆。这种理论认为,梵虽是根本,但梵与小我是有差别的。摩陀婆宣称:小我与神(梵)是分离的,小我与神(梵)不同一。① 他实际将梵与小我的关系看作是二元的。因而在他的观念中,先前思想家的"摩耶"理论不能成立。在他看来,不能认识梵与小我的二元关系才是无明。

数论派是婆罗门教中理论较有特色的一个哲学派别。此派认为,世间充满了痛苦,而要脱离痛苦,则需要依靠本派的智慧来消除无明,认识事物或人生现象的本质。数论派提出了一种转变说的理论,认为世间事物或人生现象是由物质性实体"自性"直接转变出来的。但自性在转变时需要一个精神性实体"神我"进行观照(起某种作用或施加某种影响)。人生现象或世间事物的具体转变过程是:当自性被神我"观照"后,首先生出"觉"(相当于起确定或决定作用的"理性"或"知性"),从觉生出"我慢"(即"自我意识"或"主我性"),从我慢一方面生出"十一根"(眼、耳、鼻、舌、皮、发声器官、手、足、排泄器官、生殖器官、心),另一方面又生出"五唯"(香、味、色、触、声),五唯又生"五大"(地、水、火、风、空)。② 数论派转变说中涉及的主要概念被称为"二元二十五谛",这是此派主要的理论体系或模式。

数论派将这种世间事物的形成理论视为根本智慧,将不认识这种理论看作无明。此派的重要著作《数论颂》48 曾对与无明相关的一些概念

---

① 姚卫群编译:《古印度六派哲学经典》,北京:商务印书馆,2003 年版,第 301 页。
② 同上书,第 383—384 页。

做了归纳："说暗有八分,痴八大痴十,重暗有十八,盲暗亦如是。"《金七十论》卷中在注释时说:"说暗有八分者,若人不因知离欲没八性中,谓自性、觉、慢及五唯,此人未得解脱作已得相,由不见此八种系缚故,故说不见八种名之为暗。暗者,无明别名。痴八者,自在有八种前已说,此中诸天等生执著缚不得解脱,由著自在轮转生死,故说痴八分,前八名自性缚,后八名变异缚。大痴十者,有五唯喜乐为相是诸天尘,是五尘与五大相应,三德为相,此十尘中梵及人兽等生执著缚,谓离此外无别胜尘,因此执著不平等智及解脱法皆执著尘不求解脱,故名大痴。重暗有十八者,八种自在及十种尘已退生时,是时贫人作是计言:我今贫穷自在诸尘并皆失尽,分别此事起十八苦,此苦名重暗。盲暗亦十八者,如前说自在有八,尘有十种,有人具此十八临退死时作如是计:我今舍八自在及以十尘,狱卒缚我就阎王所,因此计生苦不及得听僧佉义,故名盲暗,如是暗者分别五分有六十二。"①这段引文对无明分类虽然很细,但在总体上还是将执著于"二元二十五谛"中展示的世间现象视为无明的主要内容。在数论派看来,根本实在的是自性和神我这两个实体,而世间事物不过是自性在神我作用下转变出来的产物,认识不到这点就会执著于没有实在性的东西,就是无明,就将在轮回世界中遭受痛苦。

婆罗门教哲学中的瑜伽派与数论派是姊妹派,两派的理论关系紧密。数论派侧重论述事物的转变理论,也吸收瑜伽派的修行手法;而瑜伽派侧重论述具体的修行手法,但在哲理上以数论派的转变说为基础。在"无明"观念上二者的态度基本相同。

胜论派是婆罗门教哲学中特别注重对自然现象的形态和种类进行区分的派别。此派提出了"句义"(与概念相对应的实在物)的理论,其主要经典中认为有六种句义:实句义(事物自身)、德句义(事物的静的

---

① 姚卫群编译:《古印度六派哲学经典》,第399—400页。

属性)、业句义(事物的动的形态)、同句义(事物的相同性)、异句义(事物的差异性)、和合句义(事物的内在联系)。胜论派认为,不具有这些句义的知识就是无明,就将在轮回状态中遭受痛苦。如此派的重要文献《摄句义法论》6,136中说:"当具有适当知识的人依法行为而又完全不考虑由此而来的结果时,他就将出生在一个纯洁的家庭中。而且,这样出生后,他将渴望找到绝对消除痛苦的方法。为了达到这一目的,他将到一个完全合格的教师那里去,并从他那里获得关于六句义的真实认识,这六句义的知识将消除他的无明。这样,由于达到了彻底的不动情,他将摆脱一切喜爱、憎恶和其他此类情感。……我不再获取另外的身体。(我的)这种对身体和感官摄取的停止就如同火在其全部燃料耗尽后熄灭一样,这就构成了人们所说的解脱。"①

正理派理论体系的重点是研究逻辑推理和辩论规则,其中也涉及认识论思想和对世界本质问题的探讨。正理派认为无明与轮回状态中的痛苦有着密不可分的联系。此派的主要经典《正理经》1,1,2中说:"当苦、生、行为、过失、错误的认识被依次灭除时,解脱就会因对它们的持续灭除(而获得)。"筏差衍那在对这段引文的注释中说:"当获得真实的知识时,错误的认识就消失。当错误的认识消失时,过失就消失。当过失消失时,行为就消失。当没有行为时,生就不能存在。无生时苦就终结。随着苦的终结,就将获得解脱。"②这里说的"错误的认识"实际即是无明,即不掌握正理派的逻辑辩论等理论,不能正确认识事物的本质。有了这种无明将有过失和相应的行为,有行为将有业力,有业力也就会有生等轮回现象,就不能脱离痛苦。而如果消除无明,则其余现象即不会出现,就能摆脱痛苦,达到解脱。

弥曼差派以吠陀言教作为真理,认为这种言教(声)是绝对正确和

---

① 姚卫群编译:《古印度六派哲学经典》,第57—58页。
② 同上书,第63—64页。

永恒存在的。按照此派的观念,凡是与吠陀不一致或与吠陀思想相抵触的认识就属于无知或无明。此派在公元 7—8 世纪的两个主要代表人物是枯马立拉和普拉帕格拉。他们批判了印度当时的有神论,并批评了世界是幻或不实的理论。① 弥曼差派提出,认识虚妄并不代表外部事物虚妄。如普拉帕格拉认为,没有一种认识能离开外部基础而被领悟。在对事物的错误认识的场合,所发生的事情是:根本不应有对事物的那种认识,而不是被认识的事物不存在于外部世界中。枯马立拉认为,即便是梦中的认识也不是完全没有外部的基础。即便在梦中,我们也有外部事物的认识。与此类似,在所有错误认识的场合,也总有某种外部的基础。② 由此可以看出,弥曼差派与吠檀多派中主流思想的无明观念是有很大不同的。

四　比较分析

从以上的论述中可以看出,佛教与婆罗门教的无明观念有着重要的关联。二者在这方面的思想有相同处,也有差别处。

相同主要表现在三点上:

第一,两教中的主流思想通常认为外部事物是不实在的,认为将外部事物看作实在的观念是无明。如早期佛教的缘起思想,大乘佛教中的空观念,都认为世间事物是无我或无自性的,认为没有这方面的观念即是无明。婆罗门教中的吠檀多派的主流分支不二论也认为事物不实在,认为外物不过是"摩耶"的产物。如果把外物看作是有别于梵的独立存在就是无明。两教中主流思想的这种共同点使得印度文化呈现出一种较明显的出世倾向,古印度大量先哲乃至相当多的普通民众都追求摆脱

---

① 姚卫群编译:《古印度六派哲学经典》,第 421—422 页。
② 同上书,第 422 页。

现实生活,向往一种神圣的无烦恼离苦境界。

第二,两教中也都有派别不认为肯定外部事物实在性为无明。如佛教中说一切有部等的一些分支就认为法体恒有,不把肯定事物实在视为无明。婆罗门教中吠檀多派的限定不二论与二元论也不把事物看作虚无,反对"摩耶"的观念。在他们看来,否定事物实在才是无明。两教中的这种关于无明的观念多少反映了印度古代许多民众肯定现实生活的思想态度。

第三,两教都认为无明是导致轮回及痛苦的主要原因。如佛教中有十二因缘的理论。十二因缘中的第一支就是无明。由于无明才引生其他十一支的出现。佛教的主流派别一般都认为人由于无明而去追求不实在的东西,由于这种追求的行为及其业力,轮回过程就持续发展,在轮回中是不可能没有痛苦的。婆罗门教哲学各派多数也认为无明是轮回及痛苦的根本因。如婆罗门教中吠檀多不二论认为人由于无明而去追求梵之外的实在的东西。这种行为会产生业力,导致生死轮回及其中的痛苦。

差别主要表现在两点上:

第一,两教中的主流思想对无明的主要表现看法不同。佛教和婆罗门教虽然都强调要消除无明,但二者对无明的理解有很大差别。在佛教的主流思想看来,所谓无明主要是不明了佛教的缘起思想,不理解事物的无自性或性空观念,因而去追求本来不实在的东西,产生业力,轮转于生死轮回,不离痛苦。而在婆罗门教的主流哲学派别看来,所谓无明主要是不能理解事物在本质上就是最高实体(如梵),不知道没有真正独立于最高实体的东西,人们由于这种无明而追求不实在的事物,产生相应业力,因而轮转于生死,遭受痛苦。

第二,两教中关于消除无明的主要智慧不同。佛教和婆罗门教都认为要依靠本教中的智慧来消除无明。但这方面的理论多种多样,差别很大。佛教中对事物本质(实相)的分析在不同派别中就有不同,早期佛教、部派佛教、大乘中观派、大乘瑜伽行派的思想有不少差别,但基本倾向或主流思想都与缘起理论有关,都否定有根本的真正唯一实在的实体。这是佛教中借以消除无明的主要智慧。婆罗门教哲学中也有不少派别,各派对最高智慧的理解也有差别,但多数派别都承认有实在的根本实体,如吠檀多派的梵,数论派和瑜伽派的自性,胜论派、正理派和弥曼差派中的极微或句义等,这些方面的理论被婆罗门教哲学视为消除无明的主要智慧。这和佛教以缘起性空观念为主的消除无明的智慧是不同的。

(原载于《西南民族大学学报》,2010 年第 4 期)

佛教与婆罗门教中的否定形态的思维方式

✹

佛教与婆罗门教中都有大量的哲学思想,这些成分构成了印度古代哲学的基本内容。两教的理论有很大不同,但也有类似点,特别是二者在思维方式方面有极为相近之处。比如,二者都非常重视否定形态的思维方式。分析研究这方面的内容,探索其主要表现及作用,对于在总体上把握印度思想文化的特色有积极意义。

一 吠陀奥义书中的相关内容

吠陀奥义书中表述了印度远古时期的宗教与哲学思想。其中在思维方式方面也有所展示。

吠陀文献中最早的《梨俱吠陀》就表露出了这方面的内容。如其中的"无有歌"(《梨俱吠陀》10,129)中说:"那时,既没有无,也没有有""既没有死,也没有不死""这造作是从哪里出现的? 或是他造的,或不是。他是这最高天上的监视者,仅他知道,或他也不知道。"作者在这首赞歌的表述中同时使用了无与有、死与不死、是与不是、知与不知。这些组概念彼此之间是互相否定的。但在这些否定中,作者表明了一种状态或境界,而这种状态或境界只能通过否定的方式才能达到。吠陀文献中的这类表述相对来说并不是很多,然而它毕竟是较早显示了印度古人的一种思维方式,尽管这种方式在当时还不很流行,有关作者也不一定刻意地遵循它,但它还是被提了出来,而且在后来的奥义书中有了进一步的发展。

奥义书从广义上说也属吠陀文献,但从狭义上说则与《梨俱吠陀》等早期吠陀文献有很大不同。不少奥义书在描述事物的根本或最高境界时明显采用否定形态的思维方式。这方面的实例较多。如《广林奥义书》4,5,15中说:"我(阿特曼)不是这样,不是这样。它是非把握的,因为它不能被把握;它是非毁灭的,因为它不能被毁灭;它是非附加的,因为它不能被附加。"这里说的"我"是包括人生现象在内的一切事物的本体"大我",它更多地被称为"梵"。在许多奥义书作者看来,任何对这一实体的正面描述都是不准确的,对它只能说"不是这样,不是这样"。这一实体不能用一般的言语或概念来把握,但它并不是虚无,而是不能毁灭的实在,对它不能人为地加上各种修饰或属性。《迦塔奥义书》2,3,12中说得较明确:"它(梵或大我)是不能用言语,不能用思想,不能用视觉来认识的。"

梵或大我不能用言语等来描述是否就不能认识了?按照奥义书思想家的看法,显然不是。这一实体是可以把握的,但方法有些特殊,即只能采用否定形态的思维方式,通过否定来达到最高程度的肯定。如《广林奥义书》3,8,8在描述梵时说它是"不粗,不细,不短,不长,不(似火)红,不(似水)湿,非影,非暗,非风,非空,无黏着,无味,无嗅,无眼,无耳,无语,无意,无光,无气,无口,无量,无内,无外。"总之,对梵所提出的各种属性或描述,都要在前面加上"不"或"非"这样的否定词,要在不断的否定中来体悟梵究竟是什么。《由谁奥义书》2,3中说:"那些(说他们)理解了它(梵或阿特曼)的人并没有理解它;那些(说他们)没有理解它的人却理解了它。"这一奥义书的作者力图表明,如果一定要用人们通常用的概念、范畴来肯定梵有具体的性质,借此把握梵,那就说明你没有真正理解梵。而当你能意识到不可对梵作出种种正面的描述时,你实际上已体悟到了梵的实质。换言之,梵是在人们不断否定有关具体属性的过程中展示其本来面目的。

奥义书中的否定形态的思维方式还体现在其关于瑜伽或禅定的理论上。在许多奥义书看来,人们日常使用的观念或概念并不能真正反映事物的本来面目,因而需要加以抑制,而这种抑制常常表现为瑜伽或禅定。《鹧鸪氏奥义书》2,4,1 中明确提到了"瑜伽"。《歌者奥义书》7,6,1 中论及了"静虑",这静虑也就是禅定。《慈氏奥义书》6,18 还将瑜伽分为六种——调息、制感、静虑、执持、观慧、三昧。这些都是抑制心作用的具体步骤,它们在本质上都属于否定形态的思维方式或为采用这种方式所做的准备。

从上面的论述中可以看出,奥义书中的否定形态的思维方式主要是在表述婆罗门教哲学最高实体梵或大我的过程中展示出来的,因而它最初是婆罗门教思想家所倡导的思维方式。但由于一些奥义书的产生时间较早,对印度后世各种宗教哲学流派都有影响,因而这种思维方式就并不是仅仅为后来的婆罗门教哲学流派所继承,而是也被一些非婆罗门教派别所借鉴或吸收。在这之中,佛教表现较为突出。

二　佛教中的否定形态的思维方式

佛教产生时既提出了不少有别于婆罗门教的思想,也吸收了一些婆罗门教的观念。在思维方式上,佛教明显采用了吠陀奥义书中提出的否定形态的思维方式。这在早期佛教中就已显现出来。

在佛教形成之初,印度思想界曾讨论过种种关于世界或人生现象的问题,提出种种观念。释迦牟尼针对这些问题或观念采取了一种"无记"的态度,即认为对许多问题不能明确地作出判断。《杂阿含经》卷第三十四等中记述了当时议论的十四个问题:世间常、世间无常、世间亦常亦无常、世间非常非非常、世间有边、世间无边、世间亦有边亦无边、世间非有边非无边、如来死后有、如来死后无、如来死后亦有亦无、如来死后非有非无、命身一、命身异。此称"十四难"或"十四问"。另外,其他一些早期佛教经典中还有"十难"或"十问"之说,内容与"十四难"或"十四问"大同小异。佛陀对这些问题都"不为记说",即都不回答。在他看来,对这些问题的各种答案都不能表明事物的实际情况,都有片面性。若肯定一种或为肯定一种而否定另一种,都将是走极端。因此,对这些问题不能简单地加以肯定或判定。佛教这种做法或态度虽然从形式上看并没有说什么,但它显示的实际也是一种否定形态的思维方式,因为它实际对任何一种问题的解答都持否定态度,以此来显示事物的本质是不能简单用正面描述或肯定的手法表现出来的。

早期佛教在其他一些问题上的态度也表现出了一定程度的否定形态的思维方式。如在当时,顺世论等在印度突出强调享乐,而耆那教等则大力强调苦行。佛陀既反对极端化的苦行,也反对极端化的享乐,他提出离苦离乐的"苦乐中道"①。这实际是对不同或对立倾向所持的一种否定态度,要借此类否定达到一种中道境界。但从总体上说,早期佛教的这种表现在佛教史上不是最典型的,在后来的佛教发展中,特别是在大乘佛教的发展中,否定形态的思维方式有着更为鲜明的表现。

大乘佛教突出强调事物的"空",以空来说明事物的实相。它虽然不认为有一个真正存在的实体或主体,但却吸收了奥义书中用以体悟最高实体梵或大我的思维方法,只是大乘佛教力图表明的是事物的实相或空相。这方面的实例极多。

---

① 参见《中阿含经》卷第五十六。

般若类经中就有这方面的表述,如《般若波罗蜜多心经》中说:"是诸法空相,不生,不灭,不垢,不净,不增,不减。"这里展示了一系列的否定,通过否定来表明诸法的空相。

《维摩诘所说经》卷下在论及"观如来"时说:"我观如来,前际不来,后际不去,今则不住。……不可以智知,不可以识识。无晦,无明,无名,无相,无强,无弱。非净,非秽。不在方,不离方。非有为,非无为。无示,无说。不施,不悭,不戒,不犯,不忍,不恚,不进,不怠,不定,不乱,不智,不愚,不诚,不欺,不来,不去,不出,不入。一切言语道断。非福田,非不福田,非应供养,非不应供养,非取,非舍,非有相,非无相。同真际等法性。不可称,不可量,过诸称量。非大,非小,非见,非闻,非觉,非知。……于诸法无分别。一切无失,无浊,无恼,无作,无起,无生,无灭,无畏,无忧,无喜,无厌,无著,无已有,无当有,无今有。不可以一切言说分别类示。世尊,如来身为若此。作如是观,以斯观者,名为正观。若他观者,名为邪观。"在这段引文中,经不是说"不",就是说"无",或是说"非",对于人们可能一般描述的"法"的性质或"观如来"时所提出的特性和可能有的行为都加以否定。这样否定的结果从形式上看是"无所得",但在实质上则是"有所得",而"有所得"的目的要通过"无所得"这种手段或方式来达到。这实际也就等于说通过否定才能达到某种肯定,通过否定事物具有一些个别的性质而认识事物的最根本性质。这种否定形态的思维方法在《维摩诘经》的作者看来是一种"正观",也就是获得真理性认识的有效方法。

中观派继承了般若类大乘经等的思想,也采用否定形态的思维方式。如龙树的代表作《中论》卷第一中就提出了"八不"之说:"不生亦不灭,不常亦不断,不一亦不异,不来亦不出。"这四组否定的概念是其他派别经常用来描述事物本质或本体的,但在中观派看来,要把握事物的"实相"是不能正面使用这些概念或范畴来表述的,而只能在否定它们的过程中去体悟。

　　否定形态的思维方式在大乘佛教的一些重要经典中被明确看成是一种固定的把握真理的模式。这以《金刚经》最为典型。《金刚经》(罗什译本)中有不少在形式上类似的句子,如说:"佛说般若波罗蜜,即非般若波罗蜜,是名般若波罗蜜。""如来说三十二相,即是非相,是名三十二相。""是实相者,即是非相,是故如来说名实相。""如来说第一波罗蜜,即非第一波罗蜜,是名第一波罗蜜。""所言一切法者,即非一切法,是故名一切法。""说法者,无法可说,是名说法。""如来说三千大千世界,即非世界,是名世界。""所言法相者,如来说即非法相,是名法相。"该经不是很长,经中却有大量上述这类"说……,即非……,是名……"的句式,可见此句式的重要性。那么,为什么"说……,即非……"呢?《金刚经》中有这样一段话,实际作了回答:"凡所有相,皆是虚妄。若见诸相非相,则见如来。"显然,在经的作者看来,"说……"表述的必定是"相",而"相"则无一例外地均为"虚妄",因而必须要认识到这"虚妄"("即非……")。认识到这一点也就认识了事物,故"是名……"。大乘佛教的否定也并不是要否定一切,它否定的仅是事物的"相"的实在性,但并未否定事物的真实本质,实际上认为事物的真实本质要通过对其表露的"相"的否定来把握。因而否定中就包含着肯定,否定是为了肯定。否定只是手段,把握事物的本性才是目的。

　　大乘佛教后出的一些经典及瑜伽行派也同样采用否定形态的思维方式。如《解深密经》卷第二中说:"我依三种无自性性密意,说言一切诸法皆无自性。所谓相无自性性,生无自性性,胜义无自性性。……云何诸法相无自性性?谓诸法遍计所执相。何以故?此由假名安立为相,非由自相安立为相,是故说名相无自性性。云何诸法生无自性性?谓诸法依他起相。何以故?此由依他缘力故有,非自然有,是故说名生无自性性。云何诸法胜义无自性性?谓诸法由生无自性性故,说名无自性性,即缘生法,亦名胜义无自性性。何以故？于诸法中若是清净所缘境界,我显示彼以为胜义无自性性,依他起相非是清净所缘境界,是故亦说名为胜义无自性性。复有诸法圆成实相,亦名胜义无自性性。何以故？一切诸法法无我性名为胜义,亦得名为无自性性。是一切法胜义谛故,无自性性之所显故,由此因缘名为胜义无自性性。"在这里,经的作者实际也是采取种种方式否定事物有实在的自性,强调事物的相由于是人遍计所执的结果,因而无自性;事物的生由于是依他起的,因而无自性。由于事物无自性是佛教的一种胜义或圆满的认识,因而可以称为胜义无性或圆成实性。瑜伽行派的思想家在其论述中也基本采用了《解深密经》中的思想,通过不断否定事物有自性而展示事物的本来面目,达到唯识思想的最高境界。这也是大乘瑜伽行派对先前印度宗教或佛教中的否定性思维方式的继承和发展。

佛教中大量存在的禅定思想也是否定形态思维方式的重要表现。如佛教中通常说的"四禅八定"就属于这类内容。所谓"四禅"即通过初禅、二禅、三禅、四禅这几个阶段逐步抑制人的言语、觉观、喜心和出入息的修持手法[1],实际上也就是控制人的心的散动作用。这四禅一般被认为是属于色界的。而"八定"则既包括这色界的四禅,还包括无色界的四定,即:空无边处定、识无边处定、无所有处定、非想非非想处定。《阿毗达磨法蕴足论》卷第八在描述这四无色定时说:"有四无色,何等为四？谓有苾刍,超诸色想,灭有对想,不思惟种种想,入无边空。空无边处具足住,是名第一。复有苾刍,超一切种空无边处,入无边识。识无边处具足住,是名第二。复有苾刍,超一切种识无边处,入无所有。无所有处具足住,是名第三。复有苾刍,超一切种无所有处,入非想非非想处具足住,是名第四。"这四无色定实际也是逐步抑制人的各种观念或概念

---

[1] 参见《杂阿含经》卷第十七。

的状态,在最后达到非想非非想处定时已进入了高度抑制人的散动心作用的状态。佛教通过修习禅定表明了它不执著于任何东西的态度。大乘佛教甚至认为连修禅定也不能极端化,也不能执著。如《摩诃般若波罗蜜经》卷第四中说:"菩萨摩诃萨行禅那波罗蜜时,应萨婆若心,于禅不味不著,……于一切法无所依止,亦不随禅生。"这显然是比较彻底的否定,这种思维方式在印度佛教中极为流行。佛教传入中国后,中国的禅宗也将其继承下来,并作了进一步的发扬。

三 婆罗门教哲学流派中的否定形态的思维方式

吠陀奥义书时期,婆罗门教已提出了该教的基本观念。在印度后世,婆罗门教中又形成了一些相对独立的哲学派别。这些派别中的主流继承和发展了早期婆罗门教中的否定形态的思维方式。其中较突出的是吠檀多派和瑜伽派。

吠檀多派是婆罗门教中最直接继承奥义书中主要哲学思想的派别。在思维方式上,此派也继承了奥义书中的这方面内容。吠檀多派讨论的主要哲学问题是梵(大我)与我(小我或现象界)的关系问题。此派在发展中出现的许多思想家在这一问题上有不同看法,形成了不少分支。其中一些分支明显坚持自奥义书以来婆罗门教的否定形态的思维方式。

吠檀多派较早出现的一个对梵我关系解释的分支持一种"不一不异论"。此派的根本经典是跋达罗衍那的《梵经》。《梵经》文字极为简略,其主要含义要依赖后来此派思想家对它做的种种注释来理解。根据《梵经》的主要注释者商羯罗的《梵经注》,《梵经》中的某些部分反映了一些人关于梵我关系的思想,其中提到的一个思想家名为阿希摩勒蒂耶,此人认为梵与我的关系是一种"不一不异"的关系。①《梵经》中还论及一些在此问题上持不同看法的思想家,但一般认为,跋达罗衍那本人是倾向于"不一不异论"的。这种理论认为,梵作为世界的最高实体或创造者与作为其属性或被造物的我(小我或现象界)是不同一的("不一"),而从我(小我或现象界)都具有梵性,一切事物离开梵都不能实际存在的角度看,梵与我又是同一的("不异")。二者的关系被比喻为太阳和其水面上的影子的关系。② 这里所说的"不一"和"不异"实际就是一种否定,是对彼此对立的概念的否定,通过这种否定来显示梵不同一般的最高实体的地位。

吠檀多派中影响最大的一个分支是"不二一元论"。这种理论根据商羯罗的解释在《梵经》中已有涉及,当时的一个思想家迦夏克茨那就认为梵与我是一种无差别的"不二一元"的关系。③ 但有关此人的具体情况不是很清晰。在吠檀多派中,最早明确提出"不二一元论"的是乔荼波陀,而最主要的推行和倡导者则是商羯罗。

乔荼波陀认为,梵或大我是万有的根本,小我或一切事物在本质上是梵或大我的幻现,它们是不真实的(不能独立于梵或大我而存在)。小我既不是梵的部分,也不是它的变异,它们的关系如同瓶中的小虚空和瓶外的大虚空的关系一样。即:瓶中的小虚空与瓶外的大虚空本是一个东西,仅仅由于瓶子的限制,它们才显得不同。与此情形类似,作为人生现象的无数小我与大我本是一个东西,仅仅由于身体的限制,它们才显得不同,两者实际上是同一物。④ 因此,对于事物的种种区分是虚妄的,对有关概念只能进行否定,在不断的否定中体悟事物的本质,认识到

---

① 参见《梵经》1,4,19—22 及商羯罗的相应注释。
② 参见《梵经》3,2,18—28 及商羯罗的相应注释。
③ 参见《梵经》1,4,19—22 及商羯罗的相应注释。
④ 参考乔荼波陀《圣教论》3,1—10。

梵我不二。

商羯罗是在继承奥义书及乔荼波陀梵我关系理论的基础上发展与
丰富"不二一元论"的。他从"我"(小我或现象界)在实质上就是"梵"
(大我)的角度出发,论证了有别于"梵"的独立"我"是不存在的,论证了
表现为杂多的世间现象之不实。他认为,梵是一种最高的本体,这种本
体是不能用人们认识一般事物的手段(如感觉推理等)来把握的,而要
采用不断否定的手法来体悟。商羯罗采用这种手法描述梵,一方面是要
表明梵这一本体的至高无上,另一方面亦是要否定除梵外的一切事物的
独立存在。这正如他在《梵经注》3,2,22中所说:"说梵超越言语和思想
当然不是说梵不存在……它(梵)超越言语和思想,不属于物体的范
畴,……不是这样,不是这样这种短语并不绝对地否定一切事物,而仅仅
否定除了梵之外的一切事物。"商羯罗的理论后来成为吠檀多派的主流
理论,在印度后世影响极大。他的否定形态的思维方式一直到印度近现
代仍在社会中起着重要作用。

婆罗门教哲学中的瑜伽派也是较为推崇否定形态思维方式的一个
派别。瑜伽派的最早经典《瑜伽经》对印度上古时期就一直流传的瑜伽
修行及相关思想作了归纳和总结,进一步发展了这方面的内容。《瑜伽
经》1,2中说:"瑜伽是对心的变化的抑制。"这里所谓"心的变化"也称
为"心作用",它被分为五种,即:正知、不正知、分别知、睡眠、记忆。正
知指日常生活中一般的真实认识,主要说的是通过现量、比量、圣教量获
得的认识;不正知是对事物的虚假认识,这种认识不表明事物的真实特
性;分别知由言语表达的认识产生,它对事物进行区分或类别划分,没有
实在性;睡眠也是一种心识的形态,它依赖于不实在的原因;记忆是对以
前经历过的事物的未遗忘的感觉印象。[①] 这五种心作用以世俗的观念

---

① 参见《瑜伽经》1,6—11。

来看有正确的和错误的,但瑜伽派认为,它们对达到事物的最高境界都有阻碍,都应加以抑制。抑制的方法就是实行瑜伽派所倡导的修行,进入高度的"三昧"状态。这方面的内容是瑜伽派理论的重点。

所谓"三昧"主要指心专注一处而不散乱的精神状态。这种状态在《瑜伽经》中有时被称为"三昧",有时被称为"等至",它在程度上被作了种种区分。

《瑜伽经》中首先把三昧作了两种区分。一种是"有想三昧",另一种是"无想三昧"。"有想三昧"是还带有一定思虑情感的状态,这种三昧虽然也是一种入定的状态,但它仍然伴随着人的想象及自我意识等。《瑜伽经》1,17 中说:"有想三昧伴随着想象、思索、欢喜和自我意识。""无想三昧"则摆脱了各种杂念,不再有现行的心作用,仅仅保留作为潜在能力的心作用。这是一种较高程度的三昧状态。《瑜伽经》1,18 中说:"以终止意念为基础的三昧是另外一种无想三昧。在它之中,仅保持着过去的行力。"

三昧在被称为"等至"时分为四种,即:有寻等至、无寻等至、有伺等至、无伺等至。这是四个修行程度不断深化的状态。"有寻等至"是修行者还掺杂着主观的言语、概念等的状态。《瑜伽经》1,42 中说:"掺杂着言语、意义、概念差别的等至是有寻等至。""无寻等至"时修行者的主观记忆印象被排除。《瑜伽经》1,43 中说:"无寻等至时,记忆停止,心在其中仅作为客体照耀,就如同它没有自己的特性一样。""有伺等至"和"无伺等至"则以细微之物为禅定对象,逐步接近事物的实相。《瑜伽经》的古代注释者毗耶舍在对该经 1,44 的注中说:"有伺等至和无伺等至作用于细微元素。"《瑜伽经》1,45 中说:"细微之物的领域达到事物的实相。"

虽然四等至能不断提高三昧程度,但瑜伽派又认为这四等至都属于"有种三昧",即修行者虽然逐步排除了当时的杂念或印象,但还没有彻底消除过去行为(业)所产生的残存潜势力(种子)。如果修行者能更进一步,把有种三昧中的这种潜势力也消除掉或加以抑制,就可以达到"无种三昧"的境界。①

瑜伽派认为,三昧状态的不断深入,能使人获得神通力,并可获得对"自然"(物质性实体,也称为"自性")和"精神"(意识性实体,也称为"神我")的辨别智。如果修行者最后连这种辨别智也摆脱掉,就可以摧毁罪恶的种子,进入绝对独存的状态。在这种状态中,"自然"和"精神"具有同样清净的性质,修行者达到最终的解脱。②

从瑜伽派的理论可以看出,此派的主要倾向是否定一般人们的心的作用,强调对人的种种思想活动加以抑制,对人们日常生活中通常使用的概念、范畴的意义加以否定,认为修行者只有在这种不断的否定中才能进入最高的境界。这种否定形态的思维方式在婆罗门教中比较流行。

婆罗门教哲学中的数论派在理论上与瑜伽派关系紧密,基本接受瑜伽派关于抑制人的心作用方面的做法,因而在否定形态的思维方式方面与瑜伽派类似,只是数论派对于自性和神我的转变理论关注较多,而在抑制心作用的具体手法上则沿用瑜伽派的主张。两派学说的侧重点还是有一定差别。

婆罗门教哲学中的胜论派、正理派、弥曼差派在否定形态的思维方式上不能说完全没有相关的内容,但相对于以上三派来说不是很突出,或不明显。

胜论派主要分析事物的差别或表现形态,在其文献中也有一些禅定方面的思想。如胜论派的最早经典《胜论经》中谈到瑜伽,认为当身体中意这样的要素不活动时就会没有痛苦。③ 这类内容是此派沿用古代

---

① 参见《瑜伽经》1,46—51。
② 参见《瑜伽经》3,48—54。
③ 参见《胜论经》5,2,16。

就存在的瑜伽或禅定观念,有否定形态思维方式的成分。但这些不是胜论派理论中的主流或主要特色,而是一些附带成分,是此派对当时思想界一些主导思想附会的表现。

正理派侧重探讨逻辑与辩论规则等问题,在否定形态的思维方式方面与胜论派类似。它的一些文献中也论及禅定,如该派最早的经典《正理经》认为真理的认识"产生于对三昧的特殊修习"①。但这类成分也不是正理派理论的主流。

弥曼差派重视祭祀,重视吠陀言教。此派中虽然提到"无分别现量"②,但并没有特别将其作为认识真理的主要手段。此派较为重视圣言量,在否定形态的思维方式方面甚至不如胜论派和正理派。

四　综合评述

综上所述,不难看出,佛教与婆罗门教在否定形态的思维方式上有着密切的关联,但也有一定差别。关于两教中这种思维方式的特点从总体上可以归纳出以下五点:

第一,印度后世的婆罗门教哲学派别和佛教都是在继承和吸收吠陀奥义书中有关内容的基础上采用否定形态的思维方式。吠陀奥义书中提出的基本思想是婆罗门教的思想,它主要被印度后世的婆罗门教哲学派别所遵循,否定形态的思维方式即是如此。佛教虽然不承认吠陀奥义书的圣典地位,但实际却吸收了这些文献中的不少思想。在否定形态的思维方式上,佛教在产生时就受到吠陀奥义书的影响,佛教在后来的演变中,更是广泛采用这种方式,并有很大发展。因此,从实质上来说,印度后世的婆罗门教哲学派别和佛教的否定性思维方式都是以吠陀奥义

---

① 参见《正理经》4,2,38。
② 参见姚卫群编译:《古印度六派哲学经典》,第425—426页。

书中的有关表述为理论源头的。

第二,佛教和婆罗门教中否定形态的思维方式要把握的内容有差别。佛教和婆罗门教对于事物本质的看法不同。婆罗门教的主流思想认为,万有在本质上是一个根本实体的显现,事物有一个实在的根本因,最终可以归结为这一因。而佛教则认为事物是缘起的,其中没有一个不变的实体,万有中不存在有自性的根本因,事物有实相,但从实质上说却没有一个真正的本体。因此,婆罗门教思想家所采用的否定形态的思维方式要把握的是事物的根本因或本体,而佛教要把握的则是事物的实相。二者在这方面是有区别的。

第三,两教在后世使用否定形态的思维方式更具有主动性或自觉性。否定形态的思维方式在吠陀时期初步显现,在奥义书时期明确展示,在后世的佛教和婆罗门教哲学派别中则广为流行。从这种思维方式的发展程度上来说,两教后世的思想家在运用它时明显比吠陀奥义书时期的思想家更主观更刻意。吠陀奥义书中的大量论述虽然表明了这种思维方式的形成,但在不少场合它的使用带有些偶发性或非主观刻意的成分。佛教著名经典《金刚经》中的"说……,即非……,是名……"的句式,就显示出作者在使用这种思维方式上的明确自觉性;吠檀多派中强调的"不二论"也明确表示要否定各种有差别的概念或范畴。吠陀奥义书中尽管也有一些与之类似的表述,但相对而言,这些文献中记述的思想家在这方面的自觉性还是不如后世的佛教及婆罗门教哲学派别。

第四,两教中的不同分支或不同发展时期的否定形态的思维方式的使用程度或自觉性有差别。佛教在整个发展时期都使用否定形态的思维方式,但相对而言,大乘佛教时期使用的频率和有意识性更高,而早期或小乘佛教在这方面的使用有限或不如大乘佛教。在婆罗门教哲学派别中,较多使用否定性思维方式的是吠檀多派和瑜伽派;胜论派、正理派及弥曼差派则使用较少,或相对来说不突出。

第五,两教的否定形态的思维方式共同构成了古代印度人思想形态的重要特色。佛教和婆罗门教是古代印度思想史上影响最大的两个教派。二者在思维方式上的表现在很大程度上影响着古代印度人思想特色的形成。思维方式是文化形态的重要组成部分,这方面的内容展示了印度文化的一些基本风貌。否定形态的思维方式随着佛教及婆罗门教(或印度教)的传播也在很大程度上影响了中国等东方国家文化的发展,在人类精神文明的发展中起了重要的作用。

（原载于《北京大学学报》,2009 年第 1 期）

《瑜伽经》与禅定

✿

《瑜伽经》是古代印度重要的宗教经典。该经中的许多内容是在归纳整理印度远古时期流传下来的瑜伽修行的方法后形成的。而瑜伽修行的方法又与婆罗门教和佛教等宗教派别中的禅定有直接的关联。因而,研究分析这一经典对于理解说明在印度、中国等东方国家中普遍流行的禅定方法有重要意义。本文主要分五个部分论述。

一 《瑜伽经》的形成及其与印度主要宗教哲学派别的关联

《瑜伽经》的最初作者是钵颠阇利(Patañjali)。此人的年代一般认为是在公元前 150 年左右。但这一时间的判定严格来说是一种推测的产物。公元前 2 世纪,印度有一著名的语法学家也叫钵颠阇利。现推测《瑜伽经》的年代时多基于认为这一钵颠阇利与《瑜伽经》的作者为同一人。按照这种推测的时间,《瑜伽经》的产生年代比佛教产生的年代晚。然而,并不能由此就认为此经的主要思想来自于佛教。因为在佛教产生前,印度就已有瑜伽或禅定流行。《瑜伽经》主要是在吸收改造印度远古时期流传下来的各种瑜伽修行的成分之后形成的。因而,《瑜伽经》的理论成分的来源就较为复杂。有在归纳整理印度远古瑜伽修行后引入的内容,也有从佛教中吸收的成分。以下我们先考察古印度早于佛教出现的瑜伽,再分析古印度影响较大的宗教哲学派别与《瑜伽经》的关系。

印度的瑜伽最早可追溯到印度河文明时期。在印度河文明的两个典型遗址——摩亨佐·达罗(Mohenjo Daro)和哈拉巴(Harappa)处,出土了不少印章。这些印章是一些微型雕刻,数量达几万个。在当时,它们主要被用来作为护符或族徽,也有用来作为个人身份之证明标记。印章中有一小部分反映了当时人的宗教信仰。这部分印章上有神像,其中一些神的坐姿就和印度后世流行的瑜伽坐法一致,被认为是当时流行的瑜伽修行的姿势。一些此类神像的图案被后人称为"瑜伽男神"。印度河文明的年代一般被认定在公元前2500年至公元前1700年左右,也有人认为是在公元前3000年左右。根据这些推测,瑜伽在印度大约有接近5000年的历史。这一时期的瑜伽应当是《瑜伽经》中相关内容的最早源头。

除了印度河文明时期的瑜伽之外,吠陀及奥义书中的一些内容也记述了瑜伽,与《瑜伽经》中的内容有关。

吠陀是现存最早的印度宗教历史文献。这些文献多产生于公元前1500年至公元前1000年之间。一些学者认为,吠陀中提到的苦行,与瑜伽修行有关联。如在《梨俱吠陀》10,136中,提到了长发褐衣的苦行者处于一种精神恍惚的忘我状态中,这与印度后世的瑜伽修行有渊源关系。[1]

奥义书从广义上说也属吠陀文献,但它与一般的早期吠陀文献有很大不同。奥义书中出现了大量的哲学思想。早期奥义书产生于公元前9世纪左右。一些晚出的奥义书则在佛教出现之后形成。瑜伽的思想在奥义书中也有明确记述。例如,《鹧鸪氏奥义书》(Taittirīya Up.)2,4,

---

[1] 参见金仓圆照:《印度哲学史》,京都:平乐寺书店,1963年版,第116—118页。

1 中就明确提到了"瑜伽"(yoga)一词。该奥义书把瑜伽与信仰、真实等相提并论。这表明,在奥义书时期,瑜伽就已经是一种很明确的宗教修行方法。瑜伽中的一种状态被称为"静虑",这在奥义书中也有提及,如《歌者奥义书》(Chāndogya Up.)7,6,1—2 中曾用"静虑"来形容比喻天地山水等的静止不动状态,还提到静虑大于心,小于识。瑜伽讲究抑制人的精神或心作用,这在一些奥义书中也有论及,如《迦塔奥义书》(Katha Up.)2,6 中把感觉器官的认识功能的不起作用、意识的安宁等看作瑜伽。这种观念在印度后世的瑜伽中是很流行的。还有的奥义书也对瑜伽修持的特点做了描述,如《慈氏奥义书》(Maitrī Up.)6,25 中认为瑜伽是统一呼吸与心及感觉器官,漠视一切存在现象。这也是后世对瑜伽的一般看法。奥义书中对瑜伽的种类也有描述,如《慈氏奥义书》6,18 中认为,瑜伽有六种,即调息、制感、静虑、执持、观慧、三昧。这和《瑜伽经》中的一些内容是接近的。

印度古代的著名史诗《摩诃婆罗多》中也有关于瑜伽修行的内容。这方面的内容也不能排除对《瑜伽经》有影响的可能。《摩诃婆罗多》是一部形成时间跨度相当长的文献。这一史诗的主要创作时期大致在公元前 6 世纪至公元前 2 世纪左右,但后来又有长期的增补改动时期,有在公元后形成的一些成分,定型时期应在公元 2 世纪之后,甚至更晚。这一史诗反映的一些内容被认为发生在公元前 10 世纪左右,还有一些内容则可能出现在公元后。这样看来,《摩诃婆罗多》中较早的部分就可能早于《瑜伽经》出现的时间,而较晚出现的部分则可能晚于《瑜伽经》。因而二者间存在着相互借鉴的可能。《摩诃婆罗多》中提到了瑜伽修行的禅定阶段,论及了静虑、执持、观慧、三昧等,也提到了瑜伽修行所产生的神通力,如论及了微细、轻妙、遍满、远到、随所欲、支配、尊胜、通贯等具体的神通力种类。此外,还对瑜伽行者在吃穿等方面也提了一些要求,认为修行者可以吃谷类、麦粉、牛乳,但应避免吃肉食等,并论及了修行者穿破衣、麻衣、绢衣以及裸体的场合。①　这些内容都有可能对《瑜伽经》产生影响。

《瑜伽经》对上述这些文献中有关瑜伽的内容做了吸收整理,在理论上进行了归纳和系统化。这一经典的出现标志着古印度属于婆罗门教系统中的瑜伽派的形成。现存《瑜伽经》不是在短期内形成的。它的最初部分由钵颠阇利在公元前 2 世纪左右创作而成,后来又经历了一个数百年的后人追加增删的过程,定型时间大致在公元 300—500 年间。

在古印度形成的宗教或哲学派别中,除了顺世论之外,其他各派中都有瑜伽修行或禅定方面的内容。这些派别中的此类成分与《瑜伽经》有不同程度的关联。

在婆罗门教系统的六派哲学中,数论派与瑜伽派的关系最为紧密。数论派的主要文献与《瑜伽经》的理论基调是一致的,只是两派的侧重点有所不同。瑜伽派侧重探讨达到最高境界的具体修行手法,探讨进入禅定的不同阶段及层次问题。而数论派则探讨达到最高境界的必要性和可能性,论述了瑜伽修行最终要达到的目的。两派虽然有分析侧重点的不同,但实际都论述了瑜伽。二者的基本理念是密不可分的,它们都追求脱苦解脱。

数论派现存的基本文献《数论颂》认为,脱离痛苦的根本智慧是"辨别智"。所谓"辨别智",也就是辨别数论派论及的作为物质实体的"自性"和作为精神实体的"神我"这二者之间差别的智慧。数论派强调要努力使自性和神我脱离接触,各自独存,促成生命形态回归本位,终止轮回,认为这样修行者就能摆脱痛苦,达到解脱。

《瑜伽经》中也十分强调"辨别智"的重要性。如该经 2,17 中说:"能观和所观的结合是(本可)避免(的苦)的因。"该经 2,24—26 中说:

---

①　参见木村泰贤:《印度六派哲学》,东京:丙午出版社,1919 年版,第 242—247 页。

"无明是这(结合)的因。""排除是由这(无明)消失(而出现的)结合的消失,那就是观照者的独存。""排除的方式(是借助)未受干扰的辨别智。"该经 2,28 中说:"当通过对瑜伽(八)支的持续修习而灭除不净时,智慧之光就进入辨别智。"这里说的"能观"即"神我","所观"即"自性"及其转变物。瑜伽派认为,二者的结合是轮回形成的因,也就是痛苦产生的因。无明直接造成了二者的结合。要消除无明就要借助"辨别智"。

由此可以看出,《瑜伽经》中的修行理论,与数论派文献中的通过认识自性和神我本质的智慧来寻求解脱的理论,是密不可分的。从数论派和瑜伽派最初成分的形成年代来看,瑜伽的修行法在印度河文明时期就存在,而数论的基本哲学理念在奥义书中就有。因而应当说,《瑜伽经》的修行方式在数论理论形成之前就已存在,很难说《瑜伽经》的主要修行法来自数论派。但数论的思想和瑜伽的思想在奥义书时期都已存在,在理论上相互融合,最终形成了印度宗教哲学中密不可分的两派。

在六派哲学中,正理派和胜论派也是关系密切的两派。二者中都有瑜伽修行或禅定的成分。两派早期文献中的这方面内容与《瑜伽经》的关系也是应该思考的问题。

正理派的主要经典是《正理经》,此经中也论及瑜伽。如该经 4,2,42 中说:"(应)教导(人们)在森林、洞穴和沙滩等处修习瑜伽。"该经 4,2,46 中说:"借助夜摩、尼夜摩以及瑜伽(确定的)较高精神(状态的)规范方法,这净化我的目的(可以达到)。"这里明确提到了瑜伽,并且提到了做瑜伽的一些准备阶段的内容,与《瑜伽经》中的一些具体修习步骤一致。《正理经》的雏形大致在公元 1 世纪形成,但现在人们看到的《正理经》中包含着后人加入的成分,约在 3 至 4 世纪定型。这样看来,《正理经》的作者是有可能受到过《瑜伽经》影响的。但由于在《瑜伽经》之前,奥义书等文献中都有瑜伽的成分,因而也不排除《正理经》受过这些文献影响的可能。

胜论派的主要经典是《胜论经》。此经中亦论及了瑜伽方面的内容。如该经 5,2,16 中说:"当意安住于我,无活动时,身体中无痛苦,这就是瑜伽。"这里谈到的是人在瑜伽修行过程中某种感觉不存在的状态,实际是古印度宗教哲学中关于禅定形态的一种描述。《胜论经》的最初成分大约在公元前 2 世纪出现。但现存《胜论经》中有后来追加的成分,成型时间较晚,约在公元 2 世纪。《胜论经》中虽然有瑜伽禅定的内容,但此经对这类内容的兴趣其实并不大,即便受《瑜伽经》的影响,其程度也不深,而且其中的有关内容也可能直接取自奥义书等远古圣典。

六派哲学中的弥曼差派是相对不关注瑜伽修行的一个派别。此派强调做祭祀,追求世俗的直接利益及上天堂等目标。而祭祀行为本身通常是不强调瑜伽方面之内容的。弥曼差派的最早经典《弥曼差经》中基本不谈瑜伽或禅定问题。此派发展后期的一些人物,如枯马立拉,在展示其认识论时,将瑜伽方面的内容放在"现量"问题中讨论,[①]但论述也不多。可以说此派与《瑜伽经》没有多大关联。

吠檀多派是印度思想史上影响最大的派别,是婆罗门教或印度教的主流派。此派对于瑜伽或禅定问题极为关注。这与此派追求的最高境界有关,也与此派直接源于奥义书的主流思想有关。吠檀多派的根本经典《梵经》中提及了瑜伽,如该经 2,1,3 中谈到"瑜伽派",并且是作为批判对象谈论的。之所以作为批判对象,主要与瑜伽派采用了数论派的基本理论(如"自性"等的理论)有关,这种理论与吠檀多派对最高状态的解释有差别。

此外,在《梵经》3,2,24—28 中,作者提到了"冥想"。文中说:

---

① 参见姚卫群编译:《古印度六派哲学经典》,第 425—426 页。

"(梵)是在冥想中(领悟的,这)根据直接知觉和推论(即可知道)。在(冥想的)行动中,那光辉的(最高我)如同光等一样(显得有差别)。而(在实质上,)差别是不存在的。(这)根据(圣典中的'那就是你'这种短语的)重复(即可明了)。(个我与)无限的(最高我合一),因为(圣典中有表明)如此的标志。然而,由于(在圣典中)表明了(个我与最高我既是差别的,又是无差别的这)二者,因此,(个我与最高我的关系)就如同蛇和它的盘绕状(之间的关系)一样。或者,(个我与最高我之间的关系)就如同光和(光的)基体一样,因为二者都是光辉。"此文中这"冥想"似乎接近于瑜伽中说的"禅定"。但二者并不完全相同。因为吠檀多派在这里说的"冥想"状态,实际也就是"梵我同一"的状态,是吠檀多派追求的最高境界,这与瑜伽派要达到的自性和神我独存状态是不一样的。当然,这一"冥想"状态也是一种排除不实在的心作用的状态,因而与《瑜伽经》中说的瑜伽或三昧状态也有相似处。

《梵经》中较早出现的成分大致在公元1世纪左右。现存《梵经》中有后来追加的成分,在5世纪左右定型。但《梵经》中的大量内容是取自奥义书的,因而其不少成分应当说早于《瑜伽经》。而后来加入《梵经》的成分中的一些瑜伽或冥想的内容最多与《瑜伽经》中某些内容有相互影响的关系。从《梵经》中的冥想主要是指梵我同一境界来看,吠檀多派受《瑜伽经》的影响不会有多大。即便《梵经》中有一些传统瑜伽的内容,也主要是受奥义书中相关成分影响的产物。

耆那教也是印度宗教中一个影响较大的派别。此教中亦有瑜伽或禅定方面的内容。现存耆那教的最早文献是不完整的,此教早期的一些观念要依赖于其他一些派别文献的转述。佛教文献中就记述了一些耆那教创始人的相关思想。如阿含类经典中就对耆那教创始人尼乾陀·若提子的情况作了描述。《长阿含经》卷第十七中曾记述了一段内容,有人问尼乾陀·若提子(尼乾子):"大德,犹如人乘象、马车,乃至种种营生,现有果报。今者此众现在修道,现得报不?"他却回答说:"我是一切智,一切见人,尽知无余。若行,若住、坐、卧,觉悟无余,智常现在前。"即他不正面回答对方的提问。对方问"现得报不"的问题,他却以"一切智"作答。《增一阿含经》卷第五十一中曾载佛陀对尼乾子的评论:"尼乾子者,愚惑,意常错乱,心识不定。"上文虽然没有直接提及瑜伽或禅定,但尼乾陀·若提子的行为却展示了他在这方面的一些观念。他不正面回答对方的提问,实际上是认为一般的言语观念并不能恰当地表明正确的思想,这和中国后世禅宗公案中禅师的一些做法类似,一些禅师看似不可理解的行为其实是要中断一般的思维方式。所谓尼乾陀·若提子"意常错乱,心识不定",是他否定人们一般的精神思维方式,而追求使自己处于一种禅思的状态中。

耆那教义献影响最大的是《谛义证得经》。此经大致是5—6世纪的产物。虽然年代不早,但却是耆那教主要派别都承认的经典,记载了此教的正统思想。此经中也有与禅定相关的内容。

《谛义证得经》中提出了五种"智"的理论,它们是:感官智(通过感官等获得的认识)、圣典智(借助符号和言语获得的认识)、极限智(直接获得的在时空上极为遥远的事物的认识)、他心智(对别人精神活动的直接认识)、完全智(对一切事物及其变化的最完满的认识)。《谛义证得经》在分析时说:"前两种智是间接的。""后三种智是直接的。""感官智、圣典智和极限智有可能是错误的认识。"①从这种论述中我们可以看出,此经实际认为,借助于感官、言语等的认识要通过中间环节,因而可能会走样,产生错误。而不借助感官、言语等中介的认识由于是直接把握事物,因而不会产生错误。之所以说极限智也可能是错误的认识,是由于其直接把握的程度还不高。在此经作者看来,对事物的完满认识要

---

① 《谛义证得经》1,11—12;1,31。

脱离人的感官要素的介入，要靠人的直接体悟。而这种体悟实际上就是一种禅定。《谛义证得经》中的这些观念与《瑜伽经》等强调的内容是相近的。

耆那教产生时虽然还没有《瑜伽经》，但当时已有瑜伽或禅定。而《谛义证得经》产生时，已有《瑜伽经》。耆那教文献中的相应思想无疑受到包括奥义书等文献中的瑜伽或禅定思想的影响。而《瑜伽经》中的思想则不排除对后来耆那教的思想有影响。

佛教产生时禅定在印度已很流行。从印度河文明开始就有的瑜伽修行思想以及奥义书等文献中的瑜伽或禅定观念一直对佛教有重要影响。释迦牟尼创立佛教前也曾修习过当时流行的禅定。在佛陀正式创立佛教后又吸收改造了这方面的内容，将定学作为佛教理论的重要组成部分。佛教产生之初虽然没有《瑜伽经》，但《瑜伽经》产生后，对古印度的瑜伽或禅定思想的系统化还是有重要影响的。后来在印度流行的佛教与以《瑜伽经》为主要经典的瑜伽派是一种互相影响的关系。佛教的一些思想与《瑜伽经》中的内容相近，而《瑜伽经》最后一卷中的内容也明显吸收了佛教的一些观念，受到了佛教的影响。这方面的内容在瑜伽或禅定思想的发展中十分重要，以下要专门探讨。

二　《瑜伽经》中与禅定相关的思想

《瑜伽经》讲述的主要内容是瑜伽修行，而瑜伽修行的核心成分就是禅定。所谓禅定主要指离开外部不实在的事物的影响，保持内心安宁的一种精神状态。这种状态在印度宗教中往往也是有关派别要达到的一种消除无知、脱离痛苦的最高境界。

《瑜伽经》在论述什么是瑜伽，瑜伽修行的主要特点和分类，以及瑜伽修行的具体手法等问题时都涉及禅定。

《瑜伽经》在一开始就给"瑜伽"下了定义,该经 1,2 说:"瑜伽是对心作用(心的变化)的抑制。"此处说的"心作用"在《瑜伽经》中有具体的分类和表述,该经 1,6—11 将心作用分为五种,它们是:"正知、不正知、分别知、睡眠和记忆。"所谓"正知"指日常生活中一般的真实认识,主要包含通过现量、比量、圣教量获得的认识;所谓"不正知"是对事物的虚假认识,这种认识不表明事物的真实特性;所谓"分别知"由言语表达的认识产生,它对事物进行区分或类别划分,没有实在性;所谓"睡眠"也是一种心识的形态,它依赖于不实在的原因;所谓"记忆"是对以前经历过的事物的未遗忘的感觉印象。

《瑜伽经》在定义瑜伽的论述中实际表明,瑜伽就是追求一种摆脱外界影响的禅定状态。因为这五种心作用其实都是外部的事物(也就是所谓"相")的作用。无论是世俗的正确认识还是不正确的认识都是对外部事物的反映,都是人在接触外部事物后形成的意识形态。此处说的"正知"是站在世俗认识的角度上说的正确反映外部事物特性的心作用。"不正知"则是站在世俗认识的角度上说的不正确反映外部事物特性的心作用。"分别知"是对外部事物进行区分后所展示出来的一种心作用。"睡眠"中产生的作用其实仍然与醒时接触的外物有关,是一种先前接触外物后表现出来的心作用。"记忆"也是对外部事物的忆念后的产物,也是一种来自外物的心作用。这五种心作用归结在一起,都离不开外物,而禅定则以离开这些外物,也就是离开那些不实在的"相"为目的,在瑜伽行者看来,只有离开了"相",才能不受不实事物的影响,才能保持身心安宁。

《瑜伽经》中论及禅定最直接的是其关于"三昧"的理论。所谓三昧实际也就是瑜伽行者在对心作用抑制后所达到的状态。《瑜伽经》中将三昧状态区分为若干种。

在《瑜伽经》的作者看来,要想摆脱轮回中的痛苦就要有对自性和神我的"辨别智"。明了这二者的差别,就会认识事物的本质,使自性和神我各自独存,不再结合形成轮回。瑜伽行者的目的也就是通过抑制心作用而打消种种影响人把握事物本质的观念,破掉无明,获得最高智慧,彻底消除产生轮回的根源。

《瑜伽经》4,32 中说:"由于'德'达到了目的,(它)变化的连续就结束了。"毗耶舍在注释这段经文时说:"'法云三昧'产生时,'德'的变化的连续就结束了。"此处说的"德"指自性及其转变出来的轮回现象。德的变化的结束也就是轮回的结束,也就是痛苦的结束。

《瑜伽经》4,34 中说:"(当)没有神我的对象的'德'变成潜伏(状态时),或(当)意识的力量建立在自己的特性之中(时),绝对独存(就达到了)。"毗耶舍在注释这段经文时说:"绝对的独存是德在没有神我的对象时的潜伏(状态),或者,它是意识的力量建立在其自己的特性之中。绝对的独存是德通过相反的过程变成潜伏(状态)。"这里讲的"绝对的独存"即是自性与神我不再相互作用,轮回状态结束,达到解脱。而所谓"法云三昧"状态也就是最高的禅定状态。

《瑜伽经》中描述了获得"辨别智",并达到最高禅定状态的具体手法。这就是此经中重点论述的作瑜伽的"八支行法"。八支行法是:禁制、劝制、坐法、调息、制感、执持、静虑、等持。关于"禁制",《瑜伽经》2,30 中说:"禁制是:不杀生、诚实、不偷盗、净行、不贪。"这五条实际是瑜伽行者必须遵守的规定。如果做不到,在此派看来就根本不可能进入瑜伽或禅定状态。关于"劝制",《瑜伽经》2,32 中说:"劝制是清净、满足、苦行、学习、敬自在天。"这五条是此经提出的瑜伽行者应奉行的道德准则。做不到它,进入瑜伽或禅定也是困难的。关于"坐法",《瑜伽经》2,46 中说:"坐法(要保持)安稳自如。"这是修行者在做瑜伽时身体要保持的姿势。这种姿势有助于阻止外界的干扰。关于"调息",《瑜伽经》2,49—50 中说:"调息是这(坐法完成)时,呼吸运动的停顿。它表现为外部的、内部的和完全抑制的，通过位置、时间和数量来调节。（它是）长时间的和细微的。"这种调息对于保持身心安宁，进入禅定也是必要的。关于"制感"，《瑜伽经》2，54—55 中说："制感可使感官不与它们的对象接触，（产生）与心的本性类似（的状态）。因而，感官被置于最高控制之下。"制感通过对身体的感觉器官的控制，使它们与外物脱离接触，以使心不被干扰，有助于进入禅定。关于"执持"，《瑜伽经》3，1 中说："执持是心注一处。"所谓心注一处，即是把心贯注在任选的某物之上，如肚脐、鼻尖、舌尖等身体部位，以使心凝定而不散乱。关于"静虑"，《瑜伽经》3，2 中说："静虑是观念在那里的持续。"这是指上述执持状态的进一步发展，也就是心持续集中于禅定对象上。关于"等持"，《瑜伽经》也称其为"三昧"。该经 3，3 中说："三昧可（仅使）其对象发出光辉，（自我认识的）本性似乎不存在。"等持是瑜伽八支行法中的最后一个修行阶段。在这个阶段中，仅静虑的对象发出光辉，修行者的心与其观照的对象冥合为一，主观意识犹如完全不存在。这是禅定的一种理想状态。

瑜伽派通常把以上八支行法中的前五支称为"外支"，后三支称为"内支"。所谓外支有时也称为"有德瑜伽""作法瑜伽"，它侧重于道德、伦理和身体的修炼。所谓内支有时也称为"王瑜伽"，它侧重于精神修炼。

瑜伽派非常重视内三支，认为它们是比其余五支"更为内在的部分"。《瑜伽经》3，4—8 中说："这三支①合在一起是'总制'。由于获得了这个（总制，就形成了）认识的广阔境界。这（总制）被用于（各）处。这三支（形成的是）比前（五支）更内在的部分。甚至这（三支）也是无种（三昧）的外在部分。"

---

① 指执持、静虑、等持。

　　《瑜伽经》认为,总制可以产生种种神通力,总制的对象不同,获得的神通力也就不同。例如,借助对潜势力(行)的总制,可以获得前生的知识;借助于对身体形态的总制,可以隐身;借助于对行为及其结果等的总制,可以获得关于死的知识。此外,借助对动物、日、月、星系、身体器官及其功能等的总制,可相应地得到许多异乎寻常的知识和力量。① 最后,总制还可以获得一种对"自然"(sattva,相当于数论派的"自性")和"精神"(Puruṣa,"神我")的"辨别智"。获得了这种"辨别智"后,即可得到对一切存在和无限知识的至上支配力量。如果修行者再进一步,连"辨别智"也摆脱掉,就可以摧毁罪恶的种子,进入绝对独存的状态。② 这种状态实际超越了上述的一般禅定状态,是一种完全摆脱主客观分别的状态,对任何事物也不执著。这也就是完全脱苦的解脱状态。

　　从《瑜伽经》对这"八支行法"的论述中可以看出,八支中的前两支主要是对进入禅定的修行者的行为或资格的基本要求;中间三支是进入禅定的一些身体方面的准备或身体行为的基础性动作;后三支则是禅定本身。这种八支行法的理论对禅定状态的进入过程或基本要求作了明确的表述。

三　佛教中的禅定思想

　　佛教是印度的主要宗教之一,在中国则是影响力最大的宗教。禅定的内容在佛教中占有显要地位。而佛教中的禅定与古印度的瑜伽有渊源关系,与《瑜伽经》中的一些内容也有某些关联。《瑜伽经》与佛教的关系较为复杂。较可能的情况是,二者都从印度河文明、吠陀奥义书等吸收和发展了早期瑜伽或禅定理论。之后,二者中的这类成分并行发

---

　　①　参见《瑜伽经》3,16—47。
　　②　参见《瑜伽经》3,48—54。

展,相互影响。可以看到,《瑜伽经》和佛教文献中在这方面有大量类似成分,可比较之处不少。

释迦牟尼在出家之初修习过古印度流行的禅定,但与他的期待有一定距离,曾一度放弃。他在悟出了佛教的基本思想后,又对此前的禅定思想进行了吸收改造,构建了佛教三学中的所谓"定学"。

早期佛教在禅定方面的基本内容最初体现在佛提出的"八正道"中的"正定"上。《分别圣谛经》在解释"正定"时说:"诸贤,云何正定?谓圣弟子念苦是苦时,集是集,灭是灭,念道是道时,或观本所作,或学念诸行,或见诸行灾患,或见涅槃止息,或无著念。观善心解脱时,于中若心住禅、住顺、住不乱不散,摄止正定,是名正定。"从这段文字可以看出,"正定"是佛弟子在学习佛教基本教理、追求解脱过程中的一种重要精神形态,修习者要"摄止"自己的心作用,要"不乱不散"。这里的"摄止"及其"不乱不散"的要求也就类似《瑜伽经》中描述的抑制心作用的禅定状态。

在论述早期佛教的禅定时,佛教文献中通常举出所谓"四禅"。《长阿含经》卷第八中在论述时说:"复有四法,谓四禅。于是比丘除欲恶不善法,有觉有观,离生喜乐,入于初禅;灭有觉观,内信一心,无觉无观,定生喜乐,入第二禅;离喜修舍念进自知身乐,诸圣所求,忆念舍乐,入第三禅;离苦乐行,先灭忧喜,不苦不乐,舍念清净,入第四禅。"在这里,禅主要是对人情感和意念的控制或抑制。

《杂阿含经》卷第十七在论述"四禅"时说:"初禅正受时,言语止息;二禅正受时,觉观止息;三禅正受时,喜心止息;四禅正受时,出入息止息。"根据这段引文,四禅的四个阶段是分别抑制言语、觉观、喜心和出入息的。这与《长阿含经》卷第八中所说在细节上不尽相同,但总的意思是相同的,即要逐步控制人的感觉、情感、思想等,也就是控制人的心作用。这样实际上也就是达到了八正道中说的"不乱不散"的状态。

在佛教中，"禅"一词经常与"定"合用，称为"禅定"。"禅"一词的梵语原文为"dhyāna"，古印度俗语的原文为"jhāna"。"定"有时是上述"禅"的原文的意译，然而多数情况下"定"另有一梵语原文"samādhi"，也就是所谓"三昧"。"禅"和"定"在古代和现代有时分开用，或有一定区分。在一般情况下，二者多混用。二者混用时最典型的称谓是所谓"四禅八定"。

"四禅八定"并不是并列的两组成分，而是"八定"中包含"四禅"。四禅属于八定中的前四种，属三界中的色界。"八定"中还包含"四无色定"，即：空无边处定、识无边处定、无所有处定、非想非非想处定。它们属于无色界。所谓"空无边处定"超越第四静虑，灭眼识相应之色想，耳等四识相应之有对想，及所有障碍定的思虑，仅仅思维空的无边之相的精神状态。所谓"识无边处定"超越空无边处，思维识之无边之相的精神状态。所谓"无所有处定"超识无边处，破识之相，思维识无所有之相的精神状态。所谓"非想非非想处定"超无所有处，达到非想非非想的境界，是一种不可言状的精神状态。这四禅八定所强调的修行与奥义书及《瑜伽经》中的瑜伽修持观念是类似的，主旨都是要抑制心作用。

除了"正定"或"四禅"等之外，早期佛教还提出了其他一些涉及禅定的概念，如"三解脱门"和"四无量心"等。所谓"三解脱门"也称为"三三昧"，指空、无愿、无相。《长阿含经》卷第八中说："复有三法，谓三三昧：空三昧，无愿三昧，无相三昧。"这里的"空"指体悟事物的空性；"无相"指不执著于事物的假相；"无愿"指无所愿求。所谓"四无量心"指慈、悲、喜、舍。《长阿含经》卷第八中说："慈心广大，无二无量，无有结恨，遍满世间。悲、喜、舍心，亦复如是。"这里的"慈"指给众生快乐；"悲"指除去众生的痛苦；"喜"指见众生快乐而喜；"舍"指舍弃错误观念。

在这二者中，"三解脱门"明显是属于禅定自身的内容，因为"空"在早期佛教里主要指的就是"空定";"无相"就是禅定中的离相;"无愿"是一种不动心的态度。这三项内容实际很难严格区分,它们密切相关,都是禅定范围内的东西。"四无量心"所涉及的主要是为进入禅定所作的准备性工作或修行者所需要的基本条件。它要表明的是:若要入禅定,必须遵守一些起码的行为准则或道德要求,如果对众生充满仇恨,对事物充满了贪婪或无知,就无法达到修持目的。

在佛教的发展中,其禅定思想的基本点,是强调修行者不受外部事物的影响。而外部事物对修行者的影响主要是通过一些有关名相概念来实现的。因而,离开或摆脱有关事物的种种名相概念的影响,就是佛教禅思想最为关注的。

在早期佛教和部派佛教中,佛教就有一种"遮诠"的意识。这种遮诠的意识是要求对各种名相概念都进行否定,认为对事物本质的正面描述有局限性,不能真正表明事物的本来面目,要在对这些名相概念的否定中来体悟事物的"实相"。这种遮诠的意识中就包含了佛教的禅观念。

佛陀在创立佛教之初,对于当时许多派别或思潮提出的大量思辨性或理论性问题,采取了所谓"无记"的态度,即对这些问题均不表示明确的态度,或不作是与非的判断。如《杂阿含经》卷第三十四等中记载佛陀有所谓"十四无记"(巴利文佛经中记述有"十无记"),对世间常、世间无常、世间有边、世间无边、命身一、命身异等问题均不作回答。实际是认为对这类问题的确定性回答都不可取,都不能反映事物的本来面目,故"不为记说"。部派佛教中也有这方面的观念,如《杂阿毗昙心论》卷第七中说:"圣道离二边,名为中道。"这里讲的"离二边"或"中道"其实也是认为,在认识事物本质时要摆脱各种不同的观念或概念,要采用"遮诠"的方法。此处说的"无记"或"离二边"等,都可以理解为佛教追求较高程度之禅定的手法。

大乘佛教在这方面更加突出。如《般若波罗蜜多心经》中说："是诸法空相，不生，不灭，不垢，不净，不增，不减。"中观派的主要著作《中论》卷第一中则提出"八不"说，认为事物是"不生亦不灭，不常亦不断，不一亦不异，不来亦不出。"此类表述还有不少。佛教的这些言论与其重视禅定的态度有直接的关系。即佛教实际认为，事物的实相或本来面目是不能用人们通常使用的概念或范畴来表明的，而只能用遮诠的方式来体悟。也可以说，遮诠是一种进入禅定的有效方式。

　　大乘佛教也有自己的禅定理论，即有所谓大乘佛教的定学。如"六度"中的"禅那波罗蜜"等即是如此。此类内容与小乘定学不完全相同。在小乘中，定学要求修行者能思虑集中，彻底摆脱世间凡尘的种种杂念或烦恼，认为修这种禅定能产生最佳的宗教修行效果，绝对肯定这种禅定的意义。然而在大乘佛教中，受大乘总的理论指导思想的影响，特别是受大乘佛教的"无所得"或任何东西都不能执著的思想之影响，一些对禅定的表述与小乘的说法有差别。如《摩诃般若波罗蜜经》卷第四中说："菩萨摩诃萨行禅那波罗蜜时，应萨婆若心，于禅不味不著，……于一切法无所依止，亦不随禅生。"《摩诃般若波罗蜜经》卷第五中说："菩萨摩诃萨以应萨婆若心，自以方便入诸禅，不随禅生，亦教他令入诸禅，以无所得故，是名菩萨摩诃萨禅那波罗蜜。"从这里可以看出，大乘佛教认为对一切东西都不能执著，禅也不例外，也不能执著，不能把修禅绝对化，因为事物都是"无所得"的。在大乘佛教的禅定观念中，修禅不能像一些小乘佛教那样要求绝对与外部事物分离。而是要"方便入诸禅"，要修禅，但又不能执著禅。

　　大乘佛教中的瑜伽行派是十分重视禅定的派别。此派在重视禅定的同时也十分注重对事物本质和种类的分析。瑜伽行派禅定的内容较先前的佛教禅思想有很大变化，更为丰富，更为复杂。此派的理论属于止观并重，即把本派的禅定方面的学说与其关于诸法本质的理论密切结合在一起。瑜伽行派中影响极大的著作《瑜伽师地论》分为五部分——本地分、摄抉择分、摄释分、摄异门分、摄事分。其中本地分专门描述了瑜伽禅观的境界，具体有所谓"十七地"，包括五识相应地、意地、有寻有伺地、无寻唯伺地、无寻无伺地、三摩呬多地、非三摩呬多地、有心地、无心地、闻所成地、思所成地、修所成地、声闻地、独觉地、菩萨地、有余依地、无余依地。通过对这十七地的描述展示了此派对诸法的基本看法。因此，瑜伽行派的禅观是一种思辨性很强的理论体系，它与此派的其他学说是融为一体的。

在佛教中，很早就有对禅定的类别区分，但对一些禅定境界的解释在不同的佛教流派中是有一定差别的。瑜伽行派对禅定方面的概念就有一些新的表述，如对"无想定"和"灭尽定"这类概念就作了具有唯识思想特征的分析。关于修行者在禅定中是否消灭了人的一切意识，在印度佛教内部就有不同看法。瑜伽行派中一些有影响的思想家认为，在这类禅定中消除的是一些一般的认识，而作为根本识的第八识（无垢识）则并没有消灭。记述古印度唯识思想的《成唯识论》中有对这方面的记述。如该论卷第四中说："眼等转识于灭定位非不离身。故契经言不离身者，彼识即是此第八识。入灭定时，不为止息此极寂静执持识故。无想等位，类此应知。"这即是说，在灭尽定等状态中，修行者消除的主要是所谓"转识"的活动，转识也就是八识中的前七识。当转识发生作用使人产生杂念时，在禅定中就要抑制它们的活动。但在这种状态中，并不是消除了第八识。在修行者中，第八识并未离身。

虽然第八识是根本识，但修行者对此识的态度也要具体来看，因为这种识能起很多作用，对于其中的染性的成分或使人产生轮回现象等的作用，就要舍弃。不过对于第八识的识体，则是不能舍弃的。《成唯识论》卷第三中说："阿罗汉断此识中烦恼粗重究竟尽故，不复执藏阿赖耶识为内自我。由斯永失阿赖耶名，说之为舍，非舍一切第八识体。……

然第八识虽诸有情皆悉成就,而随义别立种种名。谓或名心,由种种法熏习种子所积集故;或名阿陀那,执持种子及诸色根,令不坏故;或名所知依,能与染净所知诸法为依止故;或名种子识,能遍任持世出世间诸种子故。此等诸名,通一切位。或名阿赖耶,摄藏一切杂染品法,令不失故,我见、爱等执藏以为自内我故。此名唯在异生、有学,非无学位不退菩萨,有杂染法执藏义故。或名异熟识,能引生死、善不善业异熟果故。此名唯在异生、二乘、诸菩萨位,非如来地犹有异熟无记法故。或名无垢识,最极清净,诸无漏法所依止故。此名唯在如来地有。菩萨、二乘及异生位,持有漏种,可受熏习,未得善净第八识故。"从这段引文来看,瑜伽行派的禅定等修行中要断除的东西,并不包括善净的第八识或无垢识。这里需要注意的是:这第八识不需断除并不等于说此识是一个真正实在的事物本体。《成唯识论》中有一段话明确认为识也不能执著,该论卷第二中说,"为遣妄执心心所外实有境故说唯有识。若执唯识真实有者,如执外境,亦是法执"。此处提到的识并不是仅指转识,作为根本识的第八识也应包括在内。

佛教中的定学虽有其相对独立的内容,但和戒学和慧学关系密切。按照传统佛教的一般看法,如果一个佛教的修行者不能很好地持戒,也就不能顺利进入禅定。而若不能达到理想的禅定状态,要悟出佛教中的最高智慧并脱苦解脱也是不可能的。

四 《瑜伽经》中禅定思想与佛教中相关成分的比较

从佛教的禅定理论中可以看出,一些基本观念与《瑜伽经》是十分接近的。二者有相同的内容,也有不同的成分。此处就其同异中的较突出之处做些比较分析。

二者间同的方面主要表现为四点:

第一,都认为一般的名相概念不能反映事物的本来面目。

《瑜伽经》中认为,无论是所谓"正知"还是"不正知",或是一般的忆想分别等,都是应当抑制的,因为这些成分并不能反映事物的本来面目,不能反映事物的自性和神我的本质。而佛教中的禅定也是认为外部事物呈现给人们的是不实在的假象。事物是性空或因缘变化的,而一般的名相概念则以一种不变或有自性的形态反映事物,因而人们不应用这些名相概念来分别事物,要通过禅定来抑制或摆脱这些不实在的东西。

第二,一般的心作用会扰乱人的精神状态。

《瑜伽经》中认为,各种心作用能给人带来虚假的认识,使人产生无明或烦恼,产生导致痛苦的欲望。因而心作用是要通过此派的修习和离欲来抑制的。只有这样,才能使修行者认识自己的本来面目,才能使人有一种克制意识,使人保持一种精神安宁的禅定状态。佛教也认为一般的思想观念反映的是外部不实在的"相"。这些思想观念也就相当于《瑜伽经》中说的心作用。人如果受这些思想观念的影响,就会产生无明,就不能保持内心的不乱或安宁。佛教的禅定强调离相,若能离相心就不会被扰动,保持一种自性清净的状态。佛教这种禅定观念的基本思路与《瑜伽经》中的禅定观念是相近的。

第三,最高的禅定状态要通过对不实观念的不断否定来体悟。

《瑜伽经》强调修习三昧,进入禅定状态是要达到一种对事物本来面目的冥想境界。在《瑜伽经》看来,事物的本来面目借助一般的心的分别等是不能把握的,对这些心作用只能抑制,事物的本来面目要在不断抑制的过程中去体悟。在佛教中,禅定状态的目的也是要使人达到一种最高的境界。佛教认为这种境界只能通过不断的否定来达到。事物的名相概念只能误导修行者,要不断地摆脱它们,才能使人们获得真理。摆脱它们的过程也就是禅定的过程。只有通过遮诠的手法进入禅定,才能达到佛教的涅槃状态。

第四，达到禅定状态要遵守一些基本的行为规范及道德准则。

《瑜伽经》的作者认为进入禅定需要一些基本的条件。如瑜伽八支行法中的前两支就属于这方面的内容。在此经看来，若瑜伽行者不能做到一些为人的基本准则，不能具备基本的品行素质的话，那是怎么修炼也不能进入三昧的。佛教的看法与此类似。如佛教强调的三解脱门和四无量心以及佛教要求信徒尊奉的戒律等对于修习佛教禅定者就不是可有可无的。佛教三解脱门中的"无愿"与《瑜伽经》禁制中的"不贪"和劝制中的"满足"接近；佛教四无量心中的"舍"与《瑜伽经》禁制中的"净行"和劝制中的"清净"相似；佛教戒律中的不杀生、不偷盗、不邪淫、不妄语等与《瑜伽经》禁制中的要求类似。在《瑜伽经》中，做不到这些就不能修瑜伽入禅定；在佛教中，做不到这些也不能真正修好定学。二者在这方面是类似的。

二者间异的方面也主要表现为四点：

第一，对禅定的分类不同。

《瑜伽经》中涉及禅定的分类有执持、静虑、等持。等持也就是三昧，三昧分为有想三昧、无想三昧、有种三昧、无种三昧、法云三昧等。有种三昧有时也称为等至，等至又分为有寻等至、无寻等至、有伺等至、无伺等至等。这些禅定形态或类别并不完全是并列的，有些是相重合的。佛教中涉及禅定的分类也相当多，但与《瑜伽经》中的分类并不相同。佛教各种分支中提及禅定处很多，涉及的种类也不少。其中在各种佛典中提及较多的是四禅八定，以及空三昧、无愿三昧、无相三昧，亦有无想定、灭尽定等。此外，佛教的一些文献还提及其他一些三昧或禅定的种类，如《摩诃般若波罗蜜经》卷第三中说："菩萨摩诃萨欲得首楞严三昧、宝印三昧、妙月三昧、月幢相三昧、一切法印三昧、观印三昧、毕法性三昧、毕住相三昧、如金刚三昧、入一切法门三昧、三昧王三昧、王印三昧、净力三昧、高出三昧、必入一切辩才三昧、入诸法名三昧、观十方三昧、诸陀罗尼门印三昧、一切法不忘三昧、摄一切法聚印三昧、虚空住三昧、三分清净三昧、不退神通三昧、出钵三昧、诸三昧幢相三昧,欲得如是等诸三昧门,当学般若波罗蜜。"这里就举出了很多三昧的种类,在佛典中还可以找出更多名目的三昧。显然,若从禅定或三昧的种类数量上来说,佛教中的种类要多于《瑜伽经》中的有关内容。当然,无论是在《瑜伽经》中,还是在佛教中,提到的三昧或禅定的内容有大量是重复的,或仅仅名称不同,内涵没有本质差别,或在不同的分类层次上给予了不同的名称。但两教对禅定的分类确实有较大差别,佛教的三昧或禅定种类在总体上是居多的。

第二,禅定所体悟的最高境界不同。

在《瑜伽经》中,禅定的目的是要进入瑜伽派所追求的能脱苦的最高境界。这种境界是什么呢？就是能辨别自性和神我这两个实体,使其各自独存,不再结合。自性和神我不结合就可使轮回状态结束。瑜伽派和数论派一样,认为修行的根本目的在于脱苦。那么苦从何处来？自然是来自轮回状态。在轮回状态中苦是不可避免的,因而只有离开轮回状态,才能脱苦。各种轮回状态都由自性和神我的结合而成,因而使二者不再结合是最为根本的脱苦之路。修瑜伽,入禅定,获得辨别智,是最有效的方法。因而,《瑜伽经》中说的自性和神我各自独存,是瑜伽派禅定追求的最高境界。而佛教则与此不同。佛教进行禅定的目的虽然也是为了摆脱痛苦,但这种禅定要体悟的最高境界则是涅槃境界。佛教的涅槃境界是摆脱无明的境界。佛教中的无明是什么？就是不能认识人生和世界的本质。不同时期的佛教流派对于人生和世界本质的看法有差别。一般的佛教派别都讲缘起,但解释不同。早期佛教在缘起理论中强调无常和无我;部派佛教中对于缘起法的本质的解释多种多样,有主法有的,有主法空的,有主部分法有部分法空的;大乘佛教则强调缘起性空,后来还强调唯识无境。这些理论都构成了佛教的所谓智慧。而不同时期的佛教流派的禅定所追求的最高境界和各自慧学中的基本观念是联系在一起的。佛教中的这方面内容显然有别于《瑜伽经》。

第三，进入禅定的具体手法不完全相同。

在《瑜伽经》中，进入禅定的手法主要是所谓八支行法。八支中的前两支，如上所述，有和佛教修行中的内容相似之处，但也有明显不同处。如八支中的劝制中有"苦行""学习""敬自在天"，这些内容与佛教中的相应内容是不同的。佛教虽然也反对贪欲，但对"苦行"的强调程度是不突出的。佛陀在创立佛教前曾经修过苦行，后来放弃了，成道后也明确对最初的五比丘说反对极端化的苦行。《瑜伽经》中说的"学习"，其内容是要学习吠陀奥义书以来的婆罗门教的经典，特别是数论派和本派对于世界和人生本质的基本看法。而佛教要学习的则是释迦牟尼创立佛教后所提出的基本理论。两派经典的内容不同，学习的内容自然也不同。《瑜伽经》中说的"敬自在天"则更是与佛教的观念不合。佛教主张缘起的思想，不认为有一个最高的常恒不变的实体。佛教文献中虽然提到神，但这些神的地位是很低的，远在佛和一些菩萨的地位之下。这些神也受业报轮回规律的支配，寿命也是有限的，只是生活在天上，比一般人行走方便些，威武些，但能力却很有限。佛教中提到的神基本不是人们敬仰的对象，佛教修习禅定，基本上与神无关。这和《瑜伽经》的观念是不同的。另外，佛教修习禅定的方法中，关于坐法、制感和调息方面的内容不能说没有，佛教文献中的论述相对来说分散些，各有关佛教文献中一致性的表述也较少，论述的系统性不如《瑜伽经》。总之，佛教在论及进入禅定的手法时，并没有《瑜伽经》中的八支行法这样的系统表述或主张。

第四，禅定所依托的基本理论体系不同。

《瑜伽经》中的禅定依托的基本理论体系是数论派的"二元二十五谛"，而佛教禅定所依托的是缘起观的理论体系。"二元二十五谛"的理论体系从本质上说,是认为存在着根本的实体。这种实体尽管有两个,但它们是实在的。世界现象或人生现象都是"自性"这一物质性实体在"神我"这一精神性实体的作用下产生的。直接产生世界或人生现象的是自性。当自性被神我观照时,自性就开始转化,先后生成了觉、我慢、十一根(眼、耳、鼻、舌、皮、发声器官、手、足、排泄器官、生殖器官、心)、五唯(香、味、色、触、声)、五大(地、水、火、风、空)。这些是世界或人生现象中的基本要素。但数论派又认为世界和人生现象实际上也就是轮回状态,这种状态中充满了痛苦,要摆脱痛苦只能脱离这种状态,其途径是使自性和神我不再结合,各自回归其原初状态。而要达到这种状态就需要瑜伽修行,其核心成分则是禅定。关于禅定的具体细致论述则存在于瑜伽派的根本经典《瑜伽经》中。数论派的具体宗教修行主要借助于瑜伽派的手法。佛教的缘起观基本上为绝大多数此教流派所继承和发展。尽管佛教不同时期的流派对于缘起的解释有不同,但多数流派基于缘起观构筑本派的理论体系,不认为有永恒不变的实体或本体。因而,佛教的禅定所依托的理论体系中没有一个常恒永在的不变实体。佛教的早期理论体系即以主张无常和无我思想为基本支撑,这和早期佛教的缘起观是完全一致的。也可以说,佛教禅定中所强调的"空定"思想的理论基础就是缘起或无常及无我。在部派佛教时期,各部派对于诸法的本质有种种看法,但即便是说一切有部这样的派别对于缘起理论也是不否定的,只是对处在缘起中的诸法作"实有"的判定。其他部派或主张法空,或主张部分法空,其理论基础都离不开缘起观。各部派的理论体系也构成了他们禅定理论的基础。大乘佛教在初期就强调性空,最初的禅定就是追求对性空境界的体悟。但大乘说的空显然不是绝对的虚无,大乘讲空时还讲"妙有",其禅定思想是受其理论体系中的"中道"观念影响的,认为对禅定也不能过于执著,要有"无所得"的精神境界。瑜伽行派的理论体系极其庞大,此派的禅定观念与其唯识思想及对诸法的分析和体悟是分不开的。不难看出,《瑜伽经》中禅定所依托的理论体系与佛教禅定所依托的理论体系有很大差别。

五 综合评述

总之,《瑜伽经》对古代印度文化中的瑜伽修行做了理论上的归纳和总结,第一次将瑜伽修行整合成一个独立的宗教体系,其最初的作者创立了印度婆罗门教系统中的瑜伽派。《瑜伽经》中具有多种修行理论,但其核心部分是有关禅定的内容。这些成分在印度以至中国的宗教发展中有相当的影响,在东方思想史上占有重要地位。从以上的论述中我们可以对这方面的内容作出以下评述:

首先,《瑜伽经》对于系统研究禅定这一古老的东方宗教修持方法有极大价值,提供了典型的材料。在《瑜伽经》之前,尽管印度已有瑜伽修行的宗教实践或相关论述,但总体上说是零散的,没有系统专门的论述,没有理论上的概括。而《瑜伽经》的梳理和整合在当时的印度是空前的,这对提升瑜伽修行的历史地位具有十分重要的意义。在《瑜伽经》之后,瑜伽禅定成为古印度的一个具有明确宗旨、具体手法和逻辑论证的学说体系。在此之后,尽管印度瑜伽或禅定的著述越来越多,论述的内容越来越复杂,但客观地说,没有一部著作能够在论述瑜伽或禅定方面超过《瑜伽经》的地位。

其次,《瑜伽经》中的禅定成分对于古印度宗教和哲学的融合有重要的意义。古印度的宗教哲学派别常常把宗教的教义和哲学的理论联系起来。但各派在自己哲学体系中融入的宗教成分是不同的。《瑜伽经》的产生,使得瑜伽禅定对各派的影响明显加大。古印度的各哲学派别,除了顺世论之外,都在自己的体系中纳入了瑜伽禅定方面的成分。许多派别把最高程度的禅定看作是对本派哲学根本智慧的体悟。

再次,《瑜伽经》中关于禅定的思想在历史上与佛教的禅定思想存在着互相借鉴的关系。佛教是世界性宗教,在亚洲许多国家的文化发展中起着极大的作用。禅定是佛教理论体系的重要组成部分,佛教的定学与古印度的瑜伽关系十分紧密。《瑜伽经》中的禅定理论与佛教的定学有一些相近的成分,不能排除佛教在发展中借鉴《瑜伽经》相关思想的可能。而《瑜伽经》第四卷中的不少内容则肯定受过佛教相关理论的影响。二者间的这种互动关系对于促进佛教和婆罗门教哲学的发展起了重要作用。

最后,《瑜伽经》中关于瑜伽禅定的成分与现代人将瑜伽作为一种强身健体的方法有渊源关系,对于现代人保持身心安宁有借鉴价值。尽管瑜伽在古代最初是一种宗教修行的方法,在后来的演变中也主要是宗教体系的组成部分。但发展到今天,它已被人们提炼出来作为一种锻炼身心的良方。许多人通过练习瑜伽,修持禅定,锻炼身体,甚至驱除了病魔。还有一些人,通过禅定的方法,大大改善了精神状态。这些对于国泰民安、建设和谐社会都起了积极作用。

(原载于《中国禅学》总第七卷,郑州:大象出版社,2014 年版)

三　中印文化思想融汇

古代汉文资料对佛教外印度哲学研究的意义

✿

与中国的汉文化交涉较早和较多的是印度的佛教文化。但在印度历史上,绝大多数时期占主导地位的文化形态却不是佛教文化,而是先于佛教而产生的婆罗门教文化或后来由其演化出来的印度教文化。在婆罗门教或印度教文化中,哲学方面的内容居于核心地位,它对印度佛教和其他文化形态有重要的影响,对世界上不少国家和地区的文化亦有直接或间接的影响。对佛教外以婆罗门教哲学为主的印度哲学思想或流派的研究,是世界文化研究的基本内容之一。而古代汉文资料对这种研究有重要意义。以下就此问题简要地提一些看法。

一 古代汉文资料可补印度本国哲学资料保存不完备之欠缺

印度佛教外的哲学资料在本国保存了不少,但与许多印度历史资料一样,遗失的也不少。而汉文资料则可大量弥补印度哲学在这方面的不足。

例如,婆罗门教哲学系统中胜论派的重要典籍《胜宗十句义论》在印度的梵文文献中就没有保存下来,而中国唐代高僧玄奘则将其译为汉文。该汉译本保存至今,为后代各国学者研究胜论哲学留下了极珍贵的资料。

再如,印度婆罗门教哲学系统中数论派的重要典籍《数论颂》有许多种注释。其中一种重要注释本《金七十论》由真谛在 6 世纪译为汉文。这一典籍与印度保存的其他梵本注释有一些差别,并不能肯定是由其中的一种梵本翻译而来。换言之,真谛所根据的梵文原本现在也没有保存下来。研究《金七十论》与其他《数论颂》注释本的差别是有意义的。

《胜宗十句义论》和《金七十论》是汉文资料中保存的两篇较著名的佛教外印度哲学文献。除了它们之外,汉文资料中还有大量其他的记载。这些资料中所载的不少情况在印度本国并没有保存下来,或虽有保存,但有关资料记述不详。关于一些派别的创始人、学说理论等,汉文资料中的记述有不少可补印度保存资料之不足。如关于印度哲学的重要派别顺世论,印度本国保存的资料极少(主要是商羯罗和摩陀婆等印度教思想家在其著述中对顺世论理论的转述)。而在汉文资料中,这方面的记述很多。汉译《十住毗婆沙论》(罗什译)卷九中就提到有"外道路伽耶经"。"路伽耶经"即顺世论的经典。顺世论的梵语为"Lokāyata"(汉文音译为路伽耶或卢迦耶陀)。《大慈恩寺三藏法师传》卷第四中还具体描述了顺世论与佛教徒论战的情况。这类资料在印度本国是保存较少或记述不详的。

汉译佛典或中国僧侣的撰述记述了大量佛教与"外道"辩论的情况,许多佛教徒在论述自己的观点时,往往先举出"外道"的观点。这类材料极多,有些是印度本国现今不存的材料。它们无论对研究佛教外印度哲学,还是对研究这些派别与佛教的关系,或对研究佛教本身都有着极重要的史料价值。

二　古代汉文资料的有关内容与印度本国保存
　　资料有差别,作对比研究极有意义

古代汉文资料中保存的非佛教印度哲学文献或记述,有些在印度有
较直接的对应文献或记述,有些则无直接的对应文献或记述,但有同一
类别的相关文献或记述。如《金七十论》与印度保存的梵本《数论颂》的
其他注释本仅属前者;《胜宗十句义论》与印度保存的梵本《胜论经》和
《摄句义法论》则属后者。对中印保存的这些文献或记述的差别进行研
究是有意义的。

例如,《胜宗十句义论》与印度保存的文献在许多方面有差别。较
明显的是二者对句义的类别划分有不同:印度资料一般主六句义说,而
汉文资料主要持十句义说。再有,在神的观念上,印度资料一般主有神
(如《摄句义法论》)或在经文中明显暗含神的观念(如《胜论经》),而汉
文资料(《胜宗十句义论》)则完全不提神的观念。为什么会有这些差
别,值得认真探讨。

再如,关于数论派的学说,汉文资料中有些记述与印度的梵文资料也
有差别。具体来说,关于数论派的自性转变的具体过程,汉译《百论》(罗
什译)卷上中婆薮开士对该《论》的释中所说就与梵本《数论颂》等的说法
不同。该释说:"从冥初生觉,从觉生我心,从我心生五微尘,从五微尘生
五大,从五大生十一根,神为主常……"《成唯识论述记》(窥基撰)卷四中
也说:"有说慢但生五唯,五唯生五大,五大生十一根,为我受用……"按梵
本《数论颂》等的一般说法,自性通常的转变顺序是:自性生觉,觉生我慢,
我慢一方面生出十一根,另一方面又生出五唯,五唯又生五大。即梵本
《数论颂》等的一般说法与汉文《百论》的释等说法是不同的(但与《金七
十论》的记述则是相同的)。这种差别或同异值得研究。

再有,印度古代关于极微的理论,无论是佛教还是佛教外的派别都有不少,汉文资料中有大量记载。汉文资料与印度本国保存资料间也有不少差别(参见印度梵本的胜论派和正理派的主要经典及其释中的有关论述以及汉文中窥基的《唯识二十论述记》、普光的《俱舍论记》等中的记述)。分析这方面的材料,对研究了解印度古代的世界构成理论极有意义。

如果没有汉文资料,仅凭印度本国现存的资料,印度思想史上的一些重要情况人们是不会了解的。这将使我们的研究变得极为困难,一些研究结论将很难符合历史的本来面目。

三 古代汉译资料中的许多专有名词对现今汉译印度哲学专有名词极有价值

中国人了解和研究印度哲学需要翻译(汉译)印度哲学文献。这里首先遇到的问题是要将一些印度哲学中的专有名词译成汉文。印度哲学中的不少概念在汉文中可找到对应的概念,翻译起来并不困难。但也有许多概念,在汉文中很难找到对应的概念(在西文中也很难找到对应的概念)。这种专有名词在翻译时就较麻烦,如果搬字典直译往往造成误导。所幸的是,许多古代汉译的印度哲学专有名词流传至今,我们仍可直接使用。这些古代所译的专有名词在今天的现代汉语中很少使用,对今天的中国人来说已很陌生。但这些译语毕竟是汉语,对它们略加解释就可以作为适当的现代汉译印度哲学专有名词来使用,而使用它们显然比使用音译的印度哲学专有名词更具优越性——既具有字面的具体含义,又与一般的现代汉语名词不同,不致在无对应现代汉语名词时引起误解。

例如,印度胜论派哲学的基本概念"padārtha",该词现代许多人译为"范畴",而在古代一般为"句义"。现代人译为"范畴"多是依据西语的译法转译的。西方人或使用西方语言之人在近代用接近该词的"category"来译。不少东方人依此将该词译为"范畴"。但胜论派的"padārtha"与西方一般的所谓"范畴"的意义并不完全相同。梵语的"padārtha"由"pada"和"artha"构成。"pada"(句)是"言语"或"概念"的意思,"artha"(义)是"事物""东西"或"客观实在"的意思。所谓"padārtha"(句义)指"与概念相对应的实在物"。而所谓"category"(范畴)一般指反映事物本质或联系的基本概念或观念,并不是指事物本身或东西。二者严格来讲是有区别的("padārtha"是胜论派的基本概念。在西语中,如果一定要意译,用"category"是一种没有办法的办法。若直接用"padārtha",似更好一些)。

再有,如数论派中的"puruṣa"概念,中国古代一般译为"神我"。而今天我们若按西方语言那样意译,则可能译成"灵魂"(soul)等,将会引起误解。若仍沿用"神我"这一译语,则较为便利。类似的事例不胜枚举。

现在,在中国从事印度哲学研究的人,在翻译印度哲学专有名词时,有用中国古代译法的,也有用现代汉语名词(今译)的。笔者倾向于前者(仅指专有名词,不指整个译文。笔者认为,整个译文还是用现代汉语更准确明了一些)。主要理由上面已述,明显的好处是易于避免误解。从这一角度来说,古代汉文资料中一些专有名词的译语对我们今天翻译或理解佛教外的印度哲学文献是很有帮助的。

四　古代汉文资料对确定或推测佛教外印度哲学中的人物、典籍等的年代有价值

古代印度哲学中的许多派别的主要人物、典籍等的年代,由于多数印度所存史料中无确切记载,常常是不清楚的。关于一个人物或典籍年代的推测常常相差上百年,甚至数百年。中国史籍中对人物和典籍通常有年代的记载,因而古代汉文资料常常可用来确定或推测有关印度哲学

中的人物或典籍的年代。

例如,关于胜论派的重要思想家慧月的年代,史料中无明文记载。但日本著名学者宇井伯寿就曾根据汉文资料进行推测。他认为慧月的年代大约在公元550—640年。其主要根据是:大乘佛教思想家护法在批驳胜论派时是反对六句义论的,而未提及十句义论。如果这一事实表明慧月比护法晚,那么慧月的年代就在护法和玄奘之间。根据玄奘的《大唐西域记》,戒贤在护法处求学时是30岁,而当公元633年玄奘遇到戒贤时,戒贤是106岁。因此,护法在公元557年还在世。这样,慧月年代的上限是公元550年,下限是公元640年。对宇井伯寿的这种推测,虽也有学者表示了不同看法,但毕竟他的分析是有史料根据的,对研究胜论派的思想发展很有帮助。

古代汉文资料中保存了大量译年可以确定的汉译佛典,而汉译佛典中又大量论及印度哲学的情况。因此,汉文资料至少在确定印度哲学的人物或典籍等年代的下限上提供了重要的参照时间。这对于确定印度哲学史上的主要派别(无论是佛教还是佛教外的印度哲学派别)的活动时间范围极有价值。因为叙述或研究哲学史上的事件,若连一个大致的时间范围都确定不了的话,那将是很难进行的。

总而言之,古代汉文资料对研究佛教外的印度哲学有重要的意义。佛教外的印度哲学是印度文化的核心部分,如果不了解其他印度哲学,研究佛教是不可能基于一个较全面的背景知识的。从另一方面说,加强中印文化交流,加强对世界重要文化遗产的研究,是要重视对印度主体文化研究的。而开展这方面的工作,中国古代保存的汉文资料是一个必须借用或开采的宝库。

(原载于《文化的馈赠:汉学研究国际会议论文集(哲学卷)》,北京:北京大学出版社,2000年版)

玄奘法师译籍中涉及的"外道"思想

✿

玄奘法师是中国古代著名的佛典翻译大师。他翻译的佛典涵盖了佛教的各种思想内容,而且还涉及佛教外的许多理论。玄奘法师虽然是佛教高僧,但对佛教外的其他印度哲学派别也十分关注。这些派别在佛教中一般被称为"外道"。玄奘法师的译籍中有不少论及了这方面的内容。他甚至还翻译了完整的"外道"文献。本文拟对玄奘法师译籍中涉及的"外道"思想进行初步梳理,并作一简要评述。

一 《成唯识论》中论及的"外道"思想

玄奘法师翻译的大量佛典中都论及了"外道"的思想,但这些文献中涉及"外道"的程度有不同,有些只论及了某一"外道"或很少的"外道",有些则论述了较多的"外道"。有些文献仅仅介绍了"外道"的一些思想,有的则还对这些思想加以破斥。在这类文献中,提及"外道"思想较多并且对其加以破斥比较突出的是《成唯识论》。《成唯识论》中论及了在印度思想史上影响较大的数论派、胜论派、吠檀多派、弥曼差派、耆那教、顺世论等。

《成唯识论》中较为注重对数论派思想的批判,在行文中较先将其作为破斥的对象。数论派是古印度婆罗门教哲学系统中的主要派别之一。此派认为有两个根本实体,一个是精神性实体"神我",另一个是物质性实体"自性"。当神我作用于自性时,自性内部产生变化,演变出世间或人的种种形态,具体有所谓"二十三法",包括大(也称为"觉",指人或世界中形成的知觉作用)、我慢(指自我意识,即将自己与他人或他物相区别)、十一根(指十一种身体器官,即眼、耳、鼻、舌、身、口、手、足、生殖器官、排泄器官、心)、五唯(指五种细微的外部事物的属性或性质,即:色、声、香、味、触)、五大(指五种粗大的元素,即:地、水、火、风、空)。数论派认为,自性和其产生的二十三法在本质上都是物质的,它们都由三种成分构成。这三种成分称为"三德",即萨埵、刺阇、答摩。三德中的不同成分在事物中的比例多少、势力强弱或影响大小不同,形成了事物的种种形态。

《成唯识论》对数论派的上述观念作了批判,认为数论派关于二十三法和三德的理论不能成立。该论卷第一中说:"大等诸法多事成故,如军林等,应假非实。"意思是说,作为世间或人的具体形态的二十三法既是由三德构成的,就没有实在性,因为这就像树林是由许多树构成因而没有实在性一样,或像军队是由许多士兵等构成的因而没有实在性一样。该论卷第一中还说:"大等法若是实有,应如本事,非三合成;萨埵等三即大等故应如大等,亦三合成。"意思是说,二十三法如果是实有的,就应如三德那样各自独立;而三德如就是二十三法的话,那么就应如二十三法一样,也应由三德合成。因此,无论是二十三法还是三德,都是由多种成分构成的,而由多种成分构成的东西就没有实在性。因而数论派提出的这些概念存在着问题。《成唯识论》还对数论派作了其他一些批判,强调数论派的理论不能自圆其说。

胜论派也是古印度婆罗门教哲学的重要派别。此派认为,各种事物或现象可以分析为若干种句义(指与观念相对应的实在物),基本的句义有六个:实句义(指事物自身,包括地、水、火、风、空、时、方、我、意)、德句义(指事物的属性,包括色、味、香、触、数、量、别体、合、离、彼体、此体、觉、乐、苦、欲、瞋、勤勇等)、业句义(指事物的动的特性,包括取、舍、屈、伸、行)、同句义(指事物的相同性,既指相对的相同性,也指绝对的相同性——有)、异句义(指事物的差别性,既指相对的差别性,也指绝对的差别性——边异)、和合(指事物的内在联系)。胜论派用这些句义来说明各种现象,此派的各种具体理论一般都包含在了句义论的体系之中。

《成唯识论》完全否定胜论派句义论的合理性,它从逻辑上对句义论中的相关思想进行了分析。该论卷第一中说:"诸句义中,且常住者,若能生果,应是无常,有作用故,如所生果;若不生果,应非离识实有自性,如兔角等。诸无常者,若有质碍,便有方分,应可分析,如军林等,非实有性;若无质碍,如心、心所,应非离此有实自性。"意思是说,胜论派诸句义中被认为是常住的句义,若能生果,就应是无常的,如实句义里面的地、水、火、风的极微能够结合起来构成作为果的复合物,因而就不是常住的,因为它们有作用,有作用就有变化,自然就不是常恒之物。如果被认为常住的句义不生果,如实句义里面的时、方,以及同句义、和合句义等,那它们就如同兔角等根本不存在的东西一样,自然也没有离开识而存在的自性。那些被认为无常的句义,若有质碍,如实句义里极微的复合物,它们就和军队和树林一样,没有自性;如果无质碍,如业句义等,那么就和识及识的表现一样,没有实在的依托体,没有离开识而实际存在的自性。再有,《成唯识论》还认为:将地、水、火等划归实句义和将色等划归德句义是不合理的,因为它们都可以被身体器官所把握,应该是一类的东西。而且,《成唯识论》还提出,胜论派中属于同句义的有也没有设立的必要,因为实句义等按胜论派的说法自身就应可以存在,无须依赖同(有)句义来确立其存在。因而,根据《成唯识论》的分析,胜论派的句义论是不能成立的,有许多无法解释的东西。

《成唯识论》还批判了婆罗门教中的唯一根本因或根本实体观念。此观念主要是古印度奥义书中较早提出,后来又被吠檀多派大力发展的思想。这种思想认为:一切事物的根本因是大自在天或梵(大梵)。大自在天即是造世神,万物被认为由他所造。梵则是一个最高的本体,一切事物在本质上都以它为根本。梵有时也被称为神。自在天一类的根本因被认为是实有的,遍的,能生事物。此外,类似的作为世界根本因的观念还有古代婆罗门教思想家提出的我、本际、时、方、自然、虚空等。

《成唯识论》也从逻辑上对这类观念进行了分析批判。该论卷第一中说:"若法能生,彼非常故;诸非常者,必不遍故;诸不遍者,非真实故。体既常遍,具诸功能,应一切处时顿生一切法。待欲或缘方能生者,违一因论。或欲及缘亦应顿起,因常有故。"这里要表达的意思是,这些能生者或根本因是不能成立的,因为一物如果能生,那它就不是常住的;而非常住的东西则必定不是遍在的;不是遍的东西就不是真实的。如果一物的体是常恒和遍在的,并具有各种功能,那么它就应在任何处所和任何时间一下子生出一切事物。如果说要依赖于其他的欲望或条件才能产生,那就违背了自己主张的一因论。或者,如果有其他的欲望和条件,那么也应一下子就产生,因为是常有的。但在现实生活中人们看到不是这样,因而这类关于大自在天或根本因的说法是不能自圆其说的。

弥曼差派是婆罗门教中与古代吠陀文献的内容关系十分紧密的派别。此派注重吠陀中倡导的祭祀,崇拜吠陀言教。在理论上持"声常住论"。此处的"声"指吠陀的言语或观念。吠陀在中国汉文佛典中一般意译为"明论"。在印度,吠陀被婆罗门教(或印度教)教徒尊为圣典,吠陀的言语和观念被认为是神圣的和永恒的。因此,声常住论是用来论证吠陀思想权威性的理论。弥曼差派认为吠陀无作者,它的言语或观念是天启的、正确的、神圣的、永恒存在的。此外,古印度还有一种理论称为"声显论",认为声音是永恒存在的,但其显发要依赖于一些条件。这种理论与弥曼差派的声常住论接近,二者属于同一类理论。

对于这种声常住的理论,《成唯识论》卷第一中批判说:"明论声许能诠故,应非常住,如所余声。余声亦应非常,声体如瓶衣等,待众缘故。"这段话意思是说,弥曼差派等说的"声"由于可以诠表,因而属于有功用的东西,而有功用的东西就有变化,变化的东西自然非永恒。这声如同一般的声一样,一般的声的产生要依赖于某种机缘或条件,依他自然也不是永恒的,因而弥曼差派等的声常住类的理论不能成立。

《成唯识论》还批判了顺世论等派的理论。顺世论在古印度与婆罗门教和佛教都是对立的。此派是一个较特殊的"外道"。它的基础理论是物质元素论,认为世间事物都由地、水、火、风这"四大"构成。"四大"在印度后来被区分为"极微"和其复合体。极微是构成事物的最小单位,是人的身体以及其他事物的基础。这种观念在胜论派和耆那教等派中都存在。

《成唯识论》认为极微的理论不能成立。该论卷第一中说:"所执极微,若有方分,如蚁行等,体应非实;若无方分,如心心所,应不共聚生粗果色。既能生果,如彼所生,如何可说极微常住?又所生果,不越因量,应如极微,不名粗色。则此果色,应非眼等色根所取,便违自执。"这段话的意思是说,顺世论等派所主张的"四大"一类极微如果占有空间或有部分,那么其体就不应是实有的;如果不占有空间或有部分,则极微就不能聚在一起生成作为果的粗大之物。既然能生成果,那么极微应与其果一样不是常住的。另外,极微聚合生成的果若不超过极微的体积,那么就应与极微一样,不能称为粗大之物,这样,作为果的东西也不能为感官所执取,而这又违背了顺世论讲的极微聚成的果能被感官执取的说法。《成唯识论》还批驳了顺世论等派的单独极微不能被感知,而由极微构成的复合体可被感知的说法,并认为由多个极微构成的东西就不实在。该论卷第一中说:"若果多分合故成粗,多因极微合应非细,足成根境,何用果为?既多分成,应非实有,则汝所执前后相违。"这意思是说,若果是由许多部分合成的因而成为粗大可显之物,那么许多作为因的极微聚合在一起它们就不是细微的,极微自身完全可以被感官所感知,还要果这种概念干什么? 既然说是多部分组成,就不是实有的。因此,极微及其合成物的理论中存在着问题。

《成唯识论》批判的非婆罗门教"外道"还有耆那教。此教与佛教都反对婆罗门教的一些观念,但与佛教的理论也有差别。耆那教认为,事物是不断变化的,因而对事物的特性进行判断就不能过于确定,应在对事物特性的判断前加上"或许"的字样,以避免对事物进行非此即彼的绝对化判断。这种理论在很大程度上表现出耆那教对婆罗门教思想家奉为绝对真理的一些观念的怀疑态度。

《成唯识论》中未直接提及"耆那"一词,但提到了"无惭"外道。而这"无惭"实际上就是耆那教早期的一些思想家。该论卷第一中说:"执有法与有等性,亦一亦异,如无惭等。彼执非理,所以者何? 一异同前一异过故;二相相违,体应别故;一异体同俱不成故,勿一切法皆同一体。或应一异是假非实,而执为实,理定不成。"意思是说,"无惭"外道认为存在的事物与存在(有)的特性等,既是相同的,也是不同的。这种主张没有道理,因为说二者相同则事物没有了差别;说二者不同则事物离开了有性就不能存在;还因为相同与不同二者是对立的,二者在体上不一样。或者,应该是说它们相同和说它们不同都是虚假不实的。这里批判了"无惭"或耆那教认为事物既可以说同,又可以说异的矛盾表述,认为这种表述在理论或情理上是不能成立的。

由上述情况可知,《成唯识论》中批驳了印度古代的数论派、胜论派、吠檀多派、弥曼差派、耆那教、顺世论等的主要思想。在诸主要流派中,似缺了瑜伽派和正理派。其实这个问题是容易理解的:虽然没有提到瑜伽派,但瑜伽派与数论派是姊妹派,因而批判数论派时实际也涉及了瑜伽派的思想。虽然没有提到正理派,但正理派与胜论派是姊妹派,因而批判胜论派时实际也涉及了正理派。另外,《成唯识论》在批判吠檀多派和弥曼差派时虽然没有明确点名，但实际上是将吠陀奥义书中的思想与吠檀多派和弥曼差派的思想混合起来批判的。因而，《成唯识论》在批判"外道"时实际是论及了古印度"外道"的方方面面，内容相当系统。

二 《胜宗十句义论》中的胜论派思想

玄奘法师虽然在其翻译的众多文献中论及了大量印度"外道"的思想，但绝大多数情况都是在阐述佛教思想时根据需要结合具体情况来批驳有关"外道"派别的理论或转述其思想。但在其译籍中却有一个特例，即专门完整地翻译了一部"外道"的著作。这就是胜论派的重要著作《胜宗十句义论》。

胜论派最早的根本经典是《胜论经》，它在古代印度另一部较为系统的著作是《摄句义法论》。这两部著作都存有梵本。唯独玄奘法师译的《胜宗十句义论》的原文在印度没有留存，现仅存玄奘的汉译本。而这一汉译本中记述的胜论思想与《胜论经》和《摄句义法论》两论中所传的胜论思想有很大差别。《胜论经》和《摄句义法论》都认为有六个句义，而《胜宗十句义论》则提出十个句义。这样，玄奘法师译的这部胜论派文献就值得与另外两部胜论派文献进行比较研究。

《胜论经》及《摄句义法论》提出的六个句义是：实、德、业、同、异、和合。这六个句义在《胜宗十句义论》中也有。

实句义指事物的自体，分为九种——地、水、火、风、空、时、方、我、意。地、水、火、风是各种物体的物质元素；空主要是一种传播声音的不阻碍他物的物质元素；时指时间性的实体；方指空间或方位性的实体；我指个人的灵魂或意识性的主体；意是一种内部身体器官，是我（灵魂）与外感官之间的联络者。

德句义指事物的静的特性等,分为十七或二十四种。《胜论经》认为有十七种德——色、味、香、触、数、量、别体、合、离、彼体、此体、觉、乐、苦、欲、瞋、勤勇;《摄句义法论》认为有二十四种德,在上述十七种德上又加了重体、液体、润、行、法、非法、声。《胜宗十句义论》中提到二十四德,与《摄句义法论》的说法相同。

业句义指事物的动的特征,分为五种——取(向上运动)、舍(向下运动)、屈(收缩运动)、伸(伸展运动)、行(方向不定的运动)。

同句义既指事物间相对的同的关系,又指事物的存在特性。

异句义既指事物间相对的异的关系,又指事物的最终差别。

和合句义指事物所具有的自体与属性等的不可分的因果关系。各个句义的区分主要是在概念上的,而在实际上,它们都要统一在事物自身,即实上面。产生这种自体与属性等不可分的关系的就是和合句义。

《胜宗十句义论》与《胜论经》和《摄句义法论》同样主张上述六个句义,只是在解释它们时,对一些句义的说明与《胜论经》和《摄句义法论》有不同。此外,《胜宗十句义论》在上述六句义的基础上又加了四个句义,即:有能、无能、俱分、无说。

有能句义指与实、德、业三句义有内在联系,并可使它们共同或单独生出特定结果的句义。《胜宗十句义论》中的原文为:"有能句义云何?谓实、德、业和合,共或非一造各自果决定所须,如是名为有能句义。"

无能句义指与实、德、业三句义有内在联系,并可使它们不共同或单独生出其他结果的句义。《胜宗十句义论》中的原文为:"无能句义云何? 谓实、德、业和合,共或非一不造余果决定所须,如是名为无能句义。"

俱分句义指相对的同与异,即把同句义限于存在性,把异句义限于最终差别性,其余的同与异另成一独立的句义。《胜论经》及《摄句义法论》认为同和异可以是相对的,它们随人看问题的角度不同而变化,一些概念在某些情况下被人们看作是同,在另外一些情况下被人们看作是异(如"实性"这个概念,对于句义来讲,它是异,因为它只是句义中的一种;而对于地、水、火、风等来说,它是同,因为地、水、火、风同样是实。这种相对的同异关系就称为"俱分")。但最上位的同是"有"(存在),最下位的异是"边异"(最终差别)。《胜宗十句义论》则把原来属于同句义和异句义中的相对的同异关系独立出来,成立了俱分句义。《胜宗十句义论》中的原文为:"俱分句义云何?谓实性、德性、业性及彼一业和合,地性、色性、取性等,如是名为俱分句义。"因此,在《胜宗十句义论》中,所谓俱分句义是指实性、德性、业性这样相对的同异关系。而所谓同句义仅指有(存在),所谓异句义仅指边异(最终差别性)。

无说句义指事物的非存在状态,分为五种:未生无(事物未产生前之非存在)、已灭无(事物毁灭后之非存在)、更互无(事物相互排斥之非存在)、毕竟无(过去、现在、将来都不会出现的事物之非存在)、不会无(一物中不会具有另一物的性质之非存在)。《胜宗十句义论》中的原文为:"无说句义云何?谓五种无,名无说句义。何者为五?一未生无,二已灭无,三更互无,四不会无,五毕竟无。是为五无。"无说(非存在)句义明确提出来是从《胜宗十句义论》开始的,但与之相应的概念或思想在《胜论经》及《摄句义法论》中也有,只是它们没有把其作为一个句义来确立。而在《胜宗十句义论》中,各种涉及非存在的形态被归结在了一起。

《胜宗十句义论》整部文献都是在解释十个句义,因而,在该论中,胜论派的各种思想都被安放在了句义论的体系之中。其中较重要的有:极微论、因果论、运动论、同异论、认识论等方面的思想。这些思想均以句义论的某种形式表现出来。

就《胜宗十句义论》和《胜论经》及《摄句义法论》在理论上的主要区别来说,大致可以归纳出以下四点:

第一,《胜论经》及《摄句义法论》提及了六个句义,而《胜宗十句义论》则设立了十个句义。

第二,《胜论经》及《摄句义法论》在对世间现象分析时,论述了不少宗教修行的内容,如瑜伽修持等;而《胜宗十句义论》中这方面的内容相对少些。

第三,《胜论经》及《摄句义法论》或明或暗地提及了自在天(神)的存在,而《胜宗十句义论》中则完全没有提及自在天。

第四,《胜宗十句义论》将俱分设立为一个独立的句义,这表明此论比《胜论经》及《摄句义法论》更重视事物中存在的普遍性与特殊性之间的密切关系。

当然,应当承认,《胜宗十句义论》中的一些特色理论,在《胜论经》及《摄句义法论》的某些表述中实际也有暗含。但被《胜宗十句义论》明确提出,则确实反映了胜论派哲学的某种发展。尽管《胜宗十句义论》较为简略,但涵盖的胜论派的观念则是相对较新的。这很可能是玄奘法师翻译此论,而没有翻译另外两论的原因。玄奘法师译出这一完整的"外道"文献,从客观上说使人们较全面地了解了一个佛教外的印度哲学派别,但从其主观上说,则还是为了使中国当时的佛教僧人能在清楚了解"外道"思想的基础上对其加以批判。

三 其他译籍中论及的"外道"思想

玄奘法师翻译的大量佛典中是零散地论及"外道"思想。这类佛典中的相关内容对于研究印度整体的思想文化也有重要意义。在这之中,《发智论》《大毗婆沙论》《顺正理论》《瑜伽师地论》《大乘广百论释论》几部文献中提及的"外道"思想内容不少。

《发智论》是说一切有部的根本论著,在有部文献中是出现较早的。

此论中论及的"外道"思想主要属于"六师"中的一些内容。例如：

《发智论》卷第二十中记述说："活有命者，死已断坏无有。此四大种，士夫身死时，地身归地，水身归水，火身归火，风身归风。……未烧可知，烧已成灰。……死已断坏无有。"这记述的是"六师"中阿耆多翅舍钦婆罗的思想。阿耆多翅舍钦婆罗是印度古代哲学派别顺世论的早期思想家。顺世论主张一切事物都以"四大"为基础，人死后身体还得归于四大，不存在婆罗门教等宗教派别所说的"我"一类的东西。

《发智论》卷第二十中还记述说："地、水、火、风及苦、乐、命，此七士身非作。……若罪、若福、若罪福，若苦、若乐、若苦乐，不能转变，亦不能令互相触碍。设有士夫断士夫头，亦不名为害世间生。若行、若住七身中间，刀刃虽转，而不害命。此中无能害，无所害。"这记述的是"六师"中婆浮陀·伽旃那的思想。婆浮陀·伽旃那提出了一种七要素（七士身）的理论，认为世间事物或现象是由地、水、火、风、苦、乐、命这"七士身"构成的。

《发智论》卷第二十中亦有这样的记述："害杀诸众生，不与取，欲邪行，知而妄语，故饮诸酒，穿墙解结，尽取所有，守陀断道，害村害城，害国生命，以刀以轮，拥略大地所有众生，断截分解，聚集团积，为一肉聚，应知由此无恶，无恶缘。于殑伽南，断截挝打，于殑伽北，惠施修福，应知由此无罪福，亦无罪福缘。"这记述的是"六师"中末伽梨·拘舍罗等人的思想。这些人否定当时印度宗教中流行的因果报应思想，否定善有善报，恶有恶报。

《发智论》中还论述了一些其他的"外道"思想，这些思想产生的时间多数都比较早，有不少是释迦牟尼创立佛教时甚至在之前就存在的。

《大毗婆沙论》是说一切有部中解释和发挥《发智论》思想的著作。出现的时间自然要比《发智论》晚，篇幅也较长。记述的"外道"主要是释迦牟尼创立佛教时的许多思想流派，但内容或叙述的详细程度要多于或高于《发智论》。例如，《大毗婆沙论》卷第一百九十九中说："六十二见趣者，谓前际分别见有十八，后际分别见有四十四。前际分别见有十八者，谓四遍常论，四一分常论，二无因生论，四有边等论，四不死矫乱论；后际分别见有四十四者，谓十六有想论，八无想论，八非有想非无想论，七断灭论，五现法涅槃论。此中依过去起分别见名前际分别见，依未来起分别见名后际分别见，若依现在起分别见此则不定，或名前际分别见或名后际分别见，以现在世是未来前过去后故。"这里论及了释迦牟尼创立佛教时存在的六十二种主要"外道"的种类和名目。后面还有一些对这些"外道"理论的具体解释，也是了解古印度当时思想界情况的重要资料。

《大毗婆沙论》中还记述了婆罗门教哲学派别中的思想，如记述了数论派的有关内容。该论卷第十三中说："数论者说由八缘故，虽有色而不见：谓极远故，极近故，根坏故，意乱故，极细故，有障故，被胜映夺故，相似所乱故。"这里转述的是数论派关于物质性的东西存在但未能见的原因。文中提到的"八缘"指不能见到色的八种原因，即：事物太远、太近、观者视觉器官等有缺陷、精神不集中、事物太细微、事物前有障碍、由于其他的物体的光线太强、由于周围有许多相似的东西。由于这八种原因，因而事物虽存在但观者却可能看不见。《大毗婆沙论》这里的论述和数论派的主要著作《数论颂》第七颂及相关古注的内容是一致的。

《顺正理论》是佛教中有部的重要著作。这一著作中也有关于"外道"的记述。如该论卷第十中说："今应思择，何缘思择诸行俱生？为遣邪宗显正理故。谓或有执诸行无因自然而起，或复有执由一因故诸行得生，或复有执由自性等不平等因而生诸行，或复有执诸行生时唯用前生为因故起。为遣此等种种邪宗显生正理，故应思择。"这里谈到了古印度佛教外的一些派别的关于世间事物产生的种种理论。文中提到的

"诸行无因自然而起"应指顺世论的理论,因为顺世论认为事物都是自然生成的,不存在大自在天或梵等超自然的因。文中谈到的"由一因故诸行得生"应指吠檀多等派中主张的梵、我或大自在天等为事物唯一根本因的理论。文中谈到的"由自性等不平等因而生诸行"应指数论派的自性的内部三德平衡状态丧失而生成事物的理论。

《顺正理论》中还谈到了其他的"外道",如该论卷第三十三中说:"宁知明论是定量耶?以明咒声体是常故。谓诸明论,无制作者,于中咒词,自然有故,能为定量,唯此非余。为明论声,独是常性,为许一切声皆是常。若明论声独是常者,无定量证,理必不成。现见余声,耳根所取,是无常性。诸吠陀论,亦耳根得,应是无常。若一切声,皆是常者,应非定量。唯明论声,以许常声,为定量故,许皆定量,便失本宗,唯明论声,是定量摄。"这里谈到了古印度的弥曼差派,此派主张"声常住论",该派说的"声"主要指吠陀的言教。认为吠陀中展示的圣言,是没有作者的,是神圣的,永恒存在的。佛教对这种观点不予认同,认为此说中存在着矛盾。

《大乘广百论释论》是大乘佛教的重要著作,包括了圣天所述和护法的释。其中论及了几种主要的"外道"思想,如数论派、胜论派、顺世论和离系外道等,并重点破斥了"外道"的因果理论等。

关于数论派,《大乘广百论释论》卷第二中说:"复次,数论外道作如是言:因果散坏,悕望止息,唯有思我,离系独存,尔时名为涅槃解脱。"这里谈到了数论派理论中强调的"思我"(神我)独存是解脱的思想。这一思想是此派的核心观念,但文中对数论派"二元二十五谛"理论体系中的其他概念则基本未加提及或未特别重视。

关于胜论派,该论卷第二中说:"复次,胜论外道作如是言:若能永拔苦乐等本,弃舍一切,唯我独存,萧然自在,无所为作,常住安乐,名曰涅槃。"此处论及胜论派时,未提到该派的句义论等,所说的"唯我独存"

等是涅槃，不是胜论派一般文献中真正关注的问题。因为胜论派讨论的主要是世间现象的种类划分，涅槃（解脱）一类言论主要是沿用当时一般宗教中的流行观念，对其总体理论体系而言，这类成分的表面或外在性是比较明显的。

关于顺世论，该论卷第二中说："复次，顺世外道作如是言：诸法及我大种为性，四大种外无别有物，即四大种和合为我及身心等内外诸法。现世是有，前后世无。有情数法，如浮泡等，皆从现在众缘而生，非前世来，不往后世。"此处对顺世论的论述，以其四大和合为身心等作为论述重点，论及了此派的主要观念。

关于离系外道，《大乘广百论释论》卷第六中说："离系外道都不知真，唯贪后乐，现受剧苦，诸有所言多不合理，愚痴种类聚结成群，为世愚痴之所归信。云何决定知彼愚痴？以露身形，无羞耻故。如狂如畜，如似婴儿。"这里说的离系外道，实际就是耆那教。此教极为重视苦行，认为苦行能够给人们带来以后的快乐。离系外道或耆那教产生的时间与佛教相近，也与佛教共同反对婆罗门教的一些主流观念，但二者也有理论上的不同。在佛教看来，这种外道的极端化苦行等主张，十分愚痴，极不合理。

大乘佛教对于"外道"的因果理论历来特别反对。《大乘广百论释论》卷第九中对"外道"这方面的观念作了集中批判。具体来说，主要批判了胜论派的因中无果论和数论派的因中有果论。

关于因中无果论，《大乘广百论释论》卷第九中说："有说果体本无而生。为破彼言，故说颂曰：若本无而生，先无何不起？论曰：种等诸因至变坏位，能引芽等诸果令生，若诸因中本无诸果，何故芽等此位方生？后位如先，果应不起；先位如后，果亦应生。又从此因应生彼果，或应此果从彼因生。若此彼因无彼此果而不生者，彼此因力应亦不生，同本无故。若尔一切因果皆无，便违自宗所说因果。"此处是从逻辑上进行批驳,认为因中无果论不能成立。作者主要质疑因中无果论的是:如果因中无果,那么为什么事物到了果位时却能产生果? 若后面果位的事物与先前因位的事物一样,那么果位的事物就不应产生,因为原来就不存在作为果的事物;若先前因位的事物与后面果位的事物一样,那么因位时作为果的事物就应存在或产生。

关于因中有果论,《大乘广百论释论》卷第九中说:"有说果体本有而生,为破彼言,复说颂曰:本有而生者,后有复应生。论曰:若诸因中本有诸果,何故芽等后不更生? 后位如今,果应更生;今位如后,果不应生。又果本来因中有体,何故此位乃说为生? 若言今时方得显者,显不离体,应本非无。今位如先,亦应不显;先同此位,显应非无。显本非无,今复显者,后应更显,是则无穷,本有与生义相乖反。言果本有,生必不成;既无有生,果义便失。果义既失,便无有因,则违自宗有因果义。"这也是从逻辑上进行批驳,认为因中有果论不能成立。作者主要质疑因中有果论的是:若因中有果,那么为什么事物要到了果位才说果生? 若后来果位的事物如同现在因位的事物,那么果位的事物就将还要生下去,因为原本没有变化的事物也可说生;若现在因位的事物如同后来果位的事物,那么因就不应生果,因为已经有果了,没有变化。而且,说果本有就等于否定生,而否定生也就是否定有新的东西出现,自然没有果。

《大乘广百论释论》批判因中无果论并不等于肯定因中有果论,批判因中有果论也并不等于肯定因中无果论。大乘佛教实际要说明的是不存在真正的"生",事物都是"性空"的。事物的因果观念也没有绝对的实在性,也是"性空"。

《瑜伽师地论》是瑜伽行派的重要论著。该论中也论及了"外道"思想。最突出的论述是将"外道"思想在理论种类上作了归纳,认为有十六种异论。《瑜伽师地论》卷第六列举了这十六种异论:"一因中有果论,二从缘显了论,三去来实有论,四计我论,五计常论,六宿作因论,七计自在等为作者论,八害为正法论,九有边无边论,十不死矫乱论,十一无因见论,十二断见论,十三空见论,十四妄计最胜论,十五妄计清净论,十六妄计吉祥论。"该论和显扬其要义的《显扬圣教论》卷第九中对这十六种异论还有具体解释,内容可大致概括如下:"因中有果论"认为因在生成果之前,在自身中已包含果,果与因无本质区别。"从缘显了论"认为诸法中本来就有其自体,依赖于某些条件(缘)而显示出来。"去来实有论"认为不仅现在存在的东西实有,而且过去存在的东西和未来存在的东西也是实有的。"计我论"认为在生命现象中有一个主体——我,这一主体是常恒的,是轮回中的不灭者,意识或精神现象的载体。"计常论"认为我及世间是常住的,构成具体物体的极微也是常住的。"宿作因论"认为今世的果完全来自于前世所作之因,或说前世所作形成的因,必定产生后世特定的果。"自在等作者论"认为世间事物或现象是由自在天等因造作,或由某种因变化产生。"害为正法论"认为在祭祀等宗教仪式中,祭祀杀生者、被杀者等,都能生天。"有边无边论"认为世间有限或认为世间无限等。"不死矫乱论"指一种在对话或辩论中避开对方所问,胡言乱语,以求自己不显示出思维错误或理论失败的外道。"无因见论"认为事物或现象无因而生。"断见论"认为有情死后断灭无所有,也不存在因果业报。"空见论"绝对否定一切事物或现象的存在,否定轮回转世,认为无有诸法体相。"妄计最胜论"认为在各种人中,婆罗门种姓至上,婆罗门最优秀。"妄计清净论"指一些"外道"认为本派的修行或进行的宗教活动能使人变得最为清净。"妄计吉祥论"指一些"外道"认为本派奉行的宗教仪礼或宗教活动最为吉祥,能产生种种好的结果。

这些种类的"外道"在很大程度上涵盖了古印度不同于佛教的宗教派别或思想流派的理论主张。

四 简要评述

从以上的论述中我们可以看出,玄奘法师对于古印度流传的各种其他派别的思想十分了解,极为熟悉。他翻译的涉及"外道"思想的文献具有重要特点和价值。这主要表现在以下一些方面:

第一,玄奘法师的译籍中涵盖了印度古代各种主要"外道"的思想。具体来说,涉及了吠陀奥义书的思想、包括六师外道在内的沙门思潮中的思想、婆罗门教六派哲学的思想、耆那教思想、顺世论思想等。这些译籍对于完整认识印度思想史具有重要价值,是中国保存的印度历史文化思想宝库中极其珍贵的资料。这些思想与佛教思想汇合在一起,形成了印度古代文化的核心部分或精髓。

第二,玄奘法师的译籍能够弥补一些未能流传下来的印度重要"外道"文献或思想的缺失。例如,《胜宗十句义论》的印度原文没有流传下来,而这一文献与印度胜论派的其他重要文献有较大不同。玄奘法师将其译成汉文,对于今天人们完整准确地了解胜论派思想具有明显的文献价值。另外,印度"外道"的思想在玄奘法师的汉译佛典中有重要记载,而这类文献中尽管有些内容是零散的,但有些则是印度原文"外道"文献中没有提及或有不同说法的内容,这些记述也有重要的研究价值。

第三,玄奘法师的译籍中有对古印度"外道"理论类型在总体上的重要归纳。例如,《瑜伽师地论》和显示其要义的《显扬圣教论》中对"十六异论"的概括就属于这一类。这类归纳或概括对于人们在宏观上把握印度古代哲学思想的主要形态具有价值,它反映出古印度人具有的高度发达的理论思维能力。

第四,玄奘法师的译籍对"外道"有转述,也有批判,反映了古代佛教对于"外道"的基本看法。在这些内容中,多数佛教文献对"外道"思想的转述都符合历史上"外道"的实际观点,只不过这些概括有时也表现出佛教自身的主要需求,即要达到批判"外道"的目的,因而材料的取舍及诠释自然有佛教的考量,这是可以理解的。

第五,玄奘法师的译籍对于认识佛教与其他印度古代思想流派的差别或关系有重要意义。佛教是古印度的重要宗教哲学派别。在印度历史上与其他并行发展的各派一直有着千丝万缕的联系。佛教的一些思想是在批判改造其他派别思想的基础上形成的,佛教的思想也在不同程度上影响了其他派别的思想。通过玄奘法师的这些译籍,我们不仅能更完整地了解"外道"的思想,而且也能对佛教的一些观念的形成及发展的背景有更清晰的认识,能够把握佛教与这些"外道"思想的主要理论异同。这对于从宏观上客观全面地认识印度文化有重要的价值。

(原载于《觉群佛学(2012)》,北京:宗教文化出版社,2013 年版)

道安对佛教在中国发展的促进及现代启示

✿

道安是东晋十六国时期的佛教高僧。他出生在河北正定地区（常山扶柳），曾长期生活在中国北方，但其一生的活动对后世整个中国佛教的发展都有影响。道安对佛教的贡献主要体现在以下三方面：推动了佛教般若思想在中国的传播，加强了对佛教文献的整理和介绍，促进了对印度佛教进行适应中国情况的改造。他的一系列重要佛事活动对我们今天弘扬东方文化中的优秀成分，实现现代社会的和谐发展有着重要的启示。

一 推动佛教般若思想在中国的传播

道安生活的时代，印度佛教的各种思想正大量传入中国。而印度国内流传的佛教是有种类差别的，不同的佛教思想的历史地位和社会作用各有不同。这就需要中国的佛教僧人对流入的各种思想进行鉴别，分清主次。道安在这方面有着清晰的认识，明了印度佛教的主流或核心成分是般若思想，坚定地把弘扬与传播般若思想当作自己的基本任务。这是他在当时推动佛教文化在中国发展的主要贡献之一。

佛教文献中的般若类经虽然不是印度最早出现的佛典，但在印度思想史上却占有特殊的地位，是大乘佛教的基础文献，不仅影响了印度大乘佛教的早期形态,而且对大乘佛教的主要派别,即中观和瑜伽行两大派也有重要的影响,甚至还影响了印度后来的小乘佛教。从道安的传法活动可以看出,他意识到了般若文献在佛教发展中不同一般的作用。因此,他对当时传入中国的般若类经典进行了细致的研究。

在当时的中国,般若类经典中的八千颂本般若经和两万五千颂本般若经等已经通过古代西域传入了中国汉地。这之中较为著名的是汉代支娄迦谶翻译的《道行般若经》、三国时吴支谦译的《大明度无极经》、西晋竺叔兰和无罗叉所译的《放光般若经》、西晋竺法护译的《光赞般若经》等等。这些般若类文献在中国尽管由于翻译得较早、译师经验有限等原因,汉文译本的水平无法和后来佛教史上的四大译师的作品相比,但是这些译本在中国出现得较早,因而对佛教在中国的传播也有重要意义。

道安十分重视对当时在中国已经翻译出来的般若类经的研究。他曾将《道行般若经》与《放光般若经》进行比对分析,提出自己的一些看法。他还把《放光般若经》与《光赞般若经》进行比较,指出了二者在翻译上的不同特点。《出三藏记集序》卷第七中提到,道安认为"放光光赞,同本异译耳。其本俱出于阗国,持来其年相去无几。……放光于阗沙门无叉罗执胡,竺叔兰为译。言少事约,删削复重,事事显炳,焕然易观也。而从约必有所遗。……光赞护公执胡本,聂承远笔受。言准天竺,事不加饰。悉则悉矣,而辞质胜文也。每至事首,辄多不便。诸反覆相明,又不显灼。考其所出,事事周密耳。互相补益,所悟实多。"从这类分析中可以看出,道安深入研读了不同译本的般若经,提出的看法比较客观,评述也十分公允。

道安不仅撰写了有关般若类经及其思想的著述,还十分重视对此类经典的宣讲,将宣讲般若类经作为弘扬佛法的重要步骤。僧祐在《出三藏记集序》卷第八中记载道安在《摩诃钵罗若波罗蜜经抄序》中说:"昔在汉阴,十有五载,讲放光经,岁常再遍。及至京师,渐四年矣,亦恒岁二,未敢堕息。"由此可见,道安在很长一个时期中,坚持每年都讲两遍《放光般若经》。这也是他重视般若思想的重要表现。

道安对般若类经的著述和宣讲,对于佛教中这一核心思想在中国的传播起了重要的作用。佛教在最初是一种产生于印度的思想,是一种外来文化。这一思想文化能够在中国顺利发展,能够成功地与中国原有文化融合成一种东方世界中的主要文化体系,与中国僧人对佛教的相对客观的理解与弘扬有重要关系。试想,如果中国最早的僧人不能对印度佛教中的各种思想流派或文献加以恰当认识或定位,那么国人对于印度佛教思想的本来面目将会长期处于一种无知状态,这对于后来中国人借鉴吸收改造印度佛教思想是十分不利的。般若思想在印度就被当作"佛母",传到中国来,又有一批像道安这样的佛教高僧继续解读弘扬,对印度重要文化思想传入中国起了极大的推动作用。

二 整理和介绍佛教文献

佛教文献是佛法流传的重要载体。印度佛教自汉代开始传入中国,很快就有人将其译成汉文佛典。初传时期的佛典数量有限,因而对佛典种类的区分,对佛典经目的整理还显得不十分重要。但是在道安时期,佛教传入中国已数百年,佛典也译出了相当多的数量。因而,若不加以整理,将给佛教的顺利传播造成障碍。也就是说,如果不对浩如烟海的佛教文献进行整理,面对杂乱无头绪的大量佛典连目录也没有的话,就不可能有效开展系统全面的佛教研究。即便开展了也难以获得有深度和广度的研究成果。

道安显然意识到了做这种工作的重要性。因而在这方面投入了很大的精力。在道安所处的年代,传到中国来的许多古印度佛典已经翻译成汉文,种类十分繁杂。有些早年翻译的汉译佛典在道安时期就已失传,有些道安能看到的佛典的"来历"实际不大清楚。当时的人们已知道,一些文献名义上是来自印度,其实是中国人制作的"伪经"。不少佛典在当时的人们那里难以确定是属天竺"真经",还是属中土"伪经"。因而,在道安时期,人们面对大量汉译佛典时,明显缺少一个清晰的总体把握。这时,亟须对这些佛教文献进行整理,尤其需要编一部在当时来说是完整的佛教典籍目录。道安就顺应了这一历史需要,制作了一部十分重要的佛教经录。

道安在中国佛教史上不是最早编佛教经录的人,根据隋费长房的《历代三宝记》,在道安之前就已有七种经录,不过这些经录都未流传下来。道安则是中国佛教史上较早编出较完整经录并且对中国后世佛教目录学产生很大影响的人。他编的目录后人一般称为《综理众经目录》,亦根据编者之名简称为《安录》或《道安录》。该录的完整原文已失,但僧祐编的《出三藏记集》中收载了此录的大部分内容。因而,它的主要成分还是保存了下来。《道安录》主要由七部分组成,一是"经律论录",即以译者为主,按此列出译典目录;二是所谓"失译经录"部分,指一般译者不详的经;三是"凉土异经录",也属于失译的经录,译者不明,但限于凉州;四是"关中异经录",即限于关中地区的失译经录;五是"古异经录",即文字较古及经文不全的失译经录;六是"疑经录",即不能确定是否来自印度或西域的经录;七是"注经及杂经志录",即道安写的有关经的注释著作的目录等。[1]《道安录》在编辑佛典目录时的一些体例为后代佛典整理者所重视或效仿。因而,它虽不是中国历史上最早出现的佛教经录,但却具有实际的开创性。道安在这方面做的工作对中国佛教目录学的产生具有极大的意义。

---

[1]　参见任继愈主编:《中国佛教史》第二卷,北京:中国社会科学出版社,1985 年版,第170—174 页。

就研究佛教来说,佛教经目的编撰是一种基础性工作。这种工作是其他研究工作,如佛教哲学研究、佛教历史研究、佛教考古研究、佛教语言研究、佛教艺术研究等工作正常开展的前提。道安等古代僧人开展的佛经编目工作在中国佛教发展史上占有重要地位。

道安在佛教文献方面所做的另一项重要工作是对当时传入中国的佛典的介绍。最初传入中国的印度佛教,对于中国人来说,是一个陌生的文化形态。佛教文献传递了这一文化形态的主要内容。汉译佛典虽是许多人努力以中国人能接受的形态展示出来的产物,然而这些佛典毕竟对于许多中国人来说十分陌生,内容比较深奥,难以理解。这就需要一些在佛教思想上造诣较深的人对此类文献进行介绍或概述。而经序等中国佛教文章在这方面能起很重要的作用。道安就是中国历史上写佛教经序等较多和较早的人之一。

道安在已译出的佛教文献中选择了许多重要佛典进行介绍,对有关佛教文献的内容加以归纳,他写的佛典的序涉及范围十分广泛,不仅写了有关般若类佛典的序,而且还写了不少大小乘其他重要经论的序。如《出三藏记集序》卷第六中记载道安撰有《安般注序》《阴持入经序》《人本欲生经序》《了本生死经序》《十二门经序》《大十二门经序》。《出三藏记集序》卷第七中记载道安撰有《道行经序》《合放光光赞略解序》。《出三藏记集序》卷第八中记载道安撰有《摩诃钵罗若波罗蜜经抄序》。《出三藏记集序》卷第九中记载道安撰有《增一阿含经序》。《出三藏记集序》卷第十中记载道安撰有《道地经序》《十法句义经序》《阿毗昙序》《十四卷鞞婆沙序》等。道安写的这些序有助于当时和后代人理解有关佛教的内容。道安能够做这项工作,是因为他对佛教的基本思想掌握很深入广泛,也因为他当时地位很高,为当时的许多译经者所信服,为人们所敬仰。

道安在其所写的佛典序言中,对其中的基本佛教思想做了评述,提出自己的独到见解。这些序为今天我们分析研究佛教文化提供了宝贵的参考。古人看待历史上的佛教文献与我们今人看待这些文献会有很大的不同,因为他们当时了解的情况与我们现时了解的情况有差别,他们研究佛教的背景与我们现在的研究背景也不一样。因而,道安对大量佛典所做的序,是中国佛教文献中的重要资料。

除了大量的佛典序文之外,道安还有其他一些有关佛教研究的著述。通过研读这些文献,我们能够明了当时中国僧人对佛教的许多基本看法,一些内容十分有价值。道安的这些著述对我们分析理解佛教文献,了解古代佛教思想的发展,正确认识佛教有重要帮助。

三 重视改造印度佛教以适应中国的情况

道安在促进佛教思想在中国传播的过程中,很可贵的一点是,他意识到,不能完全照搬印度的佛教。因为印度的情况与中国有着很大的不同,佛教在印度发展的环境中提出的理论在移入中国时一定要做相应的调整。道安在这方面的一些见解值得我们借鉴。

道安主张对印度传来的一些不适合中国汉地情况的佛教成分进行适当的改造,去除一些不便于在中国传播的成分,使佛教易于被中国百姓信奉或弘扬。他在这方面的观念表现在其关于佛典翻译的一些主张中。道安本人虽然不直接翻译佛典,但他是当时佛典翻译的重要组织者。针对佛典汉译过程中出现的问题,他总结前人和当时的经验,提出了著名的"五失本、三不易"的理论。

"五失本、三不易"之说出自僧祐《出三藏记集序》卷第八中所载道安在《摩诃钵罗若波罗蜜经抄序》中所说的一段话:"译胡为秦,有五失本也。一者,胡语尽倒,而使从秦,一失本也;二者,胡经尚质,秦人好文,传可众心,非文不合,斯二失本也;三者,胡经委悉,至于叹咏,丁宁反覆,或三或四,不嫌其烦,而今裁斥,三失本也;四者,胡有义记,正似乱辞,寻说向语,文无以异,或千五百,刈而不存,四失本也;五者,事已全成,将更傍及,反腾前辞已乃后说而悉除,此五失本也。然般若经,三达之心覆面所演,圣必因时俗有易,而删雅古,以适今时,一不易也;愚智天隔,圣人叵阶,乃欲以千岁之上微言,传使合百王之下末俗,二不易也;阿难出经,去佛未久,尊大迦叶,令五百六通,迭察迭书,今离千年而以近意量截,彼阿罗汉乃兢兢若此,此生死人而平平若此,岂将不知法者勇乎! 斯三不易也。涉兹五失经三不易,译胡为秦,讵可不慎乎!"

根据这段文字,所谓"五失本"是指佛经翻译时汉文译文与梵语等原文在表述形式上通常会有的一些差别。主要意思是说:汉文句子里的相应词的词序在翻译时往往与梵语等句子里的词序不一致;梵语等句子中的相应部分往往没有修辞色彩,而译成汉文时要符合汉人的习惯,文字上加入汉人喜欢的修辞成分;梵语等原文句子中表述某种思想时,为了强调,喜欢多次重复,而汉译中的相应部分常删去这些重复成分;梵语等原文在文章结尾时有总结全文的"义记",而在汉文译文中这种成分常删去;梵语等原文在说完一件事转到另一话题前,要把说完的事再重复一下,这类成分在汉文译文中都删除。

所谓"三不易"是指在翻译般若类经等佛典时,存在着三种不容易的情况。主要意思是说:古今时俗有差别变化,要去掉古代原经中的一些"雅古"的成分,以适应汉地今天的情况,不容易;古代佛教圣人充满智慧,要把他们的微言大义翻译传达给今天的世俗之人,不容易;佛圆寂之初,已经摆脱烦恼的佛的大弟子和众罗汉,在第一次结集上记述整理佛说时尚且都极为努力,不敢懈怠,而今天未跳出轮回的世俗之人按自己的理解去翻译佛典,要译好自然也是不容易的。

仅仅从上面所引的这些话的文字上来看,是在描述此前和当时在对佛典汉译时的一些通常做法,道安认为达到翻译的完美或准确不容易。

然而十分明显的是,从中也可以看出道安实际上基本是肯定了这些做法,认同了根据中国汉地的实际情况或原有文化的习惯特点来介绍引入作为外来文化的佛教文献,并希望此后在做这些工作时要更加谨慎。这些记述反映了道安和当时及此前汉地译经者对待外来文化的一种基本态度。这里面暗含的观念有:要把好的外来文化引入中国,引入它的实际内容就可以,有些不符合汉地中国人习惯的表现形式可以去掉,不一定完全照搬外来文化中的一切。但在做这些事情时要十分谨慎。用我们现在的话来说就是,对外来文化做适应本土情况的改造是必要的,不过在做这项工作时必须谨慎。

道安作为一个佛教徒,能用这种态度对待他极为崇拜的印度佛教是十分不容易的。这为他之后的中国佛教僧人树立了一个很好的榜样,对于佛教能较顺利地融入中国社会起了积极的作用。

四 现代可资借鉴之处

道安虽然生活在一千多年前的古代中国,但他在印度佛教传入中国的过程中起了重要的作用,对推动印中文化的融合作出了重要的贡献。而且,他对待印度佛教的态度和一些做法,在今天仍然对我们有可资借鉴之处,主要表现在以下三点上:

首先,对外来文化有包容的态度。

对于道安等当时的中国人来讲,印度佛教是一种外来的文化。这种文化虽然不是产生自中国,但并不妨碍他们将其视为值得追求的真理,将其视为一种最高的精神境界。这其实也是中国古人的一种开放的心态。道安等没有一种狭隘的民族主义观念,没有只尊崇此前中国原有传统文化的观念。这在历史上是有积极意义的,也值得现代人借鉴。因为真理确实并不是只产生在本民族或自己国家中。真理在各民族中是普遍存在的。我们今人对于外来文化要有这样的气度,即有包容吸收的态度。无论是本民族或本国的文化,还是其他民族或国家的文化,都是人类的文化。我们应该以宽广的胸怀,积极借鉴吸收。能够积极吸收外来文化,也是有民族自信心的表现,即相信本民族或本国的文化能够与外来文化共存共荣,都成为世界文化中不可缺少的组成部分,促使全人类的共同进步与发展。

其次,对外来文化有客观的分析。

外来文化中虽然有许多积极的成分,但也并非都是真理,并不是均为优秀的思想。因而要有具体的分析。将有关文化的内涵先梳理清楚,是进行客观分析的前提。道安作为一个佛教徒,下了很大功夫研读从印度传来的佛典,吃透了佛教许多要典的基本思想。这对于其正确评述印度佛教起了重要作用。他写的许多佛典的序,十分客观,能够经得起时间考验。这对于我们今人来说也是应当借鉴的。我们现代生活的世界,同样有各种不同的外来文化。这些文化通过种种途径传到国内,影响民众。对待这些外来文化要有一个正确的态度,首先就是要对其性质有客观的了解,根据不同性质的文化采取不同的态度。因而,对外来文化进行细致客观的分析,是我们一开始就要做好的。道安等中国古人在这方面树立了良好的榜样。

最后,对引入的外来文化进行积极的改造。

道安虽然是一个虔诚的佛教徒,对源自印度的佛教十分崇拜,但并不是全盘接受,全部吸收,而是在客观分析的基础上对其区别对待。他明显意识到,对于印度佛教中的主流思想自然要积极引入,但对其中一些不符合中国习俗或不符合中国需要的成分则应对其进行改造或消除。这是一种十分积极的做法。当今世界文化交流频繁。适合于一处一地的文化或文化成分,传入另一地时常常不适合,或不全部适合,有些成分需要改造后才能推行或引入。不同区域的文化思想在传播中常常需要进行一定的变革或改造后才能继续顺利传播。古代的情况是这样,现代的情况依然是这样。道安等古人能做到的,我们今人更应该做到。

(原载于《北朝佛教研究》,郑州:大象出版社,2015 年版)

佛教的戒律及其主要发展线索

佛教的戒律是佛教作为一种文化形态的重要组成部分,是佛教教团得以存在和发展的基础。佛教产生在古代印度,最初的教团形成于印度,最初的戒律自然也形成于印度。但佛教后来在中国有重要发展,它的典籍被大量译成汉文,佛教戒律方面的许多文献也与其他佛教文献一起传入中国。这方面的内容对佛教发展成为一个世界性宗教起了很大作用,很有研究价值。佛教戒律方面的内容极其丰富,也极为复杂,本文仅就印中佛教戒律的基本内容及其主要发展线索进行初步探讨。

一　佛教最初戒律的形成

佛教的"戒"与"律"严格来说是有区别的。"戒"的原文为"śīla",主要指发自内心或自觉遵守的行为准则;"律"的原文为"vinaya",主要指必须遵守的规定,包括具体的行为规则及违反它时的惩罚方式。但实际上,后来无论是在印度还是在中国,人们对这二者并不严格区分,汉文佛典中的"戒"通常包含"律"的含义,二者经常相提并论。笔者此处所谓"戒律"也是如此,主要指上述的"律",但也包含上述"戒"的含义。

任何一个社会团体要想存在与发展都必须有一些约束成员行为的要求或准则,宗教组织则更是如此。佛教建立最初的传教组织后自然会有相应的教团纪律或成员的行为规范。这方面的内容在佛教中属于所谓"律藏"。但从情理上分析,早期或原始佛教时期的佛教戒律与后来流行的佛教戒律有不少差异，佛教较完整的律藏是逐步形成的。早期佛教教义的传布主要通过口耳相传的方式进行。由于直接材料不足，早期佛教在戒律方面的情况并不明朗。目前流传下来的较早的佛教的"律"分属于不同的佛教部派，是佛教发展到一定规模后所定型的，其中自然有不少早期或原始佛教时期佛教戒律的成分，但相当一部分内容应当是后来发展出来的，这两种成分混合在一起。

尽管如此，我们对于早期佛教戒律的形成情况，还是要依赖于部派佛教时期的材料来了解。根据佛教一些"律"的记述，佛教的律藏最初是通过所谓"结集"进行整理并成型的。佛教的第一次结集和第二次结集都与佛教戒律的形成有关。佛教中的其他一些结集不少也与戒律问题有关。

佛教举行第一次结集是在释迦牟尼圆寂的当年。在这次结集上，佛的大弟子优婆离(优波离)根据佛生前的一些言行，诵出了佛教的有关戒律。在此基础之上，经过其他佛教僧侣的整理修订，形成了最初的所谓律藏(比尼藏)。记述这次结集情况的佛教文献不少，《五分律》卷三十中描述了结集律藏的有关内容："迦叶即问优波离：佛于何处制初戒？优波离言：在毗舍离。又问：因谁制？答言：因须提那迦兰陀子。又问：以何事制？答言：共本二行淫。又问：有二制不？答言：有，有比丘共猕猴行淫。迦叶复问：于何处制第二戒？答言：在王舍城。又问：因谁制？答言：因达腻吒。又问：以何事制？答言：盗瓶沙王材。迦叶复问：于何处制第三戒？答言：在毗舍离。又问：因谁制？答言：因众多比丘。又问：以何事制？答言：自相害命。迦叶复问：于何处制第四戒？答言：在毗舍离。又问：因谁制？答言：因婆求摩河诸比丘。又问：以何事制？答言：虚称得过人法。迦叶作如是等问一切比尼已，于僧中唱言：此是比丘比尼，此是比丘尼比尼，合名为比尼藏。"[1]由此类材料可以看出，佛教最

----

① 记述这次结集情况的佛教文献很多，除《五分律》卷第三十之外，《四分律》卷第五十四、《摩诃僧祇律》卷第三十二等中均有记载，但具体内容上有一些差异。

初戒律的形成并不是一开始就制定一种较完备的法规,而是佛多次就一些具体事情来约束教徒的行为,这种事例积多了,渐渐为信徒所注意和总结,逐步形成共同遵守的戒律。依据上述材料,佛最初制定的戒律包括戒除杀、偷、淫、妄语等行为。这些行为在古代印度其他宗教(如婆罗门教、耆那教)中也是被禁止的。在佛教最初的僧团中被确立为基本戒律是很自然的。佛教后来的戒律极为复杂,尽管不少佛典中谈到是佛亲自制定的戒律,但从情理上来看,一些内容是晚一些时候在佛教僧团中被逐步确立的。

　　佛教的第二次结集更是主要因为戒律问题而起。在释迦牟尼圆寂百年时,居住在毗舍离附近的一些比丘出现了放松戒律、违反教规的情况,具体表现在所谓"十事"上。根据《善见律毗婆沙》卷第一的记载,所谓"十事"是:"一者盐净,二者二指净,三者聚落间净,四者住处净,五者随意净,六者久住净,七者生和合净,八者水净,九者不益缕尼师坛净,十者金银净。"①也就是说,毗舍离的比丘认为向人收取金银等事是合法的。这种情况被耶舍等比丘发现,他们认为"十事"是非法的,因而在比丘中产生了对戒律问题的不同看法。这导致在毗舍离举行的由七百比丘参加的第二次结集。这次结集在耶舍等比丘的主持下宣布"十事"为非法。但毗舍离的比丘对这一决议并不接受,由此导致了统一佛教的分裂,形成了所谓上座部和大众部。② 从以上"十事"可以看出,在佛圆寂百年时,佛教的戒律已经较为细致,因为在第二次结集前的佛教戒律中,已有了关于饮食、行住、财物等方面的较具体的规定。但十分明显的是,

----

① 关于"十事"的内容,不同佛教文献中的记述有差异。如《十诵律》卷第六十中说"何等十事? 一者盐净,二者指净,三者近聚落净,四者生和合净,五者如是净,六者证知净,七者贫住处净,八者行法净,九者缕边不益尼师檀净,十者金银宝物净。"另外,还可参见《四分律》卷第五十四等。

② 认为统一佛教分裂缘于"十事",主要是依据南传史料(《岛史》《大史》等)所说,根据多数北传史料(如《异部宗轮论》等),佛教的根本分裂是由于所谓"大天五事"引起的(具体参见《异部宗轮论》和《大毗婆沙论》卷第九十九)。

这些规定仍是处在变动中的。这主要与佛教的发展有较大关系,一些早期形成的佛教戒律随着佛教传播地域的扩大以及周围社会经济环境的变化,被一些教徒认为过时或束缚自身发展,他们提出变革这方面规定的要求,因而在教徒中产生矛盾就是不可避免的了。

总之,佛教的戒律是在该教产生和发展中逐步形成的,早期的戒律与当时一般的宗教团体对信众的要求接近,内容较为简略。后来随着时间的推移,戒律的内容逐渐变得复杂。戒律问题在佛教产生的最初阶段就为教团首领及众多信众所瞩目,在佛教内部常常是讨论或争论的焦点,这种讨论或争论对佛教的发展有重要影响。

二 佛教戒律的主要种类

佛教对不同的信奉者在戒律方面有不同的要求。如对在家者要求三皈五戒,对沙弥、沙弥尼要求受十戒,对式叉摩那要求受六法戒,对正式出家的比丘、比丘尼要求受具足戒。另外,不同部派或不同地区所传的戒律有不同,小乘佛教与大乘佛教的戒律也有差别。

在家的信徒一般应当实行所谓"三皈五戒",即皈依佛、法、僧以及戒除杀生、偷盗、邪淫、妄语、饮酒。

信众不满二十岁但年满十四岁(特别场合为七岁)时可以出家,一般受持所谓"十戒",即小乘沙弥、沙弥尼应受持之十戒,又称为沙弥戒、沙弥尼戒等,具体指不杀生、不偷盗、不淫、不妄语、不饮酒、不涂饰香鬘、不歌舞及观听、不坐高广大床、不非时食、不蓄金银财宝。

沙弥尼年满十八岁时(式叉摩那)要修持"六法戒",通常指不淫(不以染心触于男子之身)、不盗(不盗人四钱)、不杀(不断牲畜生命)、不妄语(小妄语)、不非时食、不饮酒。

正式出家的教徒要遵守所谓"具足戒"。受持具足戒就正式取得了比丘或比丘尼的资格。关于具足戒，不同来源的戒本内容有一定差别。根据《四分律》等佛典，比丘的具足戒有二百五十条，比丘尼的具足戒有三百四十八条。[①] 比丘与比丘尼的戒一般分为八大类，即：波罗夷、僧残、不定、舍堕、单堕、波罗提提舍尼、众学、灭净。

波罗夷（pārājika）指戒律中的根本罪或极大之罪。这种罪属于比丘的有四种，即杀、盗、淫、妄语；[②]属于比丘尼的有八种，即在上述四波罗夷之上再加上摩触[③]、八事成重[④]、覆藏他重罪[⑤]、随顺被举比丘[⑥]。犯了波罗夷戒[⑦]的人要被逐出僧团，并被认为死后要下地狱。

僧残（saṃghāvaśeṣa）指比波罗夷轻一些的罪行，即犯此类戒者相对于犯波罗夷戒者还有残余的法命。这种戒属于比丘的有十三种，如故出精戒、摩触女人戒、与女人粗语戒、向女人叹身索供戒、媒人戒、破僧违谏戒等；属于比丘尼的有十七种，如媒人戒、言人戒、度贼女戒、受漏心男食戒、助破僧违谏戒等。

不定（aniyata）是指最终所达到的犯戒程度尚未明确，但已经是犯戒的行为。此戒为比丘所受持，分为屏处不定戒及露处不定戒两种。屏处不定戒指比丘不可单独与女人共坐于屏处、覆处、障处等处所说非法语；露处不定戒指比丘不可与女人在露现之处说粗恶语。

舍堕（naiḥsargika-prāyaścittika，尼萨耆波逸提）是为比丘与比丘尼所制定的防止由于贪心而追求财物等的戒律。属于比丘和比丘尼的各有三十条。如在比丘的三十条舍堕中，有长衣戒、离衣戒、乞衣戒、畜钱宝

---

① 《四分律》的卷第一至卷第二十一论及了比丘戒，卷第二十二至卷第三十论及了比丘尼戒。

② 这四波罗夷中的盗和妄语应指程度较严重的。

③ 指以淫心摩触男子。

④ 即捉男子之手、捉衣、入屏处、共立、共语、共行、身相倚、共期行淫之处。

⑤ 指隐瞒包庇其他犯戒者。

⑥ 指随顺有罪比丘。

⑦ 四波罗夷和八波罗夷也被称为四重八重。

戒、贩卖戒、乞钵戒、乞缕戒、夺衣戒、雨浴戒等。在《四分律》中,比丘尼的舍堕有十八条与比丘的舍堕不同,十二条相同。违犯这类戒会堕入恶道,只有舍去有关的财物等方能表示忏悔并免于堕入恶道。

单堕(śuddha-prāyaścittika)指单纯对他人忏悔即可得清净的堕罪。如犯小妄语①以及杀畜生等罪,如果在布萨僧中进行了忏悔,就可以获得清净。根据《四分律》,比丘的单堕有九十条,比丘尼的单堕有一百七十八条。比丘与比丘尼有六十九项单堕是相同的。单堕和舍堕也常混为一类,称为"波逸提"。

波罗提提舍尼(pratideśanīya,意译为"向彼悔"或"悔过"等)是轻微的过失,主要涉及的是佛教关于饮食等方面的规定。有此过失者仅需对一清净僧忏悔即可。根据《四分律》及《有部毗奈耶》等,此类戒属于比丘的有四条,属于比丘尼的有八条。比丘的四条是:从非亲尼取食戒、食尼指授戒、学家受食戒、兰若受食戒;②比丘尼的八条是:无病乞酥戒、无病乞油食戒、无病乞蜜食戒、无病乞黑石蜜戒、无病乞乳食戒、无病乞酪食戒、无病乞鱼食戒、无病乞肉食戒。③

众学(saṃbahulāḥśaikaṣa)是较轻的过失,所涉及的是有关服装、食事、威仪等极细微的事情,其规则众多,稍不注意就可能触犯,要经常习学,因而称为众学。根据《四分律》等,此类戒属于比丘和比丘尼的均为一百条。举例来说,这类戒有:当齐整着三衣、不得跳行入白衣舍、不得跳行入白衣舍坐、不得白衣舍内蹲坐、不得以饭覆羹更望得、不得大张口待食、不得含饭语、不得遗落饭食、不得污手捉饮器、不得水中大小便涕唾、不得立大小便、不得为叉腰者说法、不得为骑乘者说法、不得在佛塔下埋死尸、不得佛塔下大小便、不得向佛塔舒脚坐、人坐己立不得为说

---

① 即说小的谎。
② 具体内容参见《四分律》卷第十九、《有部毗奈耶》卷第四十九等。
③ 参见《四分律》卷第三十、《有部苾刍尼毗奈耶》卷第二十等。

法、不得携手在道行等等。①

灭诤(adhikaraṇa-śamatha)是止灭僧尼中所生诤论之法。因比丘和比丘尼都有七种,因而也称为七灭诤。七种止灭僧尼诤议的方法,又称七灭诤法、七止诤法等,是为裁断有关僧尼犯戒等之诤议而设的七种方法。诤有四种,即言诤、觅诤、犯诤、事诤。所谓七灭诤,即:现前毗尼②、忆念毗尼③、不痴毗尼④、自言毗尼⑤、觅罪相毗尼⑥、多人觅罪相毗尼⑦、如草覆地毗尼⑧。七灭诤是比丘与比丘尼共通的戒律⑨。

关于佛教的戒律,后来一般也常概括为所谓"五篇七聚"。五篇是:波罗夷、僧残、波逸提、悔过、突吉罗。"七聚"亦称"七聚罪",指在"五篇"之上加入偷兰遮⑩和恶说⑪。这里面的突吉罗是具足戒之中轻罪的总称。两种不定、百种众学、七种灭诤都属于突吉罗。

除了上述这些戒律外,佛教的律藏中还常记述有关受戒、布萨⑫、安居等的具体实施方法、僧团内日常生活中的一些规定及对违戒现象的处罚等,即所谓"犍度"。如在《四分律》中有所谓"二十犍度",即:受戒犍度、说戒犍度、安居犍度、自恣犍度、皮革犍度、衣犍度、药犍度、迦稀那衣

---

① 参见《四分律》卷第十九至卷第二十一。

② 指使争论双方当众对决,说明具体情况,采用引证三藏之教法或引证戒律条文等方法来决定是非。

③ 指在确定罪过有无时,问当事人的记忆中是否有,若无记忆则无过。但适用此项的仅限平生为善或以善知识为友者。

④ 指得癫狂等病,精神异常,因而犯有过失。这类人在病愈后,僧团可令其悔罪后恢复原有身份。

⑤ 指僧尼犯罪时,令其自白,再作处罚。

⑥ 指在犯戒者不说实话时,举证其罪状,给以不得度人或受人依止等处罚。

⑦ 指在互相争持不下时,召集有德之僧,根据多数人的意见决定是非。

⑧ 指争论者互悟其非,如草伏地,争端平息,互相道歉或忏悔。

⑨ 关于灭诤,可参见《四分律》卷第四十七等。

⑩ 即犯波罗夷和僧残罪未遂者及其他一些"五篇"未包含的重罪。此罪中有程度的差别,但最甚者严重程度仅次于波罗夷和僧残。

⑪ 口说无意义或不当说的话。

⑫ 佛教等宗教派别所举行的说戒、忏悔或斋戒等的聚会。

犍度、俱睒弥犍度、瞻波犍度、呵责犍度、人犍度、覆藏犍度、遮犍度、破僧犍度、灭诤犍度、尼犍度、法犍度、房舍犍度、杂犍度。①

以上叙述(特别是关于具足戒的叙述)主要依据来自部派佛教中法藏部的《四分律》。但佛教律藏的来源有多种,除《四分律》之外,来自早期或部派佛教的律还有《十诵律》《五分律》《摩诃僧祇律》《解脱戒经》以及巴利律藏等。

《十诵律》是部派佛教中说一切有部所传的律。该律中有比丘戒二百五十七条,比丘尼戒三百五十五条。比丘戒和比丘尼戒也分为八大类,在细目的数量上多数同于《四分律》。如在比丘戒中,也是四波罗夷、十三僧残、二不定、三十舍堕法、九十波逸提(单堕)、四波罗提提舍尼、七灭诤,只是众学法为一百零七条。在比丘尼戒中,许多内容与《四分律》中的比丘尼戒是类似的,如《十诵律》中也有八波罗夷、十七僧残、三十舍堕、一百七十八单提(单堕)等。在比丘戒和比丘尼戒之外,《十诵律》中也有相当于《四分律》中的"犍度"部分。

《五分律》是部派佛教中化地部(弥沙塞部)所传之戒律。化地部是自上座部系统分出来的部派。该律由五部分组成,因而称为《五分律》。论及比丘戒的是第一部分(卷第一至卷第十),共二百五十一戒,包括四波罗夷法、十三僧残、二不定、三十舍堕、四悔过(波罗提提舍尼)、百众学、七灭诤,只是堕法(单堕)为九十一条。论及比丘尼戒的是第二部分(卷第十一至卷第十四),共三百七十戒,包括八波罗夷、十七僧残、三十舍堕、二百零七堕法(单堕)、八悔过、百众学等。《五分律》其余三部分的内容相当于《四分律》中的"犍度"部分,并论及了五百结集和七百结集。

《摩诃僧祇律》是部派佛教中根本大众部所传之戒律,由于大众部

---

① 具体参见《四分律》卷第三十一至卷第五十三。

与大乘佛教的关系较密切,①因而该律真正成型的时间不会很早。《摩诃僧祇律》与上述来自上座部的律有较多差别。如该律讲述七百结集时,认为乞金银钱是合法的,提出五种净法(五种开许方便),这表现出大众部戒律不同于上座部系统戒律的特点。该律卷第一至卷第二十二论述了比丘戒,共二百一十八条,包含四波罗夷、十三僧残(僧伽婆尸沙)、二不定、三十舍堕(尼萨耆波夜提)、九十二单堕(波夜提)、四悔过(波罗提提舍尼)、六十六众学、七灭诤。卷第三十六至卷第四十论述了比丘尼戒,共二百七十九条,包含八波罗夷、十九僧残(僧伽婆尸沙)、三十舍堕(尼萨耆波夜提)、一百四十一单堕(波夜提)、八悔过(波罗提提舍尼)、六十六众学、七灭诤。该律卷第二十三至卷第三十五主要论述了相当于《四分律》中的"犍度"部分。

《解脱戒经》被认为是所谓"五部律"②之一,属于迦叶遗部(饮光部),但该律内容极为简要,论述了四波罗夷、十三僧残、二不定、三十舍堕、九十堕法(单堕)、四悔、九十六众学、七灭诤。

巴利律藏指南传斯里兰卡的上座部系统所传的律藏。也称为"南传上座部律"或"铜鍱律"。该律以巴利文记述,内容主要由三部分组成,即:经分别、犍度、附随。在经分别里,论述了比丘戒和比丘尼戒。比丘戒(比丘分别)有二百二十七戒(称为大分别),分为八聚,包括四波罗夷、十三僧残、二不定、三十舍堕、九十二波逸提、四波罗提提舍尼、七十五众学、七灭诤。比丘尼戒(比丘尼分别)有三百一十一戒,分为七聚,包括八波罗夷、十七僧残、三十舍堕、一百六十六波逸提、八波罗提提舍

---

① 该律引用了不少大乘佛典,较多使用大乘的术语或概念。

② 佛圆寂后百年,付法藏第五祖优婆鞠多下面有五弟子(昙无德等),同时从律藏发展出五个部派的律,即属于昙无德部的《四分律》、属于萨婆多部的《十诵律》、属于弥沙塞部的《五分律》、属于摩诃僧祇部的《摩诃僧祇律》(关于此部派的律,一些史料中有些不一致或较含糊的记述,据《出三藏记集》卷第三载,婆嗟富罗部即为摩诃僧祇部)、属于迦叶遗部的《解脱戒经》。合称为"五部律"。

尼、七十五众学、七灭诤。犍度部分中包括布萨、安居及对违戒僧众的处罚方法或规定等,而且也论及了第一次结集和第二次结集等,这方面的内容与《四分律》等类似。附随出现的时间可能比经分别和犍度要晚,它是对经分别和犍度的进一步说明和补充,具体论述了一些戒律的形成,并对比丘戒与比丘尼戒的一些内容进行了比较。巴利律藏与汉译的《五分律》等在比丘戒、比丘尼戒及犍度等方面虽有一些差别,但相同处是主要的。在巴利律藏中,经分别和犍度与汉译的有关版本的相应部分较多,附随则较少。

大乘的律是后来形成的,有不少和小乘律共通的部分。内容相对小乘律要简单一些。

其中最主要的是《梵网经》、凉译《菩萨戒本》、唐译《菩萨戒本》和《菩萨璎珞本业经》等。主要针对在家信众的此类佛典则有《优婆塞戒经》和《受十善戒经》等。

《梵网经》是影响最大的论述大乘戒律的佛典。该经共两卷,上卷主要论述了十发趣心、十长养心、十金刚心及十地等。明确论述大乘戒律的是下卷。大乘戒律主要也就是所谓菩萨戒,该经列举十重禁戒、四十八轻戒。所谓十重禁戒指戒除十波罗夷罪,即:杀戒、盗戒、淫戒、妄语戒、酤酒戒、说四众过戒、自赞毁他戒、悭惜加毁戒、瞋心不受悔戒、谤三宝戒。所谓四十八轻戒指不敬师长、饮酒、食肉、食五辛、懈怠不听法、不看病、放火烧、恃势乞求、无解作师、不习学佛、不善和众、瞋打报仇、损害众生、不供养经典、说法不如法等相对轻一些的罪。《梵网经》的戒律体系与小乘律差别不小,有特色之处是此经之戒无出家、在家的分别,是信众所依照的共通之戒。

凉译《菩萨戒本》是把昙无谶译的《菩萨地持经》中的"戒品"部分摘出后独立命名而成的。该戒本中提到了"四波罗夷",但内容与小乘的"四波罗夷"不同,其主要内容是:为贪利而自赞毁他;悭惜财法,不施与贫穷者或求法者;瞋恚出恶言并残害别人,结恨不舍;谤乱正法。另外还提到了四十一轻戒①,其中有许多内容与《梵网经》中的四十八轻戒的内容相似,如不敬师长(不敬上座有德)、瞋打报仇(瞋者报瞋,打者报打)、不习学佛(于世典外道邪论,爱乐不舍)、不供养经典等。

唐译《菩萨戒本》是把玄奘译的《瑜伽师地论》中的"菩萨地戒品"部分摘出后独立命名而成的。该戒本论述了四种重戒(四波罗夷)和四十三种轻戒②。四种重戒与凉译本的内容相同。四十三种轻戒与凉译本及《梵网经》的有关内容也大同小异。

《菩萨璎珞本业经》中提到了大乘佛教戒律的三聚净戒③,即:摄律仪戒(指十波罗夷)、摄善法戒(指修持一切善法)、摄众生戒(指用慈悲喜舍等使众生安乐)。这三聚净戒后来在大乘佛教的戒律中影响较大。

《优婆塞戒经》主要是对在家菩萨说的入道之法,它论述了六重法、二十八失意等。六重法是不杀生、不偷盗、不虚说、不邪淫、不说四众过、不酤酒。二十八失意中的内容与《梵网经》中的一些内容相近,如不供养师长、饮酒、不照顾病患等。

《受十善戒经》与《优婆塞戒经》性质相同,它论及了十善(不杀生、不偷盗、不邪淫、不妄语、不两舌、不恶口、不绮语、不贪、不瞋、不痴)、八戒斋(不杀、不盗、不淫、不妄语、不饮酒、不坐高广大床、不歌舞作乐、不过中食)及违犯十善戒的报应等。

由于大乘戒或菩萨戒是为一切发菩提心的人所受的戒,不分在家出家,也不论佛弟子七众④的类别差异,均可受持,因而上述《梵网经》等涉及的范围较宽,是所谓"通戒"。

---

① 也有人将其中的第二十六戒分为两项,认为合计为四十二轻戒。
② 关于轻戒,由于后人计算方法的差异,在数目上有不同说法。
③ 这种概括是较晚出现的,但基本内容则在此经等一些印度佛典中即已存在。
④ 指比丘、比丘尼、沙弥、沙弥尼、式叉摩那、优婆塞、优婆夷。这里面前五为"出家五众",后二为"在家二众"。

三　佛教戒律在中国发展的基本线索

佛教传入中国后,戒律方面的典籍也逐渐被译出,并逐渐在中国佛教发展史上发生影响,形成了以弘传律藏为主的佛教宗派,出现了许多在律学方面颇有造诣的高僧,推动了佛教的发展。

一般认为,中国汉地翻译佛教戒律并实行戒律是从三国时期开始的。具体来说,是在魏嘉平年间(249—253),中天竺昙柯迦罗来洛阳,见到中国僧人只落发而未受戒,于是译出《僧祇戒本》,作为持戒的依据。另外,还请天竺僧人立了受戒方式的具体规定。[①]　此后,印度佛教律藏中的几部重要的律逐渐被译为汉文。

《摩诃僧祇律》是在东晋时期译出的,由佛陀跋陀罗和法显在义熙十四年(418)共译,汉译本为40卷。《摩诃僧祇律》的这一译本并不是印度几部主要律中最早的汉译本,在此之前,三国魏嘉平二年(250)曾有昙柯迦罗译《僧祇戒本》,东晋咸康中又有僧建于月支国得《僧祇尼羯磨》及《戒本》,于升平元年(357)在洛阳译出。但这些译本均已佚失。[②]法显在东晋隆安三年(399)与一些同学自长安出发去天竺求取律藏,获得《摩诃僧祇律》原本。《高僧法显传》中说:"法显本求戒律,而北天竺诸国,皆师师口传,无本可写。是以远涉乃至中天竺,于此摩诃衍僧伽蓝得一部律,是摩诃僧祇众律,佛在世时,最初大众所行也。于祇洹精舍传其本。"此律是汉地较早传来的印度戒律,曾流行一时,但无注疏流传于世,后来《四分律》在中国盛行,它的影响逐步减小。

《十诵律》是后秦弘始六至七年(404—405)间,由弗若多罗、鸠摩罗

---

① 参见中国佛教协会编:《中国佛教》一,北京:知识出版社,1989年版,第285页。

② 参见中国大百科全书总编委会《宗教》编委会编:《中国大百科全书》宗教卷,北京:中国大百科全书出版社,1988年版,第270页。

什共同翻译的。弗若多罗和鸠摩罗什在长安译《十诵律》时,并无写出的梵本,而是由弗若多罗口诵该律梵文,鸠摩罗什将其译为汉文。后来昙摩流支来到长安,才带来了《十诵律》的梵本。现存的汉译本六十一卷,并非全由弗若多罗和鸠摩罗什所译,其中包括昙摩流支等人补译的部分。鸠摩罗什等译的《十诵律》与后来陆续译出的根本说一切有部各律不完全相同,它是有部律中较为古老的。此律译出后,在汉地曾十分盛行。《高僧传》卷第十一中说:"自大教东传,五部皆度。始弗若多罗诵出十诵梵本,罗什译为晋文。……虽复诸部皆传,而十诵一本最盛东国。以昔卑摩罗叉律师本西土元匠,来入关中,及往荆陕,皆宣通十诵。"《十诵律》的注释书据记载有智称的《十诵义记》八卷、僧祐的《十诵义记》十卷、昙瑗的《十诵义记疏》十卷等,但现今都已不存。① 《十诵律》虽是在汉地较早盛行的戒律,但在唐朝中宗后,此律的影响明显衰弱。

《五分律》是刘宋景平元年(423),罽宾律师佛陀什等人译出的,汉译本三十卷。具体的翻译工作是:佛陀什口译,于阗沙门智胜笔受,竺道生、慧严等参与译事。据《高僧法显传》所载,该律原本是法显西游时在师子国所得。② 在汉地所翻译的几部印度律中,《五分律》是在中国影响较小的一部。一般认为《五分律》在内容上与巴利律藏最为接近。《四分律》一般认为是姚秦时佛陀耶舍与竺佛念共同翻译的,③译出的时间在弘始十年(408)。此汉译本现通行分为六十卷。《四分律》在中国古代的注疏很多,重要的被认为是所谓"四分三要疏",即:北魏慧光的四卷本《四分律疏》(一般称为"略疏",现已不存)、唐法砺的十卷本《四分

---

① 参见慈怡主编:《佛光大辞典》,台北:佛光文化事业有限公司,1988年版,第497页。
② 《高僧法显传》中说:"法显住此国(师子国)二年,更求得弥沙塞律藏本。"
③ 但据《宋高僧传》卷第十四"昙一传"中说:"四分律者,后秦三藏法师梵僧佛陀耶舍传诵中华,与罗什法师共为翻译。"

律疏》(一般称为"中疏")、唐智首的二十卷本《四分律疏》(一般称为"广疏",现仅存第九卷)。此外,影响较大的还有唐怀素写的《四分律开宗记》(二十卷)、唐道宣的《四分律删繁补阙行事钞》(十二卷)、宋元照的《四分律行事钞资持记》(十六卷)等。《四分律》译出时,在中国较流行的是《十诵律》。而在《四分律》译出六十多年后,北魏法聪律师开始大力弘扬此律,道覆、慧光等也各为《四分律》作疏。特别是慧光,他对《四分律》所作的疏,积极促进了此律在中国的传播。慧光将《四分律》视为大乘律,这对中国后来出现的律宗基本观念的形成起了重要作用。在唐中宗时,《十诵律》被明令禁用,《四分律》开始盛行,成为中国古代佛教界影响最大的戒律。一直到现代,此律仍是汉地佛教沿用的主要戒律。

佛教的戒律在中国较全面地翻译和传播后,对中国佛教界产生了重要影响,出现了一批专门研究佛教律藏的僧人。随着这类僧人的增多,中国形成了专门弘扬佛教律藏的宗派,即所谓律宗。

律宗作为一个中国佛教宗派主要是在唐代形成的,他的实际创宗人是唐代的道宣(596—667)。在道宣之前,传入中国的各种印度律以及对这些律的解说或弘扬,是律宗形成的理论基础。印度佛教虽有几种不同的律,但内容相同部分居多,因而这些律在中国的翻译和弘扬对推动中国佛教戒律制度的形成和戒学思想的发展都有促进作用。中国律宗的形成虽然受到了印度不同来源的律的影响,但作为基础的律则是《四分律》。因而律宗也称为四分律宗。北魏时的法聪较早弘传《四分律》,有人认为是他开创了四分律宗。唐代对《四分律》的研究很有规模,发展方向也并不单一。所谓的四分律宗后来主要发展出三个派别,即南山宗、相部宗和东塔宗。

南山宗是因道宣而命名的,道宣曾入终南山弘传律学,律宗因此也称为南山宗。如上所述,印度传来的律,除《四分律》之外,其他的律(《十诵律》《五分律》《摩诃僧祇律》等)流行的时间有限,它们在中国历史上或无专门注疏,或虽有注疏却没有流传下来。而《四分律》则弘扬者众多,注疏众多。在道宣之前,就有所谓"四分三要疏"。至道宣时,则又有所谓"五大疏",即:《四分律删繁补阙行事钞》(十二卷)、《四分律含注戒本疏》(八卷)、《四分律删补随机羯磨疏》(八卷)、《四分律拾毗尼义钞》(六卷,现存四卷)、《四分律比丘尼钞》(三卷)。道宣以《四分律》为基本戒律的依据,用《四分律》的基本戒律学说来融通大乘佛教。他受当时流传的唯识思想影响,表明了心识种子戒体观念,例如他在《四分律删补随机羯磨疏》(卷第三)中说:"欲了妄情,须知妄业,故作法受,还熏妄心,于本善识,成善种子,此戒体也。"这实际上是继承了《楞伽经》《摄大乘论》等大乘佛典中的有关思想,把心法作为戒体,从而把佛教戒律的学说与大乘佛教的主流思想相融合。道宣还主张用《四分律》的学说来融通佛教的"三学",他把佛教分为"化教"和"制教"。化教指"三学"中的定学和慧学,制教指戒学。道宣还将大乘三聚净戒的思想与《四分律》的学说联系起来。这些使得戒律理论与佛教的其他义理有机地结合起来,在中国佛教史上进一步扩大了律学的影响。道宣门下有弟子千人,较著名的有大慈、文纲、周秀、怀素、恒景等。唐代著名的鉴真和尚是道宣的再传弟子,由道宣的弟子恒景授戒的。

相部宗的创立者是唐代法砺(569—635)。由于法砺居住在相州(今河南安阳),因而此宗称为相部宗。法砺十五岁就出家,很早就学习了《四分律》和《十诵律》,撰有《四分律疏》《羯磨疏》《舍忏仪轻重叙》等著作。法砺认为戒学兼具定、慧二学,他把止恶和为善(止持和作持二法)作为根本,并受《成实论》的影响,认为戒体是非色非心的。法砺的主要弟子有明导、昙光、道成等。道成的弟子有怀素、满意等。

东塔宗为唐代怀素(634—707)所创立,因为怀素居住在长安崇福寺东塔,因而此宗称为东塔宗。怀素曾先后向玄奘、道宣及道成学习过佛教经论及戒律学说,对《四分律》颇有研究。他对法砺的许多律学说法不甚满意,写了著名的《四分律开宗记》。此书列举了法砺的十卷本《四分律疏》中的种种过失,提倡新义。此书相对法砺的疏而言被称为"新疏"。对于怀素的新疏或新义,也有人表示反对,如满意①之弟子定宾就破斥怀素的新疏,肯定法砺的解说。怀素的主要弟子有法慎、义嵩等。

按照道宣等人著作中的观点,佛教的戒可分为戒法、戒体、戒行和戒相。戒法就是佛所制的种种戒律;戒体是指在授受戒法时所产生的防非止恶功能,也就是所发生的领受于自心中的法体;戒行是持戒的行为,即随顺戒体,防止三业罪恶的如法行为;戒相是持戒所表现于外的相状。一般认为,由四分律宗发展出来的上述三宗在理论上的分歧主要表现在其戒体论上。相部宗法砺主非色非心的戒体论;东塔宗怀素主色法戒体论;道宣的南山宗主心法戒体论。②

在四分律宗的发展中,相部宗和东塔宗最终影响消失,只有南山宗一家长久流传。因此,现今所谓四分律宗,可以说主要是特指南山宗。

在唐代之后,律宗或佛教律学的思想仍有不同程度的发展。

五代时期仍有四分律宗里三家的区分。这一时期较著名的律师有贞峻(847—924)、澄楚(889—959)、慧则(835—908)、希觉(864—948)等。一些律师与朝廷关系密切,如澄楚就曾为皇室成员落发授戒。

宋代律宗主要传的是南山宗。其中较重要的人物是赞宁(919—1001)。赞宁以编撰《宋高僧传》而著称,但对佛教律学也很有研究,有"律虎"之称,曾著有《四分律行事钞音义指归》(已佚)。此外,较著名的律师还有允堪(1005—1061)、元照(1048—1116)等。允堪对道宣的律学理论很有研究,曾对道宣的《四分律删繁补阙行事钞》等著作有大量注释。元照对道宣的著作也颇有研究,写过一些相关的注释。

辽代律学也有一定发展,一些统治者在朝廷内建坛授戒。较著名的

---

① 他与东塔律师怀素是同门,被称为西塔律师。
② 参考中国佛教协会编《中国佛教》一,第289页。

律师有非觉（1006—1077）、等伟（1051—1107）等人。律学方面的重要著作有《四分律删繁补阙行事钞详集记》《自誓受戒仪》①等。

金代较著名的律师有悟铢（？—1154）、法律（1099—1166）、广恩（1195—1231）等人。

元代统治者也很重视戒律，新皇登基前要从帝师受戒。著名的律师有法闻（1260—1317），他对大乘佛教的一些经典及《四分律》很有研究。

明代律宗也有流传，较著名的律师有如馨（1541—1615）和寂光（1580—1645）等人。如馨在南京古林寺传戒，寂光在南京宝华山传戒，形成古林和宝华两家。这一时期的律学方面的主要著作《传戒规范》《四分律如释》《四分律名义标释》②等。

清代亦有不少重要律师，如海华（1608—1679）、书玉（1645—1721）、福聚（1686—1765）、源谅（1705—1772）等人。书玉继承了宝华山的戒律传统；福聚则为法源寺的第一代律师祖；源谅传戒于北京潭柘寺，并著有《律宗灯谱》。③

佛教的戒律是随佛教的产生而产生，随佛教的发展而发展的。佛教传播的地域不止古代印度和中国，它在亚洲和世界的不少其他地区都有传播，戒律在这些地区也有重要发展或不同的表现形态。本文所述的内容仅限于古代印度和中国汉地戒律的一般情况，无法全面反映中印两地律学的丰富和复杂，这一领域还有待更深入的研究。

（原载于《少林寺与中国律宗》，郑州：少林书局，2003 年版）

---

① 前者的作者是澄渊，后者的作者是思孝。参见中国佛教协会编《中国佛教》一，第92 页。

② 《传戒规范》的作者是见月，《四分律如释》和《四分律名义标释》的作者是弘赞。参见中国佛教协会编《中国佛教》一，第 117、130 页。

③ 参见中国佛教协会编《中国佛教》一，第 130—131 页。

《坛经》与佛教的"空"观念

✿

　　禅宗是中国佛教中影响较大又突出具有中国特色的宗派,但它的思想与印度佛教中的基本观念也有紧密的联系。印度佛教的一些观念被禅宗所吸收和改造,促成了它的一些基本特色的形成。禅宗有两个重要特点:一是具有明显的印度佛教的思想渊源,再一个就是与中国本土的社会生活息息相关。这两方面都值得探讨。本文以《坛经》中的"空"观念作为分析重点,探讨禅宗思想与印度佛教思想的关联及在现实社会中所起的作用。

一　《坛经》中"空"观念的主要表述

　　《坛经》中有直接表述"空"观念的段落,如该经般若品第二中说:"诸佛刹土,尽同虚空。世人妙性本空,无一法可得,自性真空,亦复如是。……世界虚空,能含万物色像,日月星宿,山河大地,泉源溪涧,草木丛林,恶人善人,恶法善法,天堂地狱,一切大海,须弥诸山,总在空中。世人性空,亦复如是。"这里将世界一切现象,如山河大地、日月星辰以及人等众生的轮回状态等都包括在内,都是"虚空"或"性空"。然而,《坛经》中说的"空"主要的含义并不是"一无所有"或"绝对的真空"。如《坛经》般若品第二中说:"善知识,莫闻吾说空便即著空。第一莫著空,若空心静坐,即著无记空。"《坛经》机缘品第七中则说:"世人外迷著相,内迷著空。若能于相离相,于空离空,即是内外不迷。"可见,尽管

《坛经》中说"空"，但实际又反对人们执著于"空"。也可以说，该经中所提到的"空"一词在多数场合也只是禅宗具有相对意义的一种概念。

在禅宗看来，任何概念都不具有绝对的真理性，包括"空"概念自身，因为概念表明的事物都是无自性的，都是"性空"的。因此，禅宗强调"空"其本意在于表明要无所执著。该宗在这方面较典型的表述是所谓"无念""无相""无住"。《坛经》定慧品第四中说："善知识，我此法门，从上以来，先立无念为宗，无相为体，无住为本。"

"无念为宗"是指人对外境不执著，不在外境上起念，心不生染污。如《坛经》定慧品第四中说："无念者，于念而无念。……于诸境上，心不染，曰无念，于自念上，常离诸境，不于境上生心。……云何立无念为宗？只缘口说见性迷人，于境上有念，念上便起邪见。一切尘劳妄想，从此而生。自性本无一法可得，若有所得，妄说祸福，即是尘劳邪见。故此法门立无念为宗。"

"无相为体"是指不执著于外部事物表现出来的不实之相，以把握事物的本来清净面目。如《坛经》定慧品第四中说："无相者，于相而离相。……外离一切相，名为无相。能离于相，则法体清净。此是以无相为体。"

"无住为本"是指不为世间事物所束缚，将世间的各种事物视为"空"，对于诸法不思不念。如《坛经》定慧品第四中说："无住者，人之本性。于世间善恶好丑，乃至冤之与亲，言语触刺欺争之时，并将为空，不思酬害。念念之中，不思前境。若前念后念，念念相续不断，名为系缚。于诸法上，念念不住，即无缚也。此是以无住为本。"

《坛经》讲空，讲不执著于事物，并不是要否定世间生活的意义。而是认为事物在不断地变化，不可能有一成不变的东西。事实上，《坛经》是相当重视世间的生活。如《坛经》般若品第二中说："佛法在世间，不离世间觉。离世觅菩提，恰如求兔角。正见名出世，邪见是世间。邪正尽打却,菩提性宛然。"显然,在《坛经》的作者看来,佛教的觉悟或菩提是要在世间中实现的,世间并不是绝对的"空"。佛教的理论最初就是围绕人或人世间的问题而提出的。所谓"佛法"即指佛教的理论。佛法讨论的问题是以人生现象为核心。因而,离开人以及人所生存的世界(人类社会或"世间"),佛法也就失去了它存在的意义或价值。《坛经》中强调"不离世间觉"实际也就表明了它不主张绝对的"空",而是认为世间只是"性空",不是绝对的虚无。只有认识了世间"性空"的特性,才能不执著于虚假的东西,才能更好地在世间利益众生。

二 《坛经》的"空"观念与印度佛教思想的关联

《坛经》虽是中国佛教宗派中的一部重要经典,但其思想与印度佛教的思想有着不可分割的联系。在"空"观念上与印度佛教更是有着直接的吸收或继承关系。

印度佛教从早期或小乘佛教到大乘佛教都讲"空"的观念。但小乘佛教与大乘佛教的"空"观有不同。早期佛教中主要是探讨人生现象,侧重讲"我空"(无我)的思想。小乘部派佛教中既有主"我空"的,亦有主"法空"的。而论"空"较彻底的还是佛教的般若学说,般若类经中不仅表述了"我法两空"的思想,更重要的是提出了"体空"的观念,即认为事物本身即空,空不是离开事物的另一种状态,而是事物不可分割的本性,正如《般若波罗蜜多心经》中所说:"色不异空,空不异色。色即是空,空即是色。"大乘佛教强调要即空观有,即有观空。也就是说,印度大乘佛教既反对事物的实有观念,也反对绝对的虚无(独立于事物之外的与事物无关的空)的观念。

《坛经》的"空"观念主要吸收的是印度大乘佛教的"空"观念。

上述《坛经》般若品第二中说"诸佛刹土,尽同虚空。世人妙性本空,无一法可得,自性真空",实际就包含了"我空"和"法空"的思想。《坛经》般若品第二中说的"莫著空"和《坛经》机缘品第七中说的"于空离空"就明确表明了反对绝对化的虚空(恶趣空)观念。《坛经》在这方面的主张显然不同于印度小乘佛教中一些人将"空"与事物割裂开的做法。

再有,《坛经》中的"无念""无相""无住"思想以及"佛法在世间"思想也与一些印度佛典的论述有渊源关系。

"无念"的思想在印度大乘佛典中就有相应的论述。如《维摩诘所说经》卷上说:"菩提者,不可以身得,不可以心得。寂灭是菩提,灭诸相故;不观是菩提,离诸缘故;不行是菩提,无意念故;断是菩提,舍诸见故;离是菩提,离诸妄念故。"这里说的"不可以心得""灭诸相""离诸妄念"和《坛经》中的"无念"是一致的,即都认为外境不实在,不能在境上生心或起念,所起的念只能是妄念。

"无相"的思想直接来源于《金刚经》。《金刚经》中就说:"诸众生无复我相、人相、众生相、寿者相,无法相,亦无非法相。何以故?是诸众生,若心取相,即为著我、人、众生、寿者。若取法相,即著我、人、众生、寿者。是故不应取法,不应取非法。"《坛经》中讲的"外离一切相"中的"相"就包括《金刚经》中说的"我相、人相、众生相、寿者相"等。这里说的"相"实际包括各种"相",包括事物表现出来的各种相状,甚至非事物的相(一些相关的概念或想象等)也不能执著。

"无住"显然与"无念"及"无相"是一致的,指不执著于诸法,不生关于外境的妄念,也就是要求"无分别"。实际上,若能做到"无念"和"无相",也就能实现"无住"了。"无住"的思想在《金刚经》及《维摩诘所说经》中都有,如《金刚经》中就说:"菩萨于法应无所住,……不应住声、香、味、触、法生心,应生无所住心。"

不难看出,《坛经》中的"无念""无相""无住"思想都是从某一角度来表明佛教"空"的观念,要说明外物没有自体,是性空,不能产生不实在事物的妄念,不能迷惑于不实在的事物,不能执著于不实在的事物。

但《坛经》讲"空"不是认为一无所有,不是认为外物绝对虚无,不是否定任何在世俗社会中行为的意义,它又强调要"不离世间觉"。而这"不离世间觉"的思想实际上也与印度大乘佛教的思想有着相承关系。这在一些大乘经中和中观派的著作中都有相关论述。

例如,《维摩诘所说经》卷中说:"现于涅槃而不断生死。""世间出世间为二,世间性空即是出世间","生死涅槃为二,若见生死性则无生死,无缚无解,不生不灭","乐涅槃不乐世间为二,若不乐涅槃不厌世间则无有二。"《维摩诘所说经》在这里讲述的世间与涅槃之间不可分割的关系表明,佛教追求的最高目标是不能离开世间来实现的。《坛经》的"不离世间觉"的思想与此经观念无异。

再如,中观派的主要著作中也表明了类似的观点。《中论》卷第四中说:"涅槃与世间,无有少分别。世间与涅槃,亦无少分别。""涅槃之实际,及与世间际,如是二际者,无毫厘差别。"青目在解释《中论》的这些偈颂时说:"世间与涅槃,无有分别。涅槃与世间,亦无分别。""究竟推求,世间涅槃实际无生际,以平等不可得故,无毫厘差别。"中观派在这里明确反对把涅槃和世间作绝对化的区分。在中观派看来,不能离开世间去追求超世间的涅槃,如果这样去追涅槃不仅追不上,而且会越追越远,因为涅槃即是认识世间诸法之"实相",认识诸法的本性是"空"。中观派所强调的涅槃是与世间有关联的一种精神或认识境界。在这种境界中,认识到世间诸法毕竟空,但又不执著于任何偏见(包括"偏空"的观念)。讲"空"是说事物为缘起无自性,不能执著于没有自性的事物,不是说要摆脱现实世界去寻求超世间的绝对之"空"。涅槃不是绝对的虚空,而是对世间或事物"实相"或"性空"的认识。《坛经》的思想在本质上与大乘中观思想是相通的。该经中的"不离世间觉"即是要消除小乘佛教等的那种将世间与涅槃绝对分割开的做法，就是要破除那种将世间或事物看成是绝对虚空的邪见。因此，《坛经》的思想渊源还是要在印度大乘佛教的般若中观这一系统中去寻找。

在《坛经》之后，禅宗思想的主流基本还是沿着这种思路继续前进，甚至更为突出地强调这方面。特别是后来的禅宗对待佛教创始人、佛教经论，甚至对待本宗祖师的态度十分引人注目。如《临济录》记述临济宗著名禅师义玄曾说："大善知识，始敢毁佛毁祖，是非天下，排斥三藏教，骂辱诸小儿。"他还说："向里向外，逢着便杀；逢佛杀佛，逢祖杀祖，逢罗汉杀罗汉。"《古尊宿语录》卷第四中记载说当时禅宗的一些僧人"经又不看，禅又不学"，但还将"成佛作祖去"。这类记述就是禅宗里所谓的"呵佛骂祖""非经毁行"。这种做法在印度没有见到，印度的禅思想也没有直接要求修行者这样做，应说是禅宗在发展过程中提出的。不过，在这里仍然可以看出禅宗有继承和发展印度佛教思想的一面。因为按照印度般若中观的思想，任何事物都是"性空"的，都不能执著，这里面甚至包括关于佛或经典的概念。《中论》中对如来以及佛教的一些基本名相概念的分析也是如此，认为不能执著，要以"性空"的思想来看待。禅宗则在继承这类思想的基础上对于祖师也这样对待。禅宗"呵佛骂祖""非经毁行"的理论基础就是大乘佛教的"性空"观念或无所执著的态度。《坛经》中确立了对印度大乘佛教空观的继承和发展态度，后来的禅宗则在这方面进一步发扬光大，推向极致。

三 禅宗"空"观念的主要社会作用

《坛经》出现之后，禅宗在中国佛教宗派中的地位不断提高。《坛经》中的"空"的观念进一步扩大了在印度就形成的大乘佛教相关思想的影响。"空"这一观念无论是在中国古代还是在近现代都起了重要的作用。以下就这一观念的主要社会作用作几点归纳：

第一，促使人们以发展的眼光看待事物。《坛经》等禅宗文献中表述的"空"观念是以佛教的缘起理论为基础的。它认为事物不是一成不变的，事物没有常恒的主体或绝对的实在。事物的形态随着各种条件的聚合或离散会呈现多种多样。这种观念反对人们用静止或孤立的视线观察世界。这明显有辩证的因素。在中国古代，人们虽然还不能完全自觉地提出这方面的系统科学理论，但《坛经》等禅宗文献中"空"观念在逻辑上实际就是引导人们的认识向合理正确的方向发展，促进人们理论思维能力的不断提高。

第二，促使人们遇到困难时放松心态，豁达地对待世间得失。《坛经》等禅宗文献中强调的佛教"空"观念将事物看成是不断变化的。这有利于引导人们正确地看待社会现象和个人生活境况，保持良好的心态。人们生活在社会中，不可能总是事事如意或一帆风顺。在当今世界，人们间的竞争激烈，冲突难免。而有竞争和冲突就会有失败者。在这样的情况下，禅宗倡导的这种观念就有某种减轻人们精神痛苦的作用。因为这一观念强调事物的转化变迁，强调没有永恒常在的生活状态。这常常使人们在极度的困境中不丧失信心，使其期待不利局面会发生变化，不对一时的失误而自暴自弃，相信失败是暂时的，对前途保持希望。这对于促进社会的和谐发展，造福民众有积极意义。

第三，促使人们不盲从权威，养成认真思考的习惯。《坛经》等禅宗文献中强调的佛教"空"观念不仅要求人们不执著于一般的事物，而且引导人们对佛教中一般的文字概念或通常人们外在的崇拜对象也不执著。《坛经》中讲的"恶人善人，恶法善法……总在空中"就已经表明了世俗一般的所谓善恶观念标准的相对性。善人及善法也是"空"的，这自然也包括佛教信众通常在口头上讲的善恶。后来的禅宗沿着这一思路继续发展下去，甚至有"呵佛骂祖""非经毁行"的极端行为。其实这些行为是有经典依据的,依据的主要就是"空"的观念。世间一切事物都是缘起的,都没有自性或不变实体,人们关于事物的概念有其局限性。佛教中信众通常口头上说的种种概念等也不例外,也不过是佛教引导人们"悟"的工具。目的是"悟",不是达到"悟"的工具。禅宗大力倡导的这一思想实际有其积极意义,它使佛教与一般的宗教有所区分,引导人们养成独立思考的习惯,不盲从权威,不人云亦云。这对于提高佛教的人文品位,提高其在人类思想发展中的地位有重要作用,对于社会的进步有积极意义。

以上侧重探讨了《坛经》等佛教文献中强调的"空"观念的积极社会作用。这一观念的社会作用当然不止以上所述。希望这方面的探讨能继续开展,完善我们对于禅宗文化意义和社会作用的研究工作。

(原载于《禅和之声——2009 广东禅宗学术研讨会论文集》,北京:宗教文化出版社,2010 年版)

“一日不作，一日不食”与禅宗的发展

“一日不作，一日不食”体现了禅宗里百丈怀海等禅师所确立的丛林重要风范，从中可以看出佛教在中国发展的重要特点，是中国佛教区别于古代印度佛教的显著表现形态之一。本文围绕禅宗里“一日不作，一日不食”的主张，联系古印度佛教中的一些相关思想，探讨佛教传入中国后的重要变化，借以分析佛教在中国的世俗化发展问题，并对禅宗在中国盛行的原因进行分析。

一 “一日不作，一日不食”与印度佛教中的相关思想

佛教产生于古代印度，它的一些基本观念多源于印度。佛教在其他国家的发展虽与印度佛教的发展不同，但我们在探讨许多问题时，仍常常要回溯到印度佛教，要参照印度佛教的一些基本思想来进行分析。“一日不作，一日不食”这一禅宗的重要观念涉及佛教的世俗化问题，与佛教中的所谓“入世”观念联系较大，也要联系印度佛教中的相关思想来探讨。

在印度佛教中，从文献上来说，既有关于出世的理论，也有关于入世的思想。在不同时期，论述的侧重点有不同。

佛教在印度产生时就认为，人们生存的世界或人生现象中充满了痛苦，而佛教主要致力于的事情，就是如何摆脱这种痛苦。在印度早期或

小乘佛教的发展中，确实存在着一种倾向，即认为要摆脱痛苦，就要离开人们生存的世俗社会。因而一些小乘佛教都很强调出家，出世的倾向较为明显。如《长阿含经》卷第一中说："人间愦闹，此非我宜。何时当得离此群众，闲静之处以求道真！"《长阿含经》卷第一中还说："善智离世边。"这些都表明，在早期或小乘佛教中，出世的观念在佛教中是明显存在的，是其作为一种宗教的基本特征。

但印度早期佛教在表达出世观念时也并不否定佛法与世间的关联，如《长阿含经》卷第一中说："佛出于世，转无上法轮。"这实际是说，佛是离不开世间的，并在世间宣传佛法。不难看出，在早期佛教中就有明确地将佛或佛法与世间密切联系起来的言论。只是从总体上说，早期佛教还是强调世间充满了造成众生痛苦的种种"烦恼"，要摆脱这种状况，因而不大突出关于佛或佛法离不开世间的内容。

相对来说，印度大乘佛教较重视与社会生活的联系，他们不像小乘佛教那样强调一定要出家，而是认为在家众也可以弘扬佛法。大乘佛教极为重视入世。尽管大乘佛教的一系列理论中都有出世的内容，如突出地讲"空"等等。但与小乘佛教相比而言，大乘佛教讲"空"一类理论时通常是联系世间来讲的，他们的这类理论主要是要表明不能执著于事物的假相，而要在认识世间现象的本质中达到最高的境界。因此，大乘佛教的出世理论与其入世观念是密不可分的。这在不少大乘佛教的文献中都有表现。

一些大乘佛教的重要经论中都认为佛教的涅槃是不能脱离人们生存的世间的，涅槃就在世间之中。而且认为，即便是达到了涅槃，也不能离开世间，因为大乘佛教要追求"利他"，强调要使其他人也摆脱痛苦，因而要坚持在世间弘扬佛法，救度众生。大乘佛教的著名经典《妙法莲华经》卷第五中说："常说法教化，无数亿众生，令入于佛道，尔来无量劫，为度众生故，方便现涅槃，而实不灭度，常住此说法，我常住于此。"

《维摩诘所说经》则说："现于涅槃而不断生死。""世间出世间为二,世间性空即是出世间","生死涅槃为二,若见生死性则无生死,无缚无解,不生不灭","乐涅槃不乐世间为二,若不乐涅槃不厌世间则无有二。"这明显强调涅槃实际不是离开世间的另一个独立的世界。中观派的主要著作《中论》卷第四中说:"涅槃与世间,无有少分别。世间与涅槃,亦无少分别。""涅槃之实际,及与世间际,如是二际者,无毫厘差别。"这些都是要强调涅槃实际不是真的离开世间的另一个独立境界,不是与世间无关的状态,佛或佛法不能离开世间。

印度佛教中没有"一日不作,一日不食"一类的主张,但有与这种主张密切相关的理论基础。这种理论基础就是强调涅槃与世间不可分的关系,强调要度众生出苦海就不能离开众生生活的世俗世界。

这种理论将佛教的发展与世俗社会紧紧地联系在一起,在逻辑上必然认同这样的观念,即:佛教的修行,佛教的发展都只能在世间进行,离开了世间的生活,也就没有佛教的存在。

从整体上说,尽管印度早期或小乘佛教中有把涅槃与世间决然分开的倾向,然而佛教在后来的发展中还是强调佛及其理论不能脱离世间。即便是早期或小乘佛教,他们论述的理论,实际仍然是离不开世间或人生现象内容的。也就是说,印度佛教文献中有要求出世的思想,但也有赞成入世的主张,这对后来传到印度之外的无论是强调出世观念还是强调入世的佛教思想都提供了文献根据。佛教传入中国后的发展,虽然有着不同于印度佛教的特点,但却与印度佛教对待出世与入世问题的态度有很大关系,只是强调的内容在不同时期有所不同。

二 "一日不作,一日不食"与中国佛教的世俗化发展

佛教传入中国后,在将一些基本教义介绍进来的过程中,面临着一

个如何使中国民众理解和接受这一宗教的问题。最初较为吸引中国民众的是佛教中所包含的出世方面的内容。这类内容中的理论主体是佛教的"空"观念。空观念在印度佛教中被大力倡导虽然是在大乘佛教时期,但它的理论基础则在早期佛教中就存在。早期佛教中提出无常、无我和涅槃,如《杂阿含经》卷第十中说:"一切行无常,一切法无我,涅槃寂灭。"这里提到的无常、无我和寂灭实际就是"空"的观念。具体来说,所谓无常主要指世间事物是变化的,没有一个永恒不变的东西;所谓无我主要指在人生现象中没有一个主体;所谓寂灭主要指人跳出轮回后(包括死后)所达到的一种状态。因而,印度佛教中的所谓"空"通常不是指绝对的虚无,而是联系世间事物的无常等本质来说的。

但佛教传入中国之初,中国人对佛教的理解与印度佛教的原本内容有不少出入。许多中国民众都把信奉或皈依佛教理解为"看破红尘""踏入空门"或"了却尘事"。一些中国思想家在理解佛教的"空"时常常把其与"有"割裂开,认为"空"是与"有"完全不同或无关的状态。但在鸠摩罗什及其弟子较准确地翻译出大批印度般若中观方面的佛典后,情况有了很大改观。中国人理解的佛教与印度佛教的本义的契合度大大提高。不过中国佛教在发展的不同时期对印度佛教思想的采纳或选择内容是有变化或不同的。

就禅宗来说,最初的思想形态与后来发展了的形态也有很大变化。中国早期佛教引入了印度小乘佛教重视静坐冥观,追求弃绝有关外部事物杂念的修持方式,看轻世界的种种现象,对世间事物无所求。这在早期禅宗里也有表现。如禅宗"二入四行"中的"无所求行"就涉及这方面的内容。《景德传灯录》卷第三十中记述这方面思想时说:"世人长迷,处处贪着,名之为求。智者悟真,理将俗反,安心无为,形随运转。万有斯空,无所愿乐。功德黑暗,常相随逐。三界久居,犹如火宅。有身皆苦,谁得而安。了达此处,故舍诸有,息想无求。经云:有求皆苦,无求乃乐,判知无求,真为道行。故言无所求行也。"这里讲的"万有斯空,无所愿乐,……故舍诸有,息想无求"以及强调的"有求皆苦,无求乃乐"等就有较强的出世倾向。这时的禅宗在很大程度上是较为看重印度佛教中要远离世俗生活的主张的。

但随着中国佛教的发展,由于种种因素的综合影响,禅宗逐步开始强调与世俗生活的联系。禅宗里的南宗系统与早先的禅思想的主要倾向有所不同。尽管南宗系统的禅宗文献中仍有不少论述出世的内容,但关注点显然已向注重入世的方向偏转。在禅宗的主要文献《坛经》中就有这方面的突出论述,如该经中说:"佛法在世间,不离世间觉。离世觅菩提,恰如求兔角。正见名出世,邪见是世间。邪正尽打却,菩提性宛然。"这种"佛法在世间"的思想明确否定了有完全脱离世间的佛法或涅槃。它与印度佛教中的不少论述是一致的,如上述《中论》所说的"涅槃与世间,无有少分别。世间与涅槃,亦无少分别",即是强调涅槃与世间密不可分的典型说法。否定涅槃与世间之间的绝对化分别,也就是否定有离开世间的觉悟。

禅宗在发展中对于传统佛教中存在的那种轻视或避开日常生活的修行产生了不同看法,对一些旧的坐禅方式开始不以为然。《坛经》中说:"道由心悟,岂在坐也!"《镇州临济慧照禅师语录》中记述说:"王常侍一日访师,同师于僧堂前看,乃问:这一堂僧还看经么? 师云:不看经。侍云:还学禅么? 师云:不学禅。侍云:经又不看,禅又不学,毕竟作个什么? 师云:总教伊成佛作祖去。"这里实际显示出了禅宗的这样一种思想,即:悟出佛教的道理或成佛,并不是仅仅依赖于形式上的那种读经学禅,而是要在日常生活中来体悟。

禅宗里百丈怀海禅师等人创立了中国佛教的丛林制度,设立了"百丈清规"。在其一系列新提出的有关主张及思想中,极受人们瞩目的就是所谓"一日不作,一日不食"。这和传统佛教中僧人专心修行,一般不参与常人之劳作的观念有很大不同。尽管禅宗中不少祖师或僧人实际也不反对参加生产劳动,但百丈禅师在这方面更为突出,而且在理论上做出明确表述。他不但倡导僧人与寺外的一般民众一样做工,一样种田,而且将这一做法制度化,努力实行。他不仅要求弟子这样做,而且自己也率先垂范,坚持劳作。这在印度佛教中是没有的情况,在中国佛教中也确实不同凡响。中国佛教中虽然在百丈怀海禅师等之前就有人强调"佛法在世间",强调佛教的修行不能离开世间,但对僧人和一般民众日常主要所作之事还是有明确区分的。提出"一日不作,一日不食",实际是看到了僧人的劳作直接关系到了寺院的存在、僧人的生存这样重大的问题。

百丈怀海禅师等对传统佛教的僧人管理制度做出这种大胆的变革,并不是理论上的一种随意思考的产物,而是和禅宗在当时所面临的具体形势有关。相对于其他中国佛教宗派,禅宗思辨性理论要求少,修行相对来说简易,吸引了许多人加入。在怀海禅师之前的一段时期,禅僧的人数大量增加,这给对寺院僧人通常执行免税制度的封建政权造成了很大的经济压力,因而统治者开始采取措施,限制佛教的发展。唐玄宗时期就曾要求一些被认为是伪滥僧尼的人还俗。此后,唐统治者还一度取消了对寺院僧人个人田产免税的规定。这些情况的出现,使得大量禅僧的生活发生困难。禅宗僧团要解决这些问题,就要采取一些先前佛教不曾使用或不曾普遍使用的措施。而"一日不作,一日不食"的主张或规定就较好地满足禅宗僧团的这种需要。

怀海禅师等的这种主张和僧团相应规定的实施虽然能满足禅宗发展的需要,但是显然与印度传来的佛教传统戒律或僧团管理惯例不符。因为按照印度传统戒律的基本精神,僧人是不应从事与经营或营利相涉太多的日常劳作的。印度传统佛教寺院僧人的生活一般是由别人来供养的。例如印度著名佛教寺院那烂陀寺的僧人能够专心致志地学习佛法和修行,基本不用为生计所担忧。据玄奘和义净所述,当时那烂陀寺周围一百多个村庄的收入都用来维持该寺院的开销。每天有二百户来寺捐赠米、油、乳等。这就使该寺僧人能衣食无忧,集中精力来学习研究高深的佛教名相概念和理论。在中国,佛教最初的发展阶段大致是努力模仿印度的做法,但当佛教大发展,禅僧人数太多时,确实也很难让国家或广大民众从经济上承受相应的费用。

当然,禅宗仍然沿用传统佛教的其他一些基本戒律,对于许多戒律中限制僧人做的事情也还是执行的。只是在其中对一些不适合禅宗发展的内容作了改动。而"一日不作,一日不食"的主张就是这类变革的产物。

这类变革为佛教在中国的发展扫清了一个重要的障碍,即僧众人数增加之后,会增加国家或民众的经济负担,这或多或少会引发统治者或一些社会阶层对佛教的不满,从而采取措施来抑制或打压佛教的发展。佛教僧团倡导"一日不作,一日不食",实际上就是强调佛教僧人自己供养自己,通过每日的劳动达到自给自足。这在一定程度上为社会减轻了负担。如果劳作所得能够在自给之后还有富余,并用来做善事,那么对社会还会有贡献。这样会大大减少来自社会或统治者的敌视或抑制,创造一个良好的佛教发展环境。

"一日不作,一日不食"的主张,使佛教寺院僧人与一般民众生活方式的差距大大缩小。这在中国佛教的发展中实际是走向世俗化的重要步骤。禅宗的这种变革,虽然与传统的佛教寺院及僧人管理体制有不同,但其做法也不能说完全没有印度佛典的文献根据。因为按照印度大乘佛教的思想,"涅槃与世间,无有少分别",佛教的弘法或修行是与世间生活离不开的,对佛教智慧的领悟,与最高境界的契合,都是要在日常生活中实现的。只是禅宗对这方面作了进一步的明确,步子迈得较大,在僧团的日常活动中积极践行,推向极致。正所谓"运水搬柴,无非妙道"。这使得禅宗成为中国佛教诸宗中推进世俗化发展的主要代表。

三 禅宗在中国盛行的原因分析

禅宗在中国历史上极为盛行，并在后世成为中国佛教中社会作用最大者。相对而言，中国佛教中的其他一些宗派，如唯识宗、三论宗、天台宗等在后世的影响远不如禅宗，信众人数和在一般民众中的认知度都在禅宗之后。之所以出现这种情况，与禅宗能够较好地推进佛教的世俗化发展有直接关系，即与禅宗倡导"一日不作，一日不食"一类的主张有关。具体来讲，与下列三个因素有关：

第一，禅宗较好地处理了佛教中的出世与入世理论的关系。

禅宗虽然受到原有中国文化的影响，但它毕竟属于佛教，而佛教的基本理论和核心思想还是来源于印度形成的佛教经典。客观地说，印度佛教中既有出世的观念，也有入世的思想。而禅宗在发展中对这两种成分都给予了重视，作出了符合中国国情的处理。中国以儒家为代表的主流传统文化思想强调人要在社会生活中完善自己，重视对人的生活准则问题的探讨，在总体上是强调入世的。禅宗要发展就不可能置这种历史环境于不顾。禅宗的成功之处在于：将印度佛典中先前就存在的入世观念参照中国已往文化中的入世思想加以改造，同时在理论中还保持印度佛教中原有的出世观念，把这些成分融为一体，尤其大力弘扬其中的入世思想，将其推向极致，把"运水搬柴"等日常生活或劳作与觉悟成佛紧密联系在一起，形成自己的特色。应该说，禅宗很好地处理了这方面的问题，作出了明智的选择。而这种选择使其成为中国佛教各宗派中最能适应历史发展需要的宗派。

第二，禅宗较好地处理了坚持佛教根本精神与避免理论过于繁琐的问题。

　　中国佛教诸宗各有特色,虽然都与印度佛教有关联,但各宗弘扬的印度佛教思想或理论的侧重点是有不同的。中国佛教中的唯识宗、三论宗、天台宗、华严宗等,继承了印度佛教丰富深奥的理论体系,把印度文化中的极有思辨深度的理论体系传播到中国,对中国文化吸收印度文化的宝贵成分作出了巨大贡献。但这些宗派由于所弘扬理论较深奥,就需要信众有较好的文化基础作为掌握理论的支撑。因而在客观上说,这对于文盲和文化程度较低的民众来说,会限制他们作为正式成员进入佛教的僧团,在一定程度上阻碍了这些宗派增加信众,扩大影响。在中国历史上的不少时期,这些宗派发展极为困难,有时法脉甚至会一度中断。到了近现代,这些宗派在社会上所起的作用十分有限,有些基本上没有什么影响。与之相比,禅宗的发展则极为顺畅。禅宗在吸收印度禅的一些基本内容时,并不受限于早期或小乘佛教中的禅观念,而是将大乘佛教的根本精神作为自己的宗旨。印度大乘佛教要求不执著于任何东西,禅宗很好地贯彻了这一思想,十分强调言语概念的局限性,甚至认为佛教的经典,一般的修行如果不能恰当地对待,也将影响信众觉悟成佛。如后来出现的"呵佛骂祖""非经毁行"等现象就是禅宗这种观念的一种展露。因而,在禅宗里,以离开一般佛教的名相概念来直接参究体悟佛教的最高境界成为流行或时尚的做法,形成了禅宗的特色。这种排斥繁琐名相概念的宗派特色吸引了大批文化程度不高的人加入禅宗的队伍,极大地推动了中国佛教的发展。

　　第三,禅宗较好地处理了佛教中僧团的管理体制的改革问题。

　　佛教的僧团管理及僧人行为规范的问题涉及佛教的戒律。而印度佛教并不是在其产生之初就有固定的戒律文本。释迦牟尼时代佛教的戒律是所谓"随犯随制",即是佛教僧团在日常生活和传教活动中根据对所遇到的一些问题的处理方法进行归纳积累的产物,系统的成型戒律是在佛教发展中逐步形成的。印度佛教中不同部派所传戒律也不同,传入中国的也有好几个文本。应当说佛教戒律是与时俱进的。印度佛教的戒律文本中有大量关于僧人行为举止或日常生活的规定。如《四分律》中关于比丘的具足戒就有二百五十条,关于比丘尼的具足戒就有三百四十八条。此外,《四分律》中还有所谓"犍度"的部分,都涉及对僧人或僧团的日常生活或修行的规定。但其中没有关于"一日不作,一日不食"的说法。怀海禅师等制定的"百丈清规"就是根据中国佛教遇到的一些新问题对印度原有戒律或习惯做法的一种补充或改革。这些每日的劳作看起来似乎与佛教徒的修行本分无关,实际上却是为了保证教团存在和修行活动持续所必需的。离开这些劳作,传统佛教的许多宗教活动是不可能顺利进行的。而且,"一日不作,一日不食"的做法与传统佛教中就存在的"涅槃与世间,无有少分别",以及"佛法在世间"等入世观念极为契合,因而成为促进中国佛教世俗化发展的重要举措。

(原载于《佛教文化研究》第二辑,南京:江苏人民出版社,2015 年版)

舍利与佛塔及其在中国的影响

✳

舍利与佛塔对佛教的传播起了重要作用。无论在印度佛教的发展中还是在中国佛教的发展中都受到人们的极大关注。研究这方面的内容,对于了解佛教发展的线索,认识中印文化的一些特色,具有积极意义。

一　舍利与佛塔的出现

所谓"舍利"主要指古印度佛教创始人释迦牟尼圆寂后的遗骨或其身体火化后的遗存物。这一词是梵语"śarīra"或巴利语"sarīra"的音译。在中国古籍或汉译佛典中,这一词也音译为实利、设利罗、室利罗等,意译则为身骨、遗身、体、身等。在佛教中,"舍利"除了主要指释迦牟尼火化后的遗骨等外,还可指佛弟子等的遗骨或其火化后的遗存物。但佛教一般认为弟子等的舍利与佛舍利的品质有差别。

根据佛教文献的记载,在释迦牟尼入灭后,其舍利为当时古印度的八个小国所分藏。《长阿含经》卷第四中曾记述了有关情况:"波婆国末罗民众,闻佛于双树灭度,皆自念言:今我宜往,求舍利分。……时诸国王阿阇世等,即下国中,严四种兵,象兵、马兵、车兵、步兵,进渡恒水。……诸国王即集群臣,众共立议,作颂告曰:吾等和议,远来拜首,逊言求分,如不见与,四兵在此,不惜身命,义而弗获,当以力取。时拘尸国即集群臣,众共立议,以偈答曰:远劳诸君,屈辱拜首,如来遗形,不敢相许,彼欲举兵,吾斯亦有,毕命相抵,未之有畏。时香姓婆罗门晓众人曰:诸贤,长夜受佛教诫,口诵法言,心服仁化,一切众生,常念欲安,宁可诤佛舍利共相残害!如来遗形,欲以广益。舍利现在但当分取。众咸称善。……时拘尸国人得舍利分,即于其土起塔供养。波婆国人、遮罗国、罗摩伽国、毗留提国、迦维罗卫国、毗舍离国、摩竭国阿阇世王等,得舍利分已,各归其国,起塔供养。"从这段记述中可以看出,在印度,所谓"舍利"被人们重视,主要是从释迦牟尼圆寂时开始的。释迦牟尼创立佛教后,佛教发展较为顺利。到他圆寂时,已在当时的古印度产生了较大影响,在当时古印度各国的统治者中有了相当的名望,以致其圆寂后的遗骨等也成了各小国争抢的对象。随着释迦牟尼去世后佛教的继续发展和影响的持续扩大,佛的舍利也成为佛教中的圣物。

舍利出现后,在佛教中持续受到信众的重视。它后来被区分为不同分类。一些佛典将其分为三种,即:遗骨的舍利、遗发的舍利、遗体上肌肉的舍利。而且无论是佛还是菩萨罗汉的遗体,都可以有这三种舍利。如《法苑珠林》卷第四十中说:"舍利者,西域梵语,此云身骨。恐滥凡夫死人之骨故,存梵本之名。舍利有其三种:一是骨舍利,其色白也;二是发舍利,其色黑也;三是肉舍利,其色赤也。菩萨罗汉等亦有三种。若是佛舍利椎打不碎,若是弟子舍利椎击便破矣。"

此外,关于舍利的形态,佛教中还有一些分类。一些佛典中提及"全身舍利""碎身舍利""散身舍利""半身舍利"等。如《菩萨璎珞经》卷第十一中说:"如来法身众德具足,色身教化不可称量,复留全身舍利接度众生,所度众生不可穷尽。"《佛说首楞严三昧经》卷下中说:"佛言:坚意,我今住此首楞严三昧,于此三千大千世界,……或现全身舍利,或现散身舍利。"《大般涅槃经》卷第三十中说:"云何得有碎身舍利?如来为益众生福德故碎其身而令供养。"《大乘悲分陀利经》卷第五中说:"欲般涅槃时,我当碎身舍利,如半芥子,为悲众生故。然后当入涅槃,令我涅槃后正法住世千岁,像法住世复五百岁。"《大般涅槃经后分》卷上中说:"阿难复白佛言:若佛现在,若复有人如上深心一切供养恭敬如来,佛涅槃后,若复有人如上深心供养恭敬半身舍利,世尊,如是二人所得福德何者为多? 佛告阿难:如是二人深心供养得福无异,所得福德无量无边。"这里说的"全身舍利"显然是指佛的比较全的遗体(整个存于一处)之舍利。所谓"碎身舍利"和"散身舍利"含义类似,指分散(非存于一处)的佛的遗体舍利。而"半身舍利"则指佛的一半遗体之舍利。

除了上述对舍利的骨舍利、发舍利和肉舍利的一般区分外,还有一些佛典中提到佛身体的某一特定部分的舍利,如佛牙舍利、佛顶骨舍利等。关于佛牙舍利,《大般涅槃经后分》卷下中说:"尔时帝释持七宝瓶及供养具至茶毗所,其火一时自然灭尽。……释言:佛先与我一牙舍利,是以我来火即自灭。帝释说是语已即开宝棺,于佛口中右畔上颌取牙舍利,即还天上起塔供养。"《佛祖统纪》卷第三十六中说:"元徽三年,定林寺法献,往天竺求经,至于阗国得佛牙舍利法华提婆品以归。"关于佛顶骨舍利,《佛说十力经》中说:"复有阿瑟吒寺、萨紧忽哩寺、罽腻吒王圣塔寺、罽腻吒王演提洒寺,此寺复有释迦如来顶骨舍利。"此外,《广弘明集诚功篇序》卷第二十七中还提到佛的灵骨舍利、指骨舍利、髑盖舍利等。

在佛典中,有时也将佛法或佛典与舍利联系起来,有所谓"法舍利"等的说法。如《菩萨处胎经》卷第四中说:"过去诸佛身,遗教无边际,八道无上法,一向度群萌,经法舍利形,神通流布世,今我所将从,得闻不思议。"《一字佛顶轮王经》卷第五中说:"法舍利塔处,高山顶处;阿兰若处,深山谷处,河泉池处。"《大唐西域记》卷第九中说:"作小窣堵波高五六寸,书写经文以置其中,谓之法舍利也。"这种关于舍利的表述应该说是较晚出现的。

佛塔的出现与舍利有着直接的关系。"塔"一词译自梵语"stūpa"或巴利语"thūpa"。该词的印度原文还被音译为窣堵波、窣堵婆、窣都婆、薮斗婆、苏偷婆、素睹波等,意译为塔庙、高显处、功德聚、方坟、灵庙等。印度历史上不少"塔"都是一种放置佛舍利等物所立的建筑物。如《长阿含经》卷第四中就说:"摩竭国阿阇世王等,得舍利分已,各归其国,起塔供养。"此处就明确提到了塔是放置佛舍利之处。但塔在印度也不是从安置释迦牟尼的舍利开始才建造的。在佛陀生前,印度已有所谓塔。这时的塔一般也是指放置一些圣者或有地位者的遗骨之处的建筑。如《大庄严论经》卷第十三中记述说:"波斯匿王往诣佛所,顶礼佛足,闻有异香殊于天香。以闻此香,四向顾视,莫知所在,即白世尊:为谁香耶?佛告王曰:汝今欲知此香处耶? 王即白言:唯然欲闻。尔时世尊以手指地,即有骨现,如赤栴檀长于五丈。如来语王:所闻香者,从此骨出。时波斯匿王即白佛言:以何因缘有此骨香? 佛告王曰:宜善谛听。佛言:过去有佛,号迦叶。彼佛世尊化缘已讫入于涅槃。尔时彼王名曰伽翅,取佛舍利造七宝塔,高广二由旬。又敕国内,诸有花者不听余用,尽皆持往供养彼塔。"这里所造的七宝塔所取的舍利就不是释迦牟尼的舍利。

后来塔中不仅放置佛的舍利,而且也放置佛弟子的舍利,并也供奉佛教的一些经卷(法舍利)等。此外,在佛陀生前活动的圣地建造的一些建筑物也有称为塔的。

例如,佛典中就有关于放置佛弟子等的舍利之塔的记述。《大唐大慈恩寺三藏法师传》卷第二中说:"自屈露多国南行七百余里,越山济河至设多图卢国。从此西南行八百余里,至波理夜呾罗国。从此东行五百余里,至秣兔罗国,释迦如来诸圣弟子舍利子等遗身窣堵波,谓舍利子、没特伽罗子等塔皆现在。呾丽衍尼弗呾罗、优婆厘、阿难陀、罗怙罗及曼殊室利,如是等诸窣堵波,每岁修福之日,僧徒相率随所宗事而修供养。"此处说的"窣堵波"或"塔"就是放置佛弟子舍利的建筑。

佛典中也有关于塔为供奉佛教经卷之处的记述。如《妙法莲华经》

卷第四中说："在在处处,若说若读若诵若书若经卷所住处,皆应起七宝塔,极令高广严饰,不须复安舍利。所以者何?此中已有如来全身,此塔应以一切华香璎珞缯盖幢幡伎乐歌颂,供养恭敬尊重赞叹。若有人得见此塔礼拜供养,当知是等皆近阿耨多罗三藐三菩提。"这里明确说了建塔是为了供养佛教的经卷,塔中可以不放舍利,而且认为供养礼拜这样的塔可以接近达到无上正等正觉。《高僧法显传》中则提及:"众僧住处作舍利弗塔,目连、阿难塔,并阿毗昙律经塔。安居后 月诸希福之家劝化供养。"此处提及了有阿毗昙律的经塔,供养它被认为可以得福。

除了上述安置舍利或有关法物的塔之外,还有一些在佛教圣地建造的塔。这类塔常被人们称为"支提"或"枝提"(梵语为"caitya",巴利语为"cetiya"),如佛的出生处、成道处、初次传法处、圆寂处等地都建有一些没有佛舍利的塔。一些佛典中将存有舍利的塔与没有存放舍利的塔进行区分,认为前者可以称为"塔",而后者则只能称为"支提"。如《摩诃僧祇律》卷第三十三中说:"塔枝提者,佛住舍卫城,乃至佛语大王,得作枝提,过去迦叶佛般泥洹后,吉利王为迦叶佛,四面起宝枝提,雕文刻镂种种彩画。今王亦得作枝提。有舍利者名塔,无舍利者名枝提,如佛生处、得道处、转法轮处、般泥洹处。"但在实际上,这种区分并不是很严格,将二者通称为塔的情况较为普遍。

二 与佛教思想的关联

佛教的舍利及塔与此教的思想有重要的关联。二者都涉及宗教中的崇拜。但佛教与其他宗教派别的崇拜有一定差别,而且佛教在其发展的不同阶段崇拜的意义或内涵也是有变化的。

佛教形成时与当时印度社会中占主导地位的婆罗门教有着明显的矛盾。婆罗门教认为,世间事物中有一个不变的真实主体——梵。一切事物在本质上都是梵,梵是唯一实在的东西,而在社会上,婆罗门种姓则是最高的主导者。佛教产生时反对这种观念,认为人生现象中没有一个不变的实体或主体,事物都是缘起的,是因缘和合的。社会中也不应有一个先天就占主导地位的最高种姓。社会中的各个种姓或众生应是平等的。

初期佛教由于在教义上反对有一个不变的真实主体,认为事物是缘起的,因而对婆罗门教等派别中特别崇奉的神也并不看重,实际上是不承认有一个最高的创世神。因此,初期佛教的宗教崇拜在程度上或在某些方面来说是没有婆罗门教等宗教派别中的崇拜那样强烈。佛教在产生时,就是一个在其宗教意识中纳入大量理性或思辨成分的宗教派别。

佛教在最初发展时期,教徒对于释迦牟尼的教义十分信奉,对他本人当然有崇拜,但神化的色彩相对来说不是很浓。释迦牟尼圆寂后,在佛教教团中,甚至在统治者或民间,对他的崇拜程度则越来越甚。释迦牟尼的舍利以及安置舍利的佛塔,就更成为信众崇拜佛祖的直接对象。

在后来的发展中,佛教信众不仅崇拜释迦牟尼的遗体舍利,而且对载有佛祖思想的经卷也突出加以崇拜,有所谓"法舍利"的崇拜。作为崇拜对象的这类佛塔大量出现。而且,在一些佛教文献中,对经卷的崇拜或对"法舍利"的崇拜似乎还要高于对一般舍利及相关佛塔的崇拜。例如,上引《妙法莲华经》卷第四中就认为要为经卷起塔,无须再放置舍利,因为经卷中包含着如来的全身(实际也就是佛的法身),经卷的地位已经至少相当于舍利。

大乘佛教的一些文献中甚至认为佛教的基础经典或核心思想的地位要高于舍利。如《小品般若波罗蜜经》卷第二中说:"尔时佛告释提桓因言:憍尸迦,满阎浮提舍利以为一分,般若波罗蜜经卷以为一分,二分之中为取何分?释提桓因白佛言:世尊,我取般若波罗蜜。何以故?世尊,我于舍利非不恭敬,以舍利从般若波罗蜜生故,般若波罗蜜所熏故得供养。……是故世尊。我于二分之中,取般若波罗蜜。世尊,置满阁浮提舍利,若满三千大千世界舍利以为一分,般若波罗蜜经卷以为一分,二分之中我取般若波罗蜜。何以故? 诸佛舍利,因般若波罗蜜生故得供养。世尊,譬如负债人常畏债主,以得亲近奉事王故,债主反更恭敬怖畏。何以故? 依恃国王其力大故。世尊,舍利亦如是,依止般若波罗蜜故得供养。世尊,般若波罗蜜如王,舍利如亲近王人。如来舍利依止一切智慧故得供养。世尊,诸佛一切智慧,亦从般若波罗蜜生,是故我于二分之中取般若波罗蜜。"这里说的"般若波罗蜜"可以说是代表了佛教的最高智慧,在佛教理论体系中占有核心地位。而佛的舍利则不是佛教的根本,佛的舍利来自般若,依赖于般若,因此佛教的智慧被认为是第一位的。此处十分明显的是,在大乘佛教的一些文献中,对经教的敬奉要高于对舍利的崇拜。

然而,佛教思想的发展也比较复杂。在早期佛教和一些部派佛教的文献中,相对来说对佛陀的常人性描述多一些,主要将其看作是佛教真理的导师,神化性的表述少一些。而从大众部到大乘佛教的发展中,对佛陀超人性的描述明显增多,佛被认为是威力无比,无所不能的,其地位几乎相当于婆罗门教或印度教当中的最高神或造世神。对于佛的神力或威力的描述许多都是在大乘佛教的文献中出现的。在大乘佛教的塔庙中,崇拜的佛或菩萨的雕像或塑像很多。因而,对于佛或佛弟子的舍利的崇拜在后来的大乘佛教中更为流行。一些佛典明确强调舍利崇拜的重要意义,如《大智度论》卷第五十九中说:"供养佛舍利,乃至如芥子许,其福报无边,乃至苦尽。"因而,也不能说大乘佛教的文献忽略舍利崇拜,不同的佛典中强调的内容有时是有差别的。

特别值得强调的是,佛塔在佛教的发展中起了重要作用。一些学者认为,大乘佛教的兴起与佛塔信仰有密切的关系,因为佛塔信仰中形成了救济佛的观念,佛陀不仅仅像早期或部派佛教时期那样被认为是"法的导师",而是被认为充满了大慈悲和威力,能够直接救济众生,佛陀本人的力量或神力因此被大力提升,对佛陀的崇拜明显被加强。而且,佛教的一些在家信众也常常以佛塔为活动中心,形成佛教的在家教团或在家信仰者组织,这些在家者提出一些不同于先前部派佛教的思想,而且他们的思想也逐步影响出家教团或组织的思想,促使佛教在理论上发生了重要的转变。不少大乘经典的形成与佛塔信仰有关,与一些以佛塔为中心的佛教教团有直接的或密切的关系。①

就佛教的总的发展来看,应当说对佛舍利或佛塔的崇拜在整个佛教教义体系中并不能说是核心的部分,核心的部分仍然是佛教的根本理论,特别是缘起的观念和无自性的观念,以及佛教的不执著于任何东西的精神。这些是佛教文化的精髓,是佛教教团的上层知识精英的理论支柱和基本指导思想。舍利或佛塔崇拜在佛教长久的发展历史中曾被高度重视,而且是大量信教群众所推崇的。因而,客观来说,佛教的信仰者也是分不同层次的,舍利或佛塔崇拜通常在普通信众和一般统治者中有着更为广泛的影响,这与一些重视佛教核心观念的佛教思想家有所不同。

三　舍利及佛塔在中国的影响

佛教传入中国后,印度佛教中的舍利及佛塔崇拜也传入中国。关于最早的佛舍利传入中国以及佛塔的建立问题,要得出确定的结论不很容易。尽管中国佛典中记载很多,但其中也掺杂着很多传说或神话的内容。例如,《高僧传》卷第一中曾记载三国时康僧会见到孙权后的一些情况,论及舍利与佛塔。文中说:"时吴国以初见沙门,睹形未及其道,

---

① 参考平川彰:《印度佛教史》上卷,东京:春秋社,1995 年版,第 330—352 页。

疑为矫异。有司奏曰：有胡人入境，自称沙门，容服非恒，事应检察。权曰：昔汉明帝梦神，号称为佛，彼之所事岂非其遗风耶？即召会诘问有何灵验。会曰：如来迁迹忽逾千载，遗骨舍利神曜无方。昔阿育王，起塔乃八万四千。夫塔寺之兴以表遗化也。权以为夸诞，乃谓会曰：若能得舍利当为造塔。如其虚妄，国有常刑。会请期七日，乃谓其属曰：法之兴废在此一举。今不至诚后将何及！乃共洁斋静室，以铜瓶加凡烧香礼请。七日期毕寂然无应。求申二七亦复如之。权曰：此寔欺诳，将欲加罪。会更请三七。权又特听。会谓法属曰：宣尼有言曰：文王既没文不在兹乎！法灵应降而吾等无感，何假王宪，当以誓死为期耳。三七日暮，犹无所见，莫不震惧。既入五更，忽闻瓶中枪然有声。会自往视，果获舍利。明旦呈权，举朝集观。五色光炎照耀瓶上。权自手执瓶泻于铜盘，舍利所冲，盘即破碎。权大肃然，惊起而曰：希有之瑞也。会进而言曰：舍利威神岂直光相而已。乃劫烧之火不能焚，金刚之杵不能碎。权命令试之。会更誓曰：法云方被，苍生仰泽，愿更垂神迹以广示威灵。乃置舍利于铁锤上，使力者击之。于是锤俱陷，舍利无损。权大叹服，即为建塔。以始有佛寺故号建初寺。"这段记述表明，至少在三国时期，佛教的舍利已经传入中国，或佛教的舍利崇拜已经在中国出现。而且三国时期，在中国已经有了安放舍利的塔。

《法苑珠林》卷第四十中曾记载了隋代舍利塔的情况。文中说："隋文帝立佛舍利塔（二十八州起塔五十三州感瑞）雍州仙游寺、岐州凤泉寺、华州思觉寺、同州大兴国寺、泾州大兴国寺、蒲州栖岩寺、泰州岱岳寺、并州无量寿寺、定州常岳寺、嵩州嵩岳寺、相州大慈寺、廓州连云岳寺、衡州衡岳寺、襄州大兴国寺、牟州巨神山寺、吴州会稽山寺、苏州虎丘山寺、右此十七州寺起塔出打刹物及正库物造。秦州、瓜州、扬州、益州、亳州、桂州、交州、汝州、番州、蒋州、郑州。右此十一州随逐山水州县寺等清净之处，起塔出物同前。……隋室受命乃兴复之皇帝每以神尼为言

云：我兴由佛，故于天下舍利塔内各作神尼之像焉。皇帝皇后于京师法
界尼寺，造连基浮图以报旧愿。其下安置舍利。开皇十五年季秋之夜，
有神光自基而上，右绕露盘赫若冶炉之焰。其一旬内四度如之。皇帝以
仁寿元年六月十三日，御仁寿宫之仁寿殿。本降生之日也。岁岁于此日
深心永念修营福善，追报父母之恩。故延诸大德沙门与论至道，将于海
内诸州选高爽清静三十处，各起舍利塔。"

这段记述表明了舍利和佛塔在隋代的规模，也表明了隋代皇室对舍
利和佛塔的重视程度。

唐代的舍利佛塔崇拜也相当兴盛，有不少皇帝都迎奉佛舍利并建
塔。如唐高宗显庆四年（659）、武周长安四年（704）、唐肃宗上元元年
（760）、唐德宗贞元六年（790）、唐宪宗元和十四年（819）、唐懿宗咸通十
四年（873）均举行了这类活动。可以说迎奉佛舍利并建塔在唐朝统治
者中是很受重视的。但这种佛教的崇拜活动也遭到当时一些人的反对，
如韩愈就对迎佛骨一事表示强烈的反对，并因此而丢官。

宋代的舍利崇拜依然很盛，中国去印度学习佛法的僧人，归国时常
常携带佛教舍利。另外，大量印度及西域来的僧人也进献了不少佛舍
利。为安放这些舍利自然也要建塔。宋代的不少佛教文献中都有关于
舍利的描述，如宋代志磐编撰的《佛祖统纪》卷四中就有关于舍利的记
述，宋仁宗撰写了《舍利赞》。这些都表明了宋朝时舍利在社会上的影
响程度。

辽代的佛塔很著名，其中的应县木塔具有极高的佛教文物价值。此
塔又称为佛宫寺释迦塔，位于山西省大同市南行约 70 公里的应县城佛
宫寺内。辽清宁二年（1056）修建，是国内外现存最古老和最高大的木
结构的佛塔。该塔修得极为坚固，曾抗住了历史上的强烈地震。塔中藏
有佛牙舍利。

明代也有一些著名的佛塔舍利。如徐州市铜山县大彭镇境内楚王

山脚下就发现一座明代舍利塔的部分塔身。山西平顺也有一座明代舍利塔。但从总体上说,明代的佛塔及舍利崇拜与唐宋时期已经是不能相比了。

（原载于《释迦塔辽金佛教与舍利文化》,北京:宗教文化出版社,2012年版）

"本无"及"本无异"之说与般若经中的"空"观念

在道安的时代,佛教在中国已有极大的发展,中国思想界对印度传来的般若理论中的"空"观念产生了浓厚的兴趣,对这一观念提出了种种理解或看法。当时较有名的是所谓"六家七宗"。"六家七宗"里的"本无"及"本无异"之说与道安的主张关涉较大,也较典型地体现了当时中国人对印度佛教核心理念的认知情况。本文对此做些探讨。

一 道安及本无宗对"空"的主要论述

道安是当时中国影响较大的佛教僧人。僧传中有关于他的记述。《高僧传》卷第五中说:"释道安,姓卫氏。常山扶柳人也。家世英儒,早失覆荫,为外兄孔氏所养。年七岁读书,再览能读。乡邻嗟异。至年十二出家。……既达襄阳,复宣佛法。初经出已久,而旧译时谬致使深藏隐没未通。每至讲说,唯叙大意转读而已。安穷览经典,钩深致远,其所注般若道行、密迹、安般诸经,并寻文比句为起尽之意,乃析疑甄解,凡二十二卷。序致渊富,妙尽深旨,条贯既叙,文理会通,经义克明,自安始也。自汉魏迄晋,经来稍多,而传经之人名字弗说,后人追寻莫测年代。安乃总集名目,表其时人,诠品新旧,撰为经录。众经有据,实由其功。四方学士,竞往师之。"

　　道安一生对佛教在中国的传播有杰出贡献,其中对般若学说的研究就是其重要的成就之一。他对来自印度的般若类经极为重视。这在一些佛教文献中有明确的记载。这些文献表明,他撰写了不少与般若学说有关的著作,如《道行经序》《合放光光赞略解序》《摩诃钵罗若波罗蜜经钞序》等,有十几种。此外,道安还注重对般若类经的讲说,将其视为弘扬佛法的重要举措。《出三藏记集序》卷第八中记载道安在《摩诃钵罗若波罗蜜经钞序》中说:"昔在汉阴,十有五载,讲放光经,岁常再遍。及至京师,渐四年矣,亦恒岁二,未敢堕息。"从此记述中可以看出,道安在很长一个时期中,每年都讲两遍《放光般若经》,曾长期坚持。《放光般若经》是佛教传入中国后人们较早能看到的为数不多的汉译般若类经译本。

　　道安这样重视般若类经的研究和讲说,自然会留下他关于般若类经核心思想的基本理解的表述。这就与本文中所谓的"本无"思想有关联。史料中有关"本无"思想的记述最初并未明确指出是道安的主张。如《名僧传抄·昙济传》(《续藏经》,第一辑,第二编乙,第七套,第一册)中转述昙济的《七宗论》内容时说:"第一本无立宗曰:如来兴世,以本无弘佛教,故方等深经,皆备明五阴本无。本无之论,由来尚矣。何者?夫冥造之前,廓然而已。至于元气陶化,则群像禀形。形虽资化,权化之本,则出于自然。自然自尔,岂有造之者哉?由此而言,无在元化之先,空为众形之始。故称本无。非谓虚豁之中,能生万有也。夫人之所滞,滞在末有。宅心本无,则斯累豁矣。夫崇本可以息末者,盖此之谓也。"吉藏的《中观论疏》则明确提到主"本无"之说的是道安。《中观论疏》卷第二末中说:"释道安明本无义,谓无在万化之前,空为众形之始。夫人之所滞,滞在末有,若宅心本无,则异想便息。……安公明本无者,一切诸法,本性空寂,故云本无。此与方等经论,什、肇门义无异也。"关于道安主"本无"的资料还可参看《中国佛教史》第二卷上的相关介绍。①

从上述的记载来看,道安所述的"本无"说中既有符合印度般若类经主导思想的成分,也有一些论述有偏差或表述不全契合般若空观的成分。例如,文中说的道安认为"无在万化之前,空为众形之始",就不符合印度般若类经说的"空"的主要含义。因为般若类经中说的"空"并不是一个实体,而是事物的本质属性。而且,般若类经中的"空"与所谓事物的"有"不是截然分开的,这种空观主张"即空观有,即有观空"。般若类经不认为事物最初是"无",从这"无"开始产生"有"的各种形态。因而,引文中的这段表述显然有不合般若类经主导思想之处。但其中也有符合或接近般若类经主导思想的说法,如引文中说的道安还认为"一切诸法,本性空寂,故云本无"。这一说法则基本契合般若类经的主导思想,因为此处说的"本性空寂"与般若类经一般讲的事物之"性空"是一致的。"空寂"既不是绝对的虚无,也不是一个实在之体,而是事物的本质属性或状态。这种解释的确找不出与般若类经中"性空"说的实质性区别。因而,吉藏评论说"此与方等经论,什、肇门义无异也",从文字上看确是如此,显然是符合实际的。

那么,这样说来,吉藏所述的道安言论中就有了不同的成分:有合于般若类经主导思想的成分,也有不合的成分。为什么会有这种差别呢?我想与道安在当时实际是受两方面的影响有关。从一方面来说,道安接触了不少当时已翻译出来的印度般若类经的汉译本。这些译本尽管在翻译方面有不足(译者不少来自西域,对汉文的掌握有限,表述上很难做到运用自如;佛典的汉文翻译才开始不久,没有多少先前的经验可借鉴等),但这些早期的汉译佛典中毕竟还是多少表述出了一些般若类经的主导思想。道安对于这些观念还是掌握了一些精神实质。前文所引

① 任继愈主编:《中国佛教史》第二卷,北京:中国社会科学出版社,1985 年版,第 222—223 页。

的"一切诸法,本性空寂"之语就反映了他对这些般若类经核心理念的掌握或理解。这是应当看到和肯定的。从另一方面来说,前面引文中所述的认为"无在万化之前,空为众形之始"的说法也有可能出自道安的解说,因为在道安之前或同时,中国思想界中确有把事物最初的状态理解为实体性"无"的观念。这与先前或当时的非佛教的中国传统文化在社会中产生的作用有关,这类文化对我们下文要说到的本无异宗有影响,对道安同样也会有一定影响。也就是说,印度佛教的般若类经的核心理念及中国先前或当时的一些传统文化的成分都被纳入了道安的思想之中。道安关于"空"的理解中这两种成分都被吸收了进去。他的"本无"之说既接受了印度般若的性空之说,也接受了源于先前中国传统文化中的实体性的空之说。道安是一个融合了这两种观念的佛教思想家。

二 本无异宗对"空"的主要论述

"本无异"与"本无"宗在论述般若思想时,都把"无"放在很重要的位置上,但对"无"的理解,二者又有不同。客观地说,上面引用道安的一些论述中其实"本无"的观念和"本无异"的观念都有。但"本无"的观念是主要的。而在当时,有些思想家是专门持"本无异"观点的,这一观点的代表人物是竺法深。《高僧传》卷四中有对他的介绍,说他曾"年二十四,讲法华、大品"。还曾"于御筵开讲大品,上及朝士,并称善焉"。但文中并未提及他在般若理论上的具体观点。现一般将其列入主"本无异"的人物主要根据吉藏的《中观论疏》中的一些记述。该《疏》卷第二末中说:"次深法师云:本无者,未有色法,先有于无,故从无出有,即无在有先,有在无后,故称本无。此释为肇公不真空论之所破,亦经论之所未明也。"

此外,安澄的《中论疏记》(《大正藏》卷六十五)中也载有一些本无异宗的材料:"《二谛搜玄论》十三宗中,本无异宗,其制论云:夫无者何也?壑然无形,而万物由之而生者也。有虽可生,而无能生万物。故佛答梵志,四大从空生也。《山门玄义》第五卷《二谛章》下云,复有竺法深即云:诸法本无,为第一义谛。所生万物,名为世谛。故佛答梵志,四大从空生也。"①

这些材料中说的"从无出有,即无在有先,有在无后",以及"壑然无形,而万物由之而生者也。有虽可生,而无能生万物",显然是把"无"明确视为一种实体,而且万物由其产生。这一表述与吉藏记述道安说的"无在万化之前,空为众形之始"在文字上接近,但没有道安说的"一切诸法,本性空寂"的说法。因而,竺法深的"本无异"之说与道安的"本无"之说是有差别的。竺法深的这种"本无异"的观点与印度般若类经中对"空"的含义的解释根本不同。般若类经中讲的"空"和"有"并不是两种对立的状态,也不是某种实体或本体。般若类经中的"空"或"无"是事物的本质属性。

本无异之说,虽然与般若类经关于"空"的观念格格不入,但从般若思想在中国的新发展的角度来看,应当说这一对"空"的解释是"六家七宗"诸说中最有中国特色的,是用中国本土文化中原有观念来理解(或解释)印度佛教哲学理念的典型。中国古代的道家就有"有生于无"的观点,将"无"实体化,魏晋玄学的创始人王弼与何晏亦认为"有"始于"无"或以"无"为"本"。竺法深的"本无异"的解释就是立足于这样的思想理论基础上提出的。

如果比较道安和竺法深在"空"观念上的区别的话,可以这样说:道安的思想中有受印度般若空观正统思想影响的成分,也有受中国先前传

---

① 参见任继愈主编:《中国佛教史》,第二卷,第 223—224 页。

统观念影响的成分。而竺法深的思想虽也受佛教思想影响，但其对"空"的解释则主要是受中国先前传统文化观念的影响，其空观与印度般若类经空观主导思想的距离较大。

三 般若经中"空"观念的形成与特性

佛教自在印度产生时就有所谓"空"的观念。在其历史发展中，其各分支或不同流派也一直讲"空"，只是讲"空"的角度和程度不同。般若类经是佛教中最突出讲"空"的文献。但这类经又是在先前佛教文献或流派所讲"空"观念的基础上讲"空"的。般若类经与先前的佛教"空"观念有关联，但也有不同。

"空"观念在早期佛教集中表现在"无常""无我"和"涅槃"的理论上，即表现在后人所概括的所谓"三法印"（判定是否为佛教理论的三项标准）上。记述早期佛教情况较多的《杂阿含经》卷第十中说："一切行无常，一切法无我，涅槃寂灭。"这里尽管没有使用"空"一词，但实际表示的就是"空"的观念。所谓"无常"指世间事物不断变化，没有一个永恒不变之物；"无我"指人生现象中没有一主体；而"寂灭"指人跳出轮回后所达到的一种状态。"无常""无我"和"寂灭"三者实际是一致的或密不可分的。因为既然没有永恒不变的东西，那么作为人生命现象不变主体的"我"当然也不能存在，而"寂灭"在早期佛教中就包含着人涅槃后没有永恒不变之"我"的意思。这"三法印"从逻辑上说都可以解释为"空"。

早期佛教的其他一些理论中也常包含着"空"的观念，如缘起、五蕴、空定等思想或概念中都是如此。

进入部派佛教后，许多文献或分支对事物的分析亦有"空"的观念。例如，一些部派认为事物可以分为过去法、现在法和未来法。有些部派认为过去法和未来法空,有些部派认为三世法都是假名,不实在。而且,不少部派坚持早期佛教时释迦牟尼强调的“无我”理论,继续持“我空”的立场。因而,这一时期的佛教各部派或分支的“空”观念的表现多种多样。

印度的大乘佛教形成后,把一些早期佛教和部派佛教的思想贬为“小乘”。在“空”观念问题上,被称为所谓小乘的佛教派别或分支在总体上有这样的理论倾向或特点,即持所谓“分析空”或“相空”的观念。所谓“分析空”是指论证“空”的一种角度或得出“空”观的一种方法。这是早期佛教及不少部派佛教论“空”的重要特征之一。早期佛教的一些基本教理中并未明确说事物的本性或本身是“空”,主要认为由诸要素积聚出的东西或现象是“空”。这“空”是“分析”出来的。如早期佛教将人或人的作用的构成分析为五蕴,但未说五蕴(一个一个的要素)本身是不实或“空”的。这种说“空”的角度或方法强调事物的整体由部分构成(或果由因构成),整体不可能永远不变,整体中无永恒主体,而且有可能解体。因而,事物(整体或果)可以被分析出是“空”的。所谓“相空”指认为事物表现出来的相状是“空”的,至于事物本身或自体是否为空,则未说或说得不明确。这种论证空的角度和方法是停留在表相上的,对事物的本质是否为“空”有很大保留,因而是不彻底的。部派佛教论“空”的角度和方法大多也是“分析空”。许多部派至少在形式上讲“我空”(无我),其依据仍是“五蕴”说,认为人由五蕴和合而成,这和合体不实(由部分组成,无常恒主体),故“无我”。一些部派对“法空”的论证亦是如此,也属“分析空”。这类部派认为事物由因缘和合而成。这因缘可是“极微”,或是别的什么基本构成因。而且,由于事物是“无常”的,因而总有变化,表现在时间上就有过去、现在和未来法之分。在不少部派看来,现在法由于因缘正构成此物,因而应说实有;过去法由于因缘离散了,转变成别的东西了,因而不实;未来法由于因缘还没有聚合故也不实在。据此认为三世法中仅现在法"有",过去、未来则"无"。一部分部派佛教用这种"分析"的方法得出的"空"观是不彻底的。因为这种"分析"在说事物"空"的论证中并没有把"缘起观"贯彻到底,一般只是谈及"五蕴"的合成物或聚合体不实,无主体;或仅谈及由部分(因)而构成的整体(果)不实,不能长久,至于"五蕴"中的各个构成要素或构成整体(果)的部分(因)是否"空",这些东西本身是否也有缘起空的问题(即事物的本性是否"空"的问题)则不谈了。因而,早期佛教与小乘部派佛教的空观是属于"分析空",达到的是"相空",没有达到"体空"或"性空"。

印度般若类经中较为准确或清晰地展示了大乘佛教的"体空"或"性空"观念。如《小品般若波罗蜜经》卷第一中说:"幻不异色,色不异幻。幻即是色,色即是幻。幻不异受想行识。"这之中的"幻"实际就是指的"空"。后来在佛教界十分流行的《般若波罗蜜多心经》中说:"色不异空,空不异色。色即是空,空即是色。受想行识亦复如是。"这与《小品般若波罗蜜经》中的上述文句在实质上是一样的。在般若类经看来,空(幻)与色(物质性的东西)是分不开的,说空一定是指事物的空的本性,说事物也不能离开其空性,二者是一体的。事物在本体上就是空,而空又不能离开事物独立存在。要"即空观有","即有观空"。事物之所以空,并不是因为它可分析,也不是因为过去的事情不存在,现在的事情将不存在,或将来的事物还不存在,而是因为事物在本性上即空。你分析也好,不分析也好,事物都是空,这空是事物的不可分的本性。无论是事物的"相"还是"体"皆空。般若类经中的这种体空观念与先前的印度早期佛教或小乘部派佛教的思想是有所不同的。

大乘佛教里中观派所制作的论典较好地诠释了般若类经的核心思想。中观派在论证"空"时,吸收了早期般若类经以来的大乘"空"观的许多思想,强调事物自身即空的观念,而且非常重视从佛教的"缘起"思想出发来表明事物之空。《中论》卷第四中说:"未曾有一法,不从因缘生,是故一切法,无不是空者。"此偈明确肯定一切事物毫无例外地都是由因缘而生的。因此,一切事物,包括由因构成的果及构成果的因,均为"空"。也就是说,只要是构成因组成之物,即不是实在的,就是"空"。而事物皆为缘起,故事物均为空。这种"缘起性空"说所表明的"空"在实质上也是一种"体空"。由于这种理论强调无论是一般的事物还是构成事物的"因"都是缘起的,都无自性,因而它与早期和小乘部派佛教中显示的"空"义是不同的。小乘的"分析空"理论对构成事物的"因"是否也"空"态度不明确。如五蕴合成的人是空的,但五蕴中单独的一个一个的蕴,是否由他物构成? 这在小乘中表述得不是很清楚,不是很确定。而在中观派中,则明确强调了事物均为缘起,因而事物之体皆空。在中观派看来,"空"即是"缘起",即是"假名"。中观派的"缘起性空"说的主要目的是要否定事物有自性,但其否定的也仅此而已。通过缘起说,此派实际既有否定也有肯定。否定的是事物有自性,肯定的是存在着假有。中观派讲"空"时反对说绝对的虚无,讲"有"时反对有实在的自性。在中观派看来,强调缘起性空,能够更好地表明般若类经中要展示的事物的"性空"和"体空"观念。

　　印度佛教中般若思想的"空"观念是佛教整个理论体系的核心和精髓。佛教传入中国后,人们很快也认识到了这一点。道安时期信奉或关心佛教的人们就开始以种种方式诠释般若思想的"空"观。道安等人虽对于般若空观在印度的发展线索不一定十分清楚,但也在一定程度上了解一些般若空观的主要含义,并在中国特有的文化背景下弘传他所理解的这一佛教核心理念。"本无"及"本无异"之说作为这一时期中国极有特色的对般若思想的诠释,最能反映当时中国佛教界对于来自印度的佛教文化的态度或理解。

四　两类空观差别的形成背景及产生原因

道安时期的中国佛教界提出的"本无"及"本无异"之说与印度佛教中流传的般若空观的主流思想显然是有差别的。那么,造成这两种空观差别的主要原因是什么? 笔者认为至少有以下四个原因:

第一,当时中国人所看到的汉译般若类经的翻译还不是特别准确或者说译文水平有限。在道安时期,人们接触的般若类经主要是在汉代、三国、魏晋时期翻译的。受翻译条件的限制,这些译本的准确性或清晰性都不如后来的鸠摩罗什等翻译大家的作品。因而,这一时期人们对印度般若空观的理解自然多少要受此类翻译的一些影响,理解印度这些佛教要典的根本含义可能不够准确。出现一些有别于般若空观主流思想的解释也就不足为奇了。

第二,印度佛教本身对于空观念的表述有一个发展的过程,各种印度佛典中对于"空"的解说也就不同。这些说法有异的文献都传入了中国,对中国僧人产生了不同的影响。传入中国的印度佛教文献并不是都以其在印度的产生先后为顺序的。在佛教传入中国之初,就既有小乘佛典,也有大乘佛典。印度小乘佛典对于"空"的解释与大乘般若类经典对"空"的解释就有差别。而当时的中国人既接触小乘佛典,也接触大乘佛典。印度佛教中的不同空观自然对中国僧人都有影响。这样,在中国出现与般若空观主流思想不同的对佛教"空"的解释也就不难理解了。

第三,中国原有的传统文化对当时的中国佛教僧人有重要影响。而这种影响也会表现在对来自印度的般若空观的解释上。中国人在佛教传入之前就有很悠久的文化传统。这些文化传统无论在民间还是在统治阶层中都有巨大的影响。而当人们接触佛教这样的外来文化时,就会很自然地拿原有传统文化中的概念与佛教概念进行比对,拿原有传统文化中概念的含义来比附或理解一些佛教的概念。这种比附或理解有时是恰当的,有时则不一定恰当。因此,道安时期的中国思想界对佛教空观念的理解或解释与印度般若类经典主流思想的空观产生差别就是很自然的。

第四,有关解释者个人的历史背景、所处环境、接触佛典情况、个人偏好等因素的影响。这种因素也应考虑到。我们可以发现,在同时代的人中,对于佛教空观念的理解或解释常有很大不同。这里面除了我们上面说的三个原因外,还受有关思想家或解释者的个人因素的影响。这种个人因素有些在历史资料中有记述,有些没有记述。有些恐怕当时的人也不是很清楚。这类偶然性明显的因素有时能起极大作用。

应当说,在道安时期,中国思想界出现"本无"及"本无异"之说与上述因素有不同程度的关系。这些因素的综合影响导致了中国佛教僧人理解的佛教空观与印度般若类经空观之间的差别。这是佛教在中国传播过程中必然要出现的状况,是中印文化碰撞交流后所产生的结果。

(原载于《湖北文理学院学报》,2015 年第 9 期)

南朝佛教中的"师说"与相关
印度佛典

✹

在中国佛教史上,以金陵为核心传播区域的南朝佛教占有重要地位。而其中的诸种"师说"又是当时推动中国佛教发展的重要力量。在南朝佛教中活动较多的有:毗昙师、三论师、成实师、涅槃师、摄论师等。他们以某部或某种印度佛典为主要弘扬对象,阐述其对佛教基本思想的理解,从一个方面将印度佛教的思想引入中国,并加以发展。本文拟对这些"师说"与印度佛典的关联及在中国的影响等进行探讨,简要地提一些看法。

一 毗昙师与说一切有部的主要文献

"毗昙师"是中国南北朝时期出现的一批专门弘扬印度部派佛教中说一切有部思想的人。这些人十分重视有部制作的一些佛教论典。此类"论"（Abhidharma）音译为"毗昙"等,因而专门弘扬这些论的人也就成了所谓的毗昙师。他们弘传的佛典主要是《杂阿毗昙心论》《毗婆沙论》《阿毗昙八犍度论》等。

就印度本国来说,部派佛教中影响较大的就是说一切有部。而有部中较早的重要文献是被后人称为"一身六足"的七部著作。所谓"一身"指此派代表人物迦多衍尼子所著的《阿毗达磨发智论》。此论被称为

"身论",因为它被认为是有部的基础或核心著作。所谓"六足"指《集异门足论》《法蕴足论》《施设足论》《识身足论》《界身足论》《品类足论》六部著作。这六部著作虽出现较早,但相对后出的《阿毗达磨发智论》而言是辅助性或非根本性的,所以被称为"足论"。然而,这"一身六足"著作在中国后世最流行的译本多出现在唐代后。而在南北朝时期则有部分较早的译本。促成南朝时期毗昙师形成的就是这种较早的有部著作汉译本。

《阿毗昙八犍度论》是《阿毗达磨发智论》的异译本。东晋十六国时(383),僧伽提婆与竺佛念合译,共三十卷。这是有部主要著作较早在中国流传的文本。到唐代玄奘译的《阿毗达磨发智论》汉译本出现后,这一译本影响才变小。但在中国南北朝时期,《阿毗昙八犍度论》是很受当时人们重视的。

在印度,有部著作中篇幅极大的是《大毗婆沙论》。此论详解了《阿毗达磨发智论》,对有部思想作了极为细致的论述。但这一文献最流行的汉译本是唐代玄奘译的。在南北朝时期有影响的是尸陀槃尼撰、苻秦僧伽跋澄译的《鞞婆沙论》,该论仅涉及后世汉译《大毗婆沙论》的部分内容。此译本共十四卷,论述了有部的一些基本名相概念。虽然内容涉及的范围无法与后世玄奘译的《大毗婆沙论》相比,但在译出时对当时的中国人了解有部基本思想还是起了重要作用,对南北朝时期的毗昙师的形成和发展有影响。

《阿毗昙心论》由印度有部僧人法胜所撰,东晋僧伽提婆及慧远合译,共四卷。此论在有部"一身六足"文献的基础上,特别将印度《大毗婆沙论》的论述浓缩,阐明了有部理论体系中的一系列基本思想,是中国当时译出的基础性印度佛教文献。

《杂阿毗昙心论》的作者是印度有部僧人法救。刘宋时(435),此论由印度僧人僧伽跋摩译出,共十一卷。有部的这一著作在中国还译过两次。一次是东晋时(417—418)法显与觉贤合译的,共十三卷。另一次是在刘宋时(426—431)伊叶波罗与求那跋摩先后翻译,成十三卷的译本。但这两种译本都很早就散佚。真正在南朝时期有较大影响的还是僧伽跋摩所译的《杂阿毗昙心论》。法救的此论主要为补注《阿毗昙心论》颂本的内容。它在《阿毗昙心论》的基础上阐明了佛教教义中的一些基本概念或思想,如四谛、三科、有为法与无为法、六因、四缘、三业、三界、四果、四向、四禅、六通、四无量、十遍处、八胜处、八解脱、十智等。这对南北朝时期人们了解有部的思想起了很大作用,对南朝毗昙师的形成有重要影响。

毗昙类的著作在中国还有一些译得较早的佛典,如汉末安世高就已译出《阿毗昙五法行经》和《阿毗昙九十八结经》等,但在当时并未产生多少影响。对南朝佛教中毗昙师有直接影响或影响较大的还是《杂阿毗昙心论》和《阿毗昙八犍度论》等。

南朝各代的主要毗昙师有:宋代的法业、慧定等;齐代的僧渊、僧慧等;梁代的道乘、慧集等;陈代的慧弼等。这些毗昙师的出现对中国人了解印度部派佛教的主要理论起了重要作用。虽然在中国历史上影响大的是大乘佛教,但印度大乘佛教是在部派佛教发展基础上形成的。一些佛教中较早形成的主要教义或名相概念,与部派佛教的关系更密切或直接一些。说一切有部是部派佛教中势力较大和传播区域较广的一个部派,在中国的所谓小乘佛教的发展中占有重要地位。毗昙类佛典的汉文翻译和弘传对中国思想界了解印度佛教具有积极意义。

二 三论师与龙树提婆的主要论典

"三论师"所弘扬的主要是印度大乘佛教中观派的思想。所谓"三论"是指中观派代表人物龙树和提婆的三部主要著作,即龙树的《中论》

《十二门论》和提婆的《百论》。印度中观派三论的翻译主要是在中国的北方,译者为鸠摩罗什。但后来在南方的影响也不小。

龙树《中论》的汉译本是鸠摩罗什在后秦弘始十一年(409)于长安译出的,共四卷,二十七品。此论在印度佛教史上的地位极高,影响极大。在鸠摩罗什时期就有七十多家注释。鸠摩罗什看中了其中的青目释,在翻译时将其和龙树的《中论》本颂一起译出,成为在中国流传最广的《中论》汉译本。《中论》站在大乘佛教的立场上,认为一切事物都不能执著,都是性空的,批驳了各种实有论的思想,强调"我法两空"。此论阐明了大乘佛教的因缘理论,提出"八不"之说,认为世俗、外道或小乘理论中的生、灭、常、断、一、异、来、出这些概念都不能成立,表明了此派不着两边的"中道"思想。在论证"八不"的过程中,还具体涉及了因果、时空、有无等理论问题,认为这些概念如果仔细分析也是不能成立的。《中论》还论述了中观派的"实相涅槃"理论,提出"不离于生死而别有涅槃"。此外,《中论》对"二谛"思想亦作了论述,认为二谛是佛为众生说法的两种真理。真谛指认为一切法空的认识,俗谛指世间认为真实的认识。强调了二谛的适用范围有不同,但对于众生体悟佛法都是必不可少的。从总体上说,《中论》为中观派完整学说体系的确立奠定了坚实的基础,它在大乘佛教的发展史上影响巨大,意义深远。

龙树的《十二门论》的汉译本也是鸠摩罗什在弘始十一年(409)译出的。此论从十二个方面(十二门)来论述大乘的空观念,这十二门是:观因缘门、观有果无果门、观缘门、观相门、观有相无相门、观一异门、观有无门、观性门、观因果门、观作者门、观三时门、观生门。此论的许多思想在《中论》中就有论述,而它又对中观的核心理论作了进一步的精练或浓缩。《十二门论》强调了"缘起性空"的思想,认为众缘皆空,从缘生法亦空,有为无为及我皆空。还论述了中观派的"不生"观念,认为世俗或外道的因果观念严格来讲都是不能成立的。论中强调事物的一、异、有、无以及具体的时间等概念都不能成立。从《十二门论》的整个论述来看,它的重点是对大乘佛教的"空"观念作多层次、多角度的细致论证。

提婆的《百论》在中国也是由鸠摩罗什翻译的,他翻译了两次。一次是在后秦弘始四年(402)译的,但对这次翻译鸠摩罗什并不满意,因而又在弘始六年重译了一遍。这一汉译《百论》共分上下两卷,十品,不仅译了提婆的论,还译了"婆薮开士"的释。十品是:舍罪福品、破神品、破一品、破异品、破情品、破尘品、破因中有果品、破因中无果品、破常品、破空品。《百论》是中观派"三论"中较有特色的一部著作。它与前两论的不同之处在于主要以破斥论敌观点的形式来表明中观派的基本理论。此论中对外道思想中的神有观念、一异观念、一多观念、因果观念、时空观念、有无观念、极微观念等都做了细致的批判。这些批判的出发点是认为事物性空或无自性,任何东西都不能执著,世俗之人或外道常用的一些名相概念都不实在,甚至佛教中常用的一些言教也不过是佛的方便手法,仅在特定范围内或特定场合适用,不能将其绝对化。总之,通过对"外道"等的各种"偏执"或"邪见"的破斥,通过对事物性空的强调,《百论》成功地论述了中观派的一系列重要思想。

尽管三论是在中国北方翻译的,但对中国南方的佛教发展也有重要影响。就南朝佛教来说,三论思想的弘扬主要是在梁代。其中较早的代表人物是僧朗,僧朗本是高句丽辽东人,最初在关内习学鸠摩罗什和僧肇所传的般若中观思想,后来到了建康,成为南朝时期弘扬中观思想的主要"三论师"。僧朗曾住摄山(栖霞山)数十年。梁代天监十一年(512),武帝曾派僧人向其学习。其嗣法弟子主要是僧诠,僧诠后传法朗,法朗传至吉藏。由此,三论之学形成三论宗。

三论是印度佛教中观派的主要论典,在般若类经的基础上提出了印度大乘佛教的系统思想,龙树与提婆的主张不仅在印度促成了中观派的形成,而且对印度后来的瑜伽行派和密教等也有影响,甚至影响了印度佛教中小乘佛教后来的发展。在中国,自从鸠摩罗什译出了高水平的般若类经典和三论等中观论典后,中国人对印度佛教中核心理念或精髓的成分就有了比较客观的理解。南朝三论师对后来隋唐三论宗的形成和发展起了承上启下的作用。在隋唐佛教中,虽然看起来有很多佛教宗派,有些宗派的影响似乎比三论宗大,其实那些宗派的理论体系在很大程度上是建立在般若中观思想的基础之上的,三论师或三论宗在其中所起的作用不可小视。

三 成实师与《成实论》

"成实师"在南朝时期中国的佛教界有重要影响,有相当一批中国佛教僧人弘扬印度佛教中《成实论》的思想。而《成实论》在印度佛教的发展史上应当说有着独特的地位,因为它是在大乘佛教发展起来后,小乘佛教提出的一种不同以往的理论。

《成实论》的作者是印度佛教僧人诃梨跋摩。此人的生活年代约在公元 300 年左右。最初曾师从说一切有部的鸠摩罗陀,由于不满足于有部偏于解释名相,改习大众部。《成实论》的梵文原本现已不存,汉译本为鸠摩罗什所译,共十六卷。① 据梁智藏的《成实大义记》记载,该论原有两个译本,旧本由道嵩(即僧嵩)传布,新本对旧本略有修订,称《新实论》,是智藏所提倡的。另外,齐永明七年(489 年),竟陵王命人将原十六卷本压缩为九卷,称为《略成实论》,在当时也很流行。现在我们看到的鸠摩罗什所译十六卷本为昙影整理后的本子(旧本)。②

《成实论》的内容结构在其名称中已有反映。所谓"成"指"成立",

---

① 刊本有作二十卷,经录中则还有其他卷数之说。

② 任继愈主编:《中国佛教史》第三卷,北京:中国社会科学出版社,1988 年版,第394 页。

"实"指三藏中之"实义",具体指"四谛"所表明的诸法之实。《成实论》在总体上为小乘佛教的论著,但又受到大乘般若中观思想的很大影响。诃梨跋摩是"大小兼学",而《成实论》中则大小乘的思想兼有。它是小乘论著,但其理论又与一般的小乘理论有很大不同;它受大乘影响,但又不完全接受大乘理论。《成实论》在学说上有特色之处是其对佛教"空"观念的解释。《成实论》中提出了"灭三心"之说(即灭假名心、法心、空心),以不同层次的演进,否定了由构成因组成的聚合体的实在性,否定了构成因自身的实在性,还否定了执著于事物不实在的"空"观念的实在性。这种理论虽是受大乘般若中观思想影响的产物,但与般若中观的思想并不完全相同,因为该理论突出的是一个"空"字。"灭三心"的三个层次的重点都是讲"空"。而般若中观学说则并不是这样绝对化地讲"空"。般若类经中的一些表述与《成实论》的"空"观念相近,然而一般的般若类经则还是讲"方便"的,而且在一些段落中还对这方面的内容有所强调。般若类经讲"性空",讲"一切皆空"或"万法皆空",但亦讲"假有"。《成实论》在这方面就与般若类经有一定的差距。"灭三心"理论中基本不讲"方便",而且最后达到的灭"空心"的境界是与世间完全"分别"的。按中观派的标准来看,《成实论》"灭三心"中提出的"空"观基本上是一种"偏空观",因为它明显侧重的是一味地否定,到了灭"空心"的最后一个层次,仍是否定,其中看不出有什么肯定的含义。《成实论》中有时也提到离"有无"(舍二边)的"中道",但它真正离的是"有",而不是"无"。因而它实际上没有接受中观派的"中道"原则,受般若中观学说的影响主要体现在其对事物的不停顿的否定上。然而它的否定有些极端化,不符合"中道"精神,成了"偏空观"。

总之,《成实论》在大乘佛教风行的情况下,确实对原有的一般小乘佛教的理论作出了一些变革。它主要吸收的是般若中观思想中的否定精神,突出了一个"空"字,这是它与传统的小乘佛教的主要区别。它在理论上与部派佛教中说一切有部等的学说形成了明显的不同,即从大乘佛教的角度说,有部偏"有",而《成实论》偏"空"。但《成实论》并没有完全接受大乘般若中观学说的基本观念,特别是其"中道"的思想。它在学说的基本方面仍保持了自身特有的小乘佛教的性质。后来的吉藏在《三论玄义》中曾从十个方面("十义")论证了《成实论》为小乘之论,分析得较为深入。

"成实师"在当时中国的南北方都有。南朝的"成实师"较为著名的是刘宋时的僧导及其弟子。僧导(362—457)本是陕西长安人,十岁出家,曾列席罗什译场,对于《成实论》和中观"三论"都有研究,曾撰写这类佛教要典的义疏。后受到刘宋高祖刘裕重视,为他在寿春立寺(即东山寺,亦名石涧寺),向其学习者多达千人。刘宋孝武帝时,应诏到建业,住于中兴寺。他及一些弟子被称为寿春系成实派,是中国南方研习《成实论》的主要代表。

僧导的弟子很多,其中在弘扬《成实论》方面的主要弟子有:昙济、道猛、僧钟、道慧、法宠、慧开、慧勇等。这些人对推动《成实论》思想在中国的传播起了重要的作用。

四 涅槃师与《大般涅槃经》

"涅槃师"是中国南北朝时期主要弘扬印度佛教中涅槃类经典的一些佛教僧人。而涅槃类经典在中国有多种翻译。

所谓"涅槃经"通常指印度佛教中的《大般涅槃经》,亦称"大本涅槃经""大涅槃经"等,"涅槃经"则是对此经的一种简称。《大般涅槃经》的完整梵本现已不存,仅发现两叶梵文断片。[1] 此经现存的主要是汉译

---

[1] 参见平川彰:《印度佛教史》,下卷,东京:春秋社,1979 年版,第 67 页。

本与藏译本。汉译本有所谓北本《涅槃经》和南本《涅槃经》。"北本"指
北凉昙无谶译的四十卷本；"南本"指南朝慧观与谢灵运译的三十六卷
本。此外,该经还有一些异译本,即西晋竺法护译的两卷本《佛说方等
般泥洹经》、东晋法显译的六卷本《佛说大般泥洹经》。法显的六卷本仅
有"北本"的部分内容,而"南本"则是在昙无谶"北本"和法显的六卷异
译本的基础上增改而成的。① 在中国佛教史上,影响较大的是北本《涅
槃经》。但在南北朝时期的南方,最初有影响的是法显的译本,北本《涅
槃经》则是后来传到南朝的。

北本《涅槃经》共分十三品,即：寿命品、金刚身品、名字功德品、如
来性品、一切大众所问品、现病品、圣行品、梵行品、婴儿行品、光明遍照
高贵德王菩萨品、师子吼菩萨品、迦叶菩萨品、㤭陈如品。

《大般涅槃经》的内容十分丰富,但有特色和重点叙述的思想也很
明显。该经叙述的主要内容是佛身常住、众生悉有佛性及一阐提能否成
佛等问题,对佛教的涅槃观念提出了一些新的见解。

在《大般涅槃经》产生之前就已出现了与"佛身常住"相关的思想,
而《大般涅槃经》则在继承有关思想的基础上作了进一步强调,它认为
佛身与凡人之身不同,佛身即是法身(指具有一切佛法的身,或以佛法
成身),这法身是常住不坏的。

关于众生是否都有佛性的问题,不同的佛教文献中说法有差别。北
本《大般涅槃经》一般认为众生有佛性。但关于是否所有人都毫无例外
地能成佛的问题,在该经的一些译本中说得不明确,这方面的说法有时
不很连贯。北本《大般涅槃经》中的一些叙述认为"一阐提"(断善根人)
也能成佛。如该经卷第三十四中说："断善根人有佛性者,是人有如来

---

① 此处说的是大乘的《大般涅槃经》。小乘也有一汉译的《大般涅槃经》(三卷),东晋法
显译。此经的异译本有三种：西晋白法祖译的《佛般泥洹经》(二卷)、译者不明的《般泥洹经》
(二卷)、后秦佛陀耶舍与竺佛念共译的《长阿含经》中的"游行经"。

佛性。"这种观点是众生悉有佛性观点的深化或彻底化。

"涅槃"是佛教理论中的重要概念,也是《大般涅槃经》中讨论的基本问题。该经对涅槃的解释与以往的佛教有所不同。在涅槃观上,该经提出所谓"大涅槃"的说法,认为在大涅槃中,有所谓"涅槃四德"(常、乐、我、净),并认为如果不这样认识就是二乘的思想境界。如《大般涅槃经》卷第二十三中说:"二乘所得非大涅槃,何以故?无常乐我净故。常乐我净乃得名为大涅槃也。"

涅槃类经典的翻译对南北朝时期的中国佛教有重要影响。就南方来说,最开始流传的是法显和佛陀跋陀罗的译本,即他们于东晋义熙十三年(417)在建康共译的六卷本《大般泥洹经》。后来北本《大般涅槃经》也传入南方。竺道生曾特别关注佛性的问题。关于"一阐提"有无佛性的问题,六卷本的《泥洹经》中没有提到有,该经卷第四中甚至说:"一切众生皆有佛性,……除一阐提。"但竺道生在认真推敲该经的佛性理论后,认为"一阐提"也有佛性。① 这就引起了南方佛教界的普遍反对和围攻,认为竺道生离经叛道,散布邪说。竺道生因此被逐出建康的佛教僧团。但后来昙无谶译的北本《涅槃经》传到建康后,人们对竺道生的看法一下子就改变了。北本《涅槃经》虽然也有前后论述不很一致之处,但该经中也明确提到了"一阐提"有佛性。如该经卷第二十八中说:"一切众生,乃至五逆、犯四重禁及一阐提,悉有佛性。"另外,该经还提到,"断善根者"最终能见佛性("毕竟得")。这也就是认为,"一阐提"最终能成佛。② 竺道生由于在佛性问题上有这种超前的领悟力,加上他在渐修和顿悟等方面的一些新见解,因而名声大振。

南方的涅槃师或曾在南方活动过的涅槃师,除道生外,还有宋代的宝林、法宝、道猷、道慈、法瑗、慧静、法瑶、昙斌、僧镜、超进、僧含、昙济;

---

① 见《高僧传》本传。
② 参见任继愈主编《中国佛教史》第三卷,第185—188页。

齐代的僧宗、僧钟、昙纤、道盛、僧慧；梁代的法朗、宝亮、法云、僧迁、智顺、僧旻、法会、智藏；陈代的慧勇、宝琼，等等。总之，涅槃师在南朝是颇为兴盛的。

五　摄论师与《摄大乘论》

"摄论师"指南北朝时期中国主要弘扬《摄大乘论》的一些佛教僧人。《摄大乘论》是印度大乘佛教中瑜伽行派的重要著作，由无著造，世亲释。这一著作在中国不止一个译本。而南朝摄论师主要弘扬或受影响的是真谛法师所译的版本。

《摄大乘论》在北魏时已由佛陀扇多译出，但仅译了论本身，没有译释。此译本没有引起人们的重视，流传不广。而在南朝梁陈之际，西印度的真谛来华，翻译传法，在陈文帝天嘉四年（563），译出了《摄大乘论》（本）三卷。

就真谛的译本而言，《摄大乘论》主要论述了印度瑜伽行派的唯识理论，认为"识"是世间一切事物的根本。此论还阐明了瑜伽行派中占有重要地位的"三性""六波罗蜜"和"十菩萨地"等主要思想，并论述了"无分别智"和"转依"等方面的理论。

《摄大乘论》在印度就有重要影响。瑜伽行派中的世亲、无性曾先后撰写了《摄大乘论释》，以推动此论在印度的传播。世亲的《摄大乘论释》也是由真谛在天嘉四年译成汉文的，共十五卷。真谛的译本也阐明了瑜伽行派的唯识之说，并论述了各识的名称及含义等。

真谛翻译的无著之《摄大乘论》及世亲的《摄大乘论释》与后来唐代玄奘法师译的三卷本《摄大乘论本》和十卷本《摄大乘论释》在内容上有不少差别。这是因为真谛和玄奘所使用的《摄大乘论》及其注释的原文本身在印度就有差别。而南北朝时期所谓"摄论师"所受到的影响，自然主要是来自真谛的译本。

南北朝时期,南北方都有所谓"摄论师"。在这些摄论师中,来自南方或在南方活动的有慧恺、法泰、曹毗、僧宗等人。慧恺原住建业阿育王寺。陈天嘉中(560—565)至广州师事真谛,曾撰写《摄论疏》二十五卷。法泰亦原居于建业定林寺,也去广州追随真谛学习,至陈宣帝太建三年(571)真谛死后,他还住建业,曾多次讲《摄大乘论》。曹毗也曾从真谛学《摄大乘论》,在江都白塔寺讲述此论。僧宗是扬州人,在陈天嘉年间(560—565)向真谛学习《摄大乘论》,有一定成就。

摄论师的出现使得南朝时期的中国佛教界较为关注来自印度的瑜伽行派的思想。梁陈之后,中国佛教界关注唯识思想的人越来越多。到了隋唐时期,玄奘法师与其门下进一步翻译了当时他们所能得到的《摄大乘论》及其注释,并在这方面作出了不少新的解说,其影响逐渐超过了真谛及梁陈之际的摄论师。

六 南朝"师说"对中国佛教发展所起的重要作用

南朝时期佛教在中国有了长足发展。这一时期出现许多佛教"师说"是印度佛教进入中国后更加受到人们重视的表现,是中印文化交流的自然现象。在此之前,佛教在中国的发展主要表现在印度佛典的翻译、社会中佛教一般思想的传播及相应的佛事活动的开展、僧团的建立等。随着佛典翻译的增多和中国信众要求深入了解佛教思想之愿望,不少僧人开始了对某一重要印度佛典进行专门研究,并且在此基础上进行定向弘扬。这就形成了当时的各种"师说"。

南朝佛教中的各种"师说"的发展明显改变了此前中国人对印度佛教理解得不够深入的状况(例如"六家七宗"等)。各种"师说"的专门研究或弘扬促进了对于印度佛教中某一种或某一类佛典的思想或理论的全面和深入的把握。这对于中国思想界吸收古代印度文化是十分重要的。因为要较好地吸收一种思想或文化精髓,其前提条件正是要正确理解或认识它。不了解或不认识这种文化,或错误地理解这种文化都是不能达到目的的。

各种"师说"的发展体现了中国僧人对印度佛典研究的深化,因为泛泛地学习各种佛典虽然能够获得较多种类的佛教思想信息,但如果在其中没有重点关注的内容,则有可能难以深入,无法进行客观的了解和创新性思考。若长期研究某一佛典,则由于充分的接触和分析,自然会有不同一般的把握和体悟。许多中国僧人分别研究和弘扬不同的重要佛典,这样对中国佛教的总体来说,并不缺少研究印度佛典的广度。从综合的效果上来看,对于中国佛教的发展是有益的。也可以说,就当时的整个南朝佛教僧众来说,是既突出了研究具体佛典的深度,也兼顾了研究印度各种佛典的广度。这对于推动中国佛教的健康发展有积极意义。

随着南朝佛教中各种"师说"的深入发展,中国佛教界对印度佛教的了解水平普遍提高。这直接促成了后来隋唐时期中国佛教宗派的出现。这些宗派实际上是在各种师说对佛教思想深入探讨和理论积淀的基础上建立的。后代的有中国特色的佛教宗派都是在了解吸收印度佛教核心理念或基本思想体系的基础上形成的。从这点上看,这些"师说"的历史功绩应当说巨大。

(原载于《南朝佛教与金陵》第一辑,北京:宗教文化出版社,2016 年版)

罗什的般若中观译典对国人了解"空"的意义

✿

"空"的观念在佛教理论体系中占有重要地位,在释迦牟尼创立佛教之初提出的基本教义中就有一定的表述。早期佛教的一些概念或范畴虽没有明确与"空"这一词画等号,但其中蕴涵的空义是确定的。印度大乘佛教兴起后,对先前佛教的一些基本教义作出新的诠释,把佛教的许多思想都与"空"观念作了关联,使自身的理论内涵和思想特色有了新的展示。佛教传入中国后,"空"观念也传入中国。古代中国人对这一观念的理解与来自印度的佛典种类直接相关,也与中国古代的佛典翻译水平直接相关。鸠摩罗什在佛典汉译方面作出了突出的贡献。他的佛典译籍中般若中观类文献占有相当的比重,对于中国人了解印度佛教发展高峰期的佛教"空"观念起了重要作用。本文拟在这方面做些探讨,提一些简要的看法。

一 鸠摩罗什翻译之前中国人对佛教空观念的主要了解

佛教传入中国之后,一些印度佛教的基本概念也传到了中国。但中国人接触到佛教并不是完全按印度佛教各种思想出现的时间顺序来进行的,而是和翻译有关佛典时印度流行的佛教思想主流有关。中国最初进行佛典翻译是在汉代。最初翻译的佛典既有印度小乘佛典,也有大乘佛典。但在中国影响大的主要是大乘佛典。而且佛教最初在中国流行的也是大乘佛教,特别是大乘佛教中的般若类经典。大乘佛教在义理上与小乘佛教相比,明显强调"空"的观念。然而中国人当时对"空"的理解与印度佛教主流思想的"空"观念有相当的差距。这之中最有代表性的就是所谓"六家七宗"。

"六家七宗"是中国东晋时期产生的解释佛教般若思想的七个派别。"六家"是本无、即色、识含、幻化、心无、缘会这六个派别,"七宗"则是将"六家"中的第一家再分为"本无"和"本无异"两宗,合其他五家成"七宗"。

"本无"之说认为"无在万化之前",但又说"一切诸法,本性空寂"(吉藏《中观论疏》卷第二末)。这种观念具有某些般若性空理论的特性,但其中的一些表述又有将"空"或"无"实体化的倾向。持此说者可能是道安(约312—385)。

"本无异"之说认为"从无出有,即无在有先,有在无后"(吉藏《中观论疏》卷第二末)。这种观点明显将"无"实体化。持此说者为竺法深(4世纪左右)。

"即色"之说认为色的存在不是依靠自己,因而是空,但没有认识到色在本质上自体即空。持此说者主要是支道林(314—366)。

"识含"之说把世间事物比喻为梦中的"群有",认为它们为"识"所"含",强调"心识为大梦之主"(吉藏《中观论疏》卷第二末),但未说认识本身(心识或认识总体)也为空。持此说的主要人物是于法开(4世纪左右)。

"幻化"之说认为"法"幻化不实,但同时也认为"心神"或"神"不空。持此说的主要人物是道壹(4世纪左右)。

"心无"之说要求人们不执著于外物,但未说外物究竟如何,未说

"心"外之物一定是"空"。持此说的主要人物是支愍度(支敏度,4世纪)。

　　"缘会"之说完全以事物之"缘"是"会"还是"散"来讲有无二谛,认为"缘"若"会"了就是"有",但这"有"是"世谛"或"俗",即它不是真正的"有";"缘"若"散"了则是"无",这种"无"是"第一义谛"或"真",即它是真正的"无"。此说完全从"缘散"或"推拆"的角度论证"空",忽视了事物本身即空,未领悟到般若的"体空"或"性空"思想。持此说的主要人物是于道邃(约3—4世纪之间)。

　　"六家七宗"对印度佛教"空"观念的理解明显偏离大乘佛教的思想,这种情况的出现有多种因素。例如,与中国先前本土传统文化的影响有关,也与佛教传入中国时间不长,中国人接受佛教的能力还不够强等有关。但主要还是与当时中国佛典翻译的种类不够多,般若类经和中观派的论等主要佛典没有译出或译出不全有关。并且,与中国早期佛典翻译的水平(质量)有限相关。而鸠摩罗什则是弥补中国当时佛教传播过程中这方面缺陷的主要人物。他高质量地翻译了大量般若中观类佛典,为改变中国人对印度大乘佛教中主流思想"空"观念的理解不准确的状况作出了重要贡献。

二　鸠摩罗什翻译的主要般若中观佛典

　　鸠摩罗什改变先前中国人对"空"观念的不当理解所做的主要工作就是翻译了从印度传来的一些般若类经和大乘中观派的主要论典。他的这两类佛典的翻译使中国人接触到了较为准确的印度佛教中流行的"空"观念。

　　中国自佛教传入之初就有人翻译般若类经。如汉代时中国就有支娄迦谶翻译的《道行般若经》、三国时支谦翻译的《大明度无极经》、西晋时竺法护翻译的《光赞般若经》等。这些翻译虽然对佛教在中国传播有贡献,但也有一些缺陷,如一些译文不够准确,文字不够流畅,甚至有错译。译文中有不少音译,后人读起来难以理解。此外,早先的一些般若类经翻译所根据的原本与后出的此类经典有差别。鸠摩罗什或者重译一些经典,或者新译一些经典。这些经典在数量上和质量上都比此前的汉译般若类经要占优。

鸠摩罗什翻译的此类佛经主要有《摩诃般若波罗蜜经》《小品般若波罗蜜经》《金刚般若波罗蜜经》等。《摩诃般若波罗蜜经》基本上是从印度的两万五千颂本般若经中翻译出来的。《小品般若波罗蜜经》是从印度的八千颂本般若经中翻译出来的。虽然此前有人在汉地翻译过这两种般若经,但鸠摩罗什的译本在内容上与先前的译本有不少差别,而且翻译的质量要远远优于前者。《金刚般若波罗蜜经》是般若类经中在中国后世影响极大者。它的基本思想虽然与《摩诃般若波罗蜜经》和《小品般若波罗蜜经》一致,但一些表述在般若类经中与《摩诃般若波罗蜜经》和《小品般若波罗蜜经》还是有不同,被一些学者认定是般若类经中较早出现的。此外,鸠摩罗什译的《维摩诘所说经》从思想上来说,也与般若类经典相近。这一文献思想精辟,而鸠摩罗什的出色翻译则更使它在中国思想界甚至文学界中影响极大。

鸠摩罗什翻译的这些经典是般若类经中最主要的一些文献,基本上反映出了印度早期大乘经中的精华,对印度佛教中大乘理论的基础思想在中国的传播起了重要作用。而且,这些佛典对中国人理解印度佛教"空"观念的基本内涵有积极意义,对于人们了解佛教空观念在大乘佛教时期的一些明显变化有较大价值。

关于中观派的论典,鸠摩罗什翻译了《中论》《十二门论》《百论》《大智度论》等。这些论典是古印度大乘佛教的早期代表人物龙树或提婆所制作的。龙树是早期的般若类经的优秀阐释者,但他在阐述过程中也融入了自己的一些见解,提出了一些般若类经中没有提出或没有明显提出的观念。因而,中观派的思想虽然以般若类经的思想为基础,但也不是等同于般若类经的思想。中观派的论典中还是提出了一些新的观点,或强调了一些先前的般若类经中没有明显强调的思想。

《中论》是龙树的代表作,该论对中观派的学说作了全面、系统的阐述。龙树的著作众多,但现存多为汉、藏译本,有梵文原本的不多。然而《中论》梵本却保存了下来。《中论》的注释在古印度时就有数十家,汉译的《中论》是与注释一起译的。现存汉译《中论》最为著名的就是鸠摩罗什的译本,是连同青目的释一起译的,是各种《中论》及其注释中在中国影响最大的。《中论》为中观派完整学说体系的确立奠定了坚实的基础,它在大乘佛教的发展史上影响很大。

《十二门论》较《中论》为短,作者是龙树。《中论》中提出的一些理论在《十二门论》中进一步得到提炼或概述,有些则给以突出的强调。该论可看作是中观派学说的一部入门书。《十二门论》原来的梵本已佚失,现存梵本是从汉译本倒译回去的。汉译本为鸠摩罗什所译。这一论著论述较为紧凑,虽然分为十二门,但论述的重点也很集中,突出表明了中观派的空观念。鸠摩罗什的这一译本在中国也有相当影响。

《百论》是提婆所作,是中观派中较有特色的一部著作。它的突出之处在于主要以破斥论敌观点的形式来表明般若中观的基本理论。《百论》的梵本原文现已不存,汉译本为鸠摩罗什所译。在后秦弘始四年(404),鸠摩罗什曾译《百论》,但因"方言未融"等,译得不太成功,后又于弘始六年重新校译,译出《百论》两卷。汉译《百论》中包括"婆薮开士"的释,列举了许多古印度流行的"外道"思想。提婆立足于中观派的根本思想,对"外道"思想进行了批判,充分展示了大乘佛教的空观念。

《大智度论》是龙树对《摩诃般若波罗蜜经》所作的注释。汉译本为鸠摩罗什所译,共一百卷,但仅是原本较小的一部分。《大智度论》由于是对《摩诃般若波罗蜜经》的注释,因而其叙述在形式上是依着经而展开的。该论讨论的内容极为丰富,但论述的核心思想仍是佛教"空"的观念。《大智度论》论"空"时已注意从主观方面来展开,强调事物是人"虚妄忆想"所生。该论卷第二十九中曾说:"三界所有,皆心所作。"这些思想与后来的大乘瑜伽行派的一些理论接近,但此论在总体上还没有侧重从唯识的角度来讲空,把识与空联系起来的叙述在此论中并不普遍。《大智度论》的内容相当丰富,许多材料对人们了解古印度当时思想界的情况很有价值。

鸠摩罗什对般若中观佛典的翻译给当时的中国佛学界注入了一股极为清澈的活水。一是当时的人们接触到了一批新的大乘佛教文献,获得了来自印度的对佛教核心思想的较为清晰和新颖的解释;二是鸠摩罗什译经的质量达到了空前高的水平。他的翻译通常是在吃透了原本精神的基础上来进行的,而且在汉文的措辞上基本不受原文语言结构的影响,采用最符合汉语文字习惯的表达手法写出。这就使人们读他的译本没有多少不同文化之间的隔膜感,汉语译文在文字上没有生涩感。鸠摩罗什及其弟子们组成的翻译团队受到了当时的统治者的大力支持。他们自身的文化素质和佛学水平也是此前中国佛教界或佛典翻译界的人士难以比拟的。鸠摩罗什的翻译不仅独步当时,而且对后代有极大的影响。在今天,人们面对同一佛典的多种古代译本时,往往还会选择鸠摩罗什的译本。可见他的译本的翻译水平之高和所具有的长久魅力。

三 重要意义

鸠摩罗什翻译的般若中观类佛典对佛教在中国的发展起了重要的作用。中国民众接触到了来自印度的佛教主流思想中的空观念。他翻译的一些此前中国没有的佛典,特别是中观派的一些论典,提高了中国

信众对大乘佛教核心理念的认识。而且,他高质量的翻译文献,对消除
此前一些翻译水平不是很高的汉译佛典在中国造成的一些误解或误导
也起了重要作用。

　　佛教在传入中国之初,是一种异于中国原有文化的思想形态,中国
人最初不理解或误解此教是很正常的。"六家七宗"对佛教空观念的理
解充分展示了当时原有的中国传统文化对中国佛教信众的影响。例如,
其中的"本无异宗"就把佛教的"空"或"无"作实体化的理解,认为"从
无出有,即无在有先,有在无后"。这里的"无"就被理解为是一种实在
的本体,与"有"是完全不同的。而在中国先前的传统文化中,道家就有
"无"的概念。佛教文献在最初汉译时,就借用了这一概念,但这样的借
用很容易使当时的中国人产生误解,因为道家的"无"主要是指一种实
体或一种实在的事物形态。如老子的《道德经》中说:"天下万物生于
有,有生于无。"①此处的"有"和"无"都是独立的事物形态。而"本无异
宗"等显然受这种思想的影响,将"无"和"有"割裂开来,对大乘般若思
想的"空"做了与道家的"无"类似的解释。而在鸠摩罗什译出了般若中
观的佛典后,这种误解就逐步被消除了。

　　鸠摩罗什翻译的般若中观类佛典中的"空"观念与先前中国人接触
的一些印度佛教的"空"观念也有着内容上的不同。印度小乘佛教的思
想也很早就传入了中国。这些思想对法的分析与般若中观的方法是有
差别的。小乘佛教中的空观念一般都不很彻底,有的认为过去法和未来
法空,有的认为事物的现象是空的,但事物的法体是不空的;有的认为事
物所以空,是因为作为合成物的部分或因散了因而空。其突出特点是分
析空或相空。看不到空性与事物的不可分离性,将空和有视为完全不同
的状态。不了解构成物的离散和不离散事物都是空。这在"六家七宗"

①　北京大学哲学系中国哲学教研室选编:《中国哲学史教学参考资料选辑》,北京:中华
书局,1981年版,第78页。

里也有反映。如其中的即色宗和缘会宗都属于这种情况。即色宗的立足点还是放在了事物因依赖于他物因而是空,没有看到事物本身即空。缘会宗区分事物空与不空的标准是看缘是散还是聚,散了才是空,也没有看到事物在本质上即空,没有体空或性空的观念。本无宗、识含宗、幻化宗、心无宗这些派别都或多或少有些实在或不空的成分,如本无宗里面的"无",识含宗里面的"识",幻化宗里面的"心神",心无宗里面的"外物",都有些实在的成分,都没有明确说是"空"的,因而与般若中观佛典中说的性空或体空说有差距或不同。这些对空的误解情况在鸠摩罗什翻译般若中观佛典之前在中国是普遍存在的,反映了当时中国的思想界对印度主流佛教思想的不了解或不清楚。而这种不了解或不清楚的状况在鸠摩罗什的译籍出现后得到了改善。

在鸠摩罗什翻译了般若中观的佛教要典之后,中国思想界对印度佛教的了解有了一个质的飞跃。在其后的中国思想界,尽管对于印度佛教也还有不了解或不清楚的情况,但在总体上说,对印度佛教的核心思想有了一个相对准确的认识。佛教的一些基础或精髓的东西还是被中国佛学界所掌握了。存在的主要问题仅仅是跟不上印度新出佛典的思想,但在大的方面还是有一个大致客观或符合实际的把握。

佛教在中国尽管有变化,但作为一种宗教,它的一些本质特征是在印度形成的,离开了这些特征也就不是佛教了。佛教在中国古代的创新和发展是在这样一个前提之下展开的。佛教的历史发展长,分支派别众多,文献宏大,思想复杂,但可以说,作为这种文化形态精髓的东西也很明显。这就是般若中观的思想。这些思想将先前的佛教理论总结归纳,改造提升,不仅为大乘佛教整个的发展奠定了基础,而且影响了后来的小乘佛教。不仅在印度佛教的发展中起了承上启下的作用,而且影响了此后世界佛教的基本发展形态。鸠摩罗什所翻译的恰恰就是佛教中这批地位极高、影响极大的文献。他的翻译传承了佛教思想的核心理念。

中国自汉代传入佛教后,对佛教思想的理解也经历了不同的发展阶段。最初的中国佛教基本上属于所谓"格义佛教",受中国原有的传统文化影响很大。但中国佛教界接受这种影响也有一个度,不可能完全用原来的传统文化来改造佛教。佛教的中国化实际也只能是在吸收消化印度原有佛教基础上的创新过程。而吸收改造的一个重要前提就是要弄清楚印度佛教原来的主要思想是什么。鸠摩罗什在这个过程中发挥了重要的影响,他的译籍对于中国人准确客观地理解发源于印度的佛教核心思想"空"的观念起了极大的作用,有力地推动了佛教在中国的发展。

(原载于《佛学研究》总第 24 期,2015 年 12 月)

四　佛教与现代社会

人间佛教思想在印中佛典中的重要表述和现实意义

佛教思想是人类文化的重要形态。这一形态产生于古印度，在许多亚洲国家中广为流行，现代仍在世界上不少地区传播和发展，已经成为名副其实的世界性宗教。佛教的发展历史久远，体系庞大，思想广博，理论玄奥精深，但佛教又不是脱离现实世界的，佛教与人们的生活密切相关，而且在当今世界仍然起着重要作用，对民众有相当大的影响。佛教理论中的名相复杂，抽象概念繁多，但这些名相概念的产生往往都有其历史背景和社会原因。因而，佛教不是脱离社会的宗教，而是人类在发展中形成的宗教。无论在历史上，还是在当前时代，人们实际都意识到了佛教这种性质，看到了佛教是人类活动的产物。中国近代著名的佛教人物太虚大师最早明确阐述了“人间佛教”的基本理念。但这方面的思想实际在佛教中早就存在。人间佛教思想不仅有现代的重要影响，而且也有深厚的历史根基。对这一思想的梳理、分析或研究，对于现代人类弘扬佛教中的优良文化遗产，推动精神文明建设，创立和谐社会，有着重要的意义。本文拟对人间佛教思想在印度与中国一些佛典或文献中的相关表述进行概括，并在此基础上探讨如何在现代社会中弘扬和发展这一思想。

一 印度佛典中的重要论述

佛教产生在古代印度。印度佛教的创立者和主要传播者的思想在后来的佛教传播国家中具有特殊的地位。印度的佛教经论被佛教徒尊为圣典，在世界佛教信众中具有相当高的权威性；印度佛典在学者中也被当作基本的文献资料来分析和探讨。因而，这里先对印度佛典中与"人间佛教"相关的一些论述进行摘录和梳理。

大凡宗教都是要展示出一些超凡脱俗之处的，要表现出一些神秘感或神圣性。无论是教徒的行为方式还是住所都要有一些神秘感，要与一般民众拉开一些距离。在印度佛教创立之初，佛教或佛教修行与世间的关系问题就已受到关注。佛教作为一种宗教，自然要有某种出世方面的特性及相应论述，要表现出自己的不同凡俗。如《长阿含经》卷第一中说："人间愦闹，此非我宜。何时当得离此群众，闲静之处以求道真！"同卷中还说："善智离世边。"这些都表明，在早期或小乘佛教中，出世或追求摆脱世间的观念是受到强调的。但印度早期佛教在表达出世观念时并不否定世间与佛法的关联，如《长阿含经》卷第一中说："佛出于世间，转无上法轮。"这里是说，佛是离不开人世间的，要在人世间宣传佛法。由此可知，在早期佛教中就有明确地将佛或佛法与人们生活的所谓世间密切联系起来的言论。只是从总体上看，早期佛教还是强调人世间中充满了造成众生痛苦的种种"烦恼"，要摆脱这种状况。

在后来的发展中，佛教起初也是强调其教徒与一般民众在行为上或日常生活上的差别。佛教教团要求信徒所做的修行活动是在家一般百姓所不做或很少做的。一些印度小乘佛教徒强调佛教追求的境界与世俗世界的不同，强调在涅槃境界中没有世俗世界的那些愚昧无知和贪欲等，不大突出佛教中关于佛或佛法离不开世间的内容。而且，小乘佛教

常常只求"自利"，即仅仅追求自身脱离痛苦，相对而言不大关注他人的
解脱。

在印度大乘佛教形成之后，佛教在这个问题上有所变化。大乘佛教
更为注重佛教修行与人们世俗生活的关系问题，而且理论倾向与早期或
小乘佛教有一定差别。大乘佛教较为强调修习佛法与世间生活之间的
密切关系，更强调慈悲利他，认为佛教所追求的最高目标(涅槃)不是脱
离人们生存的世间可以达到的，佛教追求涅槃的行为和涅槃本身就在世
间之中。大乘佛教认为，佛教徒在修行过程中，即便达到了涅槃，也不能
离开世间，因为佛教的目的就是要在人世间救度有情，引导众生脱离痛
苦。这就明确拉近了涅槃与世间的距离，使佛教实际上成了一个只有在
人世间才能真正发展的宗教。许多大乘佛典中都有这方面的内容。

法华类大乘经中对此就有论述，《妙法莲华经》卷第五中说："常说
法教化，无数亿众生，令入于佛道，尔来无量劫，为度众生故，方便现涅
槃，而实不灭度，常住此说法，我常住于此。"可见，大乘佛教强调涅槃与
世间的联系，认为涅槃是不离世间的，涅槃也就是在人世间实现佛教的
目标。法华经实际认为，佛教徒通过修行即便有了很大的成效，也不能
离开众生生活的世间，即便修行修到要成佛或涅槃了，也仍然要坚持在
世间的存在。因为离开了人世间，佛教就不能真正救度众生。大乘佛教
与小乘佛教中那种一心仅求个人脱离世间、摆脱痛苦的做法是不同的。

著名的大乘佛典《维摩诘所说经》也有这方面的论述，如"现于涅槃
而不断生死。""世间出世间为二，世间性空即是出世间"，"生死涅槃为
二，若见生死性则无生死，无缚无解，不生不灭"。这里更是强调涅槃与
世间不可分离的关系。因为涅槃和世间并不是两个不同的世界。二者
其实就是人的不同的认识境界。看到了生死(世间)的本质也就达到了
所谓不生不灭的涅槃，并不是达到了涅槃就进入了与世间无关的另一个
世界。

大乘佛教中较早出现的中观派也强调佛教的修行不能离开人世间。此派反对把佛教的最高目标涅槃与众生生活的世间作绝对化的区分。中观派的代表人物龙树在《中论》卷第四中说："涅槃与世间，无有少分别。世间与涅槃，亦无少分别。""涅槃之实际，及与世间际，如是二际者，无毫厘差别。"此派思想家青目在对《中论》卷第四的解释中说："世间与涅槃，无有分别。涅槃与世间，亦无分别。""究竟推求，世间涅槃实际无生际，以平等不可得故，无毫厘差别。"这和龙树的观念相同，都是强调涅槃与世间的不可分离性。青目在对《中论》卷第三的解释中说："诸法实相即是涅槃。"此处，中观派为了突出涅槃不能离开人世间，使用的言辞在形式上看较为夸张，完全否定了涅槃与世间的区别。其目的是要严厉抨击那种把世间与涅槃看作是两个世界的观念。在中观派看来，不能离开人世间去追求超世间的涅槃，因为达到涅槃不过就是消除无明，认识诸法的本性是"空"。涅槃和世间就是对同一世界的不同认识状态。涅槃即是认识世间事物的本来面目。所谓"诸法实相"也就是对世间本质的认识，对世间本质的认识也就是涅槃，故说二者无分别。因此，佛教的终极目标不是在世间或人类社会之外，而是就在世间或人类社会之中。也就是说，真正的佛教是离不开人世间的。或者说，佛教只能是人间的佛教。

晚出的一些大乘佛经中也有这方面的论述。如《大般涅槃经》在论及这方面的问题时谈到了"不了义"和"了义"。该经（北本）卷第六中说："若言如来入于涅槃如薪尽火灭，名不了义；若言如来入法性者，是名了义。"这里，实际是强调不能把佛的去世与常人的死等同起来，佛的涅槃主要是指其达到了认识事物或世间本质（法性）的最高境界。《大般涅槃经》卷第四中说："若油尽已，明亦俱尽。其明灭者，喻烦恼灭。明虽灭尽，灯炉犹存。如来亦尔，烦恼虽灭，法身常存。"这一经此处要表明的是，涅槃并不是与世间无关的状态。烦恼灭了也就是涅槃。这时

还有常存的法身,这法身自然还是存在于世间。也可以说,有烦恼时是
在人世间,烦恼灭了也在人世间,实现佛教的最高目的其实就是灭除烦
恼或灭除无明。佛教的这个修习的过程和目标实现后的状态都是在人
世间。

印度佛教中论述这方面思想的佛典还有不少。尽管印度佛典中强
调超凡入圣、不受人间不实事物影响的论述同样存在,但在发展中强调
佛教应深入社会,扩大在民众中影响的思想是一直存在的。印度佛典在
这方面的论述有不少成为佛教传入地强调人间佛教思想或强调佛教应
融入人们一般生活中之主张的经典依据或理论源头。

二 中国古代佛典及中国现代高僧的相关论述

佛教传入中国后,一方面,一些形成于印度的佛教基本观念和理论
影响了中国文化的发展形态和进程;但另一方面,中国原有的文化也对
印度传入的佛教进行了改造或影响。中国流行的佛教逐步经历了一个
本土化的过程。

中国原有文化中影响较大的儒家等思想重视对人的生活准则问题
的探讨,寻求人的社会伦理规范、道德标准,把这种寻求与对宇宙根本实
在的认识密切地联系在一起,力求在人们的日常生活中发现真理。不少
儒家代表人物十分重视人们在社会中的关系,要求人都能按照某种适当
的行为规范来行事,要建立一个人们能克制自己,合乎人本性需要的好
的社会。因此,不少人都是愿意积极入世的。而佛教在印度形成时,既
有重视超凡脱俗的神圣性的一面,也有实际离不开社会生活和广大民众
的一面。但客观地说,佛教也只能在社会中存在和发展。因而,为适应
这种状况,佛教中就必然也要有与入世相关或相应的理论。也就是说,
佛教在印度的发展过程中,其理论体系中既有展示神圣性的出世理论,

也有要在人间积极弘扬佛法的入世观念。这两种成分是同时存在的,只是在不同时间或场合强调的内容有差别。

在佛教传入中国之初,引起人们注意的是其出世性强或在形式上看超凡脱俗特性明显的内容。中国人最初借用黄老思想一些概念来理解认识佛教,后来还大量建立佛教的寺院庙宇,以方便信众出家。许多中国民众都把信奉或皈依佛教理解为"看破红尘""踏入空门"或"了却尘事"。此外,早期中国佛教引入了印度小乘佛教中重视静坐冥观、追求弃绝有关外部事物杂念的修持方式。这些都加深了人们对于佛教的出世性的印象。然而,印度大乘佛教中关于要在世间获得觉悟或涅槃的思想也很快在中国开始传播。而且,中国原有主流文化的思想对佛教的发展也形成影响。因而,在中国佛教中,倡导和重视佛教积极深入社会,在"世间"传播的中国佛教宗派由此也逐渐成为各宗中势力最大的。其中较有代表性的就是禅宗,尤其是禅宗里的"南宗"系统,是实际具有人间佛教思想观念的重要宗派。

从现存的佛教文献或历史资料来看,相对来说禅宗在形式上不是很重视佛教传统经教的作用,也不大重视一般意义上的所谓"禅定"。他们实际看重的是如何在现实世界或世俗社会中获得佛教真理,体悟到人的真实本质,强调不离开现实世界而成佛。禅宗这方面的理论最突出的是所谓"佛法在世间"思想。禅宗的主要文献《坛经》般若品中说:"佛法在世间,不离世间觉。离世觅菩提,恰如求兔角。正见名出世,邪见是世间。邪正尽打却,菩提性宛然。"这也就是说,在禅宗看来,真正的佛法不是脱离世间而存在的,而是就在世间中存在。佛教的最高目的成佛或觉悟是离不开世间的,不能将通常说的出世和世间作绝对化的区分,要做到不执著任何的分别,才能真正获得觉悟。这实际也是人间佛教的思想,因为佛教即觉悟者之教,而觉悟既然只能在世间中才能实现,那么佛教也就只能是人间的佛教。这是佛教发展的必由之路。否则的话,要想真正觉悟或成佛就如同要找一只带角的兔子一样是不可能的。

禅宗在中国历史上真正产生较大影响是在慧能之后。这时的禅宗对佛教的许多传统的修行方式已十分轻视,对旧的坐禅方式很不以为然。《坛经》宣诏品中说:"道由心悟,岂在坐也!"《镇州临济慧照禅师语录》中记述说:"王常侍一日访师,同师于僧堂前看,乃问:这一堂僧还看经么? 师云:不看经。侍云:还学禅么? 师云:不学禅。侍云:经又不看,禅又不学,毕竟作个什么? 师云:总教伊成佛作祖去。"这里显然是要表明,悟出佛教的道理或成佛,并不是仅仅依赖于形式上的那种读经学禅,而是要在人世间的日常生活中来体验。实际上,禅宗在发展中,与现实社会生活的联系确实比一般的佛教宗派更为紧密。它强调人们在一般的生活中来体悟佛教的道理,进入佛教追求的思想境界,正所谓"运水搬柴,无非妙道"。这里论述的实际也是人间佛教的思想。

源于古代印度和在古代中国有重要发展的人间佛教思想在近现代中国也有重要影响。这突出表现在一些中国近现代佛教高僧的言行上。其中有代表性的人物是太虚大师和净慧长老。

太虚大师是中国近代明确提出"人间佛教"口号的高僧。他生活的时代,中国处于十分落后的状况,佛教发展也十分艰难,甚至主要靠经忏或超度死人来谋生活,一些佛教的修行活动等在他看来也是离开了佛教的利乐有情、造福众生的宗旨。因而,他明确举出了"人间佛教"的大旗。

太虚大师在《怎样来建设人间佛教》一文中说:"学佛不但不妨碍正当职业,而且得着精神上的安慰,做起事来,便有系统而不昏乱,在平常人做不了的事,若学佛就能做了。明白这种道理,佛法不离世间法,所谓'佛法在世间,不离世间觉'。若能如此学佛,方称为真正学佛。"从这种言论中可以看出,他的人间佛教思想与慧能等的思想是一致的。

太虚大师还在《人生的佛教》一文中说:"学佛,并不一定要住寺庙做和尚、敲木鱼,果能在社会中时时以佛法为轨范,日进于道德化的生活,就是学佛。"这种人间佛教的思想实际上与古代一些大乘佛教的理念是相通的,要表明的是,无论出家还是在家其实都是可以学佛或弘扬佛教思想的,关键在于过的是否是"道德化的生活",这种生活就是向善的生活,是造福众生的生活。这其实是太虚大师要倡导的人间佛教思想的实质。

中国当代实际践行人间佛教思想的著名僧人是净慧长老。

净慧长老是中国现代生活禅的主要倡导者。而生活禅思想的本质其实也就是人间佛教的观念。净慧长老在弘扬佛教文化的过程中,十分注重理论教化和实践修持的结合。而且,在他看来,佛教的信仰、修行、理论和佛教徒本人都是离不开人世间的,都离不开人的现实生活,离不开世间大众。他在这方面有非常精辟的论述,曾概括为四句口诀,即:"将信仰落实于生活""将修行落实于当下""将佛法融化于世间""将个人融化于大众"①。

"将信仰落实于生活"这句口诀表明:佛教的理论是离不开人民大众日常生活的。从佛教来说,只有信仰而脱离生活,这信仰就没有真正的根基;只有生活而没有信仰,则生活也就脱离了正确的轨道。佛教首先是一种宗教,只要是宗教就都是要强调信仰的。但信仰也有一个限度,一个有生命力的宗教派别不会离开社会生活讲信仰,而是把信仰与社会生活紧密联系在一起。

"将修行落实于当下"这句口诀表明:作为一个宗教信徒,当然要修行。但如何修行在不同宗教或宗教流派中却有不同的要求。佛教是不能离开社会的,而社会是由一个一个的人组成的。真正的信仰就要体现在具体的修行上。而佛教的修行是通过每个信仰者的具体行为来展示

---

① 净慧:《生活禅钥》,北京:三联书店,2013年版,第182—184页。

的。这种修行不是任意的，或一时的，或短暂的，而是要在信徒的每个行为中都有体现，即在信徒活动的任何时间都要有佛教的修行意识。也就是说，在真正合格的佛教徒那里，修行并不能仅仅流于空谈，而要有切实的手法和步骤。修行者不能光说不练，也不能仅仅依据一些传统的范式来修行，而是要从当下的生活中做起。人们的生活多种多样，在每种类型的生活中都要体现佛教的修行。这样，所谓的修行也就要与时俱进，没有一成不变的修行方式。

"将佛法融化于世间"这句口诀表明：佛法或佛教的智慧不是脱离世间的。释迦牟尼创立佛教就是为了救度处于苦难中的众生。救度的基本方法就是所谓智慧解脱，即通过向世间的众生弘扬佛教的智慧来消除无明，消除了无明即可使众生摆脱痛苦。这亦体现了佛教的慈悲。人间佛教的思想继承和发扬了传统佛教中的这种基本理念，展示了坚定的佛教信奉者在世间彻底弘法的决心。佛法必定是融于世间事物中的佛法，是人民大众生活中的佛法。而且，佛法来自世间，佛法涉及的事物是世间中的事物，佛教的理论是世间事物的理论，是生命现象的理论。没有独立于世间事物之外的佛法。佛教真正要解决的问题只能是世间的问题，不可能是超越世间的问题。佛教在本质上是人类的一种理论，不是鬼神的理论。佛教徒要弘扬佛法只能在世间中弘扬。因而，真正的造福众生、利乐有情的佛法也只能是融化于世间的佛法。

"将个人融化于大众"这句口诀是对佛教修行的一种看法，也是对佛教信徒个人修行的一种要求。大乘佛教历来认为个人的解脱与大众的解脱是不应分开的。佛教的修行并不仅仅是个人的事。佛教的目标也并不是实现个人的某种愿望。从佛教的基本哲理上说，世间一切事物都是缘起的，佛教不认为有独立于他人或他物的主体或本体。因而，佛教中说的个人，是不可能真正与大众分离的。或者说，佛教认为根本就不存在绝对独立于其他众生的个人，因为人都是生活在社会中的。人间佛教强调的就是个人要生活在大众中，个人修禅或学习佛法，是不能与世隔绝或离群索居的。

净慧长老不仅有这方面的理论，而且在河北和湖北等地开展了多种多样的将佛教修持与一般民众生活密切结合起来的活动，如多次举办了有大量教外学者参加的佛教学术研讨会，多次开展一些利国利民的慈善公益活动，大大拉近了佛教与一般民众之间的距离，使佛教思想的精华在民间广为流布。

净慧长老的有关论述和活动实际上是继承和发展了古代印度与中国的人间佛教思想。他提出的是佛教中的很实际的修行理论及方法。这种理论或方法非常适合现实社会广大信教群众的需求，给众多信教群众指明了前进的方向，在佛教的宗教实践上具有很强的可行性。这也体现出了人间佛教思想较强大的生命力，是当代中国佛教要健康发展所必须践行的一种佛教理念。

三　现代佛教如何造福众生，利乐有情

佛教发展到今天，已有两千多年，给人们留下了许多宝贵的遗产。当代佛教也仍然在民众中有着重要影响。今天的佛教若要继续历史上曾有的辉煌，就应积极与时俱进，努力适应社会的发展。而在这之中，发掘和发扬佛教中原有的一些积极思想是十分重要的。人间佛教的思想就是这方面的重要内容。现代的佛教僧团要认真思考如何在发扬人间佛教思想的过程中能有效地利乐众生、造福人类的问题。笔者认为以下四点值得注意。

第一，开展当代佛教的公益慈善活动，努力利国利民。

人间佛教强调的是佛教与人的关联，强调的是佛教要服务众生，造福人类。因此，在新时期，当代佛教要积极开展有效的慈善公益活动。

佛教的一个基本观念是慈悲利他，强调当民众有困难时要伸出援助之手，给民众消除痛苦，带来快乐。在当代，虽然社会生产力的发展水平有了很大提高，科学技术有很大进步，人民大众的生活有较大改善，但世界经济的发展是不平衡的，不同地区民众的生活水平常有很大差距，不同行业和不同职位的人员的收入常常极为悬殊。不少人或不少家庭经常会因为某种原因而陷入困境。佛教僧团如果有可能的话，可在一定程度上帮助这些民众，尤其是一些经济状况比较好的寺院，应发扬佛教的慈悲精神，给这些处在贫困或危难中的民众以救济。当然，这要视寺院自身的财力而定。有些处在经济发达地区的寺院经济实力雄厚，在这方面可多做一些事情，以实际行动体现佛教对众生的关怀。而一些经济不很发达地区的佛教寺院，力量有限，可以在力所能及的情况下开展这种活动。佛教僧团在做这些慈善活动时，自然就是对人间佛教思想的努力践行，是佛教展示其积极社会作用的重要表现。

第二，促使当代佛教与时俱进，努力适应社会的发展。

释迦牟尼创立佛教以来，佛教就不是一成不变的。印度佛教本身在历史上就经历了不同的发展阶段。印度的原始佛教、小乘部派佛教、大乘佛教和后期佛教，每个时期都有其特色，都有重要的发展，都对佛教思想体系的丰富做出了重要贡献。佛教传出印度之后，在不同的国家或地区中，都创立了与当地国情相适应的佛教思想文化形态。从这些可以看出，与时俱进是佛教发展的常态。而新时期，佛教的与时俱进也应该是很自然的现象。现代社会人类的生存条件与以往有很大不同，佛教要适应新情况，要改革自身。今日民众的生活虽然仍有很多痛苦或不幸，但从总体上说，水平相对于两千多年前，甚至相对于一百多年前，已提高了很多。世界上有相当多的人已经可以一般吃住无碍，受冻挨饿的民众当然还有，但与以往相比，在总人口中的比例已经大大下降。面对这样的情况，佛教理论的结构、佛教文化的形态，就有必要作进一步的发展。现时有相当部分的民众有痛苦感,不是因为受冻挨饿,而是因为对自己的相对生活境遇不满意,造成精神上的痛苦。如何解释这些现象?如何引领信众面对这类情况?这些是佛教应当思考的,佛教应在这方面有所作为。因此,现代佛教应努力适应社会的发展,积极进行佛教理论体系的创新和管理体制的变革,在坚持佛教文化基本理念的基础上进行创新,进行变革。这当然是需要魄力和决心的。今天的佛教在理论上应该有时代的风貌,今天的佛教寺院或教团管理制度也应该有时代的特色。这是新时期的佛教应有的与时俱进的举措。

第三,加强当代佛教僧团的僧才建设。

佛教要随着社会发展而发展。现代人类社会的生产力水平有提高,物质生活条件有改善,文化水平也有提升。佛教生活在人间,也是要随着整个人类的物质和精神文明的发展而发展的。当代佛教僧团的与时俱进在很大程度上是与僧团自身人员的基本素质的提升有关的,特别是与青年僧人的基本素质的提高有很大关系。青年佛教僧人是佛教组织发展的希望。佛教教团的领导层应该高瞻远瞩,看到青年人才培养的重要性。要将寺院的青年僧人培养成适应现代人类发展潮流的新时代的僧人。一方面,他们应对佛教的历史发展情况和基本义理有清晰透彻的掌握;另一方面,要有现代人具有的基本文化素质,有能够分析问题和解决问题的能力,要能够很好地在现代社会中和民众沟通,将现代佛教僧团建设成利国利民、造福众生的社会组织。佛教寺院可以送年轻的僧人在教内的高级佛学院中进行培养,也可以送他们去一些教外的著名高校深造,争取能在新时期培养出接近历史上鸠摩罗什、玄奘那样水平的高僧,对佛教以至整个人类文化的发展做出重要贡献。这是需要佛教僧团高层认真思考,尽早作出安排的。

第四,促使当代佛教积极参与建设和谐社会的工作,倡导当代佛教与不同思想派别或文化团体的相互接触与理解。

在当今世界,虽然有很多社会问题、社会矛盾、社会冲突,但倡导和平,倡导理解,追求和谐,是人类的心声。佛教在创立时就是一个倡导人类平等的宗教,是一个追求给人们带来安乐的宗教。因而,在新时期的佛教也应积极参加创建和谐社会的事业。佛教有其独特的理论体系。一些见解,一些主张和不少其他文化思想派别等往往有不同。但新时期的佛教僧团还是应该能与这些派别和平共处,展开平等的对话,在这个过程中来求同存异,促进整个人类的和平与和谐的发展。这与古今佛教先贤的人间佛教思想是吻合的,既符合释迦牟尼佛的创教初衷,也符合广大民众的期待。

　　(原载于《时代特色人间佛教与亚洲的历史与现实》,北京:宗教文化出版社,2016 年版)

药师思想与健康社会

✸

佛教文化博大精深,佛教经典中包含了大量思想。这些思想对古代佛教流传地的民众有不同程度的影响,对现代社会的发展也起着不容忽视的作用。药师思想是佛教文化中的重要内容,它来自著名的大乘佛教经典《药师经》。《药师经》产生于古代印度,传入中国后译成了多个版本。在各种汉译本中,唐代玄奘法师译的《药师琉璃光如来本愿功德经》最为流行,是人们使用较多的一个文本。本文拟对基于这一经典的佛教药师思想的主要理念及其在社会中的作用谈一些看法,希望能在促进当代社会和谐健康发展方面对佛教思想有所借鉴,做些探讨。

一 《药师经》的核心理念

《药师经》的核心理念是以大乘佛教的慈悲之心为宗旨,努力消除众生的痛苦,使其获得安乐。根据这一经典的说法,众生中存在的痛苦,有的是由于贫困饥渴,缺吃少穿而产生的;有的是由于身体疾病或残疾造成的;有的是由于贫病交迫而产生的;有的是由于在社会上犯了法而产生的;有的是由于修行时犯戒而获得的;有的是由于受到邪见的困扰而产生的,等等。《药师经》认为,这些痛苦都可以摆脱。药师如来于过去世修菩萨道时,为了使有情所求皆得,脱离痛苦,发了大愿。经中对此有大量论述。

对于那些由于贫困饥渴、缺少衣物而产生痛苦的人,《药师经》中说："愿我来世得菩提时，若诸有情，饥渴所恼，为求食故，造诸恶业，得闻我名，专念受持，我当先以上妙饮食饱足其身，后以法味，毕竟安乐，而建立之。""愿我来世得菩提时，若诸有情，贫无衣服，蚊虻寒热，昼夜逼恼，若闻我名，专念受持，如其所好，即得种种上妙衣服，亦得一切宝庄严具华鬘涂香鼓乐众伎，随心所玩，皆令满足。"

对于那些由于身体疾病或残疾造成痛苦的人，《药师经》中说："愿我来世得菩提时，若诸有情，其身下劣，诸根不具，丑陋顽愚，盲聋喑哑，挛躄背偻，白癞癫狂，种种病苦，闻我名已，一切皆得端正黠慧，诸根完具，无诸疾苦。"

对于那些由于贫病交迫而产生痛苦的人，《药师经》中说："愿我来世得菩提时，若诸有情，众病逼切，无救无归，无医无药，无亲无家，贫穷多苦，我之名号，一经其耳，众病悉得除，身心安乐，家属资具，悉皆丰足，乃至证得无上菩提。"

对于那些由于在社会中犯了法而造成痛苦的人，《药师经》中说："愿我来世得菩提时，若诸有情，王法所录，缧缚鞭挞，系闭牢狱，或当刑戮，及余无量灾难凌辱，悲愁煎迫，身心受苦，若闻我名，以我福德威神力故，皆得解脱一切忧苦。"

对于那些因为修行但又犯戒而获得痛苦的人，《药师经》中说："愿我来世得菩提时，若有无量无边有情，于我法中修行梵行，一切皆令得不缺戒，具三聚戒。设有毁犯，闻我名已，还得清净，不堕恶趣。"

对于那些由于受到邪见困扰而产生痛苦的人，《药师经》中说："愿我来世得菩提时，若诸有情行邪道者，悉令安住菩提道中，若行声闻独觉乘者，皆以大乘而安立之。""愿我来世得菩提时，令诸有情，出魔罥网，解脱一切外道缠缚。若堕种种恶见稠林，皆当引摄置于正见，渐令修习诸菩萨行，速证无上正等菩提。"

从《药师经》的这些论述中可以看出，药师思想继承了释迦牟尼创立佛教后提出的一些根本理念,要救众生于痛苦之中,显示出大乘佛教所突出的慈悲精神。因为《药师经》中提到的种种痛苦几乎涉及人所遇到的各种类型的痛苦。如有关于生、老、病这些人生在世时的痛苦;还有涉及人死后的痛苦(佛教等所设想的地狱之苦);有关于在社会生活中所求不得的痛苦;有与人交往过程中一些行为不当所造成的痛苦。这些痛苦有些是外来的、与自己行为无直接关系的;有些与自己的行为有直接关系,属于自己过错造成的。而在《药师经》中,几乎是不管何种情况出现的痛苦,药师如来都会加以救助。这也体现了大乘佛教要普度众生的重要思想。

《药师经》中表现出了药师如来要灭除众生这些痛苦的强烈愿望,充分体现了大乘佛教利乐有情、造福苍生的精神,并且对灭除各种痛苦充满了信心,认为只要按照经中所说,就能完全实现灭苦的愿望,使人们都生活在无苦的"净琉璃世界"中。

也可以这样说,药师思想所设立的根本目标,就是普度众生,慈悲利他。

二 《药师经》的灭苦方法

《药师经》致力于灭除众生的痛苦,引导众生达到安乐。那么它所使用的方法是什么呢? 这在经中也有表述。从经文本身较突出的文字来看,是要信众听闻药师如来的名号,信奉供养此经,宣讲弘扬此经,消除各种邪见。这是《药师经》经文中所说的灭苦主要方法。

《药师经》中说:"有虽不毁正见而弃多闻,于佛所说契经深义不能解了。有虽多闻而增上慢,由增上慢覆蔽心故,自是非他,嫌谤正法,为魔伴党。如是愚人自行邪见,复令无量俱胝有情堕大险坑。此诸有情,应于地狱傍生鬼趣流转无穷。若得闻此药师琉璃光如来名号,便舍恶行,修诸善法,不堕恶趣。设有不能舍诸恶行修行善法,堕恶趣者,以彼如来本愿威力,令其现前暂闻名号,从彼命终,还生人趣,得正见,精进善调意乐,便能舍家趣于非家如来法中,受持学处,无有毁犯,正见多闻,解甚深义,离增上慢,不谤正法,不为魔伴,渐次修行诸菩萨行,速得圆满。……是诸有情,若闻世尊药师琉璃光如来名号,至心受持,不生疑惑,堕恶趣者,无有是处。"这里分析了一些使众生陷入痛苦或险境的原因,但主要还是强调,要避免落入恶趣,远离痛苦,就必须学习佛教的正见,而得正见,修菩萨行,获得圆满,则要由听闻药师如来的名号才能激发。

但也应当看到,虽然《药师经》中把听闻药师如来名号,信奉受持该经作为脱苦得安乐的前提条件,然而仔细分析,也不难看出,具体要信众完成的还是学习和接受佛教正法,获得佛教的根本智慧,这是灭苦的必由之路。经中的这种观念仍然是大乘佛教的智慧解脱方法。《药师经》中虽然没有很多哲理方面的论述,但经中说的"正见"或"正法"实际上是大乘佛教的基本思想,即经中说的大乘佛教的"智慧方便"。经中强调"若行声闻独觉乘者,皆以大乘而安立之",要信众修大乘佛教的"菩萨行",倡导的是大乘佛教的大慈大悲。

在实行智慧解脱的方法上,《药师经》与许多佛典,特别是各种大乘佛典是一致的。但在此经中,这智慧的形成和被应用,则与对待药师佛或对待《药师经》的态度有关。听闻药师佛的名号,信奉供养此经,对于获得能使人脱苦的智慧可以起极大的促进作用。因而,是否听闻或念诵药师佛的名号,是否崇拜此经,并不仅仅是一种一般的佛教徒修持的仪式,而是关乎能否获得相应智慧的问题。这种听闻念诵《药师经》及高度崇拜药师佛与此经强调的佛法智慧是联系在一起的。在《药师经》看来,这种通过听闻念诵而获得智慧是脱离苦难的根本方法。

《药师经》作为一种以药师如来为中心来弘扬佛法根本的经典,很自然地在经中要大力倡导信众听闻信奉药师如来,念其名号,明确肯定或承诺这样听闻信奉就可以实现众生的各种愿望。这实际也是大乘佛教崇拜威力无比、法力无边的佛的一种普遍做法。这和早期或一些小乘佛教是有差别的。早期或一些小乘佛教主要把佛陀作为掌握佛法的教主或导师,崇拜他智慧的卓越,悟性的高超。虽然早期或一些小乘部派佛教文献中也有论述佛神力的内容,不过相对而言,明显没有后来大乘佛教说得那样多,那样言辞恳切,吸引信众。《药师经》中对药师如来的神力也说到了极致,向广大信众展示了一个在佛教信仰层面上完全可以依赖,完全可以寄托的崇拜对象。这与不少大乘经有类似之处,但以救度众生、扶危济困的药师佛为信奉中心,则是此经的特色所在。

三 促进当代社会健康发展

药师思想产生于古代印度,传入中国等许多亚洲国家,在民众中广为流行,影响很大。这一思想发展到今天,作为佛教文化的一个组成部分,仍可以对现代社会的和谐健康发展起一定作用。这主要体现在以下五个方面:

第一,鼓励慈悲利他,致力于消除贫困,促进国泰民安,以众生的安乐为努力目标。

佛教宣传慈悲精神,追求造福众生。《药师经》作为大乘佛教的经典之一,在强调慈悲利他方面是极为突出的。这一经中谈到了药师如来在过去世修菩萨道时,曾发十二大愿。这些大愿充分展示了佛教救度众生的根本宗旨。而且经中也明确提到要"于一切有情起利益安乐慈悲喜舍平等之心。""应于一切有情起慈悲心。"这种慈悲精神在现代社会中仍然有积极意义。因为在当代社会,受一些不良价值观或生活态度的影响,不少人极端自私自利,一事当前,先替自己打算,完全以自己的利益最大化为目标,根本不顾及他人的安危和民众的疾苦。这种价值观念和生活态度在现代社会中甚至有扩大的趋势。因此,药师信仰中包含的佛教慈悲精神和利他思想对于抑制当代社会中存在的不良倾向,净化人们的心灵有积极意义。如果通过我们的努力,使社会中绝大多数的人都能有慈悲之心,有利他之举,以造福众生为生活目标,那么就将大大改善人们的生存环境,能够较快消除存在于不少地区的贫困现象,减少众生的痛苦,使国家富强,人民幸福。

第二,在现代社会中同情弱势群体,积极扶危济困。

在当代,由于科学技术水平的明显提高,生产力的极大发展,民众的生活状况有很大改善。但是社会的发展是不平衡的,仍然有相当多的人的生活处于贫穷状态,缺吃少穿,不能维持生计。还有更多的人虽然是勉强度日,但却是社会中的弱势群体,无论在物质上,还是在精神上,都是贫乏的。根据《药师经》的论述,对于各种处在贫困或危难中的众生,都应加以帮助。《药师经》的这种扶危济困的精神,在当代,对于处在相对富足境况的人,对于有一定财力或权利能够帮助别人的人来说,都是应当借鉴或吸取的。如果社会中多一些同情弱势群体、乐于扶危济困的人或组织,那么对于民众来说,那是极大的幸事,将大大推动社会的安宁与和谐。

第三,对由于种种原因而处在困苦或困境中的民众给予精神抚慰,有一定精神寄托作用。

自从人类组成社会之后,就时常伴随着贫穷、饥饿、疾病、战乱等现象。宗教信仰对于处在困苦中的民众提供了重要的思想安抚,赋予了某种精神寄托。这在生产力水平低下和人们认知能力不高的古代,对于社会的正常运转,民众精神生活状态的改善起了积极作用。在当今世界的许多地区,贫穷、饥饿、疾病、战乱仍然很严重,给当地民众带来巨大的痛苦,有时也不逊于古代。在这种情况下,许多民众,仍然需要像《药师经》这样的宗教经典勾画出希望美景作为思想寄托。应当说,药师信仰一类宗教崇拜对处在困苦中的民众来说,其精神抚慰作用将长期存在下去。

第四,倡导乐观精神,对未来充满信心,提升对于痛苦的抗压能力。

佛教在产生时提出的基本教义之一,就是认为人生现象中充满了痛苦,佛教的目标就是引导人们脱离痛苦。《药师经》虽然大量谈到各种痛苦,但其宗旨则是让人们离苦得乐。这一经典中实际表现出了一种思想,即:痛苦不是不可克服的。尽管人类社会中有种种痛苦,但只要人们努力,最终一定能改变困苦状态。或者说,该经中透出了一种乐观的精神,一种对未来充满信心的态度。这也具有积极作用。在现代社会,人们的努力当然与《药师经》中倡导的努力不同,但《药师经》的这种乐观精神值得我们借鉴。它可以鼓励人们不断进取,提升民众在思想上的一种承受力,即提高民众抗击种种精神痛苦的能力,这对于促使人类生存状态的改善是有益的。

第五,追求智慧,觉悟人生,推动社会的健康发展。

《药师经》中强调要追求佛教的"正法"或"正见",认为这与消除世间的痛苦关系密切。这种"正法"或"正见"也就是大乘佛教所主张的正确的佛教理论或教义。在佛教产生前后,印度有许多其他的哲学或宗教派别。佛教在发展过程中在自身中也产生了不少分支或宗派。这些佛教内外的思想流派对于真理的理解是不同的或有差别的。而各派或各派中的分支所主张的教义或理论则被各自认为是最高的智慧,被认为是众生摆脱痛苦的根本法宝。《药师经》在这方面也不例外,它也极为强调人们正确认识的重要性,认为这种认识或智慧与提高人们的生活水平或改善人们的生存状况息息相关,认为对人生现象本质的真正觉悟与人们脱苦是密不可分的。这种观念对于现代的人类也有启发意义。现代人们理解的智慧当然与古代佛教中讲的智慧有不同,但二者都是人类为追求真理,追求美好而努力的产物。佛教中的许多思想值得人们借鉴,佛教中的优良文化遗产值得我们挖掘。在现代社会,正确认识人生,正确认识世界,提高人们对自身和世界本质的觉知水平极为重要。药师思想中的此类成分对现代人类追求真理,推动社会健康发展,是有启发作用的。

(原载于《药师如来与健康人生》,北京:宗教文化出版社,2013 年版)

新世纪的都市寺院发展

✿

　　社会在前进,人类在发展。当我们进入 21 世纪时,人类所居住的世界已发生了巨大的变化。各种思想流派、各种宗教团体都面临着新的形势,面临着新的问题。如何在新世纪中适应变化了的情况,如何与时俱进,是人们都要思考探讨的。佛教在以往的发展中创造了人类文化史上许多宝贵的财富,曾在历史上屡现辉煌。如何在新时期保持健康的发展方向,更好地服务人民,利益众生,是教内僧众首先要考虑的问题,也是许多教外人士关心的问题。笔者侧重就都市寺院在新世纪的发展方向问题提一些看法,与教界大德及关心此问题的人士共同探讨。

一　继续发掘佛教文化的宝贵遗产

　　佛教在世界上之所以能长期发展有多种原因,而很重要的一点是其有深厚的文化底蕴,它能在许多国家或地区适应新情况,不断提出新的思想,积累宝贵的文化遗产。新世纪的都市寺院应发扬这种传统。

　　都市寺院所处的地区有许多是文化发达区域,人文精神的历史传统悠久,文化环境优良。许多文化思想的发展与佛教紧密相关。都市寺院应充分利用这种有利条件,积极弘扬佛教文化,发掘以往佛教的宝贵思想遗产,开展认真的佛学研究。在这方面有许多事情可做,目前可以主要侧重进行以下工作：

1. 开展佛教基本经典的研究。

这方面的工作包括整理和翻译各类佛教文献，也包括佛教的文献研究和义理研究。佛教来自印度，主要的经典也产生在印度。不对基本经典进行研究是无法真正继承佛教以往的优秀文化遗产的。佛教的经典有许多文本，我们在整理好汉译佛教经典的同时，应注意将汉译佛典中没有的其他语种的佛典译成汉文，也应积极将仅存汉文本的佛典译成其他语言文字。做这种工作需要相当的文化功底，我们可以先从整理研究汉译佛典的工作开始，以后逐步培养有能力从事这方面工作的人才，将做这项工作作为一个基本的发展方向。

2. 开展中国佛教的特色研究。

要了解中国佛教对印度佛教进行的主要改造和发展，找出中国佛教与印度佛教的主要不同或差别。佛教虽然产生在古印度，但在中国却有重要发展。佛教的许多思想是在中国提出的。中国佛教中有许多印度佛教没有提出的宝贵思想，有许多重要的文化遗产，值得我们认真发掘、总结。在这方面，有些研究工作要对照印度佛教来进行比较，有些研究工作要结合中国原有传统文化的内容进行分析。这样才能找出中国佛教的特色，才能说明中国佛教在中华文明和世界文明发展中所起的作用，才能了解中国佛教所具有的历史地位。

3. 开展中国佛教与世界上其他国家的佛教的关系研究。

佛教从印度传入中国后，得到了巨大的发展。而且中国佛教又直接传入或间接传入到许多国家，对佛教文化在世界上的传播起了重要的作用。这也是佛教文化遗产的研究内容。如中国佛教在韩国、日本、蒙古及东南亚等国家或地区有着重要的影响。佛教传入这些国家后也有不少变化。研究这些国家佛教的特点与内容，了解这些国家佛教与中国佛教的关系十分重要。它对于我们完整准确地说明佛教在世界上的影响，促进中外文化交流有着积极意义。

4. 开展一些学科领域中与佛教相关内容的研究。

许多学科中都有与佛教相关的内容,应开展这方面的研究,如对佛教的音乐、绘画、雕塑、文学等等进行专门研究。这种研究能使我们的佛教研究更为深入、具体,能促进我们较全面地了解佛教。

5. 开展佛教在都市寺院所在地的发展历史研究。

这对于促进地区文化发展具有积极作用,尤其是一些著名的中国文化发展地区的佛教历史(包括人物、文献、事件等)的研究,是重要的中国佛教文化研究内容。对这些内容的研究是有关寺院佛教研究义不容辞的责任。它对于促进佛教更好地与本地文化沟通有重要作用,对于完整的中国佛教研究也有重要意义。

以上所列的研究工作并不是每个都市寺院都能做的,具体工作可视寺院的能力而定,可以只做其中一项或某些项研究工作。客观地说,能做好其中一项就已很不容易。因为我们当代的都市寺院多数不是研究型的佛教组织,不可能在这方面有很强的能力。但我们希望具备这种能力的佛教寺院越来越多。有关都市寺院如果力量较强,可以先进行或组织进行佛教文献的整理和研究工作。佛教的文献众多,中国历朝历代有许多高僧大德进行过整理或研究,作出了重要贡献。近代国内和国外的许多僧人在佛学研究方面功绩卓著。我们现代的都市寺院的僧众应继承和发扬这方面的传统,拿出一批有学术水准的研究成果,争取在新世纪能出现一些水平接近鸠摩罗什、僧肇、玄奘等那样的法师。这种教内的研究工作十分重要,它是提高中国佛教组织文化品位,提高它在国内外地位的重要方式。

二 积极开展利国利民的社会活动

中国佛教的重要特点之一就是强调和发展了印度大乘佛教提出的

在现实世界中达到涅槃或觉悟的思想。禅宗提出了"不离世间觉"或"佛法在世间"的思想。近代中国佛教界又大力强调"人间佛教"的思想。这些为都市寺院在当代积极开展利国利民的社会活动提供了重要的理论依据。

不少都市寺院地处闹市,与世俗社会接触的机会相对于处在山林中的寺院要更多一些,可以结合自身或当地的情况开展这方面的活动。这类活动的种类很多,以下一些可以说是基本的:

1. 开展扶贫济困活动。

在当代社会中,虽然社会生产力的发展水平有了很大提高。但仍有不少人或不少家庭经常会因为某种原因而陷入困境。都市寺院应发扬佛教的慈悲精神,给这些处在贫困或危难中的民众以救济。当然,这要视寺院自身的财力而定。有些处在经济高度发达地区的都市寺院经济实力雄厚,在这方面可多做一些事情,以实际行动体现佛教对众生的关怀。而一些在经济不很发达地区的都市寺院,经济力量有限,可以在力所能及的情况下开展这种活动。只要有从事这类活动的积极意愿,还是可以在这方面有所作为的。

2. 开展抵制社会丑恶现象活动。

在当代社会中,虽然有许多美好的事物,但丑恶的社会现象也不少,如损人利己、贪得无厌、欺压弱小、行骗牟利、背信弃义等。这给社会带来了很大的不安定因素,给人民群众带来了痛苦。打击或抑制这种丑恶的社会现象当然主力要依靠国家机关主管部门的相关措施,但社会各方面的通力合作也十分重要。佛教在这方面也是可以做一些事情的。都市寺院在所在城市的精神文明建设中可以根据自身的情况做一些宣传活动,特别是通过信教群众影响更大范围内的民众来抵制这些社会丑恶现象。佛教的理论或教义中有大量反对或抑制上述社会现象的成分。如佛教的伦理思想中有大量克制自己私欲的内容,反对侵害别人的利益。都市寺院在参与社会活动时可以有意识地将宣传自己的教义与社会上开展的精神文明活动结合起来,在信众中做一些力所能及的工作,为净化社会风气尽力。

3. 开展文化发展活动。

除了上述发掘佛教自身中的优秀文化遗产的活动之外,佛教还应对当今社会中的一般文化发展作出贡献。都市寺院与社区中人民群众接触较多,在促进文化事业发展上可以有所作为。在这方面作出贡献的途径很多。例如,有一些社会文化事业的发展项目,都市寺院可以出资主办或协办,如修建某些社区图书馆或博物馆,开展某些学术研究活动,出版某些大型学术系列著作等,都市寺院都可以在力所能及的情况下给予资助。这些活动的开展可以明显地改善都市寺院在人们心目中的形象,能够使都市寺院更好地融入新世纪社会的健康发展中。

三 加强都市寺院或佛教内部的自身建设

佛教作为一个宗教团体,随着时代的前进,也有一个加强自身内部建设,以适应变化了的社会环境的问题。在这方面实际可做的工作很多,至少在以下一些方面可加以关注或努力:

1. 健全内部管理体制。

佛教从在古印度产生时就制定了约束信徒的戒律。但这戒律也不是一成不变的,而是与时俱进。戒律在佛教后来的发展中实际是不断完善、修订的。后世佛教所执行的戒律有不少内容是早期佛教所没有的或与之不同的。古印度佛教的戒律在历史上就有不同版本,反映了佛教中不同派别、不同时期所持戒律的情况。佛教传入其他国家后,虽然原来印度佛教戒律的基本内容在总体上保持了下来,但在各个国家还是形成了一些有本国特色的佛教戒律的具体执行规定。都市寺院在新世纪应稳妥地进行自身内部的管理体制的建设,建立适应时代发展的僧众的具体行为规范和管理规章。这些规范或规章应在总体上不违反佛教传统戒律的基本精神,但又能反映时代特色,执行起来便利有效。

2. 不断提高僧众的文化素质。

佛教在新世纪的发展面临着新的形势,所开展的佛事活动有着新的时代内容或特征。这就对现代寺院僧众的文化素质有较高的要求。都市寺院应充分利用处在政经文化发达区域的便利条件,有意识地提高寺院人员的文化素质。提高文化素质的途径很多。如选派人员去教内外的学校学习,不仅提高僧众的佛学造诣,而且提高僧众的综合文化素质。有条件的都市寺院可派人员去国内外的著名学府学习,攻读学位,在整体上提高寺院僧众的学历层次。如果因种种原因不能去有关学校学习,则可通过其他途径提高僧众的文化素质,如请一些教界高僧或教外学者来寺院开办各种学术或文化讲座,学习或了解一些新的思想或掌握一些新的研究技能。当然,这种文化学习应结合提高僧众的佛学造诣或佛学研究能力展开。例如,为了提高僧众学习或研究佛典的能力,可以安排一些年轻的法师学习梵语和藏语。某些古代汉译佛典因种种原因在现代人看起来较为费解,一些经文的含义不是很清晰。如果能对照梵文本或藏文本,就有可能疏通文字,厘清有关经文的含义。一些佛典在汉文中没有,但存有梵文本或藏文本,这些文献对于弄清楚佛教的一些基本思想或基本历史极有价值。在这种情况下,掌握相关专业语言十分重要。除梵语和藏语外,其他一些现代常用的语言也有学习价值,如日语和德语等语言,对于我们了解国外研究佛教的情况,获取一些重要的学术信息或学术观点而言十分重要,应尽可能地学习。再有,我们现在所处的时代是信息时代,计算机的技能对于各行各业的工作都十分重要,佛学研究或佛教活动的开展也需要借助计算机来提高效率。现在我们在整理佛典、查找佛教资料、开展佛教学术交流方面,对计算机的使用逐步广泛起来。都市寺院应对僧众加强这方面的技能培训。这也是提高人员文化素质的一个重要方面。

3. 加强与教内其他寺院或团体的交流与合作。

佛教是一个世界性的宗教,在世界上许多国家或地区都有寺院或相关组织;即便在一个国家内,也会有许多佛教寺院或组织。都市寺院在新世纪应努力加强与教内其他寺院或组织的联系,开展积极的佛事活动。首先应与国内各寺院保持较经常的交流与合作关系,共同开展一些利国利民的佛事活动或公益活动,组织一些较大规模的佛学研究会议,从事一些层次较高的佛学研究合作项目。在新世纪,都市寺院应积极对外开放和交流,与国际上较著名的佛教寺院或组织进行有益的佛事活动往来。在这方面,与国外的佛教学术交流应占较大比重,可以开展一些重要的合作研究工作。例如,一些国家或地区的汉文佛教资料不足或对汉地佛教发展的情况不了解,但却有其他一些汉地缺乏的佛教资料,这时就可以进行合作研究,交流资料,取长补短,获得较好的研究成果。再有,许多佛教流行或曾流行的国家或地区有大量的佛教历史遗迹或文物,开展寺院间的人员交流对于都市寺院较多地了解佛教在世界上的发展情况,开阔眼界,大有好处。最后,都市寺院应积极参加世界人民的维护和平的活动。在当代,世界形势错综复杂,存在着各种矛盾,经常发生局部战争并存在着发生较大规模战争的可能。佛教是一个和平的宗教,应积极参加世界上反对非正义战争的活动,为世界保持长久的和平作出自己的贡献。当然,从事这些活动的基础是都市寺院首先把自身的内部建设搞好。当一个都市寺院的经济实力和人员的文化素质都有较大提高时,才有可能从事国际重要的佛事或文化交流活动。

以上看法是从一个教外人士的角度提出的一些建议。虽然是侧重谈都市寺院在新世纪的发展方向问题,但有些内容也是对整个佛教界的希望。看法不一定正确,有些建议可能在当前也不一定能实行,提出来供教界朋友参考。

(原载于《都市中的佛教》,北京:宗教文化出版社,2004 年版)

佛教思想与世界的和平与和谐

✿

佛教思想是世界文化的重要组成部分,它包含有大量有益于人类和平相处及和谐发展的内容。此类成分在古代对于印度、中国等东方国家的文化繁荣和社会进步起了推动作用。在当今世界,这些思想对于维护世界的安宁仍然有积极意义。本文拟结合佛教的基本思想与当今人类社会的发展状况,就这方面简要地提一些看法。

一 佛教中的平等观念

佛教提出的不少思想对于人类社会的和平与和谐发展有意义,其中很重要的一点就是佛教主张人与人之间应当是平等的。试想,如果人们总是想着自己高人一等,总想着自己可以随意欺压别人,侵占他人利益,那么人与人之间怎么可能真正有长久的和谐关系?社会怎么能够保持和平发展?被欺压的人或被侵占利益的人怎么可能一直忍受下去?因而,佛教的平等观念对于人类社会的健康发展是极为重要的。这种观念在佛教产生时就被提出,后来又长期得到佛教倡导。

佛教产生之时,印度社会中就存在着种姓制。这种制度规定,在社会各个阶层(各个种姓)中,存在着一个最高的等级,这就是婆罗门种姓阶层,婆罗门种姓的人生来就比其他种姓的人优越,享受着种种的社会特权。而下等种姓(如首陀罗等)则生来就比其他上等种姓低下,只能从事一些被认为是下等或下贱的工作,要服务于上等种姓,要忍受上等种姓的统治或欺压。释迦牟尼创立佛教时对这种明显的社会不平等即表示反对。《别译杂阿含经》卷第五中说："不应问生处,宜问其所行,微木能生火,卑贱生贤达。"这段经文实际就表明了佛教最初的平等观念,因为在种姓制之下,人的社会地位不是由其行为来确定的,而是由其出身决定的。一个人即便极聪慧,做事极努力,若出身于低种姓,那么其社会地位仍然低下;一个人即使极愚笨,做事极懈怠,若出身高种姓,那其社会地位也仍然高上。显然,这种种姓制展示的是一种社会的不平等,这种制度对于婆罗门种姓阶层的好处是显而易见的,而对于其他非婆罗门种姓则极为不利。释迦牟尼明确反对这种制度。在他看来,人的社会地位不应由其出身来决定,而应由其行为或品行来决定,出身卑微的人同样可以成为贤达之士。《长阿含经》卷第六中说:"汝今当知,今我弟子,种姓不同,所出各异,于我法中出家修道,若有人问:汝谁种姓? 当答彼言:我是沙门释种子也。"这段经文表明了早期佛教在吸收信徒时并不作出身限制,可以"所出各异"。也就是说,无论出身哪一个种姓,只要愿意学习佛法,均可来"我法中出家修道"。此处,释迦牟尼是要淡化信众出身上的差别,认为在佛弟子中,无论原来属于何种种姓,投入佛门后都归于一种身份,即"沙门释种子",也就是佛教徒的身份。因而,在早期佛教中,最初的信众被释迦牟尼视为具有平等的社会地位,并无出身高低贵贱之分。这里,释迦牟尼实现了教团内的一种在信仰佛教上的平等。

在早期佛教时期,社会中的种姓区分是很严格的。而释迦牟尼对待种姓制中等级划分的态度凸显了佛教的平等思想。这也是可以理解的,因为释迦牟尼及最早的佛教信众,多数或核心成员来自于刹帝利种姓和吠舍种姓阶层。这些人对于婆罗门教强调的种姓不平等观念是十分不满的。

早期佛教的这种社会平等观念直接影响到佛教最初基本教义的确

立。释迦牟尼在创立佛教之初就提出了无我、无常和缘起的理论。这些理论与其倡导的社会平等观念直接对应。因为讲无我就是要否定在人生现象中没有一个主体,在自然现象中没有一个本体,这和主张在社会中没有一个最高的种姓是一致的;讲无常就是要否定在事物中没有一个恒常不变的东西,这和主张在社会中没有一个地位恒常不变的阶层是一致的;讲缘起就是要否定世间事物来自于一个根本因,否定来自于神或来自于梵等等,这和主张社会中没有一个至上的主宰者或最高阶层的观点也是一致的。

佛教在后来的发展中尽管理论有不少变化,尽管传播到不同的国家或地区,但坚持平等的观点是一直没有改变的。所不同的是,后来的佛教讲平等时,并不特别与印度的种姓制联系在一起,或并不总是与种姓制联系在一起,而是多直接倡导"众生平等"的口号。这一口号对于佛教的发展十分重要。它能最大限度地吸收社会不同阶层的民众,是佛教成为一个世界性宗教并且至今仍然在世界上影响巨大的重要原因。在理论上,后来的佛教或传出古印度的佛教,尽管有不少变化或变革,但作为其教义基础的成分并没有实质性的变化。例如,无论是在印度的大乘佛教中,还是在中国的不同佛教学派或宗派中,无我、无常、缘起等理论是一直被坚持的。这些理论作为佛教思想体系的基石在各个时期、各个国家或地区的佛教中都被遵循。这些理论最初的提出,与佛教的平等观念直接相关。而平等观念在当今世界的佛教中,仍然是信众的一面重要旗帜。

二 佛教中的利他思想

佛教从总体上看,不是一个仅关注修行者自己摆脱痛苦或达到最高境界的教派。它在发展中十分强调"利他"。也就是说,佛教极为重视为他人带来快乐或利益,重视造福众生。佛教利他的思想最早突出表现在其慈悲的理论中,佛典中有相关内容,如《大智度论》卷第二十七中说"大慈与一切众生乐,大悲拔一切众生苦"。这就是说,佛教中的慈悲有两方面的含义:"慈"主要指使众生快乐,给他们幸福;"悲"主要指去除众生的烦恼,使之摆脱痛苦。由此可以看出,无论是慈还是悲,都是要造福众生,要利益他人。这是和佛教的基本宗旨紧密相关的。

　　一般来说,利他的思想在佛教的大乘发展时期较为突出,但实际上,释迦牟尼创立佛教之初就已将此作为立教的出发点。我们知道,释迦牟尼在菩提树下悟出佛教最初的主要教义是所谓"四谛"。即苦谛、集谛、灭谛、道谛。苦谛指关于世间人生充满痛苦的真理;集谛指关于产生痛苦原因的真理;灭谛指关于灭苦目标的真理;道谛指关于灭苦方法或途径的真理。释迦牟尼提出这四谛的目的主要不是仅为自己寻求解脱,而是为了他人,为了众生摆脱痛苦,为了利乐有情。因而,利他的思想是佛教在产生时就提出的。

　　在佛教的发展中,形成了一些部派,人们常将其称为小乘。小乘中的一部分人,较为关注自身,侧重寻求自身的解脱,即所谓求自利或自度,相对来说不很关注他人的脱苦或解脱。这在佛教内部受到后来兴起的大乘佛教的反对。大乘佛教重申佛祖释迦牟尼的基本思想,强调不仅要使自己度出苦海,还要救度众生,要利他。大乘佛教的许多经典中都有这方面的论述,如《妙法莲华经》卷第五中说:"常说法教化,无数亿众生,令入于佛道,尔来无量劫,为度众生故,方便现涅槃,而实不灭度,常住此说法,我常住于此。"在这里明显可以看出,大乘佛教认为,佛教徒通过修行虽然成佛或涅槃了,但仍然要住于世间。因为离开了世间就不能真正救度众生。这和小乘佛教中那种仅关注个人脱离世间来摆脱痛苦的做法是不同的。这实际也表明了一种要"利他"的思想。《维摩诘所说经》中也有这方面的论述,如该经卷中说:"现于涅槃而不断生死。"

为什么已经涅槃了还要不断生死呢？因为如果完全脱离现实世界去一个与世间隔离的涅槃境界,那么也就无法在世间救度众生,无法"利他"了。只有在生死(世间)中,才可能接触众生,帮助众生,才能够真正服务他人,利乐有情。而且,大乘佛教理解的涅槃就是认识现实世界本质的境界,通过真理性的认识使人摆脱痛苦。这种利他的观念,在印度大乘佛教的发展中得到了明显的强调。佛教传入中国后,利他的思想也受到弘扬。这在禅宗里即有表现。禅宗的主要文献《坛经》中说:"佛法在世间,不离世间觉。"为什么要在世间觉悟呢？当然是为了贯彻释迦牟尼设立的造福众生的宗旨,为了"利他"。若不在世间觉悟当然也无法利他。中国现代佛教高僧净慧法师说:"将佛法融化于世间,将个人融化于大众。"①这也是要强调佛法是世间中的佛法,个人的觉悟与大众的觉悟息息相关,个人觉悟的目的就是要在人世间利他。

因此,可以毫无疑问地说,佛教的利他思想是释迦牟尼创立佛教以来佛教的主流思想,是佛教长期以来大力倡导的主张。

三　佛教要消除"三毒"的理论

佛教理论体系中的一个重要思想就是要消除"三毒"。所谓三毒指贪、瞋、痴。《杂阿含经》卷第九中说:"贪欲瞋恚痴,是世间三毒。"这三毒是阻碍佛教实现其目标和危害众生的主要精神状态或心作用。《大般涅槃经》(北本)卷第二十九中说:"毒中之毒不过三毒。"可见三毒在佛教中被否定的程度之深。

"贪"是佛教极为反对的。在佛教看来,有了贪就会对非我的东西去追求,对别人的东西产生侵占的心理,会有相应的行为,损害别人的财

---

① 净慧:《生活禅钥》,北京:三联书店,2013 年版,第 182—184 页。

物或生命。这将产生自己的恶业,推动人在轮回中流转生死,遭受痛苦。释迦牟尼创立的四谛说中讲的集谛,实际也就是指人的贪爱,这是形成人痛苦的直接原因。因此,对于追求涅槃或觉悟的人来说,这贪是一种"毒"。

"瞋"在佛教看来也危害极大。佛教认为,对众生要慈悲为怀,要使有情摆脱困苦,即便不能给别人带来快乐也不要加害于别人,但瞋是人们意识中的一种对别人憎恨或敌视的心理。这种心理会驱使人去危害他人,而危害他人的行为往往最终给自己也带来不利。因而,瞋也是导致人产生痛苦的重要原因,也是一种"毒"。

"痴"在汉译佛典中也译为无明或无知,被视为是给人们带来痛苦的根本原因。人们在世上有各种痴,而根本的痴就是对生命现象或宇宙现象本质的无知。佛教认为事物是无常的,无我的,而有痴者则不明了这些,认为存在着永恒不变的东西,认为在人的生命中有一个恒常的我或灵魂,在世间事物中有一个根本因或本体。这样,人就会去追求自己的永恒存在,去追求自我对财富的永远占有。这必定给自己或他人带来痛苦。因此,这种痴也是一种"毒"。

三毒并不是完全平行或并列的。在三毒中,起根本或主导作用的是痴。有了痴,人们才会有贪;有了痴,人们才会有瞋。痴的存在是另两毒存在的前提或基础。因为贪和瞋都是默认自我的实有或永恒存在,都是默认财富或名声可能被自己永远占有,而在主张"诸行无常"和"诸法无我"的佛教看来,这是最大的痴。有了这痴,贪者和瞋者才有产生贪和瞋的动力,才能去追求不实在的东西。在佛教看来,这痴及其形成的业报是人们产生各种痛苦的真正原因。

佛教的文献中在论及三毒中痴的主导作用时,特别强调了执著于"我"所产生的危害。《大智度论》卷第三十一中说:"有利益我者生贪欲,违逆我者而生瞋恚,此结使不从智生,从狂惑生,故是名为痴。三毒为一切烦恼根本。"不难看出,三毒的产生都与对"我"的执著有关。按照佛教的看法,人生现象中是没有"我"的,但人由于无知或无明而认为"有我"。这样,对自认为世间中有益于"我"的事情就贪恋并追求,对自认为世间中不利于"我"或不合自己心意的事情(包括与之相关的他人)就憎恨。由此也可以看出,以"我执"为核心内容的痴或无明,是佛教各种烦恼中的根干。

佛教的许多文献中都要求人们消灭三毒,认为三毒束缚了众生的自由,灭除三毒才能给人们带来幸福。《杂阿含经》卷第九中说:"世间诸众生,皆为三毒缚。""灭此三毒已,世间成甘露。"贪对人的束缚作用表现在使人的精神被困在谋求自我利益的无谓行为上,使人不能自拔;瞋对人的束缚作用表现在使人的精神为仇恨所困扰,使人陷入恶劣的心态中;痴对人的束缚作用表现在它遮覆人的智慧,不能洞察人生和世界的本质。这些都是带给众生痛苦的毒物。要想使众生脱离痛苦,达到涅槃,就必须根除三毒。灭了"三毒",众生才能苦尽甜来,获得佛教所说的甘露。

四 佛教中相关思想对世界和平与和谐发展的意义

上述佛教中的一些基本思想无论是在古代还是在现代,都有其积极的意义。因为这些思想对于促进人类社会的和平与和谐发展有作用。

就古代来说,在印度有大量的宗教派别或思想流派,佛教的基本教义就决定了此教是一个倡导人们和平相处及和谐发展的宗教。佛教在历史上基本不诉诸武力来解决争端。佛教与古印度的不少派别虽有很多思想交锋,但在总体上说,佛教与这些派别是和平相处的,有很多场合是平等地讨论问题。古印度社会中当然也有大量的社会矛盾和人与人之间的利益纠葛,而佛教的存在对于当时化解种种社会矛盾是有积极意义的。佛教强调利他,强调慈悲,强调消除贪、瞋、痴。这些观念对于减少古印度社会冲突的激烈程度至少是有正面作用的。佛教传入中国等亚洲国家后,其教义中在民间广为流传的也是慈悲利他、利乐有情、平等待人、努力行善等思想。这些思想对于促进人与人之间和平相处,减少社会对立也是有益的。

就现代来说,佛教的上述思想对于促进人类的和平与和谐发展也有重要价值。这是显而易见的:

佛教强调众生平等,这在理论上表明了此教对人与人之间关系的一种基本取向。世界上的战乱和人与人之间的纷争的产生有多种原因,其中很重要的一个原因就是有相当多的人在思想上认为自己高人一等,认为他人地位低下,应当为自己服务或服从于自己。如果人人都这样想或绝大多数的人都这样想,世界还能有和平吗? 人和人之间还能和谐相处吗? 其结果只能是试图将别人的财产甚至生命控制在自己手中,而当都这样想时则必然要产生冲突,于是,战争、杀戮、社会混乱必然随之而来,人与人之间的关系成了一种弱肉强食的丛林中的关系。佛教的平等思想尽管在民间并不能都得到执行,但毕竟会有相当多的人在思想上接受它,并且在与他人的交往中或多或少地贯彻它。这对于减少人与人之间的冲突,保持社会的和平与安宁有积极作用。

佛教强调慈悲利他,这对人生活在世上有一个良好的心态及处世之道有帮助。人与人在各方面总会有差别,自己的利益与他人的利益是经常发生冲突或对立的。如果每个人都想着别人的行为会影响自己的利益,都想着要消减别人的利益以利于自己,那么就必然要产生冲突。导致战争的出现或人类冲突的形成有多种因素,但一些人,特别是一些握有权力的人缺少慈悲之心,缺少利他之心是重要原因。如果人人都完全致力于为自己谋利益,一点也不愿意为他人提供便利,不愿意为他人付出,那么世界就不可能有和平,人与人之间的关系也不可能和谐。佛教的慈悲利他思想无论是在古代还是在现代,对于社会都有很大的益处,尽管很多人实际并不接受或不实际付诸实行,但这一思想的提出,还是引导了相当多的民众自觉地为他人服务,为社会做贡献,这样就能至少在一定范围内营造良好的社会氛围,在相当一部分人之间建立和谐的互动关系,其积极的社会作用是显而易见的。因为人们如果都能主动地为他人着想,能主动地在世上为众生拔苦与乐,那么这社会就是一个充满了友爱的社会。每个人做出了这样的奉献之后,必然也能从他人的奉献中获得受益。这样的世界就将是和平的世界,这样的社会就将是和谐的社会。当然,在现实中不可能人人都接受或真正贯彻佛教的这种思想,但在社会中倡导这样的思想比不倡导好,有一部分人知晓这种思想并在一定程度上贯彻这种思想比极少有人知晓或贯彻这种思想好。因此,佛教的这种思想的正面社会作用是应当加以充分肯定的。

佛教强调要灭除"三毒"。这有积极社会意义。贪欲或贪婪是造成许多人与人冲突的重要原因,是社会不安宁的重要原因。贪了就可能侵害别人利益,就可能发生各种社会矛盾,也常常给个人带来灾难或痛苦。瞋是加害于别人的一个直接的原因,也是引发争斗或纠纷的重要原因。痴即无明或无知,尽管人们或各个思想流派对它的理解有差别,但世间事物或人生现象的本来面目或真理性认识是有客观性的。不能正确认识自然或社会的本质,对自己和他人产生不正确的认识,是产生许多个人悲剧和社会动荡的重要原因。佛教看到了这"三毒"的危害,将其列入各种破坏社会安宁,带给人们痛苦的根本,并加以大力反对,这对于人们消除社会生活中的隐患是有帮助的。

在现代社会中,虽然从总体上说,精神文明及物质文明的水平较古代有很大提升,但社会的发展是不平衡的,也是有差异的。社会中有很多美好的东西,然而丑恶的现象也不少。从个人来讲,损人利己、贪得无厌、欺压弱小、行骗牟利、背信弃义等,会给社会带来很大的不安定因素,给众生带来痛苦。从国家来讲，一些统治者或掌权者，在世上搞霸权，搞国与国之间的不平等，贪婪别国的土地与财产，残害别国的百姓，肆意侵略扩张，美化称霸世界的野心或行径。这些都是与佛教的主流思想格格不入的。

打击或抑制这种丑恶的社会现象，反对世界上的侵略成性的国家的恶劣行径，当然在很大程度上要依靠和平国家领导层的有效措施，要依靠和平国家的强大经济、政治与军事实力，但世界各国民众的精神状态也十分重要，思想意识形态的聚力也能起到巨大的作用。佛教在这方面大有可为。佛教的理论或教义中实际有大量反对或抑制不良社会现象的成分，有不少反对残害民众的内容。佛教反对"三毒"的主张可加以引申，直接用来破除各种世上的丑恶现象。佛教倡导的平等待人，慈悲利他的精神为不少人所接受和践行，对于制止战争，反对侵略有正面作用。佛教中类似的观念或理论还有许多，对当今社会的健康发展是有益的。挖掘和倡导这方面的思想成分，对于积累社会的正能量，促使民众积极向善，净化社会风气，维护世界和平与推动人类和谐发展有积极意义。

（原载于《佛教与世界和平》，北京：宗教文化出版社，2016 年版）